관광의 기본원리를 이해하고

실제적 시장 적용을 위한 **관광학** 지침서

TOURISM

관광학 이론과 실제

성현선 저

도서출판 석학당

www.shdbooks.co.kr

머리말

21세기 글로벌 시대의 관광산업환경은 정보화, 경쟁화의 물결 속에서 그 어느 때보다도 급변하고 있으며 관광산업의 경제적 효과를 인식한 각국간의 관광객 유치 열기는 다양한 측면에서 시너지 효과를 기대하는 바가 크고 교통수단의 발달로 세계가 1일 생활권에 돌입한 시점이어서 국경을 초월한 무한 경쟁상황이 더욱 심화되고 있다.

국내에서도 경제적 풍요를 바탕과 주5일제 근무의 확산으로 여유로운 생활과 삶의 질을 추구하면서 관광기업뿐만 아니라 국내 지방자치 단체간의 관광산업의 유치 내지 개발정책은 주요한 과제가 되고 있어 관광의 학문적 연구는 더욱 중요시되고 있는 실정이다.

따라서 고객들의 다양한 욕구를 정확히 파악하고 표적시장의 니즈(needs)에 부합하는 관광경영활동을 전개해야 하는바, 본서는 관광학을 처음 공부하는 대학생이나 관광산업 실무자들이 관광학의 기본원리를 이해하고 시장에 실제적 적응을 할 수 있도록 전략적 지침을 제공하는 데 목적을 두고 편찬되었다.

본서는 전체적으로 15장으로 구성되어 있다. 먼저 제1부에서는 제1장 관광의 개념에서부터 제8장 관광정책까지의 관광학의 본질을 이해하도록 구성하였으며, 제2부에서는 제9장 관광사업의 개요부터 제15장 리조트 사업 까지 관광사업에 핵심적 이슈가 되는 부분을 제시함으로서 다양한 관광산업에 필요한 관광전략 내지 관광전술에 필요한 의사결정 문제해결에 과학적인 이해와 현장 응용력을 높일 수 있도록 하였다.

또한 본서는 다년간 강의해 온 저자들의 강의안과 국내·외의 많은 선학들의 저작물에 힘입어 집필되었다. 급변하는 시장환경을 반영하는 사례부분이 부족하나 앞으로 독자들의 많은 조언과 충고를 정리하여 계속 보완해나갈 것을 약속드린다.

2012년 2월

저자 씀

저자 약력

성현선

경희대학교대학원 관광학박사
Cornell University Hotel School 수료
(현)동양대학교 경영관광학부 교수
(현)한국서비스경영학회 이사
(현)한국호텔경영학회 이사
(전)PNP Service Consulting 대표
(전)삼성에버랜드 경영지원실 서비스아카데미 근무
(전)아시아나항공 교육훈련원 근무

큰 목 차

Tourism
관광학 이론과 실제

제1부 관광의 이해

Tourism 관광학 이론과 실제

큰 목 차

Tourism
관광학 이론과 실제

제2부
관광사업의 이해

Tourism 관광학 이론과 실제

작은 목차

제1부 관광의 이해

제1장 관광의 이해_15

제2장 관광의 발전_41

제3장 관광의 영향_57

제4장 관광의 학문적 체계_77

작은 목차

제1부 관광의 이해

작은 목차

제2부 관광사업의 이해

제9장 관광사업의 개요_193

제10장 관광숙박업_211

제11장 여행업_243

Tourism 관광학 이론과 실제

작은 목차

제2부 관광사업의 이해

Tourism 관광학 이론과 실제

제 1 부 관광의 이해

제1장 관광의 이해
제2장 관광의 발전
제3장 관광의 영향
제4장 관광의 학문적 체계
제5장 관광자의 관광행동
제6장 관광자원과 개발
제7장 관광마케팅
제8장 관광정책과 국제관광

Tourism 관광학 이론과 실제

제 1 장 관광의 이해

제1절 관광의 개념

제2절 관광과 유사개념

제3절 관광의 구조

제4절 관광의 효과

제1절 관광의 개념

•••

관광은 일상적인 용어로서 국어사전이나 백과사전에 "즐거움을 목적으로 하는 관광", "다른나라의 문물이나 제도를 시찰", "다른 지역의 풍광 및 풍습을 유람" 등으로 설명되고 있다. 이처럼, 관광은 인류가 이 세상에 존재한 이후부터 이동과 함께 오랜 시간동안 계속되어 온 인류의 기본적인 욕망과 관계되는 행위이다. 이러한 행위는 당시의 시대상과 사회상 그리고 그 시대를 살았던 사람들의 삶의 가치를 어느 정도 표현하고 있는 관광행위이기도 하다.

•••

1. 동양에서의 관광의 어원

인류의 일상생활에서 여행 또는 관광의 행동은 극히 자연스러운 현상에서 발생한다. 그 어원이나 개념은 인류의 문화가 발달되어 가는 과정에서 문자로 기록되고 또는 구전에 의해서 역사적으로 전해져 왔으리라 생각되지만, 그 기록을 추정하기란 힘든 일이다(김경호 등, 1999).

관광이라는 용어는 일상생활 가운데 많이 사용되고 있는 단어이다. 관광의 어원은 기원전 8세기경 중국의 주나라 시대에 편찬된 역경(易經)에서 그 유례를 찾아 볼 수 있다. 중국인의 사상적 배경을 담고 있는 역경의 상경(上經) 64개 관괘(觀卦)의 하나인 풍지관(風地觀)에 '관국지광 이용빈우왕(觀國之光 利用賓于王)'이라는 구절이 있는데 이는 "나라의 빛을 보는 것(사람)은 왕에게 이로운 손님이다". "나라의 빛을 보러 가는 것은 왕에게 귀한 손님으로 접대받기에 좋다"는 뜻으로 나라의 형편, 정세를 판단해보니 어진 임금 아래에서 임금의 신임을 받고 벼슬살이를 하는 것이 상책이라는 뜻이다.

여기의 '관국지광(觀國之光)'이라는 어구에서 관광(觀光)이라는 용어가 비롯되었다.

동양에서의 관광의 어원을 통해서 볼 때, 관광은 "나라의 빛" 즉, 한나라의 자연풍광, 문물, 제도, 풍습 등을 살펴보는 것을 뜻한다고 할 수 있으며, 시대적인 상황에 비추어 보면 오늘날의 관광과는 많은 차이가 있다. 첫째로 관광은 타국의 토지, 제도, 풍속, 문물 등의 광화를 보기 위한 이동이고, 둘째로 국가의 발전상을 시찰하여 자국의 치국대도(治國大道)라는 행정적 목적에 의한 이동 등의 형태가 전부였으며, 셋째로 참여하는 주체도 위정자가 대부분이라는 것이다.

우리나라에서 관광이라는 어휘가 최초로 사용된 공식기록은 고려 예종 11년(1115년)에 송나라 사신으로 간 사람이 쓴 '고려사절요'에 '관광상국 진손숙습(觀光上國 盡損宿習)'이라는 어구에 나와 있다. 여기서 '상국(上國)'은 송나라를 의미하며, 송나라를 관광(방문)하여 숙박하며 배운다(시찰한다)는 의미를 내포하고 있다(김도희, 2003).

2. 서양에서의 관광의 어원

서구적인 관광의 용어는 영국에서 그 기원을 찾아볼 수 있는데, 1811년 영국의 스포츠 월간잡지 「The Sporting Magazine」에서 "tourism"이라는 용어가 소개되어 관광에 대한 이론과 실제를 의미하는 용어로 일반화 되었다. 미국 및 캐나다에서는 "Non Immigrant", 즉 이민자가 아니라는 의미로 1930년대에 사용하였다. 어원적으로 '주거지를 떠나 다른 지역으로 장소의 이동'을 뜻하는 용어인 'traveling'를 사용하고 있는데, 'tourism'은 영어로 '단기간의 여행'을 의미하는 tour의 파생어이며 'tour'는 라틴어의 활차(도르래)를 의미하는 'tournus'에서 유래한 것으로 처음에는 순례여행을 의미하였다. 여행을 가리키는 다른 용어인 travel의 라틴어 어원은 travail로서 이는 고역과 노력의 의미를 가지고 있으며 후일 노동을 가리키는 말로도 파생되었다. 여행에 대한 별다른 기반시설이 갖춰져 있지 않았던 역사 이전의 시기는 여행과 관광이 그만큼 힘들고 고역이었음을 의미한다고 하겠다(박호표, 2004).

3. 관광의 정의

관광은 나라에 따라 또는 학자에 따라 서로 다르게 정의되고 있으나 내용에 있어서는 상호간에 유사하면서도 상이한 면을 나타내고 있다. 지금까지 관광에 관하여 다양한 정의가 내려졌지만 한마디로 정의를 내릴 만큼 학자들간에 합의가 이루어져 있지 못하다. 관광과 관광학의 학문적 체계화를 위해서는 연구대상의 개념정의는 매우 중요한 의미를 갖는다. 이제까지 학자들이 관광에 대한 개념정의를 위해 많은 연구를 하였는데 이를 검토할 필요가 있겠다.

1) 슐레른(Schulern)

관광에 대한 가장 오래된 정의로서 "관광이란 일정한 지역, 주 또는 타국에 여행하여 체재하고 되돌아가는 외래객의 유입, 체재 및 유출의 형태를 취하는 모든 현상과 그 현상에 직접 관계되는 모든 내용을 나타내는 개념이다" 라고 하였다.

2) 보르만(Bormann)

독일의 보르만은 「관광학개론」을 통해 “직장에의 통근과 같이 정기적 왕래를 제외하고 휴양의 목적이나 유람, 상용 또는 특수한 행사의 참여나 기타의 사정 등에 의하여 정주지역에서 일시적으로 떠나는 여행”이라고 하였다. 이러한 그의 주장은 현실적으로 관광현상에 대한 이론적 비판의 여지는 있으나 전반적인 관광현상을 포괄적으로 수용하고 있다는 점에서 종합학문으로서의 관광이론 체계로 높이 평가된다.

3) 오길비(Ogilvie)

영국의 오길비는 1933년 「관광이동론」에서 관광자에 대한 요건 정의로서 “복귀할 의사를 가지고 일시적으로 거주지를 떠나지만 1년 이상을 초과하지 않고, 여행중 소비하는 금전은 거주지에서 취득한 것이어야 한다”는 이른바 ‘귀환예정 소비여행설’을 주장하였다. 이러한 주장은 현재의 관광현상과 견주어 볼 때 개념상의 큰 차이점이 있으나 당시의 사회적 여건 속에서는 통계적으로나 개념적으로 매우 필요한 기준이 되었을 것이다.

4) 그뤽스만(Glucksmann)

독일의 그뤽스만은 「일반관광론」에서 관광학의 접근은 경제적 측면뿐만 아니라 사회적인 측면까지도 분석되어야 한다는 일반적인 관광연구의 방법을 제시하였다. 그는 “관광이란 체재지에서 일시적으로 머무르고 있는 사람과 그 지역에 살고 있는 사람들과의 여러 가지 관계의 총체로서 정의할 수 있다”라고 말했다. 따라서 그의 주장에 의하면 관광연구의 접근범위는 지리학을 비롯하여 기상학, 의학, 심리학, 국민경제학, 사회학, 경영 · 경제학 등의 제학문 분야까지 포함하는 것으로, 관광론은 관광에 관한 기초는 물론 원인과 수단 및 영향 등에 관해 광범위한 연구 분야가 되어야 한다고 하였다.

5) 훈지커와 크라프(Hunziker & Kradf)

훈지커와 크라프는 공동저서 「일반 관광학 개요」에서 “광의의 관광은 본질적으로 외국인이 여행지에 머무르는 동안 일시적이든 혹은 계속적이든 주된 영리활동의 추구를 목적으로 정주하지 않는 경우로서, 외국인의 체재로부터 야기되는 모든 관계나 현상에 대한 총체적 개념을 의미한다”고 하였다. 이는 이제까지의 단순한 개념보다는 새로운 개념으로의 전환을 의미한다.

6) 베르네커(Bernecker)

본질적으로 관광현상에 대한 상호복합성을 강조한 내용으로서 이와 같은 개념의 형식은 1962년 오스트리아 베르네커의 저서 「관광원론」에서 볼 수 있다. 그는 "상업활동 혹은 직업상의 여러 이유들에 관계없이 일시적이면서도 자유의사에 따른 지리적 이동이라는 사실과 결부된 모든 관계 및 결과를 관광이라 할 수 있다"라고 하였다.

7) 메드상(Medecin)

관광이란 사람이 기분전환을 하고 휴식을 하며, 또한 인간 활동의 새로운 여러가지 국면이나 미지의 자연풍경에 접함으로써 경험과 교양을 넓히기 위하여 여행을 한다든가, 정주지를 떠나 체재함으로써 성립하는 여가활동의 일종이다.

8) 세계관광기구(UNWTO)의 정의

세계관광기구(UNWTO)에서는 1982년 관광이란 "즐거움, 위락, 휴가, 스포츠, 사업, 친구, 친지방문, 업무, 화합, 회의, 건강, 연구, 종교 등을 목적으로 방문국가를 적어도 24시간 이상 1년 이하의 기간 동안 체류하는 행위"라고 정의하였다.

9) IASET(국제관광전문가협회)의 정의

IASET(International Association of Scientific Experts in Tourism)에서는 1961년 관광이란 "생업과의 지속적인 관련없이 다시 돌아올 예정으로 타지를 관광하고, 체재함에 따라 일어나는 모든 관계 또는 현상의 총체"라고 정의하고 있다.

이러한 학자들의 관광의 정의를 종합적으로 살펴보면 '관광'이란 관광자들의 욕구를 충족시키는 행위로서, 일상 생활영역을 떠나는 일시적인 공간이동과 시간적 범위, 경제적 소비 그리고 목적지에서의 사회·문화적 활동 등의 요소를 포함하고 있다.

따라서 관광은 생활환경의 변화를 바라는 인간의 기본욕구를 충족시키기 위하여 자유 시간 내에 일상 생활권을 떠나서 다른 나라 또는 다른 지역으로 영리추구와 관계없이 일시적으로 공간을 이동하면서 그 곳의 문물·제도·풍습 등을 관찰하고 풍광을 감상·유람함으로써 휴식·기분전환·자기개발을 통하여 정신적·육체적 상태를 새롭게 향상시키는 인간행동의 총체이다.

제 2 절 관광과 유사개념

•••

최근에 이르러 관광과 유사한 용어들과 개념들이 자주 등장하는데 이러한 용어들의 개념규정과 이들 용어들 간의 차이점에 대한 명확한 기준과 이해가 없이 사용되고 있는 것이 사실이다. 따라서 여기에서는 관광과 유사한 용어들의 인접개념들에 대한 명확한 개념과 특성을 살펴보고자 한다.

•••

1. 여가(Leisure)

여가는 일반적으로 '겨를' 또는 '틈'을 가리키는데, 영어의 레저(leisure), 불어의 로와지르(loisir)에 해당하는 말이다.

여가의 어원은 희랍어의 'schole'에서 그 유례를 찾아 볼 수 있다. 원래 schole는 학교 혹은 학자 등을 의미하거나 또는 학자들의 토론을 위한 장소를 뜻하기도 하였으며, 본래 '조용함'이나 '평화'등을 의미하였다.

근대적인 대중관광을 가능하게 한 요인이 바로 여가(leisure)의 증가에 기인했다고 본다. 여가는 자율시간의 개념으로 관광행동의 발전에 결정적인 역할을 하였다고 보기 때문이다.

라틴어 licere에 어원을 두고 있는 여가에 대한 간단한 정의는 우선 시간적 관점에서, 생리적 필수시간(식사, 수면 등), 노동시간, 노동 부속시간(통근 등) 등을 뺀 나머지 시간으로 개인이 자유스럽게 쓸 수 있는 시간이다. 그러므로 여가는 잔여시간의 개념과 동일하게 취급된다.

그러나, 여가를 수동적인 시간개념으로 보는 반면에 '레저'는 그 시간을 소비하는 행위로 보는 경향이 강하다. 이러한 경우 레저는 관광이나 레크리에이션까지도 포함하는 의미에서 자유 시간 내의 행동으로 보아도 좋을 것이다.

노동시간의 단축과 여가시간의 증대는 오늘날 많은 미래학자, 여가사회학자들이 앞을 다투어 예측하고 있다. 어떻든 21세기 중반 이후에 가서는 현재와는 비교가 되지 않을 만큼의 여가를 누리게 되는 사회가 올 것이라고 생각되며, 여가를 어떻게 활용할 것인가 하는 것이 중요한 사회문제로 대두될 것이다.

여가의 관점에서 볼 때 관광은 일상여가에 속한 하나의 움직임을 전제로 하는 여가행동이다. 여행할 수 있는 시간적 여유 없이 관광은 존재할 수 없기 때문이다. 또한 여가에 대한 가치관의 변화는 향후 관광의 더욱 큰 발전을 기대하게 한다. 여가가 시간으로 표현된다면 관광은 여가활동으로서의 행동으로 표현된다.

2. 위락(Recreation)

레크리에이션은 원래 라틴어 레크레티오(recretio)에서 유래된 말로 새로운 것을 창조하고 나아가서 회복과 재생이라는 의미를 담고 있으며, 일상에서의 의무(노동)에 의해 지친 심신을 오락 활동을 통해, 또는 신체적 운동과 활동 등으로 회복하는 것, 혹은 그러한 것을 위한 제활동을 총칭하며, 삶을 즐겁게 하는 자기표현의 활동이다.

레크리에이션은 여러 가지 방법으로 정의할 수 있지만, 대체로 여가시간에 행하는 신체적 운동과 활동, 취미, 오락 활동, 그리고 쾌락과 즐거움을 위한 활동, 혹은 사람의 생활을 풍요롭게 하는 여가활동을 포함한다.

위락은 개인이 영위하는 삶의 어떤 형태나 활동을 가정한다. 위락은 참여자가 노동자 또는 시민, 부모 등의 역할실행 증진을 위해 복귀한다는 사회적 목표를 갖고 있다.

위락은 그것이 개인에 의해서건 또는 집단에 의해서건 간에 여가 중에 영위되는 활동이고 그 활동으로 인하여 얻어지는 직 · 간접적 이득 때문에 강제되는 것은 아니며, 그 활동자체에 의하여 직접적으로 동기(motivation)가 주어진 자유롭고 즐거운 활동이다.

즉 위락은 인간을 재생(再生)시키고, 인생에 활력을 회복시키며 또한 이것은 노동과 더 많은 관련이 있는 사회기능적이고 교육적인 것이다.

레크리에이션 활동은 단순한 기분풀이나 놀이에서 게임, 스포츠, 오락, 취미, 봉사 등 그 종류와 범위도 다방면에 걸쳐 있다. 또 서클별로는 학교, 직장, 가정, 일반사회의 레크리에이션이 있는데, 레크리에이션 운동은 현재 미국에서 가장 활기를 띠고 있다.

여러 학자들의 레크리에이션에 대한 공통된 견해는 다음과 같다.

① 위락은 육체, 정신 및 감정의 활동을 표현하기 때문에 단순한 휴식과 구별된다.
② 위락의 동기는 개인적 향락과 만족의 추구이므로 노동의 동기와 구별된다.
③ 위락은 선택의 범위가 무한정하기 때문에 수많은 형태로 나타난다.
④ 위락은 자발적 의사에 의해 참여한다.
⑤ 위락은 여가시간에 행해지는 활동이다.

⑥ 위락은 시간, 공간 인원 등의 제한이 없고 실행과 탐구라는 보편성을 지닌다.
⑦ 위락은 진지하며 목적을 가지고 행하여진다.

여가와 위락의 관계는 전자를 시간개념으로 보고, 후자를 활동개념으로 보려는 견해가 지배적인데, 위락은 재생 및 사회적 편익을 증진하고자 조직되는 자발적 활동으로 여가와의 관계는 표 1-1에서 보는 바와 같다.

표 1-1 여가와 위락의 차이점

여 가	위 락
포괄적 활동 범주	한정적 활동 범주
비조직적	조직적
개인적 목적 우세	사회적 목적 우세
자유시간	자유시간내의 활동
자유, 내적 만족 강조	재생, 사회편익 강조

그러므로 레크리에이션은 '일에서 시달린 몸과 마음을 풀어주기 위해서 각자가 선택한 활동에 스스로 참가하여 즐김으로써 만족을 느낄 수 있으며, 창조적이고 생산의욕을 고취시키는 활동'이라고 정의할 수 있다.

관광 이야기

'상상 초월' 4D 아트파크 '라이브파크' 오픈

'뉴미디어 엔터테인먼트 컴퍼니 디스트릭트(대표 최은석)가 8일부터 내년 3월4일까지 일산 킨텍스에서 초대형 아트 블록버스터 'Live Park 4D World Tour(이하 라이브파크)'를 선보인다.

이번에 선보이는 '라이브파크'는 총 제작비 150억, 제작기간 2년, 제작 인원 300명이 투입된 초대형 4D 아트 블록버스터로 1만m²의 초대형 공간을 게임처럼 즐길 수 있는 새로운 장르의 엔터테인먼트 공간이다.

이곳은 총 7개의 공간으로 구성된다. 모든 공간에서 관객들은 자신의 몸동작, 음성, 얼굴 표정 등이 인식되는 스마트 모바일이나 키넥트 센서 등을 활용해, 자신의 아바타를 만들고 직접 미션을 수행하게 된다.

특히, 세계 최대 규모의 360도 입체 영상관, 'Live360'은 절대 놓쳐서는 안 되는 곳이다. 자신의 아바타와 함께 소리치고 달리며 이야기의 결말이 바꾸는 실감형 입체영상게임을 거대한 규모의 공간에서 직접 체험할 수 있다.

이 외에도 전체 150m 길이로, 세계 최대 프로젝션 광장인 '라이브 스퀘어(Live square)'에서는 최첨단 아바타 게임을 만나볼 수 있으며, David Garrett, Boxer Rebellion, 2NE1 등 국내외 정상급 아티스트들을 홀로그램으로 만나는 '라이브 홀로(Live Holo)' 공연장도 눈 여겨 볼 공간이다.

이와 함께 12월 매주 목요일부터 토요일까지 오후 8시 이후에는 Rave DJ, 유명 아티스트, 클럽, 브랜드 및 패션 매거진들과의 협업을 통해 색다른 개념의 공연, 파티, 전시도 함께 즐길 수 있는 '메가 라이브(Mega Live)' 이벤트도 펼쳐질 예정이다.

[사진=디스트릭트]

최은석 디스트릭트 대표는 "'라이브파크'는 한국의 기업이 전세계 엔터테인먼트 시장에 던진 야심찬 도전장이며 4년 이내에 중국, 싱가폴, 미주 지역에 1만평 규모의 Live Park 상설 시설을 만들어 내겠다"고 포부를 밝혔다.

한편 라이브파크는 내년에 싱가폴 및 중국 지역로 옮겨가 개별 월드 투어가 기획, 예정된 상태이다. 디스트릭트는 라이브파크를 기반으로 2013년 아시아 지역에서 새로 선보이는 1조원 규모의 복합 테마파크 리조트의 우선 대상 협상자로 선정되면서 활발한 해외 사업 개발을 진행 중에 있다.

2011.12.08. 아이뉴스24

3. 놀이(Play)

놀이는 갈증을 뜻하는 라틴어 "plaga"와 독일어 "spiel"에서 유래된 말로 인간의 본능적이며 무조건적인 욕구를 반영하는 행동을 뜻한다. 놀이는 관광을 규정하고 관광현상을 이해하는데 유용한 개념으로서 '놀이하는 인간(homo ludens)'으로 인간의 본질을 규정한 호이징가(Huizinga)에 따르면 놀이는 인간의 자유를 찾는 것이고, 창작의 자유에 호감을 부여하는 것으로서 '자유'라는데 그 기초를 두고 있다.

호이징가는 '인간은 놀이하는 존재이며 놀이는 인간의 본질이고 문화의 근원'라고 말하고 있으며, 데이비드 그레이(David Gray)는 제시하기를 놀이는 어떠한 중요한 요소들, 즉 환상, 상상, 그리고 개방성으로 간주할 수가 있다고 하였다. 생의 충만 속에서, 환희와 긍정 속에서, 억압되었던 사회적 감정을 폭발하는 삶의 다이나믹(dynamic)한 충동에서 인간은 생존의 따분한 한계상황을 놀이를 통해서 극복해 나간다 하겠다. 호이징가는 또한 놀이란 종교적 행위의 방식이나 세시풍속에서 생겨난 것으로 문화보다는 오래 전에 형성된 것으로, 즉 문화이전의 발생양식이라고 말하였다.

놀이는 노동시간의 잉여가 여가로 연결된 것이다. 사람들에게 있어서 놀이와 일(노동)은 밤과 낮처럼 순환이 근본이 되는 질서이며 놀이의 자양분에서 문화가 잉태되고 발전되는 것이다.

드웨이(Dewey)는 놀이를 인간의 연속적이고도 자연스러운 행위로 보고, 특히 아동기에는 이 놀이가 심오한 의미를 지닌 것으로 보고 있으며, 쉴러(Schiller)는 "인간이 놀이할 때에 진실로 인간적인 것이다"이라고 하면서 인간의 놀이본능(play instinct)을 천부적 재능으로 보고 있다.

카이요아(Caillios)는 놀이를 "인간의 본능이며 동시에 문화의 근원"으로 규정하면서 그 특징을 6가지로 제시하고 있다. ①자유로운 활동(free), ②일상생활과 격리된 활동(seperate), ③과정 및 결과의 불확실성(uncertain), ④비생산적 활동(unproductive), ⑤규칙의 지배(governed by rule), ⑥가상성(make-believe) 등이다.

크라우스(Kraus)에 의하면 "놀이는 내적인 목적을 달성하고 자기 동기화된 일정한 형태의 인간행위 또는 동물행위이며, 일반적으로 놀이는 즐거운 것이고, 경쟁, 탐험, 문제해결, 역할부여 등의 요소를 포함하기도 한다. 놀이는 여가와 일 양자에 있어서 나타날 수 있고, 구성이 자유롭거나 또는 일정한 규칙과 정해진 행동양식이 존재할 수도 있다"고 말하고 있다.

놀이는 인간의 역사 속에서 사회화의 원동력으로 여겨졌고, 가치 · 관습 · 전통 및 사회적 규범을 전달하는 매개체로 간주되었으며, 최근에는 놀이행위가 문화적 가치의 전승이라는 개념으로 이용된다.

이상에서 관광과 인접개념과의 관계 및 차이점을 살펴보았는데 여가를 제외하면 이들 유사개념 중 어느 하나도 전체를 포괄하지 못한다. 따라서 여가는 인간의 즐거운 활동을 전체적으로 포괄하는 상위개념이라고 정의할 수 있는데 특히 여가의 시간적 속성이 그러하다. 그리고 여가를 제외한 나머지 활동의 총체적 결합은 휴양활동이라고 할 수 있다.

Tour는 일반적으로 국내 또는 국외의 여러 장소를 순회관광하는 것을 가리키며 sightseeing은 어떤 지역 내의 주된 특징, 예를 들어 교회, 박물관, 기념비, 대로 등을 도시 내에서 관광하는 것을 가리킨다.

Trip은 짧은 육로나 해상여행을 뜻하며, journey는 상당한 장거리의 육로여행을 가리키는 용어로 사용된다. voyage는 공중 또는 해상여행을 가리키는 용어이고, flight는 공중여행이며, jaunt는 집이나 용무에서 벗어나서 휴양, 놀이하는 짧은 여행(소풍, 들놀이 등)이고, excursion은 대개 하루 이상 걸리지 않는 짧게 즐기기 위한 여행을 가리키는데 특히 기차, 기선 따위의 할인된 요금과 공휴일에 인접 도시에 구경하는 여행을 말한다.

Cruise는 수일 내지 수주일에 걸친 해상여행으로서 현대의 크루즈는 호화유람선 여행을 지칭한다. expedition은 목적추구 여행으로서 일정한 목적을 성취하려고 떠나는 단체여행을 가리킨다.

표 1-2 놀이에 대한 학설

학 설	학 자	특 징
잉여에너지설	Scheller & Spencer	놀이는 인간의 과잉정력의 목적없는 방출이다.
반복설	Hall & Appleton & Gulick	놀이는 종족이 과거의 발달단계에 있어서 경험한 활동을 인간이 일생동안 요약해서 반복하는 활동이다.
생활준비설	Gross & Frobel	놀이는 본능적이며, 생활을 준비하는 것이기에 즐거워서 행해진다.
정화설	Carr	놀이의 가치는 그것들이 우리들의 일생생활에 해가 되는 것을 발산시켜 조금이라도 해로운 것을 덜게 하는데 있다.
본능설	James & Kilpatrick	놀이는 인간의 본능에 의하여 흥분을 얻고자 하는 생활이다.
휴양설	Gutsmus & Wun	신체적, 정신적 피로가 놀이에 몰입하는 과정에서 즐거움과 만족을 얻는 가운데 휴양할 수 있다.

제3절 관광의 구조

•••

관광구조의 발달은 관광현상에 대한 체계론적 접근을 통하여 설명하려는 노력에 기인하고 있다. 관광현상에 대한 구조체계를 이해하기 위한 초기에는 관광을 관광주체인 관광자와 관광객체인 관광자원의 상호작용으로 이루어지는 현상으로 이해하는 관광구조의 2체계론으로 시작하였다.
이후 관광현상의 발전과 더불어 관광매체인 관광기업의 영역이 확대되고 관광매체의 역할이 강조되면서 관광현상의 독립된 체계를 구축하여 관광주체-관광매체-관광객체로 이어지는 관광구조의 3체계론이 등장하여 관광구조의 기본체계를 형성하게 되었다.
그러나 관광의 중요성이 강조되고, 관광이 미치는 영향이 정치, 경제, 사회, 문화, 환경 등 모든 분야에 걸쳐 이루어지면서 관광분야에 대한 정부의 적극적인 개입이 시작되었다. 이는 관광분야에 대한 관광행정체계에 적극적인 개입을 의미하여 관광구조체계에 있어서도 중요한 하나의 구성요소로 자리매김하기 시작한 것이다.
관광은 속성상 회귀이동을 전제로 하기 때문에, 최근의 교통사업은 관광과는 불가분의 관계를 형성하면서 발전하여 왔고, 여행시대의 도래에 따라 관광교통이 관광사업 분야의 중심적 위치를 확보하기 시작하였다(김창수, 1997). 이는 관광구조체계에 있어 관광매체의 또 하나의 독립된 구성요소로 관광교통이 하위체계를 형성하게 된 이유가 되었다.
위와 같은 관광현상에 대한 체계론적 접근에도 불구하고 아직도 관광현상에 대한 정확한 구조체계 개념의 정립이 이루어져 있지 못하고, 제학자들의 학문적 관심영역에 따라 관광구성요소를 서로 다르게 정립하고 있다. 이러한 다양한 구조체계의 정립에도 불구하고 많은 관광학자들이 보편적으로 인식하고 있는 관광구조체계는 베르네커가 주장한 관광구조 3체계론으로서 많은 관광학자들은 관광주체-관광매체-관광객체간의 상호작용을 인정하고 있다.

•••

1. 베르네커의 관광 3체계

현대사회의 중요한 사회현상 중의 하나인 관광이 현대인들의 중요 관심사항으로 대두되고 있다. 타 지역을 이동이라는 수단으로 여행하는 인간 활동을 관광이라고 규정하고 그 활동을 지원하는 수단으로써 관광 사업이 번창하고 있는 현상을 인정한다면, 이런 활동이 발생되는 구조적인 측면을 고찰해 볼 필요가 있다.

관광을 구성하고 있는 3가지 요소는 Bernecker가 주장한 바와 같이 관광자인 관광주체, 관광대상물인 관광객체, 그리고 주체와 객체를 상호 연결해 주는 관광매체로 구분할 수 있다.

표 1-3 관광구성의 요소

관광주체	관광객체	관광매체
관광자 (관광객), 관광수요시장, Guest	관광자원, 관광대상물, 관광목적지, 관광공급시장, Host	관광사업
		① 공간적 매체(교통수단, 교통시설, 도로) ② 시간적 매체(숙식, 오락, 쇼핑, 관광지, 휴식시설) ③ 기능적 매체(여행정보, 광고, 안내, 정책, 홍보)

1) 관광주체

관광주체는 관광행동을 하는 관광자(관광객)를 의미한다. 관광의 대중화와 국제화가 진행되는 가운데 관광주체의 관광욕구가 더욱 다양화·세분화되고 있기 때문에 이들의 욕구를 충족시킬 수 있는 다양한 관광대상 개발에 관심을 가져야 한다.

2) 관광객체

관광객체는 관광주체인 관광자를 유인하고 관광욕구를 충족시키는 대상, 즉 관광대상을 의미한다. 이러한 관광대상은 관광자원과 관광시설을 의미한다.

관광자원에는 자연자원 및 문화자원이 있으며, 유형적인 자원뿐만 아니라 관광객의 욕구를 불러일으키고 충족시키는 모든 유무형의 자원을 포함한다.

3) 관광매체

관광매체에는 관광주체와 관광대상을 심리적·물리적으로 연결시켜주는 서비스와 관광객체의 관광개발과 진흥을 촉진하는 기능이 포함된다. 관광매체의 사적(私的) 서비스에는 다양한 관광 사업이 해당되는데. 공간적 매체인 교통수단, 도로, 수송시설과 시간적 매체인 숙박, 휴게시설, 유흥·오락시설, 쇼핑시설, 그리고 기능적 매체인 여행수배, 관광가이드, 여행정보 등이다.

그리고 관광대상을 개발하고 목적지를 진흥·홍보하고 관리하는 것은 민간에서 할 수 없지만 필요한 조치로서 정부와 같은 공적기관의 역할 또한 관광매체에서 제외시킬 수 없는 부분이다.

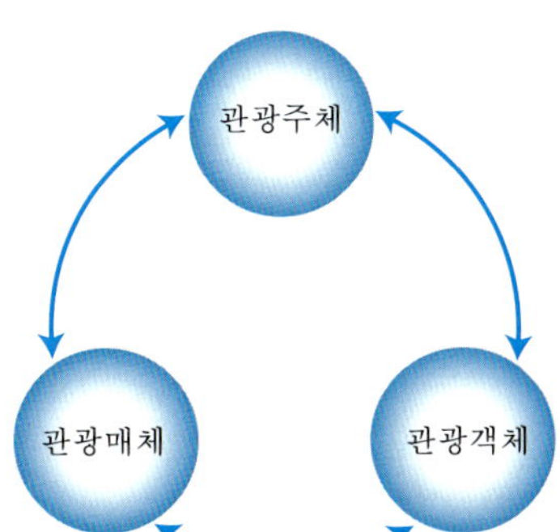

그림 1-1 관광의 구조

관광 이야기

'프라하의 연인…영화 같은 추억'

배낭 메고 세계로-. 9~10월 가을 웨딩시즌을 앞두고 여행사마다 고급 허니문 프로그램들을 속속 출시, 영화 같은 허니문을 떠나라고 손짓하고 있다. 그러나 흔한 휴양지로의 패키지 신혼여행이 아닌, 남들과 다른 신혼여행을 준비하는 사람들이 늘고 있다. 특히 배낭을 둘러메고 허니문을 떠나고 싶다는 예비 부부들의 문의가 잇따르고 있다. 젊기 때문에 시도해 볼 수 있는 기회라 더욱 부러움을 사고 있다. 유럽 배낭 신혼여행은 대개 20대~30대 초반의 부부들이 많이 찾는데 색다른 허니문을 보낼 수 있는데다 비용도 숙소의 등급에 따라 맘껏 절약할 수 있다는 매력 때문에 젊은 신혼부부들에게 더욱 인기. 숙소와 항공료를 포함해 200만원 이내의 상품도 나와있다. 특히 유럽의 가을은 배낭여행의 최적기다. 우리나라와는 비교할 수 없을 만큼 더워 여행하기 쉽지 않지만 유럽의 가을은 여행하기 안성맞춤이다. 유럽 배낭 허니문은 항공편과 숙소, 유레일 패스만 예약하고 나머지 일정은 자유여행이라 둘만의 시간을 만끽할 수 있어 더욱 로맨틱하다.

여유로운 둘만의 여행계획, 짜릿함 두 배

내일여행 해외여행부 나옥선씨는 "경제적, 시간적으로 빠듯한 생활을 하는 직장인들은 7일 이상의 장기 여행은 꿈도 꾸지 못하는게 일반적"이라며 "장기여행 또는 배낭여행을 동경해오던 사람들이 허니문을 배낭메고 자유여행을 하고 싶어한다"고 말했다. 또한 "대학생 때 배낭여행을 경험했던 이들 중에도 다시한번 사랑하는 사람과 함께 로맨틱한 여행을 가려는 사람들도 많다"고 전한다. 최근에는 젊은시절 배낭여행을 맛보지 못했던 40~50대도 "더 늙기 전에 경험해 보고싶다"며 유럽 배낭 자유여행에 몰리고 있단다. 배낭여행 전문가들은 "여행 계획을 둘이서 짜다보면 사랑도 깊어지고 더 짜릿한 여행의 맛을 즐길 수 있다"며 "교통편, 음식점, 관광지 정보 등을 알아서 해결해야 하므로 자칫 고생이 될 수 있으니 마음의 여유를 가지고 떠나는 게 가장 중요하다"고 조언한다. 신혼여행의 여유로움을 잊지 말라는 얘기다.

배낭여행으로 가는 허니문은 주변 도시를 구경하는 맛이 일품인 유럽이 가장 인기코스. 로맨틱한 여행 분위기를 만끽할 수 있는 파리-스위스, 스위스-이탈리아, 파리-로마, 파리-프라하 코스 등이 있다. 프라하와 파리 여행은 여행지의 로맨틱한 분위기만으로도 허니문지로 유독 눈길을 끈다. 생애 단 한번뿐인 신혼여행을 배낭여행으로 선택한 이들의 색다른 신혼여행지, 백탑의 황금도시로 불리는 체코 프라하를 둘러보자.

영화 '아마데우스'의 배경지, 동유럽 대표지

스트라호프 수도원(Strahov Monastery)은 영화 '아마데우스'의 배경지로 유명한 곳이다. 1140년에 건립된 이 수도원은 페트르진 언덕 위에 위치해 있으며 수도원 천장은 중요한 관광 포인트 '진실을 알기 위한 인간의 투쟁'이라는 프레스코화가 있기 때문이다.

커다란 카톨릭 종교구역인 로레타(Loreta)도 꼭 들러보자. 건물 2층에 전시되어 있는 '프라하의 태양'이라 불리는 성체대 등이 볼거리다.

유럽여행 중 가장 인상에 남는 곳으로 손꼽히는 프라하 성(Prague Castle). 프라하에서 가장 유명한 명소다. 유럽 건축양식의 변화를 한번에 확인할 수 있다. 성 앞의 근위병 교대식도 볼만하다. 또한 287개의 계단을 올라가 프라하 전경을 볼 수 있는 전망대로 유명한 비타성당(Vitus Cathedral)은 1000년의 역사를 가지고 있으며 성당 내부에 왕가의 무덤이 있다. 황금소로(Golden lane)에 가면 22번지 집을 찾아가 봐야 한다. 이곳은 실존주의 작가 카프카의 작업실이 있던 곳이기 때문이다. 까를교(Charles Bridge)는 까를 4세에 의해 1402년에 지어진 다리. 양쪽에 각 15개씩 성경에 나오는 인물과 체코 성인들의 동상이 세워져 있다. 다리 위에는 길거리 미술가나 음악가들로 활기를 띈다.

구석구석 골목마다 낭만과 추억 가득

프라하의 명물중 하나인 천문시계가 있는 구 시청사 앞에서 사진을 찍는 것도 좋은 추억이 된다. 매시간 정각에 12사도를 비롯한 인형들이 춤추는 장면은 관광객들에게 즐거움을 준다. 국립박물관을 기준으로 길게 뻗어 있는 바츨라프 광장(Vaclavske namesti)은 체코 자유 역사의 중심이다. 민주화 혁명의 상징인 프라하의 봄과 무혈 쿠테타인 벨벳 혁명이 발생한 곳이기도 하다.

화약탑(Prahna Brana)은 11세기 구시가의 입구를 방어하기 위해 세워진 13개의 탑 중 하나. 프라하 구시가지와 신시가지를 구분하는 거점이기도 하다. 1475년 현재의 고딕양식으로 재건축되었으며 757년 전투용 화약고로 사용되었던 탓에 화약탑이라 불린다. 1757년 전쟁으로 심하게 파괴된 것을 1876년 복구했으며 1960년부터는 종 주조와 연금술에 관한 자료를 전시하는 박물관으로 사용되고 있다.

80m높이의 2개의 첨탑이 하늘을 찌를 듯 솟은 틴 성모 교회 (Kostel Panny Marie Tynem)는 낮보다 밤에 더욱 멋진 곳이다. 1135년에 초석을 세우고 1365년에 현재의 모습으로 개축했다. 15세기 초부터 1620년에 이르기까지 프라하 후스파의 본거지로 사용되었다. 2개의 첨탑 사이에는 황금 성배를 녹여서 제작한 성모 마리아 상이 있으며 북쪽 입구는 예수 수난 장면으로 장식되어 있다. 로코코 양식의 우아함이 돋보이는 킨스키 궁전(Palac Golz Kinskych)은 골스 백작의 저택으로 지어진 곳. 현재는 프라하 국립미술관의 일부로 판화 작품을 전시하고 있다.

프라하 관광의 출발지라 할 수 있는 블타바 강 오른쪽 지구인 구시가지의 중앙 광장도 빼놓을 수 없는 관광지. 1621년 합스부르크 왕가에 대항한 프로테스탄트 귀족들이 처형당했던 역사적 장소이기도 하다. 카를로바 거리(Karlova)를 따라 걸으면 카를교와 이어지며 돌이 깔린 좁은 골목마다 기념품점, 레스토랑, 노천카페, 상점이 즐비하다. 광장 주변은 고딕, 르네상스, 바로크, 로코코 양식 등 모든 건축양식을 한 눈에 살펴볼 수 있는 중세 건축물들로 둘러싸여 있다. 광장 중앙에는 1915년 얀 후스 사망 500주기를 기념하며 세워진 얀 후스 기념비(Pomnik Jana Husa)가 있다. 기념비 아래에는 '진리를 사랑하고, 진리를 말하고, 진리를 행하라'는 얀 후스의 유언이 새겨져 있다. 옛 사회주의 국가의 흔적도 잠시, 광장 곳곳의 벤치에서 망중한을 즐기는 프라하 연인들과 관광객들의 모습이 평온하게만 느껴진다. 14세기 대관식 때 왕이 지나간 길이라는 첼레트나 거리(Celetna) 도 걸어보자.

중앙일보, 2006. 8. 22

2. 관광구조 체계 확장

관광의 구조체계로는 베르네커의 3체계론과 군(Gunn)의 관광구조체계 이론이 현대사회의 구조체계를 반영한 대표적인 이론으로 인식되고 있다. 따라서 베르네커의 기본적인 관광구조의 3체계론과 군(Gunn)의 관광 구성요소를 토대로 현대적 관광구조체계의 구성요소를 관광자, 관광대상, 교통, 정보 · 촉진 등 크게 4가지 요소로 볼 수 있다.

1) 관광자(Tourist): 관광의 주체

관광자란 관광의 주체의 중심적인 구성요소로서 관광자를 둘러싸고 있는 사회 · 경제적 배경과 심리적 요인에 영향을 받아 관광을 목적으로 여행하고자 하는 사람을 총칭하며 일반 여행자와는 구별되어 진다.

2) 관광매력물

관광매력물은 관광자의 관광행동을 유발하고 여행하면서 관광자가 즐기면서 이용할 수 있는 관광대상과 자원을 말한다. 이는 유무형의 모든 매력대상물을 포함한다.

3) 부대시설

부대시설은 관광매력물과 관련된 제반시설로서 관광자의 관광욕구를 더욱 효과적으로 충족시키고, 관광활동을 보장할 수 있는 각종 편의시설을 총칭한다.

4) 기반시설

기반시설은 관광자원의 보존과 개발, 지역주민들의 일상생활 기능을 지원하는 각종 기간시설로 도로, 상하수도, 통신 등이 이에 해당된다.

그림 1-2 관광의 구조와 구성요소의 체계

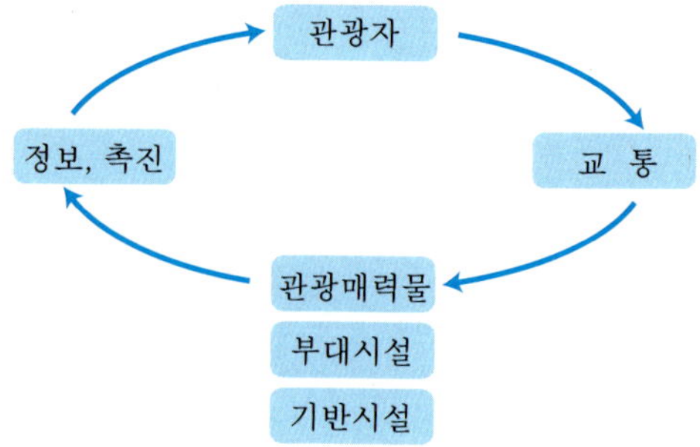

5) 교통(Transportation)

관광교통은 관광이 기본적으로 일상생활권을 떠나는 이동을 전제로 하는 활동이므로 출발지와 목적지를 연결시켜주는 중요한 수단이다. 교통은 관광객들의 이동을 가능하게 하는 공간적 매체로서 항공업, 육상교통업, 해상교통업 등 교통사업은 관광사업에서 가장 중요한 위치를 차지하고 있다.

6) 정보 · 촉진

관광정보는 1990년대 이후의 신관광(new tourism)시대에 관광자의 의사결정에 있어서 가장 중요한 영향을 미치는 관광의 구성요소이다. 따라서 관광자의 다양한 관광욕구를 충족시킬 수 있는 신속하고 정확한 정보체계를 구축하고 제공하는 일이 중요한 과제가 되고 있다.

관광 이야기

50 beautiful places to visit in Korea

미국의 관광여행 사이트 'CNN GO(www.cnngo.com)'는 최근 '한국에서 가봐야 할 아름다운 50선'을 선정해서 발표한 것이 화제이다.

'한국서 가봐야 할 50선'은 서울을 제외한 장소 가운데 아름다운 경치를 가진 곳으로 사찰, 역사유적, 섬 등 다양한 곳을 선정했다.

시도별로는 전라남도 9곳, 전라북도 5곳, 호남지역에서만 14곳, 제주도 5곳, 경상남도 9곳, 경북 강원지역 6곳, 경기 5곳, 부산 3곳, 충북충남 각각 1곳이 선정 되었다.

'한국서 가봐야 할 50선'은 각종 여행사이트와 블로그, 국내외 관광객들의 평가등을 종합해 선정한 것으로 전해졌다.

1. Seongsan Sunrise Peak (성산일출봉)
2. Ggotji Beach (꽃지 해수욕장)
3. Darangee Village (경상남도 남해 가천 다랭이마을)
4. Gwang-An Bridge (부산 광안대교)
5. Kyeong-Wha Station, Jinhae (진해 경화역)
6. Upo Marsh (우포늪)
7. Jeungdo Salt Farm (전남 신안 증도 염전)
8. Gongryong Ridge, Seorak Mountain (설악산 신선대 공룡능선)
9. Uleung Island Seaside Road (울릉도 해안도로)
10. Seopjikoji, Jeju Island (제주도 섭지코지)
11. Bomun Pavilion (경주 보문정)

12. Udo (우도)
13. Haeinsa Temple, Hapcheon (합천 해인사)
14. Chunwang Peak, Jiri Mountain (지리산 천왕봉)
15. Juknokwon, Damyang (담양 죽녹원)
16. Naganeupseong Folk Village, Suncheon (순천 낙안읍성 민속마을)
17. Yeojwa Stream (경상남도 진해 여좌천 벚꽃길)
18. Boseong Green Tea Field (보성 녹차밭)
19. Bulguksa Temple (경주 불국사)
20. Daegwallyeong Ranch (대관령 양떼목장)
21. Cheongdo Bull Fighting Festival (청도 소싸움 축제)
22. Hyeopjae Beach, Jeju Island (제주도 협재 해수욕장)
23. Anapji (Anap Pond) (경주 안압지)
24. Seryang-Je (세량제)
25. Kwanghan Pavilion (광한루)
26. Seomjin River Train Village (섬진강 기차마을)
27. Cheongsando (청산도)
28. Halla Mountain (한라산)
29. Terraced Fields, Hamyang (함양 다락논)
30. Nuri Peace Park (임진각 평화누리공원)
31. Baemsa-Valley (지리산 뱀사골 실비단폭포)
32. Young-san River (영산강)
33. Poppy Garden, Simhak Mountain, Paju (파주 심학산 꽃밭)
34. Royal Azalea Festival, Hwangmae Mountain (황매산 철쭉축제)
35. Sin-Reuk Temple, Yeo Ju (여주 신륵사)
36. Daedun Mountain Suspension Bridge (대둔산 구름다리)
37. Haeundae Beach (해운대 해수욕장)
38. Yongam Temple (옥천 용암사)
39. Snow in Taebaek Mountain (태백산 설경)
40. Yang Dong Traditional Village (양동 한옥마을)
41. Nami Island (남이섬)
42. Suncheon Bay (순천만)
43. Inje Smelts Festival (인제 빙어축제)
44. Ulsan Rock, Seorak Mountain (울산바위)
45. Bangwhasuryujeong, Suwon Hwa Seong (화성 방화수류정)
46. Namdae Stream, Muju (무주 남대천 섶다리)
47. Donglim Reservoir, Gochang (고창 동림저수지)
48. The Garden of Morning Calm (아침고요수목원)
49. Chok-suk Pavilion (촉석루)
50. Samkwang Temple (삼광사 연등축제)

CNN GO(www.cnngo.com)

제 4 절 관광의 효과

•••

과거 관광이 일반화되지 않았을 때에는 사회에 미치는 관광의 효과가 미미하여 무시할 수 있었다. 그러나 지금은 관광이 사회구성원 다수가 참여하는 중요한 사회현상으로 자리 잡은 만큼 관광의 영향이 매우 크고 중요해졌다. 따라서 관광의 효과에 관한 이해와 고찰이 사회적으로 큰 의의를 갖게 되었다.

이런 관광의 효과는 여러 기준으로 구분하여 정리할 수 있다. 피어스(Douglas Pearce)는 "관광영향은 여러 부문에 걸쳐서 발생하고 상호 연계되어 발생하므로 그에 대한 평가는 연계성을 인식한 시스템적 사고 하에서 이루어져야 한다"고 하였다. 그러나 여기서는 경제적 효과와 사회 · 문화적 효과를 중심으로 하여 관광의 효과를 검토하고자 한다.

관광의 효과는 경제와 사회 · 문화적인 면 외에도 정치적인 면과 법 · 기술 · 제도적인 측면에까지 관광과 연계되는 모든 환경에 고루 미치고 있으나, 그 영향이 미미하고 결과도출이 너무 장기간을 요하기 때문에 여기에서는 제외하였다. 관광의 효과를 연구함에 있어서 중요한 점은 관광의 효과가 평면적으로 나타나는 것이 아니라 하나의 현상, 즉 효과에 긍정적인 면과 부정적인 면이 동시에 존재하는 양면성을 가진다는 것을 이해하는 것이다.

•••

1. 경제적 효과

관광자가 관광지에서 소비하는 화폐는 그 지역 숙박 · 교통 · 음식 · 쇼핑 · 유흥 · 오락 등의 분야에서 발생하며, 관련기업은 원재료의 매입으로 지역경제의 활성화에 기여한다. 즉 이는 타 관련산업에의 지출을 의미하며, 투자활동의 증대는 또 다른 경제적 수요의 창출을 확대한다. 관광의 경제적인 효과의 중요성은 그것이 지역이나 국가에 경제적인 부(富)의 효과를 가져 온다는 점이며, 또한 경제 상태를 측정할 수 있는 척도로서의 역할을 하고 있기 때문이다.

1) 지역개발 촉진의 효과

관광자의 관광소비는 관광과 직접 관련된 사업체에 투자되는 것이고, 그 투자액은 다시 관련거래처나 가계수입의 원동력이 된다. 이 자본은 타 거래처로 순환되거나 시설확충 기금으로 사용되어 지역경제를 촉진시키고, 고용촉진 및 소득증대를 유발시킨다. 또한 해당지역의 환경 · 교통 · 상하수도 개선이나 통신의 발달 등 지역개발을 촉진하는 데 기여한다.

2) 국가수입의 증대

국가는 나라 안의 산업이 활발해져야 조세 등 더 많은 수입을 얻을 수 있다.

관광자의 방문이 활발해짐에 따라 관광관련산업이 번창하고, 파급효과가 크게 생기며, 따라서 국가의 수입도 증가된다. 또 국가는 부수적으로 관련업체의 각종 인허가와 관련되어 발생하는 수입과 관광자들이 국경을 통과하기 위한 비자 등 각종의 행정 서비스를 받으면서 납부하는 수수료 수입도 얻게 된다.

3) 국제수지 개선의 효과

관광은 그 특성상 소비자가 이동하면서 소비한다. 소비자는 스스로 관광목적지를 방문하여 자신이 즐기고자 한 관광의 목적과 함께 그 곳에 준비되어 있는 각종 시설을 이용하고 숙박하며 식음료를 소비한다. 결국 관광자는 관광행위를 위해서 필수적으로 경비의 지출을 감수해야 한다. 관광목적지의 입장에서 보면 이런 지출은 그대로 현지에 남게 되고, 그 곳의 국제수지 개선에 기여하게 된다. 일반상품의 경우 치열한 경쟁과 그로 인해 국가간 또는 지역간 갈등의 야기와 생산 · 폐기 시에 발생하는 공해문제 등 많은 어려움이 수반되지만, 관광의 경우 이런 문제점은 무시해도 좋을 정도로 미미하다.

또 관광으로 인한 수입은 외화가득률이 매우 높고, 관광자 스스로 원하는 소비이기 때문에 소비자 또는 관광배출국과 마찰을 발생시키지 않는다.

> 외화가득률
>
> $$\text{외화가득률} = \frac{\text{수입} - \text{지출(수입유발액)}}{\text{수입}} \times 100$$
>
> 외화가득률: 외화수입중 그 외화를 벌기 위해 지출한 외화를 제외한 나머지의 백분율

이런 점이 경제적 이익을 위해 치열한 경쟁을 하고 있는 현대사회에서 외화수입원으로서 더욱 매력적이다. 결국 관광을 통한 외화수입은 외국과 좋은 관계를 유지하면서 수입의 증대를 이룰 수 있는 경우가 된다.

4) 고용증대의 효과

관광자가 많이 찾아옴에 따라 그들이 이용하는 서비스산업이 발달하게 된다. 예를 들어 호텔 · 교통운수업 · 식당 · 여행사 등 관광자와 관련되어 나타날 수 있는 사업의 수와 종류는 엄청나다고 할 수 있다. 이런 개개의 기업은 모두 인력을 필요로 하게 되고, 따라서 국민에게 고용의 기회를 증대시키게 된다.

5) 국민소득의 증대효과

관광자들의 지출은 곧 관련산업의 매출증대로 이어져 고용인에 대한 급여나 기타 부가적으로 관광과 관련된 산업에 대한 파급효과를 나타내어 국가경제 전체에 커다란 영향을 주게 된다.

관광업체가 획득한 외화수입은 국가의 외환준비고를 높이고 재투자의 재원이 되고 있다. 관광업체가 필요로 하는 각종 재화 · 서비스를 국내 민간업체에서 구입하고, 생산업체와 서비스업체는 상품을 생산 · 공급하게 된다. 또한 관광객의 소비는 숙박비 · 음식비 · 교통비 · 유흥오락비 등으로 지출되어 그 지역경제에 회전 · 순환되어 승수효과를 발생시킨다.

이와 같은 관광소비효과는 그 이후 연관업체의 생산 활동에도 계속 파급되어 생산업체의 수입증대와 종사원 소득증대에 기여하고 있다. 또한 수입 유발율이 타산업과 비교하여 상대적으로 낮은 관광산업은 관광외화수입에 따른 승수효과가 매우 높게 나타나고 있어 개인 · 지역, 더 나아가 국가의 소득증대 및 안정된 재정수입원을 확보하는데도 기여한다.

2. 사회 · 문화적 효과

관광을 대상으로 관광목적지의 관점에서 비용(cost)과 편익(benefit)을 비교한다면, 편익은 주로 경제적인 면에서 분명하게 나타나고 있는 반면에, 비용은 주로 사회 · 문화적인 면에서 발생하고 장기적으로 나타나기 때문에 무시되기 쉽다. 이는 관광과 관련된 사회 · 문화적인 현상이 갖는 특성에서 유래된 것일 수도 있고, 관광으로 인한 경제적 효과를 강조하고자 하는 목적 때문에 이런 부정적 효과를 의도적으로 무시하기 때문일 수도 있다.

그러나 관광이 가지는 사회 · 문화적 영향의 크기, 즉 관광으로 인한 사회 · 문화적 변화의 결과는 장기적이고 예측 불가능한 것이기 때문에 한번 나타난 결과가 부정적일 경우 그것을 회복하는 것 역시 매우 어렵다는 점을 중시해야 한다. 이런 관점에서 본다면 관광이 초래하는 사회 · 문화적인 효과의 중요성과 의미가 경제적인 것에 비하여 결코 떨어지지 않고, 오히려 더욱 중시되어야 할 부분도 있다는 점을 간과해서는 안 될 것이다.

관광의 사회 · 문화적 효과는 일일이 구분하여 설명할 수 없을 정도로 많은 영역에서 나타나지만, 여기서는 대표적인 것을 중심으로 설명하겠다.

1) 인구구조의 변화 및 직업형태의 변화

관광의 목적지가 되는 지역에 있어서는 외부에서 젊은 인력, 특히 여성인력이 많이 유입되기 때문에 인구의 규모와 성별 구조 및 연령별 구조 등에서 전통적 사회와는 완전히 구별되게 된다.

전통사회에서처럼 과거의 산업에 전체인구가 집중되지 않기 때문에 능력위주, 여성노동력의 이용, 계절고용, 서비스업 발달 등의 현상이 일어난다.

2) 가치관의 변화

관광지 주민의 경우 주로 관광자들의 형태만을 접하기 때문에 노동중시와 전통의 존중 등 과거에 중시되었던 가치관에서 탈피하여 개인중심적이고 향락적인 가치기준을 갖게 되는 경향이 있다.

사회적 활동의 영역이 과거와는 달리 전체국민, 특히 젊은이들에게 개방됨에 따라 전통사회에서 가능했던 가장의 권위가 붕괴되고, 특히 가계수입의 많은 부분을 젊은이들이 산업체 근로에서 충당하게 됨에 따라 가족제도의 변화와 가족 내 권력구조의 변동이 초래된다. 이들 젊은이들은 주거이동이 빈번하게 되고, 따라서 전 가족이 함께 하는 생활방식은 소멸되게 된다.

관광 이야기

'무한대의 꿈' 실현 추구하는 두바이

차세대 최고의 관광명소로 급부상 "꿈에는 한계가 없다. 앞으로 나아가자(Dreams have no limit. Go further.)". 인천국제공항에서 약 9시간의 비행 끝에 두바이의 셰이크라시드국제공항에 내리면 눈에 들어오는 표어다. 두바이는 그 표어대로 인간의 상상력을 넘어서는 갖가지 야심찬 프로젝트들을 추진하고 있다.

삼성건설이 시공 중인 버즈두바이(Burj Dubai: 두바이의 탑)는 높이 803m의 극초고층건물이다. 2008년 말 완공되면 세계 최고 높이의 빌딩으로 기록되게 된다. 이 건물은 지금 84층까지 지어졌으며 첨단공법으로 3일에 한 층씩 올라가고 있다.

'팜아일랜드(야자수 섬)' 프로젝트의 하나로 계획한 세계 최대규모의 인공섬 '팜주메이라'는 올해 안으로 1차 완공주택 1천400가구의 입주가 이뤄진다. 세계적 명소로 부각될 것으로 예상되는 이곳은 지금 한창 마무리작업이 이뤄지고 있다. 해변의 총길이가 76㎞에 달하는 이 섬에는 모두 코앞에 바닷가를 둔 호화별장과 호텔, 문화.레저.스포츠시설 및 대형상가가 함께 들어선다.

다른 2개의 대규모 인공섬 '팜제벨알리', '팜데이라' 조성공사도 숨가쁘게 돌아가고 있다. 그뿐 아니다. 세계 지도의 모습을 가지면서 약 300개 인공섬으로 구성된 '월드' 프로젝트 역시 활발히 진행되고 있다. '월드'는 프랑스 파리보다 면적이 크다.

세계 최초의 초호화해저호텔 '하이드로폴리스' 역시 꿈 속에서나 생각할 수 있는 프로젝트라고 할 수 있다. 걸프해의 수심 20m지점에 스위트룸 220개 규모로 건설되는 이 호텔은 침실에서 특수유리 밖으로 펼쳐지는 바다 생태계

3) 소비형태 및 지역문화의 변화

관광자들은 자신들의 목적에 따라 소비를 전제로 하고 관광지를 찾게 되는 것이나, 관광지 주민이나 관련자들은 그들의 소비행태에서 영향을 받아 자신도 모르는 사이에 과소비나 소비지향적 성향을 나타내게 된다. 서비스업에서 종사하는 사람들이 전통사회에서 보다 수입이 많아지고, 주로 현금으로 수입이 나타나는 이유에서도 이런 소비행태의 변화원인을 찾을 수 있다.

소수의 관광자가 일시적으로 방문한다면 다르겠지만, 다수의 관광자가 지속적으로 동일한 관광지를 방문한다는 것은 관광지의 문화와 관광자들이 가지고 오는 그들의 문화가 서로 접촉하여 영향을 준다는 것을 의미한다.

따라서 관광지의 고유문화는 그 원형을 유지하기 어렵고, 관광자들의 문화와 혼합되어 국적불명의 고유성이 없는 문화가 되어 나타날 가능성이 있다. 또 관광지에서 자신들의 문화를 상품화할 경우 그 폐해는 더욱 심화될 것이다.

의 모습을 감상할 수 있다.

바닷속 호텔이 가질 수 있는 지루함을 줄이기 위해 호텔 안의 날씨도 조절할 수 있게 된다고 한다. 내년 말 오픈 예정. 1단계 공사가 진행 중인 두바이랜드 프로젝트 역시 세계 최고를 목표로 하고 있다. 두바이랜드 테마파크는 미국 플로리다주 디즈니월드의 2배 가량 크기. 완공되면 세계 최대규모의 테마파크가 된다.

두바이에는 이미 인공섬 위에 지어진 세계 최고 수준의 7성(星)급 호텔 '버즈 알 아랍'이 돈 많은 세계의 관광객을 끌어모으고 있다. 또 대형 집합상가인 에미리트몰에 붙어 있는 사막의 실내 스키장도 열사의 나라를 찾은 관광객들의 호기심을 자극하고 있다. 이외에도 두바이는 '두바이 월드컵' 등 세계 최고수준의 경마대회와 골프대회를 유치하는 한편 매년 초 파격적인 할인을 하는 쇼핑페스티벌을 개최해 세계인들을 끌어들이고 있다.

지난해 600만 명이었던 관광객 규모가 2010년에는 1천500만 명에 달할 것으로 두바이는 기대하고 있다. 두바이에 있어서 관광명소의 개발은 관광객을 끌어들이는 것 이외에 외국기업의 투자를 유치하기 위해 생활하기 좋은 여건을 만들어야 한다는 목적도 깔려 있다.

연합뉴스, 2006. 11. 19

4) 교육의 효과

관광자들을 접한다는 것은 동시에 그들의 사상과 문화를 알게 된다는 점에서 관광은 교육의 효과를 기대할 수 있다. 관광과 교육은 밀접히 관련된다. 이는 관광과 교육의 궁극적인 목적이 자기계발, 건전한 인격함양, 생산력의 창출, 사회적 적응력의 고취 등의 측면에서 유사하기 때문이다.

최근 교육의 주요한 수단으로서 관광과 레저 활동이 중요하게 인식되고 있다. 관광객들이 보고 노는 관광활동보다 정신적인 만족감을 충족시켜주는 직접 체험할 수 있는 교육적인 관광 및 레저 활동을 선호한다는 것이다. 특히 역사 · 문화적 가치가 있는 박물관 · 미술관 · 문화관광지 · 생태관광지 등은 관광객의 지적인 관광욕구를 충족시킬 수 있다.

관광 이야기

유엔세계관광기구 총회 경주서 개막

관광의 '메가 트렌드'가 바뀌고 있다. 놀고 먹는 관광에서 환경과 생태를 생각하는 녹색(Green) 관광으로 패러다임 변화가 빠르게 이뤄지고 있다.

지난 8일부터 경주에서 열리고 있는 제19차 '유엔세계관광기구 총회(UNWTO)'의 핵심 주제도 '지속 가능한(Sustainable) 관광'이다. 지속 가능의 의미는 간명하다. 관광을 하되, 지속적으로 계속 자연과 함께할 수 있는 관광을 하자는 뜻이다. 그게 녹색 · 생태관광이다.

경주를 찾은 전 세계 40여 개국 '관광의 별'도 한결같이 녹색 · 생태관광의 중요성을 강조하고 있다. 이번 총회를 주재하는 탈렙 리파이 유엔세계관광기구 사무총장은 "행사가 열리는 경북도와 경주시 전체가 그린 투어의 핵심 포스트가 되기를 기대한다"며 "전 세계 관광 부국들은 앞다투어 녹색관광을 부각시키고 있다. 향후 관광 트렌드는 녹색과 생태가 될 것"이라고 강조했다.

실제로 관광에서 비롯되는 CO_2 배출량은 서서히 증가세를 보이고 있다. 세계관광기구가 밝힌 '관광활동으로 인한 CO_2 배출량'은 전 세계 CO_2 배출량 중 약 3.7~5.4%를 차지한다. 2035년에는 이 비중이 3배에 달할 것으로 전망된다.

분야별로는 교통이 차지하는 비율이 전체에서 75%로 나타났고 숙박 21%과 관광활동 4%다.

세계관광기구가 정한 녹색·생태관광의 키워드는 △지역의 자연과 문화 이해 △지속 가능한 환경·생태 보전 △지역 주민의 경제적 이익 등이다.

사실 외국에서는 이미 녹색·생태관광이 관광업계의 화두로 떠오르고 있다. 녹색·생태관광은 1990년대 이후 매년 20%를 웃도는 증가세를 보이고 있고 다른 관광 분야보다 3배 이상 빠르게 성장하고 있다. 세계 관광시장에서 차지하는 생태관광 비중도 2004년 7%에서 2012년 25%로 커질 것으로 보인다.

삼성경제연구소가 최근 내놓은 '미래 관광의 7대 트렌드 변화' 보고서의 키워드도 지속 가능한 녹색관광이다. 연구소가 꼽은 7대 트렌드로 △문화콘텐츠 관광 △에듀테인먼트(교육+엔터테인먼트) 관광 △수양(soul) 관광(요가·템플스테이) △스마트 관광 △꿈을 파는 관광 △공정 관광을 필두로 한 녹색·생태 관광 △중국 등이다.

10일 경주 총회 현장에서 만난 최광식 문화체육관광부 장관은 "한국에서도 이미 녹색·생태관광에 대한 분위기가 무르익고 있다. 제주 올레길, 지리산 둘레길 등 녹색 걷기 여행은 벌써 대세"라고 말했다.

녹색·생태관광을 위한 대한민국의 인프라는 무궁무진하다. 이미 세계적인 관광지로 주목받고 있는 비무장지대(DMZ)를 비롯해 우포 습지, 순천생태공원 등 자연·생물의 다양성이 풍부한 생태 관광지가 풍부한 편이어서다.

총회가 열리는 경주 주변을 둘러본 아샤 로즈 미기로 유엔 사무부총장은 "한국은 그 자체로 세계적인 녹색관광지가 될 수 있다"며 "경주만 해도 자연 자원과 역사 문화가 어우러진 최고의 녹색관광 포인트가 될 잠재력을 충분히 갖고 있다"고 감탄했다.

정부도 녹색·생태관광 활성화에 총력을 기울이고 있다. 문화체육관광부는 지난 4월 녹색관광 기본계획을 발표한 뒤 기존 관광산업을 저탄소 녹색관광으로 리모델링하는 데 주력하고 있다. 21세기 고부가가치 산업이면서 자원 소비 성향이 높은 관광산업을 통째로 '그린화' 하겠다는 구상이다.

핵심은 이렇다. 현재 관광시장의 20%에 머물고 있는 녹색관광시장을 2014년에 25%로 끌어올리고 관광산업의 온실가스 배출량도 2020년 배출 전망치 대비 30% 감축한다는 계획이다.

2011.10.10. 매일경제

Tourism 관광학 이론과 실제

제 2 장 관광의 발전

제1절 **세계관광의 발전과정**

제2절 **한국관광의 발전과정**

관광의 일반적인 발전단계를 관광내용을 이루는 커다란 특성에 따라 시대를 구분하면 다음과 같이 요약된다. 즉 여행의 시대, 관광의 시대, 대중관광의 시대, 신관광의 시대로 구분할 수 있겠다. 이러한 단계를 도표로 나타내면 표 2-1과 같다.

표 2-1 세계관광의 발전단계

단계구분	여행의 시대	관광의 시대	대중관광의 시대	신관광의 시대
시기	고대~ 1830년대 말	1840년대 초~ 2차세계대전	2차세계대전 후~ 1990년대	1990년대~ 현재
관광자층	특권계층(귀족, 승려, 무사), 일부 부유층 평민	특권계층과 부유층의 평민 (부르조아)	전국민 (관광할 수 있는 여건 갖춘 국민)	전국민
관광동기	신앙심	지식욕	보양과 오락	만족한 삶과 자기계발
조직자	교회	기업	기업,공공단체, 국가	개인, 가족
조직동기	신앙심 향상	이윤 추구	이윤 추구와 국민후생의 증대	복지국가 지향
기준	단순 관광행동	기업활동과 집단행동	대량화 현상	사회복지적 관점에서 관광을 인식

제 1 절 세계관광의 발전과정

인간이 즐거움을 추구하기 위해 여행을 했다는 사실은 매우 오랜 역사적 사실이다. 고대 올림픽에의 참관과 요양을 위한 온천지로의 이동 등을 관광의 시원으로 볼 수 있으나, 현대적 의미에서의 관광현상과는 상당한 해석상의 차이가 있다. 유럽을 무대로 하는 서양의 관광발달단계의 일반적인 과정을 다음과 같이 여행의 시대, 관광의 시대, 대중관광의 시대, 신관광의 시대로 구분하고, 각 시기별로 중요한 역사적 사실들을 요약할 수가 있다.

1. 고대 및 중세관광: 여행의 시대

고대 그리스, 로마시대의 경우 고대 올림픽 경기대회를 중심으로 한 여행행위나 신전참배 등의 종교 활동을 위한 여행이 주류였었다. 그리스관광은 체육 · 요양 · 종교의 세 가지 동기에서 이루어졌다. 이 시대의 여행자는 민가에 투숙하는 것이 보통이었고, 민가의 주인 쪽은 외래객을 모두 제우스신의 보호를 받는 '거룩한 사람'으로 간주해서 후대하는 습관이 있었으며, 이와 같은 환대의 정신은 '호스피탈리타스'라고 해서 최고의 미덕중의 하나로 꼽혀 왔다. 로마시대 후기의 경우 교통, 학문의 발달로 지적 욕구의 증대에 따른 탐구 여행, 종교 · 예술 활동을 위한 여행, 식도락 관광 등의 형태로 발전되었다.

관광에 참여할 수 있는 집단은 모두 군인 · 승려 · 철학자 및 부유한 자 등 사회의 상층부를 구성하는 특권계층이었다. 이들은 막대한 부나 권력 및 노예와 여자들의 노동력을 배경으로 자신들의 미적(美的) 이상의 추구와 예술적 유희를 즐길 수 있었다.

로마의 쇠퇴와 함께 약 1,000년 동안 관광현상을 찾아 볼 수 없는 암흑의 시대라고 불릴 정도로 관광이 극도로 침체되어 있었다. 특히 인간의 쾌락을 죄악시하는 종교적인 강요에 의하여 휴식이나 즐거움을 찾는 관광은 존재할 수 없었고, 성지순례 등 종교적 이유에 의한 이동이 미미하게 존재할 뿐이었다. 그 후 십자군 원정으로 대표되는 종교적 목적을 가진 이동과 지적 발달로 인한 인간성

회복에 대한 추구 및 새로운 문명에 대한 호기심 증대 등의 이유로 관광현상이 새로이 나타나기 시작하였다.

십자군 전쟁에서 귀국한 병사들이 들려준 동방의 풍물에 관한 귀향담과 병사들이 수송귀로에 들고 돌아온 인도의 향료나 페르샤의 융단 등의 동방산물을 통해 한층 더 동방에 대한 여행의 꿈을 키웠을 것이다. 예루살렘은 종교관광의 최고의 목적지가 되는 등 십자군 전쟁의 영향으로 일부 중간층도 관광에 참여하게 되고 가족단위의 관광형태도 생겨났으며, 주로 수도원이 숙박시설 기능을 담당하였다.

2. 근대의 관광: 관광의 시대

관광의 역사에서 다음으로 살펴보아야 할 중요한 부분은 르네상스시대의 여행이다. 중세를 마감하고 근대국가로 넘어오는 과정에 있었던 중요한 사건을 보면, 1517년 루터의 종교개혁, 15~16세기 스페인 · 영국 · 포르투갈 등이 주도했던 대항해, 1523년 마젤란의 세계일주, 1642년 청교도혁명, 1688년 영국 시민혁명 등을 들 수 있다.

이런 일련의 격변을 겪으면서 사람들은 시민의식이 생기고, 주체의식을 갖게 되었으며, 그 결과 당시의 사람들은 인간으로서 자신의 행복을 추구하는 것이 궁극적으로 다른 어떤 것보다도 중요하다는 의식을 갖게 되었다. 특히 14세기 말부터 17세기까지의 문예부흥과 산업혁명은 사람들의 이런 자각에 매우 중요한 영향을 미쳤다.

견문확대를 위한 여행의 자극은 이탈리아에서 발원한 문예부흥(renaissance)의 도래와 함께 시작되었다. 안정된 정치군주체제는 여행객의 안전보장에 도움이 되었으나 여전히 여행객들이 주의해야 할 점들이 많았다. 이에 관해서는 16세기 여행객들의 경각심 고취를 위해 저술된 몇몇 저서에서 찾아볼 수 있다.

문예부흥을 거치면서 사람들은 인간의 위대함과 중요함을 느끼게 되었고, 이에 더하여 괴테 · 쉴러 · 바이런 등의 여행 작가들의 작품은 일반인들의 여행에 있어 지적인 호기심을 자극하고, 이것이 행동으로 표현되도록 하는 데 중요한 역할을 했다. 특히 귀족의 자제들은 지식과 교양을 함양하고자 인근의 국가로 여행을 떠나는 것이 유행하였는데, 이러한 현상을 '그랜드 투어(Grand Tour)'라고 칭한다.

그랜드 투어란 원래 엘리자베스 여왕이 16세기 초 직업정치가와 대사계급을 창안, 도입할 목적으로 실행한 여행형태이다. 당시 상류계층의 젊은이들은 교육

이수 목적으로 유럽 전역을 대사를 대동, 순회여행하였는데 이 관습은 17~18세기에 일반화되었다. 이러한 선량교육은 가정교사를 대동, 1~3년 동안 전 유럽을 순회하면서 이루어졌다.

1764년 영국에서 시작된 산업혁명은 사회의 일대 변혁을 가져 왔는데, 특히 관광분야에서는 철도의 증기선, 역마차 등 교통수단의 발달로 여행의 편리성이 크게 향상되면서 관광이 대중화되는 계기를 마련하였다. 특히 영국에서 1850년에 철도망이 거의 완성되었고 이러한 철도의 발달은 관광의 획기적인 발달의 원동력이 되었다. 당시 토마스 쿡(Thomas Cook)이라는 영국의 목사가 1841년 금주동맹회의 참가자를 대상으로 모객하여 단체 전세열차 운영을 처음으로 시도했고, 단체관광의 할인에 의한 최초의 여행업을 시작하였다. 그래서 토마스 쿡은 여행업의 창시자이자 근대관광산업의 아버지로 불리어지고 있다. 토마스 쿡은 그의 아들과 함께 최초의 여행사인 "Thomas Cook and Son Ltd."를 창시하였다. 토마스 쿡과 함께 미국의 대표적인 여행사인 아메리칸 익스프레스사(American Express Co.)는 초기 역마차회사로 설립되어 운송과 우편업무를 시작하였고, 1891년 여행자수표(traveler' s check)를 발매하여 안전한 여행에 공헌하였다.

19세기 말기에는 유럽과 북아메리카 사이의 왕래가 활발하게 되고 20세기 전반에 걸쳐 대서양의 호화여객선시대가 출현하지만 이와 때를 같이하여 스타틀러(Statler)나 부머(Boomer) 등의 호텔경영자에 의해 미국의 호텔도 대형화와 근대화를 이룩하였다.

근대의 관광(Tourism)은 고대, 중세의 것과는 달리 종교적 동기보다는 지식욕이나 호기심이 주된 동기가 되었다. 중세처럼 교회가 여행단체를 조직하고 신앙심의 향상을 노려서 성지순례를 행한 것과는 달리, 근대의 관광은 토마스 쿡처럼 소위 여행업자가 영리를 목적으로 단체여행을 추진하였다는데 그 차이가 있다.

학자에 따라서는 'tourism'이라는 용어를 개별적인 'tour'와 구별하여 역동적이고 집단적인 사회현상이라고 보는 이가 있는데, 이러한 관점에서 토마스 쿡 이전의 관광시대를 'tour'의 시대, 이후의 시대를 'tourism'의 시대라고 부르고 있다.

3. 현대의 관광: 대중관광의 시대

철도와 선박만이 교통수단이었던 이전에 비하여 2차 세계대전 후에는 민간항공, 관광용 대형버스, 자가용 자동차, 렌터카 등이 등장하고, 기존의 교통기관도 설비와 능력이 대폭 개량되고 대량수송의 조건이 갖추어져, 빠르고 안락하고 저렴한 해외여행이 가능해졌다. 현대의 관광현상을 대중관광(mass tourism)의 시대, 또는 단순한 사회현상에 복지개념을 추가한 복지관광의 시대라고 지칭되고 있다. 세계관광기구(WTO: World Tourism Organization)의 예측에 의하면, 21세기에는 전 세계의 교역량규모에서 관광과 관련된 교역량의 범위가 석유 관련산업을 제치고 1위가 될 것이라고 하였다.

또한 국민들이 관광에 참여하는 것이 단순한 즐거움의 추구나 특별한 목적을 이루기 위한 행위라기보다는 인간이 인간으로서 당연히 누려야 할 기본권으로 인정할 수 있다는 개념에 의해 복지관광(social tourism)과 관련된 정책들이 출현하게 되었다.

국민대중의 여행시대에 들어선 현대국가는 재정적으로 빈약한 계층을 위한 특별한 지원을 목적으로 이루어진 유럽의 복지관광 운동의 이념을 확산, 수용하여 관광이 지니는 국내적 효과인 국민복지 증대와 지역개발 촉진은 물론 경제, 사

관광 이야기

은퇴이민 열풍

50대 중반의 정주철씨는 4개월 전 말레이시아 쿠알라룸푸르로 이주했다. 중학교 1학년인 자녀를 좀 더 좋은 환경에서 교육시키고 어학연수도 할 겸 이주를 결심한 것이다. 그는 비록 이주한 지 얼마되지는 않았지만 "말레이시아 사람들이 편안하고 느린 성격이어서 한국에서 바쁜 생활 속에 찌든 마음을 트이게 해주었다"고 말했다. 그는 아파트 단지 내의 헬스장, 수영장을 무료로 이용하고 저렴한 비용으로 골프를 치며 여가도 즐기고 있다. 그는 "언어 문제가 있어 약간 불편한 점이 없지는 않지만 여러 가지 면에서 한국에서보다는 한 단계 나은 생활을 할 수 있다"고 만족감을 나타냈다.해외에서 노후를 보내겠다고 꿈꾸는 사람이 늘어나고 있다. 국민소득이 선진국 수준에 근접하면서 해외에서 생활하는 게 가능해진 것이 근본 요인이다. 게다가 국민연금이 시행된 이후 공무원을 중심으로 연금 생활자들이 늘어난 것도 주요 요인이다.

지난 9월 23~24일 서울 코엑스에서 개최된 해외유학 어학연수박람회 · 해외이주 이민박람회는 북새통을 이루었다. 5만여명이 몰려들어 뜨거운 호응을 보였다. 학생과 학부모가 유학, 어학연수에 관한 정보를 얻기 위해 몰려든 것이다. 그런데 행사장에는 학생과 학부모만이 아니라 50~60대의 중 · 노년층도 있었다. 필리핀, 말레이시아 은퇴이

회, 문화적 의의를 새롭게 하고 적극적인 관광정책을 추진하기에 이르렀다. 우리나라에서 강력히 추진하는 국민관광진흥시책도 바로 여기에서 그 근원을 찾을 수 있을 것이다.

이러한 복지관광의 실현 측면에서, 건전한 여가활동을 위한 휴식 공간 제공 등 국가 및 사회적인 필요성으로 인해 저소득층, 소외계층의 관광활동을 지원하는 관광정책이 많은 국가에서 시행되고 있다. 또한 관광활동을 국민의 기본권으로 인식하는 경향이 늘고 있다. 따라서 국민숙사, 관광금고, 유스호스텔 등의 용어가 생기고, 국민 모두가 관광에 참여할 수 있는 기회가 주어지고 생활화되어 대중적으로 참여하게 되는 국민관광(national tourism)의 붐이 일어나게 되며 국민관광관련 시설이 늘어나고 있다.

4. 신관광의 시대

신관광(New Tourism)시대는 1990년 이후 관광의 개념이다. 관광은 특권층만이 향유하는 것이 아니라, 전 국민 모두의 일상생활에서 관광이 매우 중요한

민 설명회 때문이었다. 이에 앞서 9월 20일에는 고양시 킨텍스(KINTEX)에서 '2006년 고령친화산업 및 효 박람회(Korea Senior Life Expo 2006)'가 열려 다양한 실버산업과 함께 은퇴이민 상품도 소개됐다.

은퇴이민을 원하는 사람이 늘자 여행업계에서도 은퇴이민 설명회를 열고 있다. 롯데관광은 매주 금요일 말레이시아 이주 설명회를 개최한다. 고객의 신청을 받아 개최하는 설명회에서 말레이시아의 현지 물가, 부동산 소유 및 관련 절차, 이주비자 등에 관해 정보를 제공해준다. 매주 진행되는 이 행사에 매번 10~20명의 고객이 참여하는 등 은퇴이민에 대한 관심이 높다. 롯데관광 관계자는 "매일 5~10통의 은퇴이민 관련 문의 전화가 걸려온다"고 말했다. 11월 10일에는 대전에서 60~100명의 고객을 대상으로 설명회를 개최한다.

최근 신문, 잡지도 은퇴이민 기사를 늘리고 있다. TV도 은퇴이민 프로그램 방영을 늘리는 추세다. 은퇴이민 관련 책자도 속속 등장하고 있다. '생애재무설계'(21세기북스) '성공을 꿈꾸는 한국인이 사는 법'(청림출판)에서는 은퇴이민을 노후 생활전략의 한 방법으로 소개하고 있다. '딱 3년만 해외에서 살아보기'(들마루)에서는 은퇴, 레저형 해외생활로 은퇴이민을 소개하고 있다. 은퇴이민에 대한 관심을 반영하여 은퇴이민의 가이드 형태로 '은퇴이민 이렇게 하면 성공한다'(성인당) 출간됐다.

은퇴이민은 일본에서는 '연금이민'이라 불린다. 일본을 비롯한 선진국에서 연금만으로도 생활할 수 있는 곳으로 이주하는 것이다.

일본 총무성의 2004년 조사에 따르면 연금 수입에 의존하는 부부의 월 평균 지출액은 25만7,000엔(205만원)이며, 경제적으로 여유 있게 노후 생활을 하려면 월 37만9,000엔(303만원)이 필요하다. 그렇지만 40년간 국민연금을 넣어온 일본인 부부가 받는 연금은 월 평균 13만2,000엔(105만원)에 불과하다.

위치를 차지하는 단계에 이르고 있다. 대가족사회에서 핵가족사회로 변모하면서 관광의 단위 역시 단체위주의 관광에서 개인이나 가족위주의 단위로 변해가고 있다. 또 관광의 추구성향도 개성추구나 특정한 주제를 가지고 관광하는 방향으로 발전하고 있다.

이러한 시대의 흐름을 반영하여 관광경험이 풍부하고 관광을 통한 자기표현을 추구하는 개성이 강한 계층이 주도하는 새로운 흐름의 관광형태가 등장하였다. 더 이상 값싼 관광상품, 표준화된 패키지여행을 원하지 않고 부단히 새로운 관광지, 색다른 관광상품을 탐색하며 개성을 추구하는 질적인 관광을 선호하는 관광자가 점증하는 추세인 이러한 현상을 독일의 아울리아나 푼(Auliana Poon) 박사는 신관광혁명이라 명명하고 있다.

관광사업적인 측면에서도 오랫동안 지배해 왔던 이윤추구 방식인 대량생산에 의해 가능하게 된 박리다매(薄利多賣) 방식에서 이제는 소품종 대량생산에서 다품종 소량생산이라는 이념으로 바뀌고 있음을 볼 수 있다.

이와 같이 탈대중관광시대를 신관광시대라고도 명명하는데, 신관광시대의 특

연도별 필리핀 은퇴이민 프로그램 한국인 참여자수

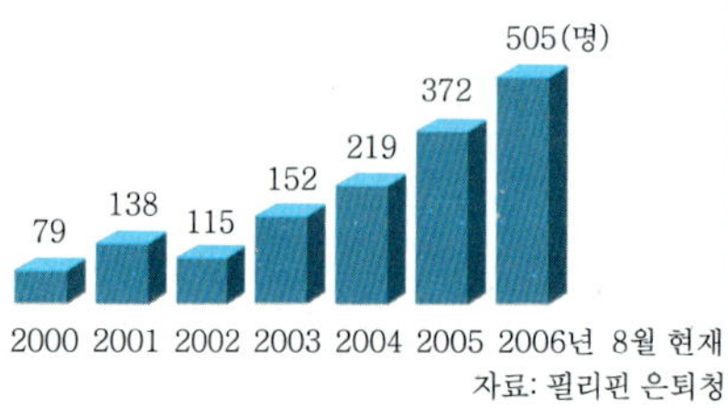

자료: 필리핀 은퇴청

연금에 대비해 높은 세금과 물가를 감당할 수 없어 물가가 낮으면서도 생활 여건이 비교적 괜찮은 곳으로 은퇴이민을 결정하게 된 것이다. 한국인도 높은 물가와 세금을 피해 해외로 은퇴이민을 간다고 볼 수 있지만 선진국과는 달리 국민연금제도가 아직 시작단계이기 때문에 공무원의 경우를 제외하고는 애초에 목돈을 가지고 이주하는 경우가 많다.

최근 은퇴이민자 사이에 주목받는 지역이 동남아다. 동남아는 PC방, 식당 등 이민자들이 할 수 있는 일이 아직 많다. 또 싼 물가 때문에 굳이 일을 하지 않더라도 연금으로 어느 정도 생활을 할 수 있다. 저렴한 인건비로 가사도우미를 두고 하숙집을 운영할 수도 있다. 또한 기후가 춥지 않으며 골프나 스킨스쿠버 등 여가를 즐길 만한 여건이 좋아 '귀족생활'을 꿈꾸는 사람들로부터 각광받고 있다. 특히 동남아는 우리나라와 지리적으로 가깝기 때문에 가족관계라는 것을 무시할 수 없는 우리나라 특성상 왕래가 쉬운 동남아가 주목 받고 있는 것이다.

은퇴이민에 대한 관심이 높아짐에 따라 여행업계에서는 관련 상품 개발에 나서고 있다. 대개의 경우 답사프로그램을 개발하여 현지 실정을 파악하고 이민을 할 수 있도록 하는 것이다. 하나투어는 지난 5월부터 동아닷컴, 조인스닷컴과 공동으로 해외체험답사 프로젝트를 실시하고 있다. 태국, 필리핀, 말레이시아 현지를 6~7일의 일정으로 답사한다.

비용은 150만~200만원 가량이다. 답사를 통해 은퇴이민 희망자들은 주택시설 및병원시설을 방문하여 이민

징은 관광의 다양성과 개성추구에 따라 특별관심관광이 많이 생긴다는 것이다. 종래의 본능적인 욕구충족의 해결로 보았던 관광이 이제는 전형적으로 어떤 특수한 주제관광으로서 특별관심관광의 형태로 흐르고 있으며 이와 함께 문화관광을 비롯하여 종교관광, 민족관광, 생태관광, 요양관광 등 보다 차원이 높으면서도 다양한 형태의 관광을 추구하게 되었다.

후의 생활 여건을 살필 수 있는 기회를 가진다. 하나투어 관계자는 "은퇴이민 관련 문의가 늘자 그에 대한 수요에 부응하여 프로젝트를 고안하게 됐다"고 말했다.

그는 또 "일주일 정도의 답사 기간은 짧아 체험을 하지 못했다는 의견이 많았다"며 "장기 체류 프로그램을 준비 중에 있다"고 말했다. 롯데관광은 올 7월 말레이시아 은퇴이민 설명회를 개최하면서 말레이시아 이민답사 프로그램을 선보이기 시작했다. 120만원 정도로 5일간 답사 및 현지 설명회를 가진다.

베트남 전문 여행사 코비투어는 한류열풍으로 인해 베트남인이 한국인을 좋아한다는 점을 강점으로 내세우며 베트남 은퇴이민 답사 상품을 내놓았다. 약 150만원으로 아파트 건설현장과 주변 위락시설을 둘러본다. 모두투어도 은퇴이민 관련 상품을 내놓을 계획이다.

주간조선, 2006. 11. 14

제2절 한국관광의 발전과정

관광의 발전단계별로 우리나라의 관광현상을 Tour의 시대, Tourism의 시대, Mass Tourism의 시대, New Tourism의 시대로 구분하는 데는 여러 가지 이론이 있을 수 있다. 그것은 우리나라의 여행이나 관광의 역사와 환경이 서양의 그것과는 많은 차이점을 보이고 있기 때문이다.

특히 관광발전의 초석이 되는 교통수단과 대중 숙박시설의 발달 그리고 국민의 시간적 · 경제적 여유가 1970년대까지 뒤따르지 못하였고, 특히 낮은 소득수준으로 정부는 국민국외여행을 연령에 따라 제한을 두어왔다. 이점을 고려할 때 우리나라에서 대중관광시대의 개막은 1989년 1월 1일부터 실시된 국민국외여행 연령제한의 폐지가 그 기점이 된다고 할 수 있다.

따라서 우리나라의 관광현상 발전과정을 논할 때는 서양의 관광사를 논할 때와 같이 Tour의 시대, Tourism의 시대, Mass Tourism의 시대, New Tourism의 시대로 구분하는 것보다는 연대별로 구분해 보는 것이 유익할 것이다.

1. 해방이전까지의 관광

삼국시대에는 경제적으로 여유가 있고 신분적으로 지위가 높은 왕, 귀족, 승려 같은 특권계층과 그들의 자녀들이 국내의 명승지나 국외에까지 여행을 할 수 있었다. 이들의 여행은 주로 정치 · 외교 · 군사적 목적이 주종을 이루었다.

비공식적인 여행으로는 자연경관의 감상, 신체단련과 오락적 동기의 활쏘기, 수렵, 말타기 등이 있었다. 특히 신라의 화랑은 대부분 무리를 지어 신체를 단련하고 위락적인 목적으로 여행을 하였는데 그들의 여행대상지는 중국본토에서 서페르시아에 이르기까지 광범위하였다는 기록이 있다.

고려시대에는 철저한 신분제도 때문에 이주의 자유가 없었으므로 여행은 특권층을 제외하고는 거의 이루어지지 않았다. 당시의 젊은 귀족 자제들은 명산, 사찰 등의 국내여행은 물론 국외에까지 여행을 하였다.

전국 명산대천을 찾아 낭만을 즐기던 시인 · 묵객들의 풍류여행, 신라 화랑도의 심신수양을 위한 전국 명소 순례여행, 부산에서 신의주까지의 국도를 따라 설치 운영되었던 역참을 이용한 관민의 여행, 지방마다 매년 정기적으로 개최되는 그 지방특유의 민속행사(씨름대회, 줄다리기 등) 참가, 천렵, 뱃놀이 등은 우리 고유의 여행이면서 관광현상이라고 할 수 있다.

조선시대는 유교를 숭상하는 철저한 신분제 사회였지만 양반들의 단체여행 뿐 아니라 평민들에게도 부분적인 여가활동이 시작된 시기였다. 이 시대의 평민계층의 관광은 동국세시기(東國歲時記)에서도 볼 수 있듯이 보름날 저녁에 행하여졌던 답교(踏橋), 초파일의 연등행사, 5월의 단오, 6월의 유두일 등 특정일에 한하여 이루어졌는데, 이들은 대부분 풍년을 기원하고 자신과 가족의 재앙을 방지하려는 목적의 일시적인 여행도 행해졌던 것으로 나타났다. 숙박형태는 이용계층과 용도에 따라 다양한 형태가 있었는데, 관용여행자를 위한 역(驛), 일반평민들이 이용하는 여사(旅舍), 가난한 사람들에게 음식과 약을 제공하던 사리원, 조치원 등의 원(院), 대중적인 여관형태로서 주막, 상인들이 주로 사용했던 객주와 여각, 사신들의 숙소인 태평관, 북평관, 왜관의 관(館) 등이 있었다.

일제 식민지시대 때에는 문화가 개방되어 서양에까지 외교, 유학, 신문화 등을 배우기 위한 여행이 전에 없이 활발히 이루어졌고, 서양인들과의 교역이 활성화됨에 따라 외국인들의 투숙을 위한 서양식 호텔이 건립되는 등 한국숙박업에 있어서도 괄목할 만한 발전을 가져왔다.

2. 개항이후 해방 전의 관광

개항이후 우리나라에도 서구문물이 유입되기 시작하면서 특히 인천항으로 외국인들의 입국 증가로 1888년 인천에 우리나라 최초의 호텔인 대불호텔이 건립되었다. 1인천2년에는 서울에 최초의 서양식 호텔인 손탁호텔이 건립되었는데, 이 호텔은 2층 건물에 객실은 30실로 커피숍 등이 갖추어져 외교 및 사교의 장소로서 인기가 높았다. 1912년에는 경부선과 경의선이 개통함에 따라 부산과 신의주에 각각 철도호텔이 건립되어 철도여행객을 수용하였다. 1914년에는 당시 69인실 규모의 조선호텔이 건립되었는데, 재건축을 통해 오늘날까지 유지되고 있다. 1915년에는 우리나라에서 최초로 여행업무가 시작되었는데, 일본 여행사인 JTB(Japan Tourist Bureau)의 조선지부에서 철도승차권 판매를 대행하면서부터이다. 1916년에는 일본이 여의도, 대구, 울산, 평양, 신의주 등지에 간이 비행장을 만들면서 지방도시를 연결하는 항공운송이 시작되었고, 1930년에는 경인구간에 유람 비행사업이 시작되었으며, 1936년에는 조선항공사가 설립되어 서울과 이리사이에 정기항로를 개설하여 주2회씩 운항하기도 하였다. 1936년 당시 최대 규모인 111개의 객실에 8층 높이의 콘크리트구 조물로 만들어진 반도호텔이 건립되었다. 이처럼 개항이후 해방 전까지의 우리나라 관광발전사는 관광의 사회적 현상이나 조류에 의한 것이라기 보다는 호텔 등의 관광산업체 위주로 진전되었음을 알 수 있다.

3. 해방이후 1970년대까지의 관광

8 · 15 광복과 정부수립을 통해 그동안 일본인과 미군정에 의해 운영되었던 관광정책과 산업이 우리에게 인수되었다. 따라서 우리나라에서 현대적 의미의 관광이 시작된 것은 6 · 25 한국전쟁이 끝난 후인 1950년대 이후라고 볼 수 있다. 과거에는 지역 간의 여행은 자유로웠으나 도로 및 숙박시설의 미비, 여행정보의 부족으로 현대와 같은 대중여행은 이루어지지 않았으며 여행형태도 오늘날과 비교해 볼 때 현저한 차이를 보였다.

대한민국 정부가 수립되면서 1945년 9월 미군정청에 육운국(陸運局)이 발족된 이래 1954년 교통부에 관광과가 설치되어 본격적인 관광행정을 수행할 수 있는 체제를 갖추게 되었으며, 1953년에는 노동자들에게 연간 12일의 유급휴가를 실시하도록 보장한 근로기준법이 제정 · 공포되었다. 그리고 1958년에는 대통령령에 의하여 중앙에 교통부 자문기관으로 중앙관광위원회 그리고 지방에 도지사 자문기관으로 지방관광위원회가 설치 · 운영되어 관광행정의 자문역할을 하였다. 한편, 1950년대 말에 가서 정부가 관광사업진흥 5개년 계획을 수립하여 민간호텔 건설에 정부가 재정융자를 해주었으며 모범관광지 개발을 추진하였다.

1960년대는 한마디로 '관광산업의 기반이 조성된 시기'로 볼 수 있다. 한국관광 발전사에 가장 의미 있는 일은 1961년 8월 22일 '관광사업진흥법'이 제정 · 공포되면서 관광법규의 기틀이 마련된 것이다. 이듬해 1962년에는 국제관광공사(현, 한국관광공사)가 설립되어 외래관광객 유치를 위한 해외선전과 관광객의 편의를 제공하는 등의 해외진흥사업을 본격적으로 수행하였다. 국제관광공사는 해외진흥사업 외에도 워커힐 · 조선 · 반도호텔 등과 대한여행사와 아리랑택시도 직접 운영하여 우리나라 관광사업의 토대를 구축하였다. 그리고 같은 해에 관광통역안내원 자격시험도 실시되었다.

1963년에는 교통부의 '관광과'가 '관광국(기획과, 업무과)'으로 승격되면서 관광행정의 범위와 권한이 확대되었다. 그리고 같은 해에는 대한관광협회

(현, 한국관광협회중앙회)가 설립되었고, 경희초급대학(경희호텔전문대학의 전신)과 경기초급대학에 관광과가 개설되었다.

1965년 한 · 일 국교정상화로 많은 일본인 관광객들이 한국을 방한하기 시작하여 기존의 주요 방한시장이 미국시장에서 일본시장으로 바뀌게 되는 계기가 마련되었다. 같은 해 4월 제14차 아시아 · 태평양관광협회(PATA)총회가 개최되었고, 관광정책심의위원회의 규정도 공포되었다. 1966년에는 관광공사와 관광협회, 대한항공이 EATA[舊 동아시아관광협회, 現 ATMA(아시아관광마케팅협회)]에 가입하였고, 1967년에는 지리산을 최초의 국립공원으로 지정했으며, 1969년에는 대한항공공사가 한진상사에 민영화되어 오늘날의 대한항공이 탄생하였다.

1970년대에 들어와서 정부는 관광사업을 경제개발계획에 포함시켜 국가의 주요 전략사업의 하나로 육성함과 동시에 관광수용시설의 확충, 관광단지의 개발 및 관광시장의 다변화 등을 적극 추진하여 1978년에는 역사상 처음으로 외래관광객 100만명을 돌파하는 성과를 거두었다. 이 시기에 주목할 만한 사항으로는 관광산업을 국가전략산업화하는 정부의 시책에 따라 관광지 지정 및 개발, 유망 해외관광시장 개척 및 외래객 유치사업의 본격화, 관광종사원의 양성교육 시행, 한국관광종합계획의 수립, 자연보호운동의 전개가 이루어졌다. 더불어 국립공원과 도립공원이 지정되었고, 경부고속도로 개통을 계기로 전국의 관광지 개발이 활기를 띠기 시작하여 수도권 중심의 관광이 지방으로 확산되었는데, 관광공사를 중심으로 경주의 보문단지, 설악산단지개발 사업이 착수되었다.

그러나 이러한 진흥정책이 국민관광의 활성화보다는 외래관광자 유치를 통한 외화획득에 목적을 두었던 만큼 국민관광의 내실 있는 발전을 기대하기는 어려웠다. 그럼에도 불구하고 이 시기의 현상은 관광행동뿐만 아니라 현대적 의미의 관광지원체계가 확충된 관광의 시대로서 정리된다.

4. 1980년대부터 2000년대까지의 관광

1980년대 초반에는 제2의 석유파동과 국내 정치의 불안 등으로 관광활동이 위축되기도 하였지만, 국민의 의식구조는 양적인 물질충족단계에서부터 생활 전반의 질적 향상추구로 변화되고, 전국의 1일 생활권, 교양과 문화적 욕구의 증가, 가족단위의 여행, 개개인의 개성과 취향을 살릴 수 있는 활동적 레크리에이션의 보급, 법정 공휴일의 증가, 휴가제도, 개인소득의 증대, 관광여건의 개선 등 다양한 사회 · 문화 · 경제적 변화를 맞으면서 다양한 개개인의 욕구를 충족시키기 위한 국민의 관광활동이 점차 확대되게 되었다.

따라서 1980년대에 들어서는 복지행정의 차원에서 국민 복지를 향상시키고 건전 국민관광을 정착시키기 위하여 국민관광 진흥시책을 적극 펼쳐나가게 되었고 국제관광과 국민관광의 조화 있는 발전을 이루기 위한 정책이 추진되게 되었다.

특히 1980년도 50세 이상의 국민의 해외관광여행의 허용은 우리나라 관광의 대중화가 시작되는 분기점이라 할 수 있다. 그리고 1983년 ASTA총회, 1985년 IBRD/IMF총회, 1986년 ANOC총회와 아시안게임, 1988년 서울올림픽 개최, 1993년 대전엑스포, 1994년 한국방문의 해(Visit Korea), 1998년 중국인 단체관광객에 대한 제주도 무비자 입국과 러시아 관광객에 대한 무비자 입국 및 복수비자 허용 등 대규모 국제행사의 성공적 개최와 관광정책은 관광산업의 비약적인 발전과 해외시장에서 한국여행에 대한 관심을 고조시키고 한국관광의 수요를 촉진시키는데 크게 기여하였다.

1989년 1월 1일부터 내국인의 해외관광이 완전히 자유화됨으로써 관광분야에서도 양방향 관광(Two-ways Tourism)이 활발하게 이루어지게 되었다.

1991년 7월 1일부터 관광여권과 친지방문여권도 일률적으로 5년 복수여권으로 발급되면서 한국의 관광이 선진국으로 진입되었다고 할 수 있다.

1980년대와 1990년대는 우리나라 관광의 재도약기라 할 수 있다. 2000년대는 뉴 밀레니엄을 맞이하여 21세기 관광선진국으로의 힘찬 도약을 준비하는 시기라고 할 수 있다.

2000년도에는 국제관광 교류의 증진과 국내관광 수용태세 개선에 주력하였다. 제1회 APEC관광장관회의 개최, 2001년 한국방문의 해 사업 및 제14차 세계관광기구(WTO)총회 개최를 위한 사전준비를 철저하게 하였고, 제2차 관광진흥확대회의의 개최로 관광수용태세 개선에 주력하였다. 또한 남해안관광벨트, 경북북부유교문화권 관광개발사업을 정부계획으로 확정하여 본격적으로 사업에 착수하였다. 특히 6 · 15 남북공동선언을 계기로 남측의 백두산, 평양, 묘향산 방문 등 남북관광교류의 확대를 위한 중요한 토대가 이루어진 해라고 할 수 있다.

2002년에는 한.일 월드컵이 개최되어 대규모 관광객 유치는 물론 대외 이미지 제고에 한 몫을 하였다. 2003년은 동북아 경제중심국가 건설을 위한 원년으로 아시아관광허브 건설기반 구축과 개발중심의 관광정책에서 문화예술 및 생태적 가치지향의 관광정책으로의 전환 및 국제적 관광인프라 확충을 추진하는데 중점을 두었다. 또한 2004년도에는 2000년대 초부터 불기 시작한 한류열풍이 최고조에 달하였고, 고속도로 KTX의 개통 및 대형 국제회의 유치 등 외래 관광객 유치를 위한 여러 기회요인을 맞이하였으며, 국내관광분야에서도 주5일제 실시에 따라 국내 관광산업이 활성화되고, 내국인의 해외여행도 급증하였으며, 특히 2004년은 '관광진흥5개년 계획(2004~2008년)' 등 고부가가치의 관광산업 육성을 위한 중기계획이 수립되었다.

2005년에는 문화, 관광, 레저스포츠산업에 대한 중장기 청사진으로 "C-Korea 2010 문화강국"을 수립하여 발표하였으며, 범정부적으로 관광산업 진흥을 위한 자원체제를 구축하기 위해 '관광산업 경쟁력 강화 TF'를 구성하여 운영하고 있다. 외래관광객수도 2008년 689만명에서 2009년 781만명(13.4% 증가), 관광수지 2008년 36억불 적자에서 2009년 0.55억불 흑자 달성을 하였다.

2010년부터 시작된 한국방문의 해(2010년~2012년)는 국내외의 급격한 환경변화에 능동적으로 대응하고, 외래관광객 유치 진흥 및 관광경쟁력 강화를 위한 수용태세의 개선과 지속가능한 관광발전에 그 목적이 있다. '한국방문의 해'를 통해 외래관광객 1천만명, 관광수입 130억불 달성, 관광경쟁력 세계 20위권 진입의 목표를 가지고 추진 중이다.

표 2-2 8·15 광복이후 우리나라의 주요 관광사

구 분	연 도	주요 내용
1960년대 (태동기)	1945. 8	광복
	1945. 9	미군정청에 육운국 발족
	1954. 2	교통부 육운국에 관광과 설치
	1961. 8	관광사업진흥법 제정 · 공포
	1962. 6	국제관광공사 설립
	1963. 9	교통부 관광과가 관광국으로 승격
	1965.	국무총리소속하에 관광정책심의위원회 설치
	1967.12	국내 최초로 '지리산'을 국립공원으로 지정
1970년대 (성장기)	1971. 1	경부고속도로 개통
	1972.12	관광진흥개발기금법 제정
	1975. 4	관광단지 개발 촉진법 제정 · 공포
	1975.12	관광기본법 제정 · 공포, 국민관광'이란 용어의 공식화 교통부 WTO(세계관광기구) 가입
	1975.12	관광사업법의 제정 · 공포
	1978.11	외래관광객 100만명 돌파
	1979.	경주 보문관광단지 개장
	1979.12	한국관광진흥 장기 종합계획 보고서 발간
1980년대 (도약기)	1980.11	제주도를 입국사증(VISA) 면제지역으로 지정
	1982.	국제관광공사를 한국관광공사로 명칭 변경
	1986.	'86년 아시안게임 개최. 관광진흥법 제정 · 공포
	1988.	'88년 서울 올림픽 개최, 외래관광객 200만명 돌파
	1989. 1	국민해외여행 전면자유화
1990년대 (침체기)	1991.	여행업 해외시장 개방, 외래관광객 300만명 돌파
	1993.	대전엑스포 개최
	1994.	한국방문의 해(Visit Korea) 선포
	1998.	외래관광객 400만명 돌파
	1999.	"관광비전 21" 확정
2000년대 (재도약기)	2000.	외래관광객 500만명 돌파
	2001.	한국방문의 해(Visit Korea) 선포
	2002.	월드컵축구대회, 부산아시안게임,
	2004.	관광진흥5개년계획
	2004.	KTX개통
	2005.	APEC정상회담
2010년대 (활성기)	2010.	한국방문의 해
	2010.	T20정상회담
	2010.	G20회담

제 3 장

관광의 영향

제 1 절 관광의 경제적 영향

•••

관광영향은 관광개발로 인해 관광자가 관광활동을 함으로써 발생하는 결과적 요소로 경제적 영향, 사회 · 문화적 영향, 환경적 영향 등으로 구분할 수 있으며, 관광자와 목적지 및 지역주민의 특성 등이 주요인으로 작용, 그 영향은 상황에 따라 긍정적일 수도 있고 부정적일 수도 있다.

산업화 이후 오늘에 이르러 고도 경제성장과 이로 인한 사회 · 문화적 변화와 발전은 관광활동의 증가뿐만 아니라 이와 관련하여 다양한 관광현상을 나타나게 하였다. 선진국과 개발도상국 모두 관광을 고용과 소득을 창출하는 수단으로 간주하고 있다. 북미와 유럽은 관광을 황폐해진 해안지역과 도심지역을 새롭게 탄생시키기 위한 중요한 수단으로 보고 있으며, 서부 아프리카의 잠비아와 같은 제3세계의 국가들은 관광을 경제 전략의 주요 구성요소로 삼고 있다.

우리나라의 지방자치단체에서는 버려진 땅들을 회생시키는 수단으로 관광개발지원 자금을 투입하고 있는데, 그 이유는 낙후지역의 자금투입은 지방정부의 재원을 고갈시키기 보다는 오히려 관광으로 인한 지역경제 활성화로 향후 높은 세금수입을 유발하는 지역으로 전향될 가능성이 크다는 데 있다.

이와 같은 관광의 경제적 효용 때문에 지역주민과 호텔업자 그리고 기타 관광관련 사업자들은 관광개발을 위해 정부나 지방자치단체에 각종 경제적 지원을 요청하고 있으며, 정부나 지자체 또한 관광 사업을 통한 지역경제 활성화에 큰 관심을 가지고 있다.

•••

1. 긍정적 영향

관광이 경제에 미치는 긍정적인 영향은 관광활동을 통해 발생되는 모든 바람직하고 플러스적인 경제적 영향을 말한다.

관광자의 소비활동은 현지의 경제를 활성화시키고 현지 주민의 생활향상에 기여한다. 특히 관광분야의 취업기회를 창출시켜서 그에 따른 소득의 발생과 함께 정부의 조세수입도 이루어져서 지역경제 활성화와 지역발전에 크게 기여하게 된다. 외래관광자인 경우에는 외화획득이 가능해져 국제수지의 개선에 크게 이바지한다.

1) 국제수지 개선효과

관광산업은 무형의 수출산업으로 특히 천연자원이 부족한 나라에서는 외화획득의 중요한 수단으로 인식되면서 오늘날 세계의 많은 국가들이 관광산업을 통해 국제수지를 개선하고자 관광객 유치에 심혈을 기울이고 있다. 특히 이탈리아, 스페인, 프랑스, 오스트레일리아, 그리스, 멕시코 등은 관광산업을 통해 국제수지를 크게 개선하고 있는 국가들이다.

관광산업은 제조업에 비해 관세장벽과 원자재 수입의 어려움, 국제정세 등에 비교적 덜 영향을 받으며, 상대국과의 무역마찰의 소지가 적은 편이어서 외화획득을 위한 중요한 수단이 된다. 관광산업의 해외홍보비와 관광지 개발 등의 비용만 부담하면 타 산업에 비해 외화가득률이 매우 높은 고부가가치 산업이다. 전체산업의 평균 외화가득률이 67.1%에 비해 관광산업은 87.2%로 매우 높은 수치를 나타내고 있다.

표 3-1 관광산업과 주요산업의 외화가득률 비교

산업부문	외화가득률(%)	비 고
관광산업	87.2	숙박, 식음료, 교통, 오락문화, 쇼핑
장난감, 오락산업	81.5	오락용품, 완구, 인형, 낚시/수렵용품
승용차	80.6	승용차, 지프 등
신발	72.8	가죽신발, 운동화 등
강철제선박	69.0	여객선, 화물선, 어선, 유조선, 군함 등
TV	63.3	TV 및 TV 부품
반도체	39.8	개별소자, 집적회로, 기타 반도체 등
전체 평균	67.1	

2) 고용창출효과

관광산업은 노동집약적 서비스산업으로 타 산업에 비해 고용창출 효과가 매우 높다. 특히 개발도상국의 경우 종사원들이 특별한 기술이 없이도 일할 수 있고, 반숙련공에게도 일자리가 제공되기 때문에 고용상 유리한 측면이 있다. 하지만 이러한 노동수요에도 관광객들이 요구하는 어느 정도의 서비스는 반드시 제공되어야 한다.

관광산업의 고용창출 효과는 관광고용의 승수효과로서 관광자 한 단위 소비지출증가가 지역내에 얼마만큼의 고용기회를 증대시켰는지를 말하며, 구체적으로 관광소비 증가를 통한 직간접적효과와 유발효과를 의미한다(김용상 등 7인 공저, 2002).

관광의 고용효과는 크게 직접효과, 간접효과, 유발효과로 나뉜다. 직접효과는 관광산업과 관광관련이용시설 등에 직접 지출한 경비가 창출하는 경제적 효과로서 1차적인 효과로 볼 수 있다. 간접효과는 직접지출의 결과로 일어나는 간접지출로서 지역관련산업에 연속적으로 회전된다. 예를 들면 은행, 건축업, 공예업 등에 파급된 고용유발효과를 의미한다. 유발효과는 직 · 간접적인 고용증가가 지역주민의 소득증대로 지역경제가 활성화되면서 지역산업에 대한 투자로 유발되는 고용효과를 의미한다.

3) 소득효과

관광소득효과는 관광객이 숙박, 음식, 교통, 유흥비로 지출하면서 지역경제에 회전되고 순환되어 결국 지역내 또는 국가내 타업체의 수입증대와 종사원 소득증대에 기여하게 되는 정도를 말한다. 관광산업은 외화수입에 따른 승수효과가 비교적 높은 산업으로 국가의 소득증대에 크게 기여한다. 즉 관광승수효과란 관광부문에서의 소득, 고용, 투자 등의 변화가 국가경제의 소득의 변화를 일으키는 것을 말하는데, 보통 관광객 최초 1달러는 지역경제순환에서 평균 3~4달러의 효과를 나타내는 것으로 알려져 있다(김창곤, 2002).

4) 조세수입 증대

관광자들이 숙식, 교통, 기념품구입 등에 지출한 비용은 소득효과 뿐만 아니라 국가의 조세수입 증대에도 도움이 된다. 관광수입에는 일정한 비율의 세금이 부과되며, 이는 국가의 재정수입이 된다. 관광자가 이용하는 관광시설의 이용료나

관광 이야기

의료 수입 5년새 2배로
성형-피부미용 위주서 탈피… 중증환자 치료비 절반 넘어

외국인이 지난해 국내에서 사용한 의료비용이 1억 달러를 넘어선 데 힘입어 의료관광 수지가 사상 첫 흑자를 기록했다.

31일 한국은행의 국제수지 통계에 따르면 2011년 '건강 관련 여행'(의료관광) 수입은 1억1560만 달러(약 1297억320만 원)로 관련 통계를 집계하기 시작한 2006년 이래 가장 많았다. 내국인이 치료 목적으로 외국에 나가 쓴 돈은 1억910만 달러(약 1224억1020만 원). 이에 따라 지난해 의료관광 수지는 650만 달러(약 73억 원)의 흑자를 기록했다. 처음으로 의료관광 수입액이 지급액을 넘어선 것이다.

의료관광 수입은 2006년 5900만 달러에 불과했지만 2008년 6980만 달러, 2010년 8950만 달러 등으로 계속 늘어 5년 사이 두 배 가까이가 됐다. 반면에 내국인이 치료 목적으로 외국에 가서 쓴 돈은 2006년 1억 1910만 달러에서 2011년 1억910만 달러로 소폭 줄었다. 이 집계는 외국인이 입국 과정에서 일정 금액 이상을 환전할 때 은행에 밝힌 여행 목적이나 신용카드 결제 사용처를 토대로 만들어졌다.

외국인 환자의 증가세는 보건복지부 통계에서도 드러난다. 복지부와 한국보건산업진흥원에 따르면 2010년 기준으로 국내를 찾은 외국인 환자는 8만1789명이다. 이들이 국내에서 쓴 돈은 의료비(1071억 원)와 관광

관람료도 재정수입의 보조적인 원천이 된다. 그리고 여권이나 비자발급 등의 각종 서류발급 상에도 서비스 요금을 부과함으로써 세수증대를 도모하고 있다. 인천국제공항에서 해외로 여행을 떠나는 모든 내국인들에게 부과되는 '출국납부권' 은 관광진흥개발기금의 주요수입원이 되고 있다.

5) 지역경제 발전

관광개발은 특정지역에 낙후된 경제를 활성화시키는데 중요한 역할을 담당한다. 개발도상국의 경제발전을 가로막는 외화의 부족을 해소하고 도시 실업문제를 해결하기 위해 관광산업은 경제발전을 위한 계획에서 중요한 전략산업으로 인식되어 오고 있다. 개발을 위한 기회가 제한되고 덜 개발된 지역에 고용과 소득을 발생시키기 위해 관광을 도입하면 개발이 잘 된 지역보다 훨씬 큰 주민복지효과를 가져온다. 제조업, 농업 같은 부문에 투자할 수 없는 산악지역, 바위투성이의 해변, 산호섬 등은 관광개발에 필요한 기반을 제공하여, 적은 투자로도 커다란 효과를 기대할 수 있다. 또한 특정 산업에 지나치게 치중된 경제기반을 다양화시켜 급변하는 환경변화에 잘 적응할 수 있게 하고 관광객의 지출로 지역에 투자 활성화를 가져온다. 우리나라 특히 강원도 지역에서는 균형 있는 지역발전을 관광지 개발을 통해 달성하고자 하는 움직임이 있다는 사실을 보더라도

(237억 원)을 합쳐 1308억 원에 이른다. 의료관광이 활성화하면서 같은 해 의료 분야 1136명, 관광 분야 394명 등 1530명의 고용이 창출되기도 했다.

보건산업진흥원은 현재 추세대로 가면 2018년 40만 명의 외국인 환자가 국내를 찾을 것으로 전망했다. 이 경우 의료비와 관광수입은 1조5090억 원 정도가 되며 1만6691명의 고용이 창출될 것으로 보인다.

외국인들이 찾는 진료과도 다원화하고 있다. 초기에는 중국인과 일본인이 성형수술이나 피부미용을 위해 한국을 찾았지만 최근에는 중증질환 환자도 늘고 있다. 특히 암과 뇌혈관 질환, 심장질환처럼 고도의 의료기술이 필요한 분야가 각광을 받고 있다. 2010년 이런 질환으로 한국을 찾은 환자는 전체의 12%인 9993명에 이른다. 이들은 의료비 수입의 절반을 넘는 550억 원을 지출했다. 한방과, 산부인과, 정형외과도 인기를 끌고 있다. 이와 함께 '수익성' 이 높은 입원 치료의 비중도 높아지고 있다. 2009년 입원 환자 비중은 6.5%였지만 1년 만에 9.8%로 3.3%포인트 늘었다.

복지부 관계자는 "한류 열풍이 불면서 많은 외국인이 국내의 높은 의료기술을 인정하기 시작했다" 며 "최근에는 중동 국가들이 특히 관심을 많이 보이고 있어 해외 환자 증가세가 계속될 것으로 본다" 고 말했다.

2012.2.1 동아일보

잘 알 수 있다.

관광을 경제발전의 수단으로 이용한 경우 중에서 대표적인 예로 멕시코를 들 수 있는데, 멕시코는 관광이 경제성장을 촉진시킨 것으로 나타났다. 즉, 관광산업은 농업의 기계화에 의해 남아돌게 된 유휴노동력을 흡수하였고, 개발에 필요한 외화수입의 원천이 되었다. 반면에 인도, 터키 등은 실패로 돌아간 경우라고 볼 수 있다. 관광산업은 고용창출에 실패했고, 필요한 노동력도 공급이 되지 않았고(터키인구의 약 50%가 문맹자), 높은 투자에도 불구하고 전체 수출의 4.3%만 차지하여 국가의 경제발전에 거의 공헌하지 못했다고 한다.

따라서 관광지로 성공하기 위해서는 다음과 같은 조건을 갖추어야 한다.

첫째, 제공되는 시설과 서비스의 혼잡, 질, 가격의 적절성

둘째, 숙련되고 경험 있는 조직화된 단체의 필요성

셋째, 관광 발생지역과의 인접성

넷째, 이익유출 방지(외국인투자, 다국적 기업 등을 조성)

관광개발은 실업자가 많고 개발이 안 된 지역이나 대안적인 활동이 별로 없는 소규모 섬이나 나라에서 경제발전 및 지역개발에 크게 공헌하게 되지만, 입지적 조건도 중요한 변수가 된다. 관광은 성장을 촉진하는 만병통치약이 아니라 지역경제를 보완해 주는 역할을 한다고 볼 수 있다.

2. 부정적 영향

1) 관광개발이익의 누출

관광의 경제적 누출은 관광개발 이후 급증하는 관광수요를 지역 내에서 충당하지 못해 관광재화나 서비스를 수입하면서부터 발생하게 된다. 자연자원을 관광매력물로 내세우고 있는 낙후지역이나 개발도상국 그리고 후진국은 경제적 자생력이 거의 없기 때문에 관광수요에 상응하여 대처할 능력이 없다. 따라서 이들은 외지자본을 들여오고, 경영관리직 등의 전문직 종사원들과 이외에 필요한 기타 노동력을 유입시키게 된다. 이러한 유입은 관광으로 인해 창출된 이윤을 다시 지역 외로 누출시키는 결과를 초래하여 관광으로 인한 실질적인 경제적 혜택은 관광지역이 아닌 외부로 돌아가는 경향이 있다.

2) 물가상승과 지가상승

관광자들은 한 경제에 돈을 주입시켜 그 경제의 소득을 증가시켜 주지만, 동시에 인플레이션을 야기시키는 경향이 있다. 관광자들은 소득수준이 매우 높은 계층이거나 여행을 하기 위해 평소에 자신의 수입을 저축한 사람들이므로 휴가기

간 동안 여행경험을 위하여 많은 소비지출을 하는 경향이 있다. 그러므로 관광자들은 음식, 교통, 예술 및 공예품과 같은 상품의 가격이 다소 높더라도 구매를 하고, 이를 아는 상인들은 높은 이윤을 얻기 위하여 계속적으로 상품의 값을 올려서 판매를 하는데, 이러한 현상은 관광자가 증가함에 따라 상품의 수요가 많아지면서 자동적으로 물가인상으로 연결된다. 이렇게 되었을 때 지역주민은 관광자를 기준으로 설정된 높은 가격으로 모든 상품을 구입해야 하므로 경제적 복지차원에서 피해를 입는다.

독일에서 가장 아름다운 관광도시이자 오래된 대학도시로 유명한 하이델베르그는 그 물가가 다른 도시에 비해 약 20%가 높기 때문에 이 도시 주민의 상당부분인 학생들이 물가상승의 피해를 가장 직접적으로 보고 있다.

또한 한 지역이 관광지로 개발되면 관광수요에 따라 상가 등의 새로운 건물이 세워지게 되고 인근지역도 함께 개발이 되게 되는데. 이렇게 한 지역에 상가가 형성되면 토지에 대한 추가적 수요의 발생으로 농촌적 토지이용에서 도시적 토지이용으로 변화하여 농작물과 노동력 및 토지의 상품화현상이 나타난다. 이러한 현상은 결국 지가의 상승을 초래하여 부동산 투기의 원인이 되며 지역사회의 심각한 문제가 된다.

런드버그도 카리브 관광에 대한 연구에서, 한 지역이 관광지로 개발됨에 따라 땅값이 폭등했다고 밝히고 있다. 미개발 지역에 호텔을 건설하는 경우 총 건설투자액의 1%가 토지구입비용으로 쓰였다고 한다. 그러나 이미 과잉 개발된 지역에서는 토지구입비용이 호텔 건설 총 비용의 20%로 증가하였다.

또 다른 예로서 말타섬의 경우를 보면, 관광개발 이후 지가는 6배나 상승되었으며 지가가 오르기 이전에 자신의 토지를 외부인에게 판 농민들은 큰 불만을 갖게 되었고, 플로리다의 경우는 디즈니 월드가 세워진 지 2년 만에 지가가 6,000배나 상승하였다. 이러한 지가의 상승은 낮은 소득을 가지고 있는 지역주민에게 여러 가지 불리한 환경적 요소를 제공하게 된다.

3) 고용의 불안정성

관광산업은 일반적으로 계절성을 띄게 되는 경우가 많아 고용이 불안정하다. 즉, 성수기에는 고용이 증가하고, 비수기에는 고용이 줄어들어 계절적 실업을 유발시킨다. 이러한 계절적 실업은 인력의 비효율적인 활용을 뜻하고, 경제적인 자원의 낭비를 초래시킨다.

4) 산업구조의 불안정성

관광의 경제적 효용 때문에 관광산업을 한 지역경제나 한 나라의 생존산업으로 육성하는 경향이 있는데, 이것은 다음과 같은 이유로 부정적 측면도 동시에 내포하고 있다.

첫째, 관광은 앞에서 언급한 바와 같이 그 본질상 계절에 크게 의존적이라는 것이다. 많은 노력으로 성수기와 비수기의 차이를 줄여 볼 수는 있지만 계절성에서 완전히 벗어날 수는 없다. 따라서 만일 한 지역의 모든 구성원들이 관광산업에 종사한다면 비수기에는 상당한 실업문제를 야기할 것이며, 종국적으로 그 지역에 심각한 사회경제적 문제를 발생시킬 것이다. 또 다른 이유는 관광에 대

관광 이야기

호텔봉사료 10% 안내도 된다.

호텔에서 투숙하거나 음식을 먹고 나면 고시가격에 소위 '텐텐(부가가치세 10%, 봉사료 10%)'을 붙인 금액을 지불해야 한다. 그러나 당연한 듯 내오던 '봉사료 10%'가 사실은 아무런 법적 근거가 없다는 사실을 아는 이들은 많지 않다.

매일경제신문이 서울 시내 특급호텔 20곳을 조사한 결과 '봉사료 10%'를 부과하지 않는 호텔은 노보텔 앰배서더 강남, 그랜드 앰배서더 서울, 파크하얏트서울, 서울가든호텔 등 4곳뿐이었다. 그 외 10곳은 테이크아웃 위주 판매를 하는 델리숍에서만 봉사료를 받지 않는 것으로 나타났다.

우리나라에 봉사료가 처음 도입된 것은 1979년이다. 당시 교통부가 내놓은 '관광호텔 봉사료 실시 요령'에 의해 10% 정률제로 시작된 것. 그러나 봉사료는 고객이 서비스에 대한 대가로 자율적으로 지급하는 일종의 팁이라는 점에서 일률적으로 10%를 부과하는 것이 적합한지에 대해서는 여전히 의견이 갈린다. 특히 팁문화가 정착되어 가는 만큼 이제는 관행을 고쳐 본래 취지대로 자율에 맡겨야 한다는 의견도 많다.

2006년 정부는 호텔업계에 봉사료를 단계적으로 폐지하라고 권고한 적이 있다. 팁문화가 자리 잡는 상황에서 의무적으로 부과되는 10% 봉사료가 여행상품 가격 상승 등으로 이어져 여행업계 부담으로 전가된다는 이유에서다. 당시 정부는 봉사료 폐지를 대체할 제도적 인센티브 등을 논의했으나 결국 흐지부지되면서 현재까지 관행처럼 이어오고 있다.

그러나 봉사료를 받지 않는 호텔이 있다는 점에서 폐지도 가능하다는 의견이 있다. 그랜드 앰배서더 서울 관계자는 "호텔 경영의 핵심은 서비스라는 점에서 고객에게 제공하는 서비스에 별도로 봉사료를 부과하지 않는다"고 말했다.

회사원 김상인 씨(31) 역시 "내가 받은 서비스에 대한 대가를 내가 평가하는 것이 아니라는 점에서 현행 정률제는 고시가격을 단지 10% 적게 표시하는 것과 별반 다르지 않다"는 의견을 밝혔다.

반면 호텔 측은 10% 팁은 적정 수준이라는 점에서 오히려 소비자 처지에서 반드시 나쁘지만은 않다고 주장한다. A호텔 관계자는 "미국 등에 가면 최근에 봉사료를 20% 받는 사례도 있는 상황에서 10% 일괄 부담은

한 수요가 관광자들의 소득수준과 기호에 의존적이라는 것이다. 만일 관광송출국의 경제가 침체기에 있다면 이 송출국의 관광자를 받아들이는 관광수용국의 관광수요는 급격하게 줄어들 것이다. 또한 관광수용국의 관광수요에서 큰 비중을 차지하고 있는 관광송출국의 관광자 기호가 변한다면 관광수용국에서는 경제적으로 큰 타격을 입을 것이다.

1973년 2월 하와이에 대한 관광수요가 2.7% 감소했을 때, 많은 학자들과 연구자들은 하와이에서 관광부문의 성장으로 인하여 발생한 사회적 · 환경적 악영향을 지적하면서 오히려 이러한 수요의 감소를 환영하였다. 그러나 관광수요

적정하다"고 말한다.

한편 유독 뷔페 레스토랑만 부가가치세와 봉사료를 포함한 고시가격을 제공하는 호텔도 몇 군데 있었다. 이에 대해 르네상스 호텔 관계자는 "호텔 내에서 가족 단위 손님이 많은 곳이 뷔페인데, 보통 가격을 미리 예상하고 오는 고객이 많다는 점에서 계산 과정에서 혼란을 줄이기 위함"이라고 설명했다.

하지만 호텔들은 봉사료가 사실상 급여 성격으로 변질된 상황에서 제도를 자율로 했을 때 급여 체계에 혼란을 초래할 것을 더 염려하고 있다. 대부분 호텔들은 봉사료를 호텔 매출로 산정해 직원들에게 고루 분배하고 있다.

그러나 이런 균등한 분배가 호텔 직원들이 서비스를 강화할 유인동기를 줄인다는 지적이다. 회계사 김정태 씨(44)는 "서비스 질에 관계없이 지급되는 현행 봉사료 제도는 보다 질 좋은 서비스를 제공하는 유인이 되지 못한다는 점에서 소비자 선택권을 제약하고 있다"고 주장한다.

이에 대해 B호텔 관계자는 "호텔 직원들이 열심히 노력해 좋은 성과를 내면 더 많은 인센티브를 받을 수 있다는 점에서 최선을 다해 서비스를 할 수밖에 없다"고 반박한다.

한편 문화관광부 관계자는 봉사료 문제에 대해 "정확한 내용을 파악하고 있지 않다"고 말했다.

서울 특급호텔 봉사료

▶ 봉사료가 없는 호텔(객실 · 레스토랑 포함)
그랜드 앰배서더 서울, 파크하얏트서울, 노보텔앰배서더 강남, 서울가든호텔
▶ 델리숍 봉사료 면제
롯데호텔, 신라호텔, 웨스틴 조선호텔, 플라자호텔, 쉐라톤 그랜드 워커힐, 리츠칼튼서울, 그랜드 인터컨티넨탈, 세종호텔, 밀레니엄 서울힐튼, 임피리얼팰리스(가든테라스 포함)

2011.6.15 매일경제

의 감소가 하와이 경제에 미칠 영향은 무관심으로 대강보아 넘길 일은 아니었다. 왜냐하면 하와이 경제는 관광산업이 주요 생존산업으로, 과거의 생존산업이었던 설탕과 파인애플 산업을 대체해 왔기 때문이다.

5) 경제비용

한 지역에 관광자의 수요가 증가하고 관광개발이 진행되면서 자연환경이 파괴되기도 한다. 관광객이 증가함에 따라 그들이 관광지에 버리고 가는 쓰레기를 수거하는데 드는 비용이나 자연 및 시설파괴에 따른 복구비, 유지비는 지역주민들이 부담해야 하는 또 하나의 경제적 비용이다.

제 2 절 관광의 사회·문화적 영향

문화란 인간이 사회성원으로서 사고하고, 행동하고, 소유할 수 있는 모든 복합체다. 한 지역, 한 집단의 문화는 구조적으로 다른 지역의 문화와 상이하며 이러한 서로 다른 문화가 만나면 상호작용이 일어난다. 관광현상은 사람들의 공간적 이동이 중요한 현상으로 전제되기 때문에 관광자가 일정한 한 지역으로 유입되는 것은 필연적으로 그 지역주민의 생활과 사회문화적 구조에 다각적인 영향을 미친다.

1. 긍정적 영향

1) 인구구조의 변화

관광의 발전은 경제성장과 지역산업의 발전을 가져와 수입과 고용의 기회가 늘어난다. 이러한 고용기회의 증대는 관광지내 경제인구의 외부유출을 막으며 외부인구의 유입을 불러온다. 이러한 인구구조의 변화는 여성인구의 증가와 경제활동이 가능한 젊은 층의 증가를 수반한다.

2) 여성의 지위향상과 역할변화

한 지역이 관광산업을 중심으로 한 산업구조로 변화되면 여성은 더 많은 취업의 기회를 갖는다. 대부분의 시간을 가정에서 보내던 여성들이 경제적 능력을 갖게 됨에 따라 여성의 사회 · 경제적 지위가 향상됨은 물론 가족구성원으로서의 역할과 영향력을 증가시키는 역할을 한다.

3) 직업의 다양화

관광의 발전은 직업종류 확대와 직업전환, 직업구조의 다양화 등을 촉진한다. 관광의 성장으로 관광산업유형이 다양해짐으로써 직업종류가 확대되고, 이들 산업에 종사하는 인력들과 부수적 시설에 종사하는 인력의 증가로 직업의 다양화를 가져오고 새로운 취업기회가 많아짐에 따라 직업의 전환 또한 발생한다.

4) 지역주민들의 견문확대

관광자들과의 직접적인 접촉을 통해 타문화를 이해하고 배우는 계기가 되어 지역주민들의 견문이 넓어지게 된다. 또한 무지로 인해 생길 수 있는 국가 간의 오해 · 편견 · 의혹 등을 제거하고 국제적 우의를 증진시키는 데에 기여한다.

5) 문화시설과 교육시설의 개선

관광의 발전은 지역 내뿐만 아니라 외부지역과도 연결되는 도로망과 통신시설이 확충되고 관광자를 위한 휴식 공간 및 관광지의 인구증가로 인한 교육시설 등과 같은 하부시설의 확충이 우선적으로 전개된다.

이러한 하부시설의 확충은 관광지내에 필요한 물품들의 신속한 조달, 외부지역과의 신속한 정보교류, 인간생활과 사회생활의 질적 개선, 교육환경의 개선 등 지역주민의 문화와 생활환경에 질적으로 긍정적인 영향을 미치게 된다.

2. 부정적 영향

1) 가족구조의 변화

가족은 사회구조의 가장 기본적 단위로 생물학적으로 서로 연관되어 있는 혈연관계에 기초하고 있다. 관광은 이러한 혈연관계에 있는 구성원들 사이의 구조를 변화시킨다.

① 가장의 권위약화

관광으로 지역의 산업구조는 복잡해진다. 관광수요증가로 지역주민과 접촉이 증가되며, 이와 함께 사회적 다양성 증대, 사회 · 경제적 지위향상, 자율성 증대 등에 영향을 미치며, 이로 인해 부모에 대한 존경심이 약해지고 가족구성원에 대한 영향력이나 통제력의 약화, 특히 가장의 권위가 약화되고 있다.

② 가족구성원간의 유대감 약화

가족구성원의 역할이 분화되고 그들이 각기 다른 사회 · 경제적 역할을 맡게 됨에 따라 그들 사이의 유대감이 점점 약화된다. 상호독립적인 경제활동주체가 됨으로써 역할 또한 분화되어 전통적 혈연관계를 바탕으로 한 유대감이 점점 약화되고 경제적 협력을 중심으로 한 형식적 관계만이 유지되어 간다.

③ 세대간의 갈등

외래관광 수요증가로 사회적 변화를 쉽게 수용하는 젊은 세대들의 가치관과 기존 전통을 고수하려는 세대 간의 가치관 차이는 괴리현상을 발생하여 가족, 나아가 사회 간의 갈등이 조장된다.

2) 인구구조의 변화

관광의 발전은 지역의 경제를 활성화시키며 인구의 증가를 가져오기도 하나, 관광개발로 인한 토지전용, 산업구조의 변화에 따른 직업구조의 변화 등으로 현지민들이 토지나 주거지, 그리고 직업을 잃어버리게 되어 지역을 떠나게 되거나, 관광객의 증가와 외부에서 유입되는 인구로 인한 혼잡은 주거환경을 악화시켜 지역민들이 관광지를 떠나게 만드는 원인이 되기도 한다. 뿐만 아니라 청년층과 젊은 여성층의 증가는 지역사회의 인구구조를 왜곡시키기도 한다.

3) 사회적 일탈의 증가

관광은 많은 문화적 교류를 위한 기회를 제공하지만, 전통미풍양속을 지닌 지역에 관광자가 방문하여 보여주는 행동으로 인해 미풍양속은 사라지고 도덕적 타락과 무질서한 행위가 증가한다. 이에 따라 도박, 매춘, 마약, 폭력과 같은 범죄가 늘어나고 열심히 일하려는 전통적 가치가 사라진다.

4) 지역주민들간의 갈등

관광의 발전은 지역사회의 일부 주민들에게는 물질적 혜택을 주기 때문에 환영받지만 그러한 혜택을 누리지 못하는 그 외의 주민들은 상대적으로 불평등하다고 생각한다. 따라서 이러한 경제적 불균형은 계층 또는 계급간의 갈등으로 비화될 위험을 내포하고 있다.

5) 지역민의 소외

대량으로 관광자가 유입되면 관광지는 관광자로 만원을 이루게 된다. 이렇게 되면 지역민들이 과거 마음대로 사용할 수 있었던 시설들을 외지인과 공유해서 사용해야 하는 불편함이 있다. 관광시설이 한정되어 있는 경우, 지역민이 받는 피해는 더욱 커지게 된다.

6) 과소비

관광소비는 현지인들에게 추가적인 수입을 창출시키고 그로인한 생활의 변화를 초래하지만 이 변화는 지역사회의 안정을 위협할 정도의 심각한 양상으로 전개될 수도 있다. 현지인들은 외래관광자들의 과소비형태에 노출되고, 이들과 접촉기회가 많아짐으로써 그들이 유지해온 전통적인 생활양식에 불만을 표시하게 되며 급기야는 열등감, 부러움 그리고 외지인의 생활양식을 모방하려는 심리가 발동할 뿐만 아니라 전통적으로 유지해 온 가치에 대한 자부심마저도 상실하는 상황에 이르게 된다.

이와 함께 현지인들은 자국 생산의 소비재는 수입품의 품질에 뒤떨어진다는 것을 알고 수입소비재를 선호하여, 수입품의 소비량은 늘어나고, 저축은 줄어드는 왜곡된 소비습관에 빠져 돈을 차용하는 경우도 잦아진다.

관광 이야기

문화생태 관광지로 거듭난 대만 원주민 마을
2009년 태풍으로 폐허가 된 원주민 부락 4개 연결

2009년 대만을 강타한 태풍 '모라코'로 인해 폐허로 변했던 대만 남부 핑둥(屛東)현의 원주민 부락 4개가 문화생태 관광코스로 거듭 태어났다. 핑둥현의 위탁으로 문화생태 관광코스를 기획한 국립핑둥과기대학의 천메이후이(陳美惠) 교수는 25일 개설 행사에서 "4개 부락의 원주민 문화와 산림생태계를 조화시켰다"고 밝혔다.

관광코스로 연결된 4개 부락은 산띠먼(三地門)향의 더원(德文)촌과 다라이(達來)촌, 우타이(霧台)향의 아리(阿禮)촌과 다우(大武)촌이다. 이중 다라이촌에는 파이만(排灣)족이 살고 있고, 더원촌에는 파이만족과 루카이(魯凱)족이 함께 살고 있다. 아리촌과 다우촌에는 루카이족만 살고 있다.

천 교수는 문화생태 관광코스는 1박2일 코스와 당일 코스로 각각 이용할 수 있다고 말했다. 그는 여러 개 부락을 연결하는 1박2일 코스는 산림 하이킹과 함께 다양한 원주민 부락의 특색을 심도 있게 살필 수 있다고 소개했다. 천 교수는 핑둥현 동부의 원주민 부락들은 풍부한 인문, 생태, 산업적 특색을 갖고 있다고 말했다.

산띠먼향 지역에서는 파이만족의 각종 공예기술자와 완전하게 보존된 원주민 돌집, 일제시대부터 시작된 유명한 커피 생산지를 둘러볼 수 있다. 이곳에서 생산되는 커피는 국제대회에서 은상을 받은 적이 있다.

우타이향 지역은 수백 년간 완벽하게 보존된 추장의 가옥과 야생동물들이 서식하는 자연생태가 자랑거리다. 원주민 전통 무당의 기도의식과 칼 제작 공예 등 문화적 특색도 보전되고 있다.

다우촌의 펑위화(彭玉花) 촌장은 우타이향에서 원주민 역사상 최초의 여성 촌장이다. 그녀는 "태풍으로 인한 산사태로 추장 집이 유실되면서 부락 전체가 문화적 중심을 잃었다"고 회고했다. 그녀는 그러나 "문화생태 관광코스가 생기면서 원주민 문화를 이어갈 수 있는 자신감을 얻었다"고 희망을 표시했다.

천메이후이 교수는 관광 발전이 생태계와 서식지 파괴를 초래하는 하드웨어 건설에 지나치게 의존해서는 안 된다고 지적했다. 천 교수는 "자연산림과 문화가 가장 훌륭한 가치"라며 원주민 부락의 본래 정서를 잃게 하는 외부적 건설에 매달리지 말도록 호소했다.

차오치훙(曹啓鴻) 핑둥현 현장은 "대자연을 영속적으로 이용하는 것이 진정한 문명"이라며 "원주민 부락 생태관광은 대만 문명의 또 다른 부흥"이라고 주장했다.

브레이크뉴스. 2011.7.29

제 3 절 관광의 환경적 영향

•••

일반적으로 관광과 환경과의 관계는 보존과 개발이라는 공존공영적 양면가치를 가지고 있으나, 대개 이 둘 사이는 갈등관계에 놓이게 된다. 관광의 성장은 불가피하게 환경의 질적 변화를 초래하고, 그 결과 환경의 질이 악화되면 관광체험의 질 역시 낮아지게 진다. 이러한 점 때문에 관광은 절대로 환경지향적이어야 한다.

•••

1. 관광과 환경

사전적 의미에서 환경이란 인간을 포함한 생명체를 둘러싸고 직간접으로 영향을 주는 자연적 조건이나 사회적 상황으로 규정되어 있다. 넓은 의미로는 우주를 형성하고 있는 모든 요소들의 실체 또는 어떤 한 주체를 둘러싸고 있는 유무형의 객체를 의미하며, 인간이 주체인 경우 자연적 환경, 물리적 환경, 사회적 환경으로 구분하고 있다.

인간과 관련하여 환경은 2가지 역할을 담당하고 있다. 첫째, 인간생활에 불가결한 자원 · 원재료 · 공기 · 물 · 자연경관을 제공하며, 둘째, 인간 활동에서 발생하는 폐기물과 폐에너지를 정화 · 처리하는 역할을 한다(이미혜, 1999).

관광활동에서 환경은 자연관광의 관광매력물로서 뿐만 아니라 관광산업의 토대로서 매우 중요한 위치를 차지하고 있다. 따라서 양질의 환경을 유지시키는데 큰 관심의 대상이 되고 있다.

야생지역이나 산림보존지역이 설정되고 관광매력성 때문에 보존함으로써 관광환경의 질적 평가를 신장시키는 데 공헌할 수 있다. 매력적인 환경이 부재한 경우에는 관광활동은 존재하지 않을 것이다. 다시 말해 태양 · 바다 · 모래 등의 기본적 매력물에서부터 역사적인 지역과 인상적인 구조물 등의 관광자에게 요구되는 매력물에 이르기까지 모든 관광환경은 관광개발과 관광산업의 토대가 되기때문이다.

관광과 환경의 관계는 깊고 복잡하며, 관광에 있어서 환경은 단지 제약요소가 아니라 자원이며 기회이다. 또한 관광자와 관광지 사이의 관계는 인간과 환경의 관계라고 할 수 있다.

관광산업을 "굴뚝 없는 산업"이라 한다. 이는 공해를 유발하지 않으면서 부를 획득할 수 있는 산업임을 강조하는 말이다. 그러나 관광자원이 관광행동의 대상이 되면 대상지역을 중심으로 기반시설에서부터 각종 편의시설 등을 위시한 관광시설이 필요하다. 다시 말해서 인위적인 개발이 필연적인데, 이와 같은 개발은 어떤 의미로든 자연파괴를 일으킬 가능성이 있다. 실제로 지금까지의 관광개발과정에서 자연 파괴의 사례가 빈번하게 나타나고 있는 것이 사실이다. 그러나 개발을 수반하지 않으면 자연자원의 관광가치를 충분히 확보할 수 없다는 데 문제가 있다. 따라서 어떻게 하면 자연을 훼손하지 않는 범위 내에서 관광대상으로 개발해야 하는 것인지가 자연관광자원을 관광대상화하는 과제이다.

관광의 환경적 영향은 자연자원의 보전이나 자연환경의 개선이라는 긍정적인 면도 있고, 환경오염문제, 자연경관 파괴, 생태계 변화 등의 부정적인 면도 있다. 다시 말하면, 관광과 환경은 상호공생적일 수도 있고, 서로 대립적일 수 있다는 것이다.

2. 긍정적 영향

1) 환경에 대한 인식증대

지역주민이 환경에 대해 흥미와 관심을 갖고 있지 않은 지역에서는 관광자가 자연에 대해 관심을 갖는 것이 지역주민에게 환경보전의 중요성을 일깨워 주는 계기가 된다. Pearce는 이러한 현상과 관련해서 관광개발이 필연적으로 부정적인 환경영향을 야기시키는 것은 아니며, 관광개발은 적어도 관광자들과 지역주민들에게 환경에 대한 인식을 고양시킬 수는 있다고 하였다.

2) 환경의 질 개선

관광은 환경의 질을 유지하고 관광자에게 만족스러운 경험을 주기 위해 행정력의 도입과 계획적인 통제를 가한다. 적용되는 통제수단은 문제의 심각성에 따라 다양하다. 유럽에서는 지나친 교통수단의 접근을 제한하고, 아프리카에서는 야생동물공원내의 개발을 제한하고 있다. 또한 관광은 대기, 수질, 소음, 오염, 쓰레기 기타 환경문제의 통제를 통해서, 그리고 환경정화, 적절한 건물설계, 간판통제, 건물의 유지관리 등을 통해서 환경미의 개선에 동기를 제공한다.

잘 설계된 관광시설의 개발은 농촌 및 도시경관을 고양시킬 수 있다.

3) 자연환경의 정비와 보전

관광자들을 유인하기 위해서는 관광대상의 정비가 필요하므로 이를 위해 자연경관을 정비하고 공원을 조성하는 등의 활동이 이루어진다. 관광이 없다면 이러한 자연지역은 환경유산의 필연적인 손실과 함께 여타의 이용으로 개발되거나, 생태적으로 파괴될지도 모른다. 관광개발로 지역미관이 크게 개선되고, 자연환경이 정비되며, 관광자원의 보호에 대한 관심이 증대된다. 아프리카의 국립공원 설정은 멸종위기의 동식물을 보호하기 위해 통제구역을 설정한 한 예로 자연환경보전을 위한 관광의 역할을 잘 보여주고 있다.

4) 유물의 보전과 관리

관광은 현존하는 역사적 유적지, 건축물, 기념물의 보전과 관리를 자극시킨다. 관광대상으로 각광받는 사적지나 명소들에는 편의시설이 추가되고 개선되며, 고고학적 · 역사적 유적지의 보전을 위해 적극 투자함으로써 이들 지역이 퇴조하거나 사라지는 것을 막는 데 일익을 담당한다.

알렉산더는 Cape Code 경제적 연구에서 기묘한 매력을 발산하는 마을들은 관광의 주된 자산이 되며, 이러한 마을들이 소유하고 있는 등대, 항구, 낚시를 위한 방파제, 오래된 가옥 등을 새롭게 단장함으로써 그 지역에 추가적인 매력을 발생시켰다고 언급했다.

일례로 관광지 내의 낡은 지하실과 창고 등은 본래의 건축구조적 특징을 보전한 채, 바(bar)나 디스코텍, 레스토랑 등으로 변형되는 예가 많은데, 특히 영국에서 선호되고 있다.

5) 하부구조의 개선

관광개발은 환경적 이익뿐만 아니라 하부구조의 개발(공항, 도로, 하수 및 상수, 고형쓰레기의 처리시스템, 통신 등)을 촉진시켜 오염문제와 환경의 질 개선에 도움을 줄 수 있다.

3. 부정적 영향

1) 자연환경의 파괴

관광은 전술한 바와 같이 자연환경의 보존과 개선의 기회를 주는 반면, 파괴의 결과를 초래하기도 한다. 관광은 관광자를 유치하기 위하여 일정한 기반시설을 전제로 하게 되는데, 숙박업소, 상가, 도로 등의 건설로 아름다운 자연경관이 파괴되는 경우가 있다. 예를 들어, 기반시설공사로 인해 지역고유의 풍경이 바뀔 수도 있고, 바다가 오염되기도 하고, 조용하던 농촌지역이 혼잡해질 수도 있으며, 문화적 요소들이 변질되기도 한다.

2) 환경오염문제

관광개발은 자연경관의 훼손뿐만 아니라 토양, 수질, 식생의 변화를 초래하고 생태계에도 변화를 가져오며 지형, 지세의 변화도 야기하는 등 환경에 부정적 영향을 미칠 수 있다.

관광자의 빈번한 왕래는 관광지내의 모든 부문에 수요가 급증하는 결과를 초래하게 되는데, 이러한 수요의 급증현상은 결과적으로 쓰레기 문제, 하수도 오염 등의 환경오염을 발생시킨다. 숙박업소, 식당업소, 유흥업소 등에서 관광자 유치로 인하여 증가된 쓰레기의 처리문제나 상수도와 하수도 문제는 교통량의 증가로 인한 대기오염과 함께 환경오염의 주원인이 되며, 저수지나 해안의 수질 변화와 지질변화까지 초래하는 등 심각한 환경적 문제의 원인이 된다.

3) 생태계의 파괴

생태적인 문제의 몇 가지 유형은 통제되지 않은 관광개발과 이용으로부터 생길 수 있으며, 관광자가 취약한 자연환경을 과도하게 이용함으로써 생태적인 손실은 가중된다고 볼 수 있다. 관광에 의한 생태계 파괴는 관광자가 들어감으로써 발생하는 경우와 관광시설을 건설함으로써 발생하는 경우로 나눌 수 있는데, 후자의 경우는 앞서 언급했으므로 전자의 경우만을 언급하면, 관광자가 증가하면 관광행동 그 자체가 생태계 파괴를 일으킨다는 것이다.

수많은 관광자가 숲에 들어가는 것은 식생을 변화시키고, 표토의 유실을 촉진시킨다. 또한 관광자가 야생동물을 구경하거나 사진촬영을 하는 것은 그들의 번식에 지장을 초래할 수도 있다. 그리고 모피, 상아, 장식물 등에 대한 관광자들의 수요가 끊임없이 증가하면서 곳곳에서 밀렵이 성행하기도 하고 심지어는 사냥, 낚시 등으로 인하여 많은 동물들이 멸종위기에 처해있기도 하다.

4) 교통문제와 소음공해

관광지에 관광자가 증가함에 따라 가장 두드러지게 나타나는 현상은 교통의 혼잡이다.

대부분 관광지의 도로시설이나 주차시설은 급증하는 수요에 비해 절대적으로 부족한 실정이기 때문에 여기에서 여러 가지 문제가 발생한다. 교통량의 증가로 발생되는 문제는 단순히 교통의 혼잡에만 그치는 것이 아니라 대기오염, 소음공해는 물론 일상생활 속의 지역주민이 교통시설을 이용하는 데에도 불편을 야기시킨다.

또한 일상생활을 떠난 관광자는 무엇이든 자유롭게 행할 수 있다는 생각에서 무의식중에 무질서한 행동을 하게 되는데, 예를 들어, 지역주민을 의식하지 않고 늦은 밤에도 확성기를 사용하거나 음악을 크게 트는 등 소음공해를 발생시킨다.

관광 이야기

환경파괴 살풍경... 관광객들 배신감

"62층 건물이라니…. 서울에서 지겹게 보던 그 살풍경을 제주까지 와서 경험한다면 관광객들이 배신감을 느끼지 않겠는가."

허남춘 제주대 교수(탐라문화연구소장)는 "초고층 빌딩은 절대 반대"라고 말했다. "흉물스럽다"며 "제주에 관광오는 사람은 아름다운 자연과 전통문화를 보러오는 것이지 서울 도심 모습을 보러오는 것이 아니다"라고 말했다. 그는 "마천루가 들어서면 제주 관광은 망한다"며 "62층은 제주라고 하는 지역의 인간생태가 파괴되는 출발점이 될 것"이라고 말했다. 허 교수는 앞으로 적극적인 반대집회를 열어가겠다고 덧붙였다.

초고층 빌딩에 대해 많은 사람들은 제주 경관과 이미지의 파괴를 우려하고 있었다. 건물 완공후 관리와 안전, 교통불편, 일조권, 엄청난 전기와 에너지 사용에 따른 환경파괴도 제기됐다. 특히 초고층빌딩이 계속해서 들어설 경우 섬의 본래 모습이 완전히 사라지게 된다는 불안감을 감추지 못했다.

변변한 공청회나 도민의견 수렴과정도 없이 진행하는 행정에 대한 불신도 높았다. 양수현 한라대 교수는 "(고도제한을) 안 풀어주면 (투자자가) 안 들어온다는 일종의 협박성 게임으로 가고 있다"며 "일단 두곳을 허가해주면 앞으로도 비슷한 사례는 계속 생길 것은 뻔한 일"이라고 말했다. 그는 "제주도 경관관리계획 수립 용역이 3월에 마무리되고 경관위원회가 발족할 예정"이라며 "초고층 빌딩이라는 엄청난 경관문제를 경관관리계획도 수립하기 전에 허가하는 것은 말이 안된다"고 지적했다.

제주대 하승수 교수(법학)는 "한라산과 바다 사이에 초고층 빌딩을 짓는 문제를 너무 쉽게 결정한다"며 "일단 땅을 파기 시작하면 늦어버리는 만큼 소중한 경관을 살리기 위해 폭넓은 의견수렴을 거친 뒤에 신중하게 결정하는 것이 요구된다"고 말했다. 이어 "투자자와 투자계획에 대한 검토도 더 세밀하게 거쳐야 한다"며 "빌딩을 짓다가 돈이 부족해 중단한다든지, 완공 후에 활용을 못해 흉물로 남을 가능성 등에 대한 명확한 진단이 필요하다"고 말했다.

초고층 빌딩 예정지 인근에 사는 홍영배씨(56)는 "주변을 다 차단하는 건물을 매일 볼 생각을 하니 끔찍하다"며 "제주도가 일조권이나 교통문제에 대한 검토를 했는지 모르겠다"고 말했다.

제주환경운동연합 이영웅 사무국장은 "해안과 한라산으로 이어지는 제주에서 오름 높이의 고층빌딩은 경관을 심각하게 훼손할 것"이라며 "제주의 랜드마크가 왜 초고층 빌딩이 돼야 하느냐"고 반문했다. 성균관대 이규석 교수는 "고층건물 주변에는 강한 3차원 난류장이 형성돼 순간돌풍인 빌딩바람이 발생되곤 한다"고 말했다.

경향신문.2009.1.19

Tourism 관광학 이론과 실제

제 4 장

관광의 학문적 체계

제1절 관광학의 태동

1. 관광학 연구의 시작

현대사회에 있어서 관광이라는 현상이 가지는 사회적, 경제적, 문화적, 그리고 국제적 의의는 다른 학문이나 산업에 비교할 수 없을 만큼 커졌으며, 그 가치가 널리 인식되고 있다. 그러나 인식 부족으로 인하여 국가나 사회의 환경과 여건에 따라서 관광이 불필요한 소비행위, 과소비, 환경오염 유발행위 등으로 강조되기도 하고 때로는 계층간의 갈등을 조장하는 산업으로 표현되기도 하는데 이는 사회적, 경제적, 환경적으로 관광의 역기능만을 강조하였기 때문이다. 하지만 관광학의 주요 관심은 관광이 인간에게 안겨주는 여러 가지 효용성을 연구하는 미래의 학문인 실용학문으로서 실천적 이용이 가능하도록 연구하는 데 있다.

최초의 관광연구는 경제학의 분야에 귀속되면서 국민경제학적인 입장에서 연구되었다고 말할 수 있다. 관광을 경제적 문제만이 아니라 관광의 심리적 원인이라든가, 관광의 사회적 영향 등 심리학 · 사회학 등의 입장에서 연구할 필요가 있다고 생각되고 있지만, 관광산업 자체에 대한 연구는 국제간에 관광이 활발히 진행되면서 외화획득이 국민경제에 미치는 영향을 중요하게 인식하게 되었기 때문이다.

관광사업의 발전은 주로 해당 국가 혹은 지역의 경제활동과 주민의 경제생활에 큰 효과를 부여하고 세계경제에도 크게 공헌하는 것이다. 따라서 관광산업은 관광현상이 가져다주는 많은 효과를 승인하고, 이에 관련된 일체의 요소에 조직을 만들고 훈련을 실시하고 체제를 정비함에 따라 국가의 번영과 인류의 복지증진에 기여하는 종합활동이라고 말할 수 있는 것이다.

사회현상으로서의 관광에 관한 연구는 19세기 후반 유럽지역을 중심으로 활발하게 전개되었다. 특히 무역의존국에서는 국제대차의 관계가 국민경제를 좌우하게 되었기 때문에 외래객의 관광소비, 즉 외화유입에 대하여 관심이 높아지게 되었다. 이와 같은 이유로 관광에 관한 연구열이 높아지게 되었고, 한편 각국의 정부에서는 이것을 정책으로 채택함과 동시에 관광문제에 대한 조사 · 연구가 실시되었다.

오늘날 남아있는 관광에 관한 최초의 연구논문은 1899년 이탈리아 정부 통계국의 보디오(Bodio)가 통계과장에 복무하면서 잡지에 발표한 논문 「이태리에 있어서의 외국인의 이동 및 그곳에서 소비되는 소요비용에 대하여」가 최초의 관광연구였다.

이 밖에도 수많은 관광통계의 논문을 이탈리아와 독일 등의 학자들이 발표한 바 있다. 이와 같은 연구의 배경이 된 것은 유럽과 북미주 사이에 빈번하던 관광객의 이동이 급작스럽게 증가하였고, 그 중에서도 19세기 말부터 20세기 초반에 걸쳐 미국인들의 유럽 각국으로의 관광이 급증하자 그 동태를 분석하고 관광객 유치를 위하여 대미 관광촉진을 강화하여 관광외화수입을 증대시키려는 목적으로 연구가 이루어졌다.

관광통계에 관한 많은 논문들의 공통적인 점은 관광객의 수, 체재기간, 소비액 등을 각각 어떤 방법으로 조사하는 것이 가장 정확한 것인가 하는 것이었다. 그러나 이와 같은 관광통계에 관한 연구는 어디까지나 단편적인 관광연구에 지나지 않았으며, 그 횟수를 거듭해감에 따라 점차 체계가 잡혀가게 되었다.

2. 시대적 발전과정

1) 슐레른(Schulern)

슐레른은 최초로 관광의 개념을 정의한 독일의 학자로서 그는 '관광이란 일정한 지구, 주 혹은 타국에 들어가 체재하고 다시 되돌아가는 외래객의 유입, 체재 및 유출이라고 하는 형태를 취하는 모든 관광현상과 직접 결부되고 있는 모든 사상, 그 가운데에서도 특히 경제적인 모든 사상을 표현한 개념을 뜻한다'라고 했다. 즉 관광연구는 경제 형태를 대상으로 하고 있음이 특징이다.

2) 마리오티(Mariotti)의 관광론

관광통계의 연구가 이탈리아에서 시작하여 학계에 관심을 끌고 있을 무렵 로마대학의 마리오티(Mariotti)가 1927년에 「관광경제학강의」라는 저서를 출판하였는데, 로마대학에서 교재로 채택되어 관광학강의 과목으로 개설되었다. 그는 외국인 관광객의 이동을 관광이라 보고 관광의 본질을 경제현상이라고 생각함으로써 관광경제학적 접근을 시도했다.

마리오티의 관광경제학강의는 관광에 관한 독립적인 연구대상과 영역이 뚜렷하게 체계화된 것으로서는 최초의 것이었다. 그는 1928년에 계속해서 이 책의 속편을 출판하는 동시, 그 후 이 책의 증보개정한 동명의 책을 1940년에 공간하게 됨으로써 그의 사상체계를 완성했는데, 교재의 주요 내용을 보면, 이탈리아의 관광사정, 관광통계, 선전, 통신, 직업훈련, 호텔산업, 지역발전과 효과, 체재 및 관광을 위한 단지, 여행알선업, 관광흡인중심지의 이론 등이다.

그의 여러 측면의 연구 분류를 보면 다음과 같다. 그는 관광경제학 연구를 위한 방법론을 두 가지로 분류하고 있다. 즉 능동적 관광과 수동적 관광으로 분류하여 설명하고 있는데, 능동적 관광은 특정한 시점에서 호텔 사정의 조사와 같은 특정 시기에 있어서의 연구이고, 수동적인 관광은 관광객의 이동에 대한 비교 연구로서 다년간에 걸친 외국인 관광객의 증가율에 관한 연구인 것이다.

다시 그는 경제적인 견지로 본 연구로서, 즉 여행경제와 체재경제로 나누어야 한다고 주장했는데, 그의 이와 같은 분류방식에 따르면 전자는 선전, 조직(통신, 운수, 요금 등) 등의 연구가 필요하다고 하였다. 또 후자는 어떠한 지역의 평가, 호텔기업 등을 연구 대상으로 하면서, 특히 전자에서는 통계조사를, 그리고 후자에서는 직업교육을 중시하였다는 점은 오늘날까지도 그의 연구가 적절한 판단이었다고 평가되고 있다.

그는 관광산업과 관광정책을 구별하여 전자의 활동을 '상업적 질서에 의한 투기적 활동'이라고 하고 후자는 '국가주의적인 각인'을 찍는 관념적인 것으로 생각했다.

마리오티의 지론 중 특히 주목할 만한 것은 「관광흡인중심지의 이론」이었다. 이 이론에 의하면 관광객은 예술적 · 고고학적 · 풍토적 및 보건적인 것과 같은 '자연적 제조건'에서 '인위적 제조건'인 관광시설, 호텔조직과 같은 하부구조와도 유기적으로 결합되어 있는 토지를 관광객은 가장 좋아하게 된다고 하면서 전자의 제조건을 '자연발생적 흡인력'이라고 하고, 후자의 제조건을 '파생적 흡인력'이라고 호칭한다면, 이 양자가 보다 잘 균형이 잡힐 때 '관광흡인력'을 갖게 되기 때문에 그곳이 곧 관광의 중심지가 된다고 주장하고 있다.

3) 그뤽스만(Glucksmann)의 관광론

마리오티가 관광의 본질은 경제현상이라고 보고, 경제학적 연구를 시도하려고 했던 데 반하여, 베를린대학의 그뤽스만은 1935년의 「일반관광론」에서 전혀 다른 연구방법을 제시했는데, 그것은 관광을 경제학적인 각도로부터 만이 아니라 사회학적으로 규명해야 한다는 입장을 내세웠다.

그뤽스만은 관광의 개념을 '체재지에서 일시적으로 체재하고 있는 사람과 그 지역의 원주민들과의 여러 가지 관계의 총체'로 규정하고, 그 연구의 대상을 정함과 동시에 관광의 원인을 다음과 같이 표현하였다.

'관광학은 관광의 기초 · 원인 · 수단 · 영향 등을 극히 광범위한 영역에 걸쳐 연구하는 분야'라고 하였다. 그는 또 '지리학 · 광천치료학 · 기상학 · 의학 · 심리학 · 국민경제학 · 사회학 및 경영경제학과 같은 여러 학문 분야까지도 관광론의 범위 내에 포함되고 있는 것'이라고 주장하였다. 그는 또한 관광정책에 대해서도 하나의 종합적이고, 체계화된 단순한 정책으로서만 생각하지 않고, 정치 · 문화정책 · 사회정책 · 영업 · 상업정책 · 교통정책 등의 복합으로 파악하고 있다.

그는 관광행동을 일으키는 여행객측 원인을 여행객이 자발적으로 여행하려고 하는 관념적인 것과 어떤 지방에 부득이 여행을 떠나지 않으면 안 될 물질적인 이유로는 건강 때문인 육체적 원인과 사업 때문인 경제적 원인으로 분류하고 있다.

4) 보르만(Bormann)의 관광론

1931년에 그뤽스만과 동류의 학자인 독일의 보르만(Bormann)은 그의 저서인 「관광론」의 발표에서 그뤽스만의 연구방법을 다음과 같이 비판하고 있다.

이들의 제학, 즉 이들의 모든 학문 분야를 관광론의 범위 가운데 포함시킨다면 관광론의 영역은 실로 광범위해질 것이다. 확실히 상술의 제학은 '관광론'측으로 볼 때 각각 의의를 지니고 있다고 보겠으나, 이를 역으로 생각하면 관광 역시도 이와 같은 제학에 대한 의의를 내포하고 있다고 하겠다. 그렇지만 이와 같은 제학은 그 모두가 동질 내용의 의의를 내포하고 있지 않으며, 더욱이 그뤽스만이 말하는 의미에 있어서의 심리학은 관광론에서 취급하는 것은 그 목적에 합당치 못하다고 역설하고 있다. 동시에 보르만은 마리오티와 그뤽스만의 양자는 '근본적으로 상호 대립하고 있다'라고 평하고 또 그렇게 이해했던 것이다. 그리고 보르만 자신의 지론은 '관광의 원인이 아니고 관광이 지닌 여러 가지 결정요인이야말로 정밀한 연구를 요하게 하는 과제'라고 말하였다. 연구의 흥미를 돋구게 하는 것은 관광객 개개인의 여행이 아니라 전체적 관광객의 이동 동태의 발생원인과 이의 발전과정을 규명하는 데 있다. 따라서 '이와 같은 관광객의 이동에 영향을 미치게 하는 주원인은 그 관광지의 상태, 경제적, 정치적 정세와 이에 대한 대책이라고 하겠으며, 이와 같은 모든 사실들을 고찰 · 연구하는 것이 바로 관광론의 주요 과제가 아닌가 생각 한다'라고 논술하고 있다.

보르만은 자신의 지론과 같이 그의 저서 「관광론」에서 가장 중요시하는 부문은 관광결정요인이다. 보르만의 관광론은 그 소속이 경제학에 속한다고 본다.

하지만 이의 근본문제는 국민경제학 및 경영경제학의 영역에 속할 뿐만 아니라 상술의 제학의 성과까지도 응용되어지지 않으면 안 된다고 논술하고 있으므로 그는 어디까지나 독립된 개별과학으로서의 관광론의 입장을 주장하고 있음을 알 수 있다.

이상에서 볼 때 마리오티와 그뤽스만의 입장은 근본적으로 대립되고 있음을 알 수 있으며 보르만은 마리오티의 주장을 발전시킨 것이라고 볼 수 있다. 또 관광학 내지 관광의 본질에 관한 논의는 점차 관광의 다양한 상호작용의 복합성을 연구대상으로 하는 입장으로 기울어져 가고 있다.

5) 훈지커(Hunziker)와 크라프(Krapf)의 발전된 관광론

1930년대에 왕성했던 관광론을 체계적으로 집대성하여, 제2차 세계대전까지 관광연구로서의 정점을 이룩한 학자는 스위스 카렌대학의 훈지커와, 베른대학의 크라프 교수이다. 그들의 공저로 1942년에 간행된 「일반관광론 개요」를 중심으로 한 그들의 주론을 요약해 보면 다음과 같다.

우선 훈지커와 크라프 교수는 관광을 다음과 같이 규정하고 있다. 즉 '관광은 광의로서나 혹은 본래의 의미로서는 외래관광객이 체재 기간 중에 계속적이거나 혹은 일반적으로 조금도 영리활동을 실행할 목적으로 정주하지 않는 한, 이에 있어서 그 외래 관광객의 체재로 인하여 발생하는 제 관계 및 제 현상의 총체개념이다' 라고 기술하였다. 또한 그들 두 사람은 관광의 형태에 대해 다음과 같이 분류하였다.

① 개인유지를 위한 여행으로서의 관광
- ·이주
- ·보양, 요양여행
- ·직업여행

② 종족유지를 위한 여행으로서의 관광
- ·신혼여행, 신행, 성묘관계로서의 여행
- ·친척방문을 위한 여행

③ 개인발전을 위한 여행으로서의 관광
- ·즐거움을 위한 여행
- ·연구 · 교육목적의 여행
- ·종교적 근거에 따른 신앙목적의 여행 등

으로 분류했다.

양자는 관광의 학문적인 취급방법에 대해서는 그것을 경제학적인 분과로서 보는 견해를 부정하면서 다음과 같이 말하고 있다. 곧 부정적인 견해에 의하면 관광의 개념규정으로부터 다음과 같은 사실이 명백해짐을 알 수 있다. 즉 관광론은 오로지 경제학에 귀속되어 질 수가 없는 것으로서 그 이유는 경제외적인 성격을 많이 갖고 있으며, 경제이론과 경제적인 고찰방법으로서는 설명할 수도 이해할 수도 없는 개념과 현상의 복합성을 관광론은 포함하고 있기 때문이다. 관광론은 동시에 하나의 순수한 관계론도 아니고 관계론의 범위를 초월하여 존재하는 제범주에까지 영향을 미치고 있다. 이와 같은 점에서 볼 때 그것은 어떻든 경제학보다는 사회학에 가까운 것이다.

관광론은 여러 분야의 과학으로 하여금 그의 인식을 뽑아내서 그와 인식을 그 특별한 현상의 해석과 설명과도 유기적인 연결이 되게 하여야 한다. 그러나 이와 같은 학문 분야로서는 사회학이나 경제학 다음에 예속할 수 있는 것으로 다음과 같은 것들이 있다. 즉 심리학 · 의학, 지리학, 기상학, 공학 · 사학(사학은 직접 관광사로서 받아들일 수도 있고 일반관광론의 기초적 보조과학으로서의 역할을 담당한다)등이 여기에 속한다. 그러나 '관광론의 이와 같은 포괄적인 성격과 그것이 가지고 있는 겸허한 태도에도 불구하고 만일에 사람들이 관광론의 범위를 무시해서 경제학적인 여러 방법을 사용하여 관광을 취급한다면, 결과적으로 만족할 수 없다는 것을 스스로 깨닫게 될 것이며, 관광론을 경제학적 연구에 일치시킨다는 것이 결코 근본적인 것이 못 된다는 것을 알게 될 것이다. 뿐만 아니라 순수히 실제적인 고려에서 그렇지 않다는 것이 적절하며, 목적에도 맞는다는 것이 판단될 것이다' 라고 기술했다.

이와 같이 관광론을 훈지커와 크라프는 이념적으로는 사회학을 중심으로 구상한 것 같이 하면서도 자연과학의 제부문을 보조수단으로써 응용한 것 같은 종합문화과학으로서의 방향을 시사하였고, 또 실제로는 그것을 경제학적인 취급에서는 개별과학으로서의 유용성을 인정하고 있는 것이다. 이 양자는 본래 경제학자였기 때문에 공저의 구성내용도 경제학적 기술이 대부분을 차지하고 있는 것이다.

관광 이야기

템즈강 크루즈, 영국

런던은 돌아서는 모퉁이마다 역사를 만날 수 있는 도시이다. 그리고 지금도 런던은 세계사의 한 가운데 서 있다. 그 오고 가는 역동적인 세월의 모습은 템즈강에 담겨 흐르고 있다. 저녁 무렵 워털루 브리지에 서면 동쪽으로 17세기부터 그곳에 있던 세인트 폴 대성당의 둥근 지붕이 지는 해를 받고 아름답게 빛을 내고 있다. 유리와 철로 세워진 주변의 현대식 건물들 사이에서 아직도 그 품위를 잃지 않았다. 서쪽으로는 700년 넘게 그 자리를 지켜온 웨스트민스터 사원을 발견할 수 있다. 그 앞을 2,000년 전 로마 정착민들의 삶을 지켜보았던 템즈강이 유유히 대양을 향해 흘러간다. 소리 없는 강이 짙고 무거워 보인다.

런던을 방문하면 꼭 빼놓지 말아야 할 것이 템즈강 크루즈다. 지구상 어느 도시의 강이나 다 마찬가지겠지만 런던의 템즈강만큼 도시의 역사를 담고 흐르는 강은 없는 것 같다. 의회 정치의 어머니로 불리는 국회의사당, 영국 역사의 수없이 많은 음모와 사건들이 스쳐간 런던 타워, 런던 브리지, 웨스트민스터 사원. 아직도 어딘가에서 하얀 증기로 톱니바퀴를 돌리고 있을 것 같은 산업혁명 현장으로서의 템즈. 거기다가 21세기의 상징 런던 아이(London Eye). 템즈강에 떠다니며 바라만 보아도 런던 역사가 다 읽힐 것 같다.

템즈강은 런던을 가로질러 북해로 흘러드는 하천으로, 우리의 한강과 같이 런던의 발달에 중요한 역할을 하였다. 18세기에는 대영제국의 팽창으로 말미암아 세계에서 가장 바쁜 물길이 되었던 이 강은 19세기 초까지만 해도 여러 종류의 담수어가 살고 있을 만큼 깨끗하였다고 한다. 하지만 산업혁명과 세계대전을 거치면서 급속한 산업 발달과 인구 증가로 심각하게 오염되어 '죽음의 강'이라고 불리기까지 한 적이 있다. 지금은 정부의 수질개선 정책으로 깨끗해진 템즈강 위로 관광객을 실은 유람선이 다닌다. 템즈강 유람선들은 보통 웨스트민스터 선창에서 시작된다. 1,000개의 방이 있다는 국회의사당 건물과 지금도 시간지기가 손으로 태엽을 감아 돌아가는 런던의 유명한 시계탑, 빅 벤(Big Ben)이 강가에 서 있다.

그 옆으로는 지난 1,000년 동안 왕과 여왕들의 머리 위로 왕관을 씌워주던 고딕의 건물, 그리고 지금은 그들이 묻혀 있는 웨스트민스터 사원이 있다.

그곳에서 조금만 내려가면 새천년의 바퀴, 런던 아이가 우뚝 솟아 있다. 2000년 새해 첫날에 맞춰 토니 블레어에 의해 개장된 런던 아이는 기네스북에 세계 최대 규모의 원형전망대로 기록되어 런던의 명물로서 관광객의 사랑을 받고 있다. 도시의 뉴밀레니엄을 표현한 런던아이는 거대한 바퀴살에 전망 캡슐을 달고 런던의 하늘로 솟아 올라 여왕으로부터 런던의 스카이라인을 망쳐놓았다는 말을 들었다는 소문이 있다. 어떤 사람에게는 눈엣가시일지 모르지만 내 눈엔 런던의 머리 위에 올려진 왕관처럼 빛을 발하고 있었다.

템즈강의 건축물 중 가장 많은 역사를 담고 있는 곳은 런던 타워(Tower of London)이다. 정복 왕 윌리엄 1세에 의해 화이트 타워가 세워진 후 다음 왕들에 의해 넓혀지고 주변에 작은 타워들이 들어선 이곳은 요새, 궁전, 감옥, 처형장소 등 900년 넘는 동안 다양한 역할을 해왔다. 또 그만큼 영국 역사상 중요한 사건의 현장으로 거기에 얽힌 이야기도 많이 남아 있다. 이곳 종탑에 갇혔던 죄수 중 가장 유명한 사람으로는 캐서린 왕비와 이혼하고 영국 교회의 수장이 되려고 했던 헨리 8세의 요구를 거절하여 수감되었던 '유토피아'의 저자 토머스 무어경이 있다. 그리고 영화 '천일의 앤'의 주인공인 헨리 8세의 두번째 아내도 이곳에서 형장의 이슬로 사라졌다. 에드워드 4세의 두 왕자의 유골이 발견된 블러디 타워(Bloody Tower)도 그 이름만큼이나 피로 얼룩진 역사를 담고 있다. 지금은 관광 명소로 왕실의 보물을 전시하고 있기도 한 이곳은 투옥과 살인과 처형의 신음과 울부짖음에 젖어 있다. 하지만 템즈강에서 바라보는 밋밋하고 네모난 화이트 타워의 모습은 감정을 드러내지 않는 런던 신사처럼 단조로워 보인다.

런던 타워와 두 개의 탑이 다리에 세워져 있는 타워 브리지(Tower bridge)를 지나면 템즈강은 또 다른 모습으로 나타난다. '일 하는 강'으로 불리던 템즈의 모습이다. 산업혁명의 역군이었던 이 강을 증언하듯 높은 굴뚝이 솟아 있는 벽돌 건물의 공장들, 기름에 얼룩지고 땀 냄새가 배어 있을 것 같은 선창가나, 뱃사람과 부두 일꾼들이 거친 하루를 마치던 선술집…. 한강 근린공원의 모습과는 전혀 다르다. 지금은 이 관광객들과 신흥 주택지로 개발된 그 지역 주민들로 채워지는 강변의 술집들 중에는 종교의 자유와 풍요로운 삶을 찾아 신세계로 떠나기 전 청교도들이 정박했던 '메이플라워'라고 불리는 술집과 찰스 디킨스가 즐겨찾던 '그래이프'도 남아있다.

'강은 땀을 흘린다. 기름과 타르로….' T S 엘리어트의 '황무지'에 나오는 템즈강에 대한 대목이다. 한때는 콜레라의 온상이 되기도 하였고 또 쓰레기가 널려 있었다고 한다. 지금은 세계 곳곳에서 찾아온 사람들을 태운 유람선이 떠다니고, 런던 사람들은 옛 증기기관 보트를 개조한 레스토랑에서 선상 파티를 즐긴다. 나이키 러닝 슈즈를 신고 아이팟을 귀에 꽂고 강변을 달리는 사람들도 많이 보인다. 템즈강은 지금도 결코 아름답지만은 않다. 낭만적이지도 못하다. 하지만 런던의 역사를 고스란히 싣고 흐르는 템즈강은 묵묵하고 당당해 보인다.

경향신문, 2006. 12. 14

제 2 절 관광학 연구의 발전과정

관광학은 20세기 이후의 학문으로 다른 학문영역에 비해 후발학문이지만 그간 상당한 지식을 축적하기에 이르렀다.

현대사회에 있어 관광이라는 현상이 가지는 사회적, 경제적, 문화적, 국제적 의의는 다른 학문이나 산업에 비교할 수 없을 만큼 커졌으며, 그 가치가 널리 인식되고 있으나, 아직도 인식 부족으로 국가나 사회의 환경과 여건에 따라서 관광이 불필요한 소비행위, 과소비, 환경오염 유발행위 등으로 강조되기도 하고 때로는 계층간의 갈등 등으로 표현되기도 하는데 이는 사회적, 경제적, 환경적으로 관광의 역기능 만을 강조한 때문이다. 하지만 관광경영학의 주요 관심은 관광이 인간에게 안겨주는 여러 가지 효용성을 재인식시키는데, 미래의 학문으로 발전하기 위하여 연구대상에 따라서 적절한 연구방법을 선택하여 실용학문으로서 실천적 이용이 가능하도록 연구하는데 있다.

사회현상으로서의 관광에 관한 연구는 19세기 후반 구라파지역을 중심으로 활발하게 전개 되었다. 특히 무역의존국에서는 국제대차의 관계가 국민경제를 좌우하게 되었기 때문에 외래객의 관광소비, 즉 외화유입에 대하여 관심이 높아지게 되었다. 이와 같이 관광에 관한 연구열이 높게 되었고, 한편 각국의 정부에서는 이것을 정책으로 채택함과 동시에 관광문제에 대한 조사 · 연구가 실시되었다.

19세기 말부터 20세기 초반에 걸쳐 미국인들의 유럽 각국으로의 관광이 급증하자 그 동태를 분석하고 관광객 유치를 위한 대미선전을 강화하여 관광외화 수입을 증대시키려는 목적으로 유럽지역을 중심으로 관광학 연구가 시작되었다.

초기 관광학 연구는 관광의 경제적 측면을 중요시하여 관광통계에서 시작되었다고 전해지고 있다. 관광통계에 관한 많은 논문들은 첫째, 관광객의 수, 둘째, 체재시간, 셋째, 소비액 등을 그 주요 내용으로 하고 있지만 가장 타당한 방법은 이것들을 어떠한 방법으로 조사하는 것이 합리적인가 하는 것이었다.

1. 초기의 관광학

관광학은 제1차 세계대전 이후 관광자의 소비지출에서 산출되는 경제적 가치에 커다란 의미가 부여되면서 유럽 각국이 국가경제적 측면에서 관광을 정책적으로 육성하게 되는 시대적 배경을 바탕으로 관광학의 연구는 경제학적 측면에서의 접근이 이루어졌다.

일반적으로 최초의 관광학 연구는 이탈리아 보디오(Bodio)가 관광통계를 다룬 "이탈리아에 있어서 외래객 이동 및 그 소비액에 대하여(1899)"라는 논문과 니체훼로(Nicefero)의 논문 "이탈리아에서의 외국인 이동(1923)", 그리고

표 4-1 그뤽스만의 관광의 요인

<table>
<tr><td rowspan="9">관광산업</td><td rowspan="4">여행자측의 원인</td><td rowspan="2">관념적인 기반</td><td>심적-질병, 불안, 자연력</td></tr>
<tr><td>정신적-직업상의 준비</td></tr>
<tr><td rowspan="2">물질적인 기반</td><td>직업상의 교양, 직업상의 실무</td></tr>
<tr><td>육체적-질병예방, 반응</td></tr>
<tr><td rowspan="5">수요자측의 원인</td><td rowspan="2">관념적인 기반</td><td>경제적-상업여행</td></tr>
<tr><td>심적-수요준비</td></tr>
<tr><td rowspan="3">물질적인 기반</td><td>정신적-필요성의 인식</td></tr>
<tr><td>육체적-서비스의 공급능력</td></tr>
<tr><td>경제적-자본조달</td></tr>
<tr><td rowspan="5">장소</td><td rowspan="2">출발자의 부족</td><td colspan="2">자연적-수용장소의 급부능력에 의해서</td></tr>
<tr><td colspan="2">인공적-수용장소의 급부능력에 의해서</td></tr>
<tr><td rowspan="3">수용자의 부족</td><td colspan="2">자연적-지층, 물, 꽃과 동물, 기후와 기상, 교통상황</td></tr>
<tr><td rowspan="2">인공적</td><td>계획-문화적, 경제적</td></tr>
<tr><td>준비-문화적, 경제적</td></tr>
</table>

마리오티(Mariotti)의 "관광경제학 강의(1929)", 독일 보르만(Bormann)의 "관광학 개론(1931)", 그뤽스만(Glucksmann)의 "일반관광론(1935)" 등의 저서들이 초기 관광학의 연구물들이다.

2. 20세기 중엽의 관광학

제2차 세계대전 이후의 관광현상은 경제적인 측면보다 경제외적 측면의 영향을 더 많이 받고 있으므로 경제적 이념과 분석방법만으로는 더 이상 관광현상을 설명하거나 이해할 수 없는 다양하고 다면적인 속성을 가지는 것으로 인식되기 시작하였다.

베르네커(Berenecker)는 그의 「관광학 연구」(1962)에서 관광학을 개별과학에 기초를 두지 않고 종합학문으로서 체계화를 시도하였고, 일본의 시오다 세이지는 「관광학 연구」(1974)에서 관광학은 일반사회학으로서의 접근과 응용사회학으로서의 접근을 병행해서 연구하는 것이 바람직하다고 주장하였다.

따라서 관광학의 연구는 경제적 접근이라는 개별학문적 측면에서 여러 학문이 종합된 종합사회과학적 측면에서의 접근이 이루어지기 시작하였다.

3. 20세기 후반의 관광학

현대관광의 현상은 국제관광객의 꾸준한 증가와 아울러 세계 각 나라마다 관광이 국민생활의 중요한 활동이 되고 있다. 또한 관광에 의한 파급효과가 다양해짐에 따라 종전의 관광경제적 효과에 대한 연구의 중요성과 함께 대량관광으로 인하여 발생되는 사회적 · 문화적인 영향과 더불어 개발에 따른 환경의 변화에 대한 관심이 고조되었다.

따라서 종래의 관광학을 단일학문적 차원에서 접근해 오던 관행에서 벗어나 학제적인 접근 방법이 등장하여 바야흐로 관광학은 경제학 · 사회학 · 심리학 · 경영학 · 문화인류학 · 정치학 · 생태학 등의 종합과학으로서의 면모를 갖추게 되었고, 이러한 연구경향은 21세기까지 지속될 것으로 예상된다.

제 3 절 관광학의 학문적 성격

1. 관광학의 학문적 성격

지금까지 간단하게 관광에 관한 학문적인 연구의 발자취를 고찰해 보았다. 그 곳에는 뚜렷한 두 가지 입장이 있음을 알 수 있다. 즉, 관광을 체계적으로 연구함에 있어서 그 하나는 관광현상이 매우 복잡하게 얽혀 있다는 것을 이유로, 관광학은 다만 기존사회과학의 일개영역 뿐만이 아니라 인문과학 · 자연과학 등 다른 여러 학문분야까지도 평등하게 도입한 종합 사회과학적이어야 한다는 입장이다. 그리고 다른 하나는 기존의 다른 일개영역의 과학분야의 성과를 응용하여 관광현상을 해명하고, 그러한 사실을 축적시키고 난 연후에 응용과학으로서의 관광학을 구축하려는 입장(Mariotti, Bormann)이 있다. 예를 들면 훈지커(Hunziker), 크라프(Krapt)가 이에 속하는데 이념적으로는 그뤽스만(Glucksmann)의 입장을 인정하면서도 실용상의 가치에서 마리오티(Mariotti)와 보르만(Bormann)의 입장을 따르고 있다고 말할 수 있다.

어떻든 관광학의 연구는 화석을 연구대상으로 하는 것이 아니며, 산이 그곳에 있기 때문에 올라가는 것은 결코 아니다. 관광이 일부 유산계층 · 유한계층의 전유물로서 일반서민과는 무연의 관계에 있었던 시대도 있었으나, 오늘날의 관광은 국민의 건전한 정신생활과 건전한 육체를 보존하기 위해서, 그리고 한 걸음 더 나아가 항구적인 세계평화를 구축하기 위해서는 그야말로 필요불가결한 생활의 필수요건으로 되어 있다. 따라서 관광학은 자연과학적인 접근방식을 지양하고 인식방법을 우선시켜 나감이 바람직스럽다 하겠다.

훈지커(Hunziker)는 1959년의 논문 "관광학과 그 응용" 가운데에서 "관광학은 존재하는가"라는 부제를 내걸고, 그 존재를 스스로 긍정하면서 관광학 연구의 목적을 다음과 같이 주장하였다. 첫째, 관광학은 관광이 본래적으로 지니고 있는 고도의 다양한 본질문제 이해에 기여할 것, 둘째, 관광학은 관광직업교육에 기여할 수 있는 관광직업교육론의 정립을 도울 것, 셋째, 관광학은 경제정책상 혹은 경영정책상의 제 문제를 해명하는 데 기여할 것 등이 그것이다. 그리고 훈지커(Hunziker)는 이제까지의 관광학이 통계학 · 지리학 · 경제학 · 경영학 등의 제학문의 분석방법을 응용해오면서 연구 성과를 올렸던 점을 높이 평가하고 있음과 동시에, 장차에 있어서도 이 같은 방법론에 따른 관광학의 발전에 기대를 걸고 있다.

2. 관광학 연구방법

1) 상위개념의 관광학

1935년 그뤽스만(Glucksmann)이 관광을 지역주민과 관광자간의 제 관계의 총화라고 규정하면서 이제까지와는 전혀 다르게 종합적 측면에서 관광을 보는 연구방법을 제시했다.

이러한 연구방법은 시오다 세이지의 관광학 체계에서 위로부터의 관광학(상위개념의 관광학)이라는 개념과 일치한다고 하겠다. 즉, 인접학문들을 종합적으로 응용하여 관광학의 이론을 정립한 것으로서, 이 접근방식은 인접학문들을 근간으로 하여 관광과 관련한 문제를 종합학문 내지는 범 학문지향적 접근에 의해 관광학을 하나의 독립적인 학문으로 정립하여 놓은 것이다. 그러나 이러한 접근방식의 문제점은 지식의 축적과 더불어 마치 숲 전체의 모습을 포착할 수는 있으나 관광학으로서의 이론이 성립되기는 어려워 진정한 학문으로서의 관광학이라고 보기는 어렵다. 따라서 관광학이라는 명칭은 단지 편의적인 것에 지나지 않는다. 이는 특히 응용되는 각 학문분야의 제 법칙을 동일한 차원에서 파악할 수 없기 때문이다. 예를 들어 자연과학과 수학에서와 같이 엄밀한 법칙이 적용되는 사회과학을 동일하게 볼 수 없는 문제로 이는 사회과학의 법칙과 윤리학과 같은 정신과학의 법칙을 동일시 할 수 없는 것과 같다.

그러므로 이와 같은 방법은 전체로서의 관광학을 파악하는 데에는 유익할 수 있겠으나 각각의 관광현상을 면밀히 탐구하지 못함으로써 지식의 깊이가 결여될 가능성이 크다고 할 수 있다.

2) 하위개념의 관광학

이 학문체계는 문제의식과 인식대상 및 방법론에서 기존학문의 틀을 그대로 도입, 응용하는 것을 말한다.

이러한 연구방법은 관광학에 관한 초기단계의 연구에서 나타난 것으로 마리오티(Mariotti) 등에 의해 사용된 연구방법으로 보르만(Bormann)이 대표적인 학자이다. 또한 그림 4-1에서 보듯이 시오다 세이지는 이러한 연구방법을 아래로부터의 관광학(하위개념의 관광학)이라고 하였다. 개별과학으로서의 관광학을 연구하기 위한 학문적 접근에 있어서 대표적인 학문으로는 경제학, 경영학, 사회학, 지리학, 인류학, 그리고 심리학이며, 이들 학문의 문제의식과 인식대상 및 발달된 연구방법 등이 관광학의 이론형성에 근간이 되고 있다.

이러한 접근방식은 각각의 인접과학에 그 뿌리를 두고 있으므로 학문적으로 매우 세련되나 필요한 지식자체가 산발적으로 이용되기 때문에 이용된 이론들이 마치 실에 구슬을 꿰듯 상호연결의 체계성을 확립하는 문제에 그 약점이 있다. 이러한 약점을 일컬어 '나무를 보고서도 숲 전체를 보지 못 한다'라는 말로 표현할 수 있다. 실제로 지금까지 관광학에 대한 연구는 종종 특정 학문분야를 지나치게 강조하기도 하고 과소평가하기도 하였다. 그러므로 관광의 본질적인 문제를 편향되게 볼 가능성이 커질 뿐만 아니라 하나의 독립적인 학문으로 발전시키는데 무리가 따른다.

그림 4-1 시오다 세이지의 관광학 체계

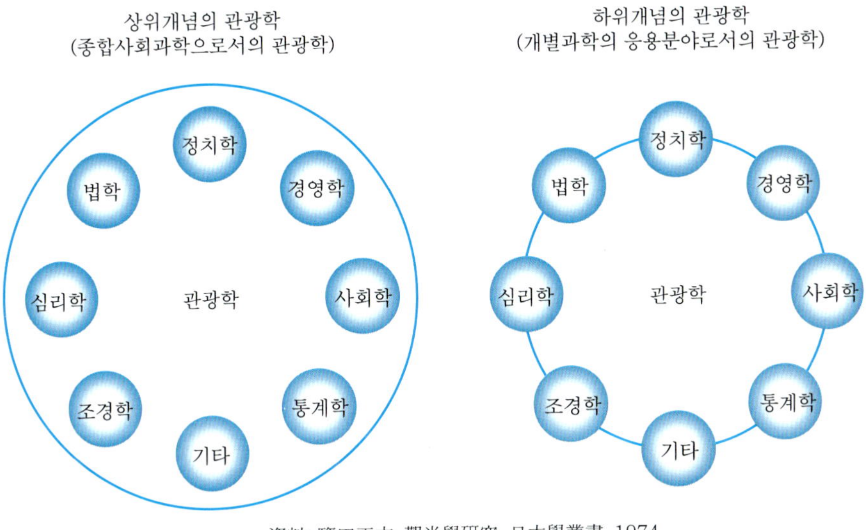

資料: 鹽田正志, 觀光學硏究, 日本學叢書, 1974

제 4 절 관광학의 인접학문

지금까지 관광학 연구의 발전과정과 학문적 성격, 연구방법에 대하여 고찰해 보았다. 인접사회학자들은 나름대로 어떻게 관광현상연구에 기여하고 있는가?
특정학문이 어떤 다른 학문보다 관광학적 이론구성에 얼마나 더 유익하고 기여했느냐 하는 물음은 극히 주관적인 해답을 요구하는 문제이므로 올바른 평가를 내리기가 어렵다. 그러나 일반적으로 그 기여도가 높이 평가되어 온 최대공약수적인 사회과학으로서, 관광학자들은 경제학, 사회학, 경영학, 심리학, 정치학, 지리학, 인류학, 생태학의 8대 사회과학을 흔히 내세우고 있다.
이들 사회과학 외에도 관광학의 이론구성에 적지 않게 기여했거나 또는 최소한의 관련성을 맺고 있는 사회과학이나 자연과학은 많다고 생각된다. 교육학 · 법학 · 행정학 · 조경학 · 도시계획학 그리고 토목 및 건축학 등이 이러한 학문분야라고 여겨진다. 여기서는 이들 8대 사회과학만을 중심으로 고찰해 보기로 한다.

1. 사회학(Sociology)

사회학은 조직화된 인간의 공동체적인 행동, 사회구조적인 상호작용, 그리고 그것의 변화에 관한 조직적인 연구라고 할 수 있다. 사회적 환경의 변화속도는 비교적 완만하나 반면에 그것의 영향에 대한 범위는 매우 넓기 때문에 사회적 환경변화에 대한 적절한 인간의 대응은 관광사회에 긍정적인 영향을 미치지만 부적절한 대응은 부정적인 영향을 미칠 수 있다.

사회구조(인구수, 연령 및 성별의 분포, 가족의 규모, 지리적 인구분포 등)의 특성은 시간이 지남에 따라 변하게 되며 그것이 관광발생에 영향을 미치게 되는 것이다. 또한 하나의 사회는 또 다른 특징적인 하위사회들로 구성되고, 하위사회는 각각의 하위문화를 형성하여 이들 집단의 구성원들이 공유하는 가치관을 지니며 하위문화 속에 공유하는 가치관은 관광행태에 영향을 미치게 된다. 특히 관광현상이 복잡다양해지고, 여가시간의 증대는 사회학적 측면에서 관광현상을 이해하려는 것이 오히려 당연한 일이라 하겠다.

관광학의 사회학적 연구는 1960년 독일의 크네벨(Kenebel)의 "근대관광에 있어서의 사회적 구조변화"와 독일의 푀슐(Poschl, 1962)이 발표한 "관광과 관광정책"에서 초기 연구를 찾아 볼 수 있다.

2. 심리학(Psychology)

심리학은 개인이나 집단의 행동에 바탕이 되는 욕구와 실제 행동으로 표출되는 과정에서 학습, 지각, 태도 등 심리적 작용의 과정을 규명하려는 학문이다.

관광자 행동에는 반드시 관광동기가 있고 또 그 행동의 양면에는 행위자의 태도, 기대, 열망, 가치, 욕구, 경험 등이 있다. 특히 태도 · 신념 · 의도는 관광자의 의사결정에 따라 달라질 수 있으며, 추구하는 방향도 다르게 나타날 수 있다.

관광자 행동연구에서 나타날 수 있는 변수는 많이 있으나 관광자 자신이 결정할 수 있는 것은 개인적, 심리적 요인에 국한되며, 관광자 행동은 항상 어떤 욕구와 욕망의 충족을 목적으로 전개된다. 그렇게 때문에 심리학적 접근에서는 관광자들이 표출하는 신체적 활동과 관광의사결정 과정에 작용하는 관광자들에 대한 심리학적 연구는 소비적인 관광자의 행동이유를 설명하는 데 있어서 우리에게 많은 통찰력을 제시하여 주고 있다. 특히 제품, 광고, 매체에 대한 외적 자극이 실질적으로 큰 차이를 보이지 못하는 상황에서 관광자의 실제행동이 매우 다르게 나타나는 것을 상당부분 설명할 수 있다.

3. 지리학(Geography)

지리학이란 장소와 환경, 그리고 이들 상호간의 관계를 주 연구대상으로 하는 학문이다.

관광을 연구함에 있어서 지리학자들은 자신들의 학문적 관점에서 여타 학문의 연구자들보다 특히 관광이 지역적 · 공간적 불균형을 초래하는 이유를 설명하여 왔다.

지리학적 측면에서 환경은 목적지의 경관, 기후 등의 자연적 환경뿐만 아니라 정치, 문화 등 사회적 환경 등이 포함되며, 관광과 환경과의 관계에 있어서 관광지의 수용력 또는 관광지의 특성에 따라서 관광활동의 유형 및 패턴이 다를 수 있다.

특히 경제지리학의 부문에서의 성과는 관광입지론에서 찾아 볼 수 있다. 그 중에서도 프랑스의 드페르(Defert, 1966)의 "관광입지론"과 독일의 도트(Todt)의 "여행목적지의 공간적 질서에 대하여"는 모두 초기의 실증적인 연구로서 주목할 만한 것이다.

한편, 지리학에서의 중력모델은 관광목적지까지의 공간적 이동거리가 관광효용을 체감시키는 요인으로 작용하지만 일정한 이동거리의 범위내에서는 그것이 무차별하다고 보고 있다. 그러므로 일정한 범위를 벗어난 공간적 이동거리는 그것이 멀수록 관광을 제약하는 요인으로 작용하게 된다. 아울러 관광지의 공간적 규모와 매력도는 관광유발요인이 되며 관광지와 인접한 도시의 인구수는 관광수요의 원천이 된다.

4. 인류학(Anthropology)

인류학은 인간의 언어, 사회구조, 신앙, 풍속, 품성 등 인간사회의 지리 · 역사적 현상을 관찰대상으로 다루는 학문으로서 사회과학 중 가장 포괄적인 학문중의 하나이다.

인류학적인 접근에서는 주로 관광으로 인하여 이를 수용하는 지역사회에서 미치게 되는 영향과 그리고 관광을 수용하는 지역사회에 의해서 관광자들이 받는 영향에 관한 연구와 관계되며 이는 관광학에 있어서 많은 시사점들을 제공하여 준다.

가령, 관광으로 인한 문화충격, 고정관념의 형성, 그리고 문화적 교류 등과 같은 주제에 대한 설명에 있어서 인류학적 접근은 관광학의 발전에 커다란 기여를 할 수 있는 것이다.

5. 경제학(Economics)

관광은 인간의 소비활동의 한 부문으로, 관광자의 관광행동은 "가치의 효용이론"에 근거하여 합리적, 의식적, 경제적 이해의 결과로 보는 것이다.

관광자의 소비지출에서 산출되는 경제적 가치에 커다란 의미를 부여하여 많은 국가들은 자국의 경제부흥을 위한 수단으로 국제관광자들의 유입에 다각적인 노력을 기울이기 위하여 국가전략산업으로 육성하고 있는데, 이는 외화 획득원으로서 관광이 가지고 있는 잠재력을 높이 평가하기 때문이다.

관광의 경제적 효과는 여러 경제학자들에 의해 이미 축적된 경제이론들을 기초로 연구되고 있으며, 이제까지 많은 연구에서 관광이 경제적으로 외화획득, 고용창출, 지역간의 경제적 격차를 극소화하는데 크게 기여하고 있음을 제시하고 있다. 경제학의 이론들을 토대로 이루어진 관광의 효과에 대한 분석의 주류들로는 무역수지의 효과, 승수효과, 고용창출효과 등을 들 수 있다.

특히 경제적 여러 요인들은 개인의 관광활동을 조장하거나 억제하는 요인으로 작용하지만 관광연구에 대한 경제학적 접근은 관광수요 및 공급, 관광소비의 지출 등을 설명함에 있어서 매우 유효한 접근학문이 되고 있다.

6. 경영학(Management)

관광에서 경영학은 관광기업체를 운영하는데 필요한 계획, 조사, 가격결정, 광고, 통제 등과 같은 경영활동에 초점을 두어 관광학을 이해하려는 연구방법이다.

경영연구에서는 세가지 접근법, 즉 ①고전적 접근법, ②행동론적 접근법, ③경영과학적 접근법이 확립되어 있다. 고전적 접근법에서는 주로 일, 작업, 작업방법에 대한 계획 · 조직 · 통제 등의 중요 경영관리과정 등에 초점을 둔다. 행동론적 접근의 초점은 노동과 소비에서 나타나는 인간행동에 대한 문제를 관리하는 관리자를 돕는데 초점을 두고 있다. 경영과학적 접근법은 수많은 수학적, 통계적 수단을 통해 개발된 해결책을 실제적인 경영해결책으로 전환시키는데 초점으로 두고 있다.

관광분야에 있어서 관광사업의 영역이 점점 넓어지고 기업의 규모가 커짐에 따라 경영학적 접근의 비중이 더욱 증대되고 있다.

7. 생태학(Ecology)

생태학이란 각 식물군이나 동물군 혹은 그들과 환경간의 관계에 대해 생물학적으로 연구하는 학문이다. 문화생태학은 인간과 그들의 환경을 다룬다. 관광자, 지역사회, 경영관리자, 개발업자, 정책입안자들 상호간의 관계 및 특히 그들과 환경간의 관계는 생태관광학뿐만 아니라 지속가능한 개발에 있어 매우 중요한 요소가 된다.

관광에서 생태에 관심을 두게 된 것은 자연환경이 그냥 주어지는 당연하게 공급되는 쾌적한 요소가 아니라 보존 · 보호하지 않으면 쉽게 파괴되는 중요한 관광대상임을 인식하게 되면서부터이다. 생태에 대한 연구는 관광 연구분야에서 상대적으로 뒤늦게 출발했으며, 예컨대 열대우림, 멸종의 위기에 처한 동식물들, 습지에 대해 관광과 환경이 상호이익을 도출하는 것이 생태관광에 관한 연구가 된다. 관광과 환경의 연계가 아직까지는 덜 구체적이고 학문적인 분과로서도 확실하게 자리 잡고 있지는 못하고 있다 해도 중요한 현안문제를 이해하기 위해서는 앞으로 더욱 필요한 분야가 될 것이 틀림없다.

8. 정치학(Politics)

관광학을 정치학의 응용학으로써 연구하려는 입장인데, 관광에 대한 정치학적 연구와 관련하여 Annals of Tourism Research에 게재된 최초의 논문은 광범위한 주제인 다국적 사업을 다룬 매쓰쥬(Matthews)의 연구였다. 여타 사회학과 비교하여 정치학은 관광연구와 교육에 대하여 뒤늦게 관심을 보였다. 관광연구에 대한 정치학의 무관심과 거의 전적인 무시는 "정치학과 관광학"이란 제목하의 Annals의 특집호에서 리쳐(Richter)에 의해 재차 광범위하게 검토되었다.

수년간, 관광에 대한 학문이 성숙한 학자들에게는 보잘것없고 부적당한 것으로서 여겨져 왔다. 일례로 학술여행까지도 "유람여행"으로 간주되었다. 연구보조금을 조성하는 연구기관들은 아직도 그러한 지원을 주저한다. 하지만 그러한 단체가 여행기금을 지원하지 않는 것은 아니다. 그 단체들은 회의를 위해 중요한 학자들을 끌어모으고, 연구지역으로 학자들을 이동시킬 목적으로 수백만 달러를 지원한다. 반면에 대중여행이라는 바로 그 현상은 무가치하게 간주된다. 세계에서 가장 큰 산업이 무비판적인 채 상업적으로 수용되거나 신중한 기획, 규칙적인 감사, 또는 정책의 성공과 실패에 관한 탐구도 없이 성장할 때 어떠한 일이 발생할 수 있는지를 다루는 중대한 연구를 지원하는 기구는 거의 없다.

오늘날 미국의 관광은 거의 5,000억 달러를 유발하는 산업인 동시에, 40개주 이상에서 수입과 고용창출의 주요 원천이며, 관광산업까지 포함시키면 국내에서 두 번째로 큰 산업이다. 미국의 모든 주와 모든 주요 도시들, 그리고 인구 5,000명 이상의 대다수의 타운에 관광 진흥을 담당하는 공공 또는 주 공공단체가 있다. 여행수지계정은 미국의 대 일본과의 수지계정에서 몇 안 되는 흑자부문 중의 하나이다.

관광에 대한 공공기금은 대다수의 국가들에게 중요하며 판촉활동도 왕성하게 진행되고 있다. 심지어 알바니아와 버마와 같은 고립국가들도 어느 정도 관광에 의존하고 있다. 세계에서 군비의 2배에 해당하는 물자가 관광에 소비되고 있는데도 불구하고, 그 액수에 대한 정치적 영향과 그와 관련하는 인간의 이동은 일반적으로 중대한 정치학 연구과제로서는 간과되거나 흥미 없는 것으로 간주되어 왔다. 그리하여 관광에 관한 정치적 연구의 현재 기술상태는 이를 보고하는 정치학자나 연구자들의 무의식적인 배열에 그치고 있다.

Annals of Tourism Research의 관광과 정치학에 대한 특집호에서 리쳐(Richter, 1983)는 정치학의 주된 주제와 관광 모두에 관련되는 정치학의 하위분야에서 사실상 수많은 연구가 행해질 수 있다고 주장하였다. 당시 그녀는 정치학의 실질적인 핵심요소에 관해 검토하였다. 일례로, 공공행정, 비교정치학, 정치이론, 국제관계, 미국정치 등이 그것이다. 그 글에서 그녀는 어떻게 여행과 관광이 정치학의 제하위 분야의 중대한 관심사에 영향을 미치는 독립변수가 될 수 있는지, 그리고 어떻게 정치학과 그 방법론적 · 학문적인 견해가 관광연구를 활성화시킬 수 있는지에 관해서 고찰하였다.

비록 그들의 의도가 반드시 관광을 연구하려고 한 것은 아니며, 또한 그들의 신조가 항상 정치학의 신조가 아님에도 불구하고 몇몇 연구자들의 훌륭한 연구를 통해 관광정치학의 지식이 축적되어 왔다. 그러나 대부분의 연구과제들은 오늘날까지 미해결인 채 그대로 남아있다.

관광 이야기

세계 10대 축제

1. 브라질 리우 삼바 카니발

브라질의 리우데자네이루에서 매년 2월 말부터, 3월 초까지 4일간 열리는 세계 최대 축제. 포르투갈에서 건너온 사람들과 노예들의 타악기 연주가 곁들여져 소규모 거리 행진에 불과하던 것이 각 학교의 학생들이 합쳐져서 거리를 걷기 시작하면서 이처럼 큰 행사로 발전.

2. 독일 뮌헨 맥주 축제, 옥토버 페스티벌

올해로 175회째를 맞는 세계 3대 축제 중 하나. 독일의 아름다운 도시 뮌헨에서 매년 9월말부터 10월 초까지 2주간 행사가 개최되고, 연평균 축제 방문객 숫자는 600만명. 흔히 뮌헨 맥주 축제라고도 부르지만, 10월에 열리기 때문에 옥토버 페스트라고함.

3. 삿포로 눈축제

일본의 대표적 축제이자, 세계 최대 축제 중 하나인 일본 삿포로의 눈꽃 축제. 1950년, 삿포로시내의 중고등학생들이 6개의 얼음조각을 오도리 공원에 전시하면서 축제의 역사가 시작. 높이 15미터의 대형 얼음조각과 눈으로 만든 각종 예술 조각들이 1.5km에 걸쳐서 전시.

4. 영국 노팅힐 축제

은행들이 업무를 하지 않는 휴일에 뭔가 의미있는 일을 해보자는 취지에서 시작된 카니발. 특히 카리브해에서 이주해 온 이민자들의 결속을 다지기 위한 행사였다가, 현재는 전인종이 하나되어 즐기는 축제로 발전. 유럽 최대의 거리축제 답게, 4.2km 달하는 카니발 길이로 보는 이를 압도. 공식적으로는 브라질의 리우 카니발보다 큰 행사.

5. 몽골 나담 축제

인구 250만의 작은 나라 몽고에서 3일간(매년 7월 11일 부터 7월 13일) 열리는 축제로, 행사 기간은 국가

공휴일로 지정될만큼 몽고에서는 큰 축제. 전투에 강한 유목민족, 징기스칸의 후예 답게 축제의 내용도 매우 박력있음. 말타기, 활쏘기, 씨름 등을 하면서 단어 뜻 그대로 '즐겁게 노는 축제'.

6. 이탈리아 베니스 카니발

이탈리아 최대 축제로, 화려판 패션과, 다양한 가면을 구경할 수 있는 물의 도시 베네치아 카니발. 가면축제. 이 행사의 백미는 가면을 쓰고 자신을 숨긴 상태에서 축제를 즐길 수 있다는 점. 평소에는 할 수 없는 괴이한 행동을 얼굴을 가린 상태에서 할 수 있다는 것이 즐거움. 축제 기간에는 곳곳에서 연극공연 등이 진행.

7. 태국 송크란 축제

태국의 유서 깊은 도시 '치앙마이'. 이곳에서는 매년 4월 13일 부터 4월 15일까지 '물 축제' 송크란 축제가 열린다. 동남아시아의 설날이 함. 다른 사람에게 물세례를 하면서 행운과 건강을 기원하는 축제.

8. 멕시코 세르반티노 축제

세계 문화 유산으로 등재된 멕시코의 작은 도시 '과나화토'에서 매년 10월 중 20일간 열리는 행사로 세계 4위 규모의 종합 예술 축제.

9. 영국 에딘버러 축제

매년 8월에 열리는 영국 최대 축제 중 하나. 인구 45만명의 이 도시는 축제만으로 1,200만명의 관광객을 유치한다고 함. 에딘버러는 1년 내내 축제중. 특히 에딘버러 축제의 카니발 중 하나인 '타투 축제'는 세계에서 가장 큰 군악대 카니발. 축제만으로 연간 27조원의 경제적 이득을 이루고 있음.

10. 스페인 토마토 축제

줄지은 트럭들이 토마토를 가득 싣고 나타남다. 도로위에 가득 뿌려진 토마토는 2만명의 젊은이들을 광란의 도가니로 몰아 넣는다. 매해 8월 마지막 주의 하루를 골라서 열리는 스페인의 토마토 축제는 너무나 유명해서, 지구상의 젊은피가 끓는 사람이라면 누구라도 한 번쯤 참가하고 싶은 행사이다. '축제에 홀린 땅' 스페인. 세계에서 가장 많은 축제가 열린다는 스페인에서도 단연 스페인 사람들이 손꼽는 토마토 축제다. 1944년 토마토가격 대폭락 때, 화가 난 농부들이 의원들에게 토마토를 던지면서 시작된 축제.

제 5 장 관광자와 관광행동

제1절 **관광자 정의**

제2절 **관광자 행동**

제1절 관광자 정의

관광을 하는 사람을 총체적으로 관광자라 칭하며, 이와 유사한 용어인 관광객은 관광을 하는 사람을 대상으로 영업을 하는 관광사업자들이 고객을 가리키는 용어이다.

즉 관광자는 인간의 다양한 행위 중 하나로 간주되는 관광행위의 주체로서 경제 · 사회 · 문화 · 심리적 관점에서 보는 견해이며, 관광객은 관광상품과 서비스를 구매 · 소비하는 경제단위로서의 소비자로 보는 견해이다.

국내외 관광관련 기구나 단체에서 통계를 수립하기 위한 과정으로 관광자의 범위를 규정하고 있다. 관광자에 대한 최초의 개념정의는 UN의 국제노동기구(International Labour Organization: ILO)에서 1937년 채택 · 작성한 보고서에 나타난다. 이 보고소에서 "관광자(tourist)란 24시간이나 또는 그 이상의 기간 동안 거주지가 아닌 다른 나라에 여행을 하는 사람을 의미한다."라고 규정하였으며, 이후 국제기구의 실무적 성격 및 각 국가의 정책적 차원에 따라 경제협력개발기구(Organization for Economic Cooperation and Development: OECD)에서는 회원국의 통계방법을 통일하기 위해서 국제관광자와 일시방문자로 분류하였고, UN에서는 관광의 역할과 중요성을 강조하면서 방문자, 관광자, 당일관광자 · 유람자로 분류하고 있으며, 세계관광기구(World Tourism Organization: WTO)에서는 여행자를 국제관광자와 국제관광자에서 제외되는 비관광자로 구분하고 있다.

또한 관광자(tourist)와 여행자(traveler)도 일반적으로 동의어로 사용되고 있으나, 여행자는 순수 관광목적 뿐만 아니라 사업상 여행, 회의참석, 스포츠 참관 등의 겸 목적 관광의 의미를 포함하는 자를 말하며, 관광자는 여가시간에 즐거움을 추구하기 위해 관광목적으로만 여행하는 순수여행자로 규정할 수 있으나 일반적으로 여행자는 관광자라는 동일한 범주에 속한다고 할 수 있다.

따라서 관광의 개념규정에 기초하여 관광자의 개념을 규정하면 "관광자란 일상 거주지를 일시적으로 떠나 다시 돌아올 예정으로 여행하는 자로서 그 여행목적이 여가이용(위락 · 휴가 · 건강 · 연구 · 신앙 · 스포츠 등)이나 사업 · 가족관계 · 임무수행 · 회합을 통해 정신적 · 육체적 즐거움을 추구하는 관광소비자"라고 규정할 수 있다.

표 5-1 관광자 개념규정

단체	규 정
ILO (1937년)	@ 관광객 · 위락목적, 가정상의 이유, 건강상의 이유로 여행하는 자 · 회의참석을 위하여 여행하는 자 · 사업상의 목적으로 여행하는 자 · 해외여행 도중에 귀환하는 자(24시간 이내의 체재자도 포함) @ 비관광객 · 직업 활동에 종사하거나 사업을 하기 위하여 입국하는 자 · 정주하기 위하여 입국하는 자 · 기숙사 또는 기술학교에서 생활하는 유학생과 청소년 · 국경 또는 인접 지역에서 거주하면서 국경을 넘어 통근하는 자 · 여행이 24시간 이상을 소요하게 되더라도 체재하지 않고 통과하는 자
OECD (1960년)	@ 국제관광객 인종이나 성별 · 언어 · 종교에 관계없이 자국을 떠나 외국의 영토 내에서 24시간 이상 6개월 이내 체재하는 자 @ 일시 방문객 24시간 이상 3개월 이내의 체재자
UN (1967년)	@ 방문객(visitor) 방문국 내에서 보수가 주어지는 직업에 종사할 목적과는 다른 이유로 일상적인 거주지가 아닌 다른 나라를 방문하는 자 @ 관광객(tourist) 방문국에서 최소한 24시간을 체재하는 일시방문객으로 다음과 같은 내용의 어떤목적으로 여행하는 자 · 여가, 위락, 휴가, 건강, 학습, 종교, 스포츠 · 사업, 가족, 친지, 회의, 사명(mission) @ 당일관광객 · 유람객(excursionists) 해상여행자를 포함하여 방문국에서 24시간이내를 체재하는 자
WTO (1984년)	@ 국제관광객 · 관광객(tourist): 국경을 넘어 유입된 방문객이 24시간 이상 체재하며 위락, 휴가, 스포츠, 사업, 친척 · 친지방문, 회의참가, 연수, 종교 · 스포츠행사 참가 등의 목적으로 여행하는 자 · 방문객(visitor): 일상거주지가 아닌 국가를 방문하는 국내 비거주 외국인, 해외 교포, 승무원(방문국의 숙박시설 이용자)등 · 당일관광객 · 유람객(excursionists): 위에서 정의한 방문객으로서 방문국에서 24시간 미만 체재하는 자(선박여행객, 낮에만 방문자, 선원, 승무원 등) @ 국제관광객에서 제외되는 비관광객 · 국경근로자(border workers): 국경에 인접하여 거주하면서 국경을 넘어 통근하는 자 · 통과객(transit passengers): 항공통과여객이나 상륙이 허가되지 않는 선박승객과 같이 입국심사를 통해 공식적으로 입국하지 아니한 자 · 장기이주자: 1년 이상 체재하기 위하여 입국하는 자와 그 가족 및 동반자 · 단기이주자: 1년 미만 체재하되, 취업목적 입국자와 그 가족 및 동반자 · 외교관 · 영사: 대사관이나 영사관에 상주하는 외교관과 영사 및 그 가족 · 군인: 주둔하는 외국 군대의 구성원 및 그 가족과 동반자 · 망명자: 인종, 종교, 국적, 특정단체의 회원가입 또는 정치적 견해에서 기인하는 박해에 대한 근거있는 두려움 때문에 국적국에서 벗어나 있으며, 국적국으로 돌아가고자 하지도 않는 자

단체	규 정
WTO (1984년)	· 유랑자: 이 부류에는 거의 정기적으로 입국 또는 출국하여 상당기간 체류하는 자 및 국경에 인접하여 생활하는 관계로 짧은 기간 동안 매우 빈번하게 넘나드는 자들이 포함된다. · 무국적자(stateles persons): 신분을 증명하는 서류로는 항공권 등의 transit ticket만 소지하고 있는 자로서 방문하고자 하는 나라에서 국적불명으로 인정하는 자

관광 이야기

동해바다를 가르는 '바다열차'

테마 레저 관광열차인 '바다열차'가 출렁이는 쪽빛 동해바다 해안가를 가른다. 가족, 연인, 친구와 함께 아름다운 여름날의 추억을 만들어갈 강원 동해안 '바다열차'가 오는 25일부터 본격 운영된다.

이를 위해 코레일(KORAIL) 강원지사는 지난 17일부터 22일까지 시운전 및 시승회를 통해 지자체, 유관기관, 지역주민들에게 객차공개 행사를 실시하고 오는 24일, 삼척해변역(오전 10시), 동해역(오후 1시), 강릉역(오후 4시) 광장에서 지방자치단체와 함께 바다열차 개통식을 갖는다고 23일 밝혔다.

국내 처음 선보이는 이번 '바다열차'는 삼척~동해~강릉시 간 58㎞(정동진, 망상, 묵호, 동해, 추암, 삼척해변역 등) 10개역으로, 이날 개통식을 시작으로 1일 8회 운행하게 된다.

기관차가 필요 없는 자체 동력을 가진 바다열차는 기본 객차 3량, 좌석수는 122석이다. 특실 1호차는 연인석과 프로포즈실, 2호차는 가족석과 노인을 위한 실버실, 3호차는 단체석과 이벤트실로 구성하고 KORAIL 투어서비스의 객실서비스를 받는다. 특히 객실에는 19인치 LCD 모니터 19개를 설치해 영화와 음악 감상을 할 수 있고 모든 좌석을 바다방향으로 배치하는 등 편안히 바다를 조망할 수 있도록 안락한 구조로 설계됐다.

그동안 코레일 강원지사는 지역과 함께 WIN-WIN 하기 위한 사업 검토를 추진해 동해안을 찾은 관광객의 경우 체류하면서 숙박하는 예가 많지 않고, 그 요인은 바다와 주변 관광지 등 놀이문화의 공간부족과 여건이 형성되지 않은 것으로 판단하고 동해 · 강릉 · 삼척시와 협의하여 바다와 함께 즐길 수 있는 문화공간, 바다열차를 함께 하게 됐다.

코레일 강원지사 관계자는 "테마레저 관광열차인 바다 전망열차가 운행됨으로써 올 여름바다를 뜨겁게 달굴 것"이라면서 "바다열차는 이 지역 볼거리를 제공하고 지역경제와 관광산업이 활성화 될 수 있는 좋은 기회가 될 것"으로 기대했다.

관계자는 또 "앞으로 바다열차와 연계된 삼척~동해~강릉 간 철도노선에 대한 역세권 정비사업과 선로연변을 환경정비사업도 추진해 나갈 계획이며 관광지 특화사업도 전개할 계획"이라고 덧붙였다.

한편 바다열차 이용요금은 일반석 9,000원, 프로포즈실(2인기준) 5만원, 가족실(4인기준)은 4만원으로써 동해, 묵호, 망상역에서 승하차하는 고객은 기준요금에서 1,000원 할인하고 소아, 경노, 장애인, 지역주민 등은 단체 20명이상 이용 시 10% 할인 받을 수 있다.

뉴시스 www.newsis.com. 2007. 7. 23

제2절 관광자 행동

1. 관광자 행동의 3요소

관광자 행동이란 세가지 요소의 상호작용, 곧 '관광자의 심리', '소비자를 둘러싼 사회환경'과 '관광기업의 마케팅 전략'이 상호작용을 하는 것으로 이해될 수 있다(그림 5-1 참조). 관광기업들에게도 마케팅이 가장 중심적인 기업 활동이 된 이래 관광자를 이해하고자 하는 노력이 끊임없이 이어져 왔다. 관광기업이 관광자의 개인적 행동과 환경적 요인을 이해하려는 이유는 결국 마케팅 전략(marketing strategy)을 효과적으로 수립하기 위한 것이다. 마케팅 전략이란 소비자의 인지작용과 태도형성에 영향을 주기 위하여, 마케팅 믹스 또는 요소(4P: 제품, 가격, 촉진, 유통)를 적절히 조정하고 배합하는 것을 말한다. 예를 들면 어떤 여행사가 광고량을 늘림으로써 관광자의 자사 상품에 대한 평가와 선호도를 변화시킬 수 있다. 이같이 마케팅 전략을 수립한다는 것은 마케팅 요소를 조화시킴으로써 관광자 행동에 직접적으로 영향을 미치거나 또는 환경적 요인을 통해 간접적으로 영향을 미칠 수 있도록 시도하는 것을 말한다.

관광행동의 기본은 개인관광자(individual tourist)의 심리작용이다. 상품에 관한 마케팅 정보가 주어지면, 관광자는 이를 지각, 기억, 평가하는 인지작용을 거쳐 상품에 대한 선호도를 결정짓는 태도를 형성하게 된다.

그림 5-1 관광자 행동의 3요소

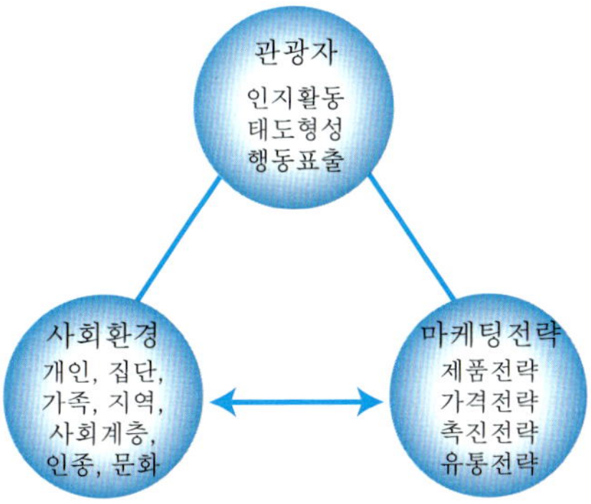

자료: 홍성태(1992), 소비자심리의 이해, 나남, p.16.

형성된 태도는 곧 행동의 지침이 된다. 인지작용이나 태도의 형성은 직접 관찰할 수 없는 심리작용이지만 행동은 겉으로 드러나는 것으로서, 관광자를 겨냥한 마케팅 전략은 결국 관광자의 구매행동에 영향을 주는데 궁극적인 목적이 있다.

한편 관광자의 의사결정은 개인 스스로의 생각만으로 결정되는 것이 아니다. 관광자 역시 사회활동을 하므로 관광자의 외부세계를 둘러싸고 있는 사회환경(social environment)의 영향을 받게 되는데, 이는 다른 사람의 행동이나 준거집단(reference group)의 영향을 말한다. 구체적으로 이를 유형별로 구분해 보면 개인의 영향(personal influence)을 비롯하여 집단, 가족, 각자가 속해 있는 사회계층, 지역, 인종, 문화의 영향 등을 꼽을 수 있다. 관광자는 이러한 환경요소의 영향을 받을 뿐만 아니라 영향을 미치기도 한다.

2. 관광자 행동의 정의

관광자 행동(tourist behavior)이란 관광자가 자신의 욕구를 충족시킬 것으로 기대하는 관광상품을 탐색·구매·사용·평가·처분하는 과정이라고 할 수 있다. 곧 관광자 행동은 관광자가 관광과 관련하여 돈·시간·노력 등의 제한된 자원을 어떻게 배분하기로 결정하는가를 다루는 것이다.

관광자 행동은 인간행동의 하부단위로서 소비자 행동과 관광자 행동 간에는 상당한 공통점을 발견할 수 있다. 첫째, 관광자 행동은 인간행동의 한 형태임과 동시에 소비자 행동의 한 형태이다. 둘째, 관광자 행동은 과정적(process) 개념을 특징으로 하고 있다. 대부분의 관광자 행동 모형은 소비자 행동 모형의 경우에서 볼 수 있는 과정적 틀 속에서 설명되고 있다. 곧, 관광자 행동은 관광지 선택 자체는 물론 관광지 활동 전후의 모든 의사결정과정을 포함하는 개념이다. 클로슨(Clawson)과 네취(Knetsch)에 따르면 관광자행동은 계획단계에서의 기대, 관광지 이동, 관광지 행동, 귀가, 회상 등 5단계에 걸쳐서 일어나는 일련의 모든 행동을 포함하는 것으로 이해할 수 있다.

관광자를 크게 두 가지 측면에서 접근하여 보면, 경제소비의 주체(관광상품 소비자)로서 관광경영학적인 관점에서 보는 것이고, 다른 하나는 관광을 하는 주체로서 인간의 다양한 행위를 연구과제로 하는 관광사회 심리학적 관점에서 보는 것이다.

관광객은 소비자로서 무형의 상품을 구매할 때 다음과 같은 점에서 일반 상품의 구매시와는 다른 상황에 놓이게 된다.

첫째, 일반소비자가 소매점에서 완전품을 구입하듯이 관광객도 만들어져 있는 상품(패키지)을 구입한다. 그러나 일반소비자는 유형의 제품을 현장에서 그 모양이나 디자인 성능 등을 확인할 수 있으나, 관광상품(패키지)은 불가능한 경우가 많다.

둘째, 일반상품은 생산과정의 종료와 함께 소비자들이 그것을 구입, 사용할 수 있으나 관광상품은 제품의 내용물만 소개되고 실제의 사용은 여행의 개시와 더불어 시작되어 여행 종료와 함께 끝나게 된다. 즉 여행상품은 즉시 사용은 불가능하나 사용계획만 제시하면 원하는 날 사용이 가능하며 사용의 종료가 중간에는 거의 없으며 전체가 종료되어야 가능하다.

셋째, 일반상품은 그 구입과정이 저몰입 수준과 고몰입 수준에 따라 구별되지만, 여행상품은 그 자체가 고몰입 수준에서 이루어지는 것이 일반적이기 때문에 구매결정에 이르기까지는 개인만이 아니라 가족 혹은 집단의 결정을 거쳐야 하는 경우가 매우 많다.

넷째, 일반상품도 구매결정에서 개인적인 욕구, 물리적 필요성 그리고 사회 환경의 압력 등이 작용하겠지만, 관광객이 구입하는 무형의 상품은 그 구입과정에서 인간의 내면적이고 강력한 이동본능, 즉 인간 깊숙이 내재되어 있는 심리적 욕구는 물론이고, 사회적 욕구(사회적 지위의 상징 등)와도 깊이 관련되어 있으므로 여러 가지 내외적인 영향을 받게 된다.

관광은 인간의 기본적 욕구가 해결된 다음의 문제인 것이 일반적이므로 저몰입 수준의 구매행동은 일어날 가능성이 희박하다는 것이다. 따라서 사회계층, 문화, 가족, 집단 등의 영향력이 매우 크며 이를 적절히 이용한 마케팅도 필요하다. 또한 관광객 행동은 상품의 구입과정만을 다루는 것이 아니라 관광행동을 일으키게 되는 과정, 즉 상품구매를 하기 이전의 단계도 매우 중요하다. 관광객은 어떤 동기에서 여행을 결정하게 되는가, 그러한 동기를 유발시키는 원인은 무엇인가, 관광객은 마케팅 프로모션이나 상품에 노출되었을 때 그것을 어떻게 인식하는가, 그리고 관광객의 태도 형성은 어떻게 이루어지는가 등이 그것이다. 따라서 관광객 행동이란 개인이 관광 관련 결정을 하게 되는 심리적 · 사회적 과정에서부터 관광행동을 위한 각종 준비물, 즉 상품구매의 실제적 과정을 총괄하는 것이라고 하겠다.

3. 관광자의 지각

관광자는 의사결정자(decision maker)이고 이들의 관광행동은 많은 의사결정의 산물이다. 이러한 의사결정은 여러 행동 대안들에 대하여 하나의 대안을 선택하는 것이다. 유럽관광에 이백만 원을 소비하기로 결정한 사람은 이 돈으로 유럽 대신에 호주로 관광할 수도 있고 집을 수리할 수도 있으며 자녀들을 위해서 피아노를 구매할 수도 있을 것이다. 그 사람은 또한 비용과 동시에 시간 사용방법을 선택한 것이다. 유럽에서 열흘을 보내기로 결정한 사람은 다른 장소에서 똑같은 시간을 쓸 수 있는 기회를 포기한 셈이 되는 것이다.

유럽, 호주 또는 다른 관광지를 선택할 때 의사결정자는 각 대안들을 보통 무의식적으로 그리고 주관적으로 평가하게 된다. 이러한 주관적 판단에는 각 대안 관광지들이 의사결정자의 특정한 욕구를 충족시킬 수 있는가 하는 예견된 능력이 반영되어 있다. 각 대안 관광지와 욕구를 충족시킬 수 있는 능력에 대해 관광자들이 내리는 판단은 독특하다. 곧 주관적이고 사람마다 다를 것이라는 것이다. 관광자들이 가능한 대안들에 내리는 주관적 판단은 여러 요인들에 의해 영향을 받는다. 이러한 요인들 중 가장 중요한 것 중 하나가 각 대안과 우리의 욕구를 충족시킬 수 있는 각 대안의 능력에 대한 우리들의 지각인 것이다. 따라서 지각에 대한 이해는 관광자행동의 심리를 이해하는데 있어서 중요한 출발점이 된다(Mayo & Jarvis, 1981).

1) 지각의 정의

지각(perception)은 입력된 정보를 처리하는 일련의 과정으로서 "여러 감각기관을 통해 두뇌로 유입된 자극을 개인의 주관적 기준으로 해석하고 이해하는 과정"으로 정의할 수 있다. 이를 다르게 표현하면 지각이란 자극에 대한 연속적 여과과정이다. 사람들은 자신에게 중요하고 관련된 것에 기초하여 지각하고자 하는 것을 선택한다. 그런 다음 지각에 기초하여 자극을 해석하는 것이다. 이러한 해석은 개인의 기대, 성격, 경험, 욕구, 동기 등에 의해 역시 영향을 받을 수 있다(Mayo & Jarvis, 1981).

2) 지각과정

지각을 이해하기 위해서는 먼저 자극에 대한 이해가 필요하다. 자극은 사람들을 둘러싸고 있는 물리적 환경변수로 개인은 행동과 의사결정에 영향을 미칠 수 있는 수많은 자극들을 언제나 무의식적으로 받아들이고 있다. 자극은 인간의 감각기관을 통하여 유입되어 노출과정을 거쳐 인간의 의식세계로 들어오지만, 수많은 자극에 대하여 일일이 반응하여 의사결정을 하기에는 정보의 양이 너무 많으므로 개인은 주의라는 한정된 시스템을 통하여 필요한 양의 자극만을 정보로 변환시킨다. 이러한 과정을 거쳐 개인의 두뇌로 들어온 정보는 아직 관광자의 구매행동이나 의사결정을 위해 쓰여지기에는 적절하지 않고 가공되지 않은 형태를 띠므로 지각과정을 통하여 유용한 자료로 가공된다.

자극이 자료로 가공되었지만 관광자의 목적을 달성하기에는 불완전한 형태이다. 따라서 관광자는 자료를 선택하고 조직하고 해석하여 관광자의 기대와 동기에 적합하도록 재변환시킨다. 이와 같은 과정을 거친 자극은 완전한 정보로 재생산되어 관광자의 의사결정에 사용된다.

관광상품의 구매는 개인이 관광에 참여함으로써 자신의 욕구를 만족시킬 수 있을 것이라 지각하는 데에 기초하고 있다. 관광자가 특정 관광상품과 관광지를 선호함은 일련의 학습된 의사결정기준을 거쳐 제시되는 대체안이 동기와 연계되어 우리의 마음이 그쪽으로 기울기 때문이다.

3) 지각의 특징

지각은 관광자에 따라 다르게 나타나지만 지각에는 주관성, 선택성, 일시성, 총합성의 네 가지 특징이 있다. 우리는 이러한 특징에 대해 알아봄으로써 지각이 어떻게 관광자 행동에 영향을 미치는지를 알 수 있다.

(1) 지각의 주관성

개인의 사고체계는 다양하기 때문에 두 명의 관광자가 같은 관광지에 대해 반드시 같은 방법으로 동일하게 지각하는 것은 아니다. 개인은 각각 보기 원하는

관광 이야기

모래시계의 정동진

강원도 강릉시에 조그만 바닷가로 전국에서 가장 해안에 가까운 역이 있는 곳이다. 인기 TV드라마 '모래시계'의 촬영장소이기도 하다. 지명의 대부분이 그러하듯 정동진은 서울 광화문의 정동쪽에 자리 잡고 있다고 해서 붙여진 이름이다.

강릉에서 7번 국도를 따라 남쪽으로 내려가면 바닷가와 나란히 기암절벽이 굽이굽이 이어지고 그 아래 우거진 송림사이로 아기자기한 백사장이 펼쳐진다.

정동진역은 '모래시계'의 무대로 알려지면서 주말이면 이곳을 찾는 사람들의 발길이 잦다.

바다와 소나무, 한적한 역사와 기차라는 낭만적인 경치를 갖추고 있다. 그러나 뭐니 뭐니 해도 정동진의 제1경은 일출이다. 소나무와 철길이 어우러진 일출장면은 이곳 정동진만의 자랑이다. 그리고 매년 1월 1일을 기점으로 모래시계공원에서는 모래시계 회전행사와 해돋이 행사를 하고 있다.

한국관공공사 여행정보사이트

것을 보고, 듣기 좋은 것을 듣는 경향이 있으므로 관광자는 자신이 관광하려 하는 관광지의 단점보다 장점에 더 주의를 기울이고, 자기의 이미지와 감정을 보호하기 위해 자기의 사고체계, 감정, 신념에 부합되는 정보를 더 잘 받아들인다. 곧, 관광자는 자기의 신념, 태도, 편견을 구체화시키고, 이런 요소에 역행하지 않는 구매형태를 갖는 것이다.

지각의 주관적 특성 때문에 마케팅 관리자가 제공하는 정보는 관광자마다 다르게 받아들여지므로, 관광기업이나 관광상품에 대한 관광마케터의 지각이 관광자의 지각과 같다는 가정하에서 마케팅활동을 하는 마케터는 실패할 가능성이 많다. 예를 들어 여행사의 판매원이 자사의 상품이 유럽 관광코스상품들 중에서 가장 우수한 상품이라고 관광자에게 설명할 경우, 관광자는 상품이 품질은 좋지만 비싸다고 지각할 수도 있기 때문이다.

(2) 지각의 선택성

개인은 주어진 시간 내에 모든 지각을 받아들일 수는 없기 때문에 가급적 관심이 있는 자극만을 지각하려고 한다. 개인의 지각과 관련하여 다음에 제시된 세 가지의 구조가 자극의 인지 여부를 판단한다.

① 지각의 과부하

지각의 과부하는 관광자가 주어진 시간에 일부분의 자극만을 수용할 수 있기 때문에 발생한다. 개인은 순간적으로 모든 사물에 대해 반응하는 것이 불가능하다는 것을 알고, 지각을 통해 들어온 수많은 자극 중에서 자기에게 필요한 일부분만을 구분해 낸다. 이와 같은 지각의 선택적 현상은 인간의 주관성과 감각기관 용량의 한계 때문에 발생한다.

② 선별적 감지

선별적 감지는 개인이 자기의 가치체계와 일치하는 자극을 더 정확하고 빠르게 지각할 때 발생한다. 인지능력은 제한되어 있으나 외부에서 유입되는 자극은 무수하기 때문에 선별적 감지가 필요하다.

③ 지각적 방어

지각적 방어는 개인의 가치체계에 따라 개인의 가치에 역행하는 자극을 막는데 도움을 줄 때 생긴다. 그러므로 개인은 주관적 가치에 따라 어떤 정보에 대해서는 덜 지각하는 경향이 있다. 그러므로 지각적 방어는 구매상황에 존재하는 지각편견의 한 형태라고 볼 수 있다.

(3) 지각의 일시성

개인이 지각하는 자극의 대부분은 오랫동안 기억 속에 남아 있지 않으므로 관광마케터가 자사의 상품에 계속적인 관광자의 주의를 끌기에는 많은 어려움이 있다. 이런 지각의 일시성은 선택적 지각이 왜 중요한가, 그리고 관광자가 수많은 광고 공세 속에서 필요한 부분을 어떻게 가려내는가를 설명해 줄 수 있다. 또한 유명상품이 광고를 중단하면 판매에 실패하는 이유에 대해서 부분적으로 설명하고 있다. 이런 현상은 시장이 계속하여 변하고 있기 때문이다. 따라서 계속적으로 판매에 성공하기 위해서는 일시적인 장시간의 광고보다 일정한 간격으로 광고를 반복하는 것이 더 바람직하다.

(4) 지각의 총합성

개인은 자극을 총합하여 지각하는 경향이 있다. 관광자는 거의 즉각적으로 자극을 받아들이고 자극을 완전하고 통일된 형태로 통합하여 지각한다. 따라서 관광자는 광고, 점포, 로고, 상품 디자인과 같은 개별적으로 주어지는 자극을 통합하여 기업 이미지로 받아들인다. 그러므로 광고는 시각과 음성이 개별적으로 제시될 때보다 동시에 제시될 때 더 효과적일 것이다. 왜냐하면 시각 메시지가 음성 메시지를 강화하고 관광자가 광고에 대해 지속적이고 통일된 인상을 형성하도록 도와주기 때문이다(임종원 등, 1995).

4. 관광욕구와 동기

1) 관광욕구

욕구(wants)란 "사람이 추구하는 바람직한 상태와 실제 상태와의 차이"라고 할 수 있으며, "바람직한 상태"와 "실제상태"와의 차이(사회적 또는 심리적)에 따라 욕구의 강도가 결정되며, 이것은 행동을 유발하는 동기에 영향을 미친다.

관광욕구는 관광행동을 하고 싶어하는 심리적 원동력이라 할 수 있으며, 특히 관광욕구에 따라 관광선호도 다르게 나타날 수 있다.

Maslow는 인간의 욕구는 생리적 욕구, 안전의 욕구, 소속 · 애정의 욕구, 존경의 욕구, 자아실현의 욕구 등 5단계의 계층을 이루고 있음을 제시하였고, 골드(Gold)는 Maslow의 욕구 5단계설을 발전시켜 인간의 욕구를 생리, 안전, 귀속, 자존, 창조, 심미성, 자아실현 등 7단계로 구분하고 있으며, 또한 밀과 모리슨(Mill & Morrison)은 Maslow의 욕구 5단계설에 기초하여 생리적 욕구, 안전의 욕구, 소속 및 애정의 욕구, 자존의 욕구, 자아실현의 욕구, 지적욕구, 미적욕구 등 7가지로 욕구를 세분화하고 있다.

이러한 욕구는 생리적 수준의 욕구(생리적 욕구, 안전의 욕구)가 충족되면, 보다 고차원적인 사회적 수준의 욕구(소속과 애정의 욕구, 존경의 욕구)가 현재화되고, 최종적으로 "자아실현의 욕구수준"의 욕구가 가장 강한 힘을 가지게 된다고 설명하고 있다.

표 5-2 Maslow의 욕구 5단계설

욕구단계	내 용
1. 생리적 욕구	기근, 목마름, 휴식, 활동
2. 안전의 욕구	안전, 근심과 공포로부터 해방
3. 소속 · 애정의 욕구	애정과 사랑을 나누기 위한 교제
4. 존경의 욕구	자긍심과 타인으로부터 존경
5. 자아실현의 욕구	개인적인 자아의 실현

관광은 욕구의 각 단계에서 발생하며, 한 개인이 여러 개의 욕구를 동시에 가지고 있을 가능성이 높으며, 욕구수준도 개인에 따라 차이가 있다.

2) 관광동기

동기(motivation)란 인간의 내부적 긴장을 줄이기 위한 적극적이고 강력한 추진력이라고 정의 될 수 있으며, 여기서 '내부적 긴장상태'는 개인에 따라 달라질 수 있으며, 욕구로 인해 유발된 긴장을 해소하기 위한 행동을 유도하는 추진력이라 할 수 있다.

따라서 관광동기는 관광행동을 생기게 하는 심리적 원동력으로 욕구에 의거하여 특정한 행동으로 향하게 하는 심리적 에너지를 말한다.

이러한 관광동기는 관광자의 행동방향과 기준설정에 영향을 미치며, 관광자의 지각, 학습, 태도, 성격에 따라 다른 양상을 나타내기도 한다.

이러한 관광동기는 욕구, 기회, 능력, 노력 등으로 구성되고, 관광을 하고자 하는 욕구는 누구나 가지고 있으나 시간적 여유와 경제적 능력, 신체적 조건이 충족되어야 하며, 또한 이러한 조건이 충족되더라도 본인의 노력이 뒤따라야 한다.

이러한 관광동기를 매킨토시(McIntosh)는 여행의 관광동기를 다음과 같이 4가지로 분류하였다.

① 신체적 동기(身體的動機: physical motivator) 휴식, 스포츠 참여, 해변에서의 오락, 쉬면서 하는 여흥, 건강에 대한 고려 등.

② 문화적 동기(文化的動機: cultural motivator) 다른 나라의 음악, 예술, 민속, 춤, 그림, 종교 등을 알고 싶은 욕구.

③ 대인관계 동기(對人關係動機: interpersonal motivator) 새로운 사람과 친구, 친척을 만나고, 일상생활과 가정 · 이웃에게 벗어나고 싶은 마음이나

새로운 우정을 만들고자 하는 욕구.

④ 지위·명예·동기(地位·名譽動機: status and prestige motivator) 인식, 인심, 관심, 명예에 대한 욕구.

맥킨토시(McIntosh)는 관광행동에는 단 한 가지의 동기만 개입되어 있는 것으로 보기 어렵다고 강조하였다. 즉 관광은 복잡하고 상징적인 형태의 행위로서 그것을 통해 관광객은 많은 욕구를 충족시키려고 하기 때문이다.

욕구는 어떤 특정적 행동에 대응하는 것이 아니고 보편적으로 존재하는 것이며 관광이라는 행동 욕구를 충족시켜 주체(관광객)가 인정할 때 유발시키게 되는 에너지가 되는 것이다. 마리오티(Mariotti)는 관광을 하고자 하는 욕구는 인간에게는 거의 본능적인 것이며, 이주민의 커다란 움직임과 각 종족의 주요한 중심지 형성 등은 대개 그런 욕구에 의해서 이루어진 것이라고 기술하고 있다.

3) 관광객의 심리와 위락심리

(1) 관광객의 심리

관광주체인 관광객의 행동은 매우 다양하며 각기 다른 이유나 동기에 의하여 이루어지지만, 관광객심리의 일반에 대한 특징은 긴장감과 해방감이라는 상반된 두 가지 차원의 심리적 변화를 일으키게 된다는 것이다.

일상생활에서 떠나는 것은 인간을 해방시키는 것이고, 이 해방감은 인간을 육체적으로 그리고 정신적으로 편안하게 해준다. 즉 여행에 의해서 육체적 피로뿐 아니라 정신적 피로를 느끼는 것은 긴장감 때문이며, 즐거움이 수반되는 것은 거기에 해방감이 있기 때문이다.

특히 해방감은 사람을 명랑하게 하지만 여행자의 익명성과 무책임으로 결부되어 "여행지에서는 아는 사람이 없으니 부끄러운 행위도 무방하다"라는 형태의 행동이 되기 쉽다. 이러한 해방감의 부정적인 면이 표출되었을 때는 그 내면적인 가치나 효과와는 관계없이 관광행동 자체가 비판의 대상이 된다는 것에 유의할 필요가 있다.

또한 관광자의 행동이면에 나타나는 각성수준(覺性水準)과의 관련한 심리적 상태에 따라 '안락감'과 '쾌락감'을 가지게 된다.

(2) 관광객의 위락심리

관광객은 미지의 세계를 여행하면서 다음과 같은 본질적인 즐거움에 잠기게 된다.

① 발견의 기쁨 이는 우선 미지의 세계를 아는 기쁨이며, 변화 욕구이든 호기심이든지 간에 미지에 대한 관심을 기반으로 하고 있다.

② 노고의 기쁨 어떠한 고생도 불편도 참고 견디어 이를 여행의 즐거움으로 삼을 때 비로소 그 여행은 여행객의 마음속에 깊은 인상을 남기게 되며, 참된 즐거움을 안겨 준다.

③ 여행을 자유롭게 계획하는 즐거움 관광객 자신이 가고 싶은 대로 자유롭고도 계획된 일정에 따라 여행한다는 것은 관광객의 미묘한 마음의 변화에 대응할 수 있는 여행을 가능케 하고 여행의 즐거움을 증가시킨다. 특히 젊은 관광객들은 자유로운 의사에 따라 경쾌한 여행을 즐긴다.

④ 그룹관광의 즐거움 인간은 원래 그룹관광에서 보다 더 즐거움을 갖게 된다. 마음이 맞는 친구끼리의 여행은 개인여행에서는 도저히 맛볼 수 없는 즐거움을 얻을 수 있게 한다.

⑤ 피부로 느끼는 즐거움 인간은 생소한 미지의 사회현실과 접촉할 때 마음이 동요되며, 오감(五感) 전부를 움직여 방문한 나라 전체의 모든 것을 피부로 느끼면서 이국적 정서와 그 나라 국민의 생활문화 등을 보다 정확하게 이해할 수 있는 즐거움을 느끼게 된다.

⑥ 경험을 풍부히 쌓는 즐거움 관광여행은 견문확대 뿐만 아니라 이국의 풍토와 생활에 접하게 되어 자국에서는 체험할 수 없는 인간의 경험을 풍부히 쌓게 됨으로써 자기 스스로 마음의 즐거움을 갖게 된다.

⑦ 시야의 확대와 타국인과의 교우의 즐거움 타국을 여행하는 도중 자국과 외국의 주민생활 사이의 동질성을 발견할 뿐만 아니라 타국의 문물, 문화, 제도, 풍속, 관습, 국정, 산업 등을 시찰 또는 관찰함으로써 자신의 지식을 넓히고, 교양을 높이는 동시에 이에 대한 가치관의 다양성을 깨닫게 된다. 이로 인하여 스스로 외국의 장점을 발견하고 그릇된 선입관을 반성하면서 자국의 장단점을 새롭게 인식하여 시정할 수 있는 기회를 갖게 된다. 그렇기 때문에 관광은 출발 전에 충분한 사전준비와 예비지식을 가지고 출발해야만 지식과 경험을 풍부히 쌓을 수 있고, 시야를 보다 더 확대시키는 결과가 되는 동시에 국제간의 상호이해와 타국인과의 마음이 상통할 수 있고, 국제적 친선을 도모할 수 있는 기회가 되는 기쁨도 그만큼 커질 것으로 생각된다.

⑧ 창조적 발휘의 즐거움 인간의 심리는 현재에 머물러 있지를 않고, 늘 생각하며, 무엇인가를 창조하고 싶어한다. 사람은 해외관광에 있어서 자유롭게 자의에 의해 행동하고 마음대로 생각하며, 특히 미지의 신비한 세계 속에서 자신의 개성을 개발하며, 또한 풍부한 창조성을 발휘하고 싶어 한다. 더욱이 이국적인 미지의 자연과 생활 · 문화 등을 접촉할 때 창조의 원천이 생겨나게 되는 것이다.

5. 성격, 가치, 라이프스타일

어떤 개인도 다른 사람과 똑같지는 않다. 모든 사람의 얼굴, 체격, 지문이 다르듯이 옷을 사거나 자동차를 사거나 혹은 관광을 하거나 어떤 소비상황에서도 사람들의 선호에는 차이가 있게 마련이다. 이와 같이 관광상품 선택에 있어서 관광자들 간의 차이는 개인관광자의 태도, 동기, 소득 등에 기인하기도 하지만, 또한 성격, 가치, 라이프스타일의 차이 때문에 발생하기도 한다. 이러한 라이프스타일과 이의 바탕을 이루는 성격과 가치는 관광자행동을 연구하는데 있어서 개인의 태도, 동기, 또는 지식에 비하여 보다 가시적이라는 장점이 있다.

1) 성 격

(1) 성격의 의의

우리는 사람을 외모만을 가지고 말할 수 있으나 일단 그 사람을 어느 정도 알게 되면 외모뿐만 아니라, 그 사람의 독특한 개인적 특성을 파악할 수 있다. 어떤 사람들은 충동적인 반면 어떤 사람들은 매우 사려 깊다. 어떤 사람들은 홀로 지내는 것을 좋아하는 반면 다른 사람들은 남들과 어울리는 것을 좋아한다. 이와 같은 것들은 개인이 주위 세계에 대해 보이는 반응으로서 성격을 의미한다. 따라서 성격이란 '환경적 자극에 대해 비교적 일관적이고 지속적인 반응을 가져오는 개인의 심리적 특성'이라고 정의할 수 있다(Kolter & Amstrong, 1995).

사람들은 다양한 환경에 대하여 비교적 일관성 있는 행동으로서 반응하기 때문에 성격유형을 구분할 수 있다. 예를 들어 자신의 업적을 남의 업적과 비교하여 언제나 앞서려는 경향을 가진 사람들을 경쟁심이 강하다고 표현할 수 있다. 이러한 사람들의 경쟁심은 일관성 있게 나타나기 때문에 운동을 하거나 바둑을 두거나 논쟁을 하거나 간에 경쟁적 성향이 강하게 나타나더라도 주위 사람들은 당연한 것으로 받아들인다.

(2) 성격 이론

① 심리분석이론

프로이드(Freud)는 심리분석이론의 창시자로서 성격에 대한 설명을 시도한 최초의 학자라 할 수 있다. 심리분석이론에 따르면 인간의 성격시스템은 본능(id), 자아(ego), 그리고 초자아(superego)로 구성된다(Engel, Blackwell & Miniard, 1990). 본능은 정신적 에너지의 원천으로서 생물적 본부상능 및 본능적 욕구의 즉각적인 충족을 추구하는 것이다. 초자아는 사회적 또는 개인적 규범을 나타내며 행동에 대한 윤리적 제약으로 작용한다. ego는 id의 본능적 충동과 superego의 윤리적 금지 사이를 중재하는 것이다. 그래서 ego는 id의 쾌락적 수요가 사회적으로 허용되는 범위내에서 충족되도록 한다.

프로이드의 성격구조와 관광의사 결정과정을 살펴보면 관광동기는 id 상태에 존재한다. id가 본능적으로 관광에 끌린다면 superego 상태에서는 관광에 대한 타인의 의견, 편견, 판단에 의해서 결정하는 단계이며 ego 상태에서는 관광의사 결정을 합리화하기 위하여 관광에 관한 정보(교통수단, 거리, 비용, 여행 시기, 숙박시설 등)를 수집한다.

심리분석이론의 초점은 성격을 구성하는 이들 세 가지 요소들의 상호작용이 무의식적인 동기를 유발하며 무의식적인 동기는 인간행동으로 구체화된다는 점에 있다. 그러므로 행동의 원인을 이해하기 위해서는 어떤 성격요소가 무의식적이고 잠재의식적 수준에서 관광자행동에 영향을 미치는가를 알아야 한다.

심리분석이론은 1960년대 초까지 마케팅 분야에 많이 이루어진 동기연구에 상당한 영향을 미쳤다. 그러나 초기 동기연구에서 이루어진 몇 가지 결론들은 오늘날 그다지 지지를 받지 못하고 있다. 그 이유는 이들 연구들이 매우 적은 수의 소비자들을 대상으로 이루어졌으며 또한 소비자들을 위한 것이라기 보다는 임상적 목적으로 개발된 측정방법을 사용하였을 뿐 아니라 자료를 해석하는데 있어서 상당한 추측이 작용하기 때문이다(Harrell, 1986). 심리분석이론은 마케팅에 대한 적용에는 비록 한계가 있으나 많은 광고들은 성격에 대한 심리분석적 접근에 영향을 받고 있으며 특히 성(Sexual) 및 다른 내면 깊숙이 자리잡은 생물적 본능에 중점을 둔다(Engel, Blackwell & Miniard, 1990).

② 사회심리이론

사회심리이론은 두 가지 점에서 심리분석이론과 상이하다. 첫째, 생물적 본능보다는 사회적 변수가 성격을 형성하는데 있어서 중요한 변수가 된다. 둘째, 무의식적 동기보다는 의식적 동기가 보다 중요하다. 따라서 행동은 흔히 표면화된 욕구를 충족시키기 위해 행해진다.

성격을 사회심리학적 측면에서 연구한 학자들로서 마케팅에 보다 적절한 이론을 개발한 호니(Horney)는 성격이 부모자식간의 관계로부터 발생하는 근본적 불안과 이에 대처해 나가는 학습과정을 통하여 형성된다고 보았다. 호니의 이론에 의하면 성격은 순응, 공격, 고립의 세 가지 유형으로 구분될 수 있다. 순응형 사람들은 다른 사람을 향하는 성향이 강하다. 이러한 사람들은 타인이 원하는 대로 행동하는 경향이 있고 마찰을 피하려고 한다. 이들은 타인들에 의하여 수용되고, 타인들이 자신을 좋아하기를 원하기 때문에 타인들이 원하는 것을 위하여 자신이 원하는 것을 희생시키는 경향이 있다. 공격형 사람들은 타인들에게 대항하는 성향이 강하며, 힘 또는 권력지향적이며 성취에 큰 중점을 둔다. 이들은 타인과 비교하여 자시의 경쟁력과 지위를 스스로 평가하여 자아 이미지를 형성한다. 고립형 사람들은 타인들로부터 멀리 떨어지려는 성향이 강하며 타인들과 함께 있는 것을 부담스럽게 느껴 홀로 지내는 것을 좋아한다(Harrell, 1986).

③ 자아개념이론

자아개념은 '개인이 사회적으로 결정된 준거체계에 따라 자신에 의하여 지각되는 방식'이라고 정의할 수 있다(Loudon & Bitta, 1989). 곧, 사람들은 자신이 어떠한 신체적 특성을 지녔으며 특성, 습관, 가치관, 능력 등을 가졌다는 식으로 자기 자신에 대한 개념 혹은 이미지를 가지고 있는데 이것이 자아개념 또는 자기이미지이다. 요컨대 자아개념이란 자기 자신에 대한 개인의 생각과 느낌의 총체를 말한다.

비록 자아개념이 매우 복잡하기는 하나 일관성 있게 작용한다. 개인의 어떤 행동이 타인에게는 비합리적이고 일관성이 없는 것처럼 보이는 경우에도 개인의 준거체계로 보면 합리적이고 일관성이 있는 경우는 흔하다. 어떤 관광자가 동일한 여행상품을 경쟁여행사보다 높은 가격에 판매하는 여행사를 계속해서 애용하는 것을 보면 타인이 보기에 비합리적일 수 있다. 그러나 행위에 대한 이유가 조금 비싸게 비용을 지불하더라도 양질의 상품을 택하겠다는데 있을 경우, 관광자의 시각으로 본다면 그 행동은 충분히 이해될 수 있는 것이다.

자아개념에는 몇 가지가 있다. 실제 자아개념은 개인이 자신을 어떻게 지각하느냐 하는 것이고, 이상적 자아개념은 개인이 자신을 어떻게 보고 싶으냐 하는 것이며, 사회적 자아개념은 타인들이 자신을 어떻게 보는가에 관한 개인의 생각이다. 이러한 자아개념은 관광자행동과 밀접한 관련을 맺는다. 곧 관광자는 여러 상표대안들 중 자신의 자아개념과 일치하는 상표이미지를 갖는 상표를 선호하게 된다. 그러나 여러 가지 자아개념 중 어느 자아개념과 일치하는 방향으로 구매행동이 일어나느냐는 학자들마다 견해를 달리하고 있는 것이 사실이다.

한편 상품상징주의에 따르면 소비자는 무엇인가를 표현하기 위하여 상품을 소비 · 사용한다. 전술한 바와 같이 소비자의 자아개념은 그의 상품선택에 영향을 미치지만 소비자가 선택하는 상품은 소비자의 자아개념에도 영향을 미친다. 이와 같이 상징적 잠재성이 매우 큰 상품들은 자동차, 담배, 맥주 등을 들 수 있다. 이러한 상품상징주의 측면에서 관광이란 매우 과시적이며 상징적인 상품임에 틀림이 없다. 예를 들어 대기업의 회장은 항공기의 일등석을 이용하고, 특급 호텔에서 투숙하고, 최고급 식당에서 식사를 하며 쓰고 싶은 비용을 자유롭게 지출할 수 있다는 것은 많은 것을 상징하고 있는 것이다.

2) 가 치

(1) 속성, 혜택과 가치

상품은 그 상품의 속성 측면에서 보면 여러 속성들의 집합이라 할 수 있다. 예를 들어 여행사가 주최하는 여행상품은 숙박, 음식, 여행일정의 구성, 안내원 서비스, 가격 등의 여러 가지 속성들의 집합으로 생각할 수 있다. 이와 같이 상품을 속성의 덩어리로 보는 것은 생산자 중심적 사고인데 상품을 관광중심의 사고에서 보면 혜택들의 집합이라고 할 수 있다. 관광자가 어떤 상품을 구매하는 이유는 바로 그 상품이 자신에게 가져다주는 혜택 때문인 것이다. 위의 예에서 보면 관광자는 쾌적한 휴식, 식도락, 다양한 구경거리, 경제성, 친절하고 믿을 만한 안내원의 서비스 등을 구매한다고 볼 수 있다.

한편 관광자가 상품으로부터 추구하는 것으로 혜택보다 더욱 추상적인 것이 가치(value)이다. 그림 5-2는 속성→혜택→가치의 순으로 보다 추상적임을 보여준다. 가치는 관광자의 가장 기본적이고 근본적인 욕구와 목표의 인지적인 표현을 말한다. 곧 가치는 관광자가 자신의 생애에서 달성하고자 하는 중요한 최종상태에 대한 정신적 표현이다(Peter & Olson, 1987).

그림 5-2 여행상품의 속성, 혜택과 가치의 관계

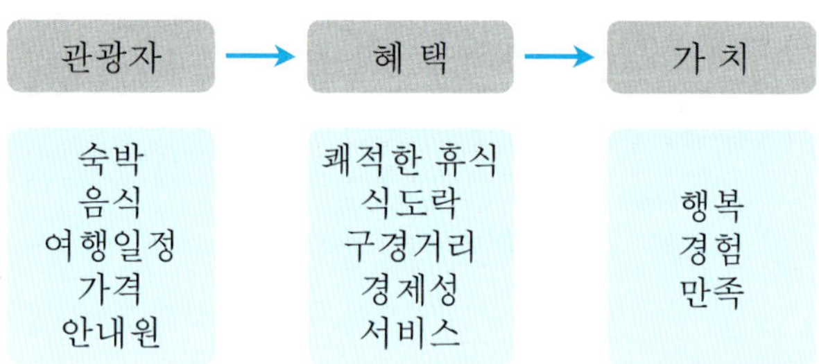

가치는 우리들의 일상생활에서 크고 작은 일들에 대한 결정을 내릴 때 작용하는 판단기준이 된다. 가치관이 다르면 행동도 다르기 때문이다. 또한 가치란 인간행동의 중심적 위치를 차지하는 지속적인 신념이므로 좀처럼 변화하지 않는 특징도 갖고 있다. 이와 같이 인간행동에 대한 내적 기준이 되는 가치체계를 정확히 파악할 수 있다면 시장세분화, 신상품개발, 광고매체의 이용 등 마케팅의 여러 분야에서 적용할 수 있다.

(2) 관광자의 가치전달과정

추상적 특성을 가지는 인간의 가치체계를 측정하는데 가장 많이 이용되는 척도가 로키치 가치조사이다. 로키치(Rokeach)는 가치를 추상적인 정도에 따라 수단적 가치와 최종가치로 구분하였다. 최종가치는 선호되는 최종상태를 나타낸다. 행복 또는 건강 같은 최종가치는 수단적 가치보다 더 추상적인 목표의 표현이다. 곧 이는 관광자가 인생에서 궁극적으로 달성하고자 하는 지상목표를 의미한다. 수단적 가치는 관광자에 의해 선호되는 소비양식이나 선호되는 행동양식을 나타낸다(Rokeach, 1973).

관광자는 상품속성과 이 속성들이 가져다 줄 혜택과 가치를 연결시켜 계층적 구조로 조직화한다. 곧 관광자는 상품속성으로부터 이 속성들이 지니는 혜택을 추론하거나 연상하고 이 혜택과 가치를 연관지우는 인지작용을 통해 의미를 부여하고 가치를 달성한다. 이와 같이 상품속성, 혜택, 가치를 연결시키는 관광자의 인지작용을 나타내는 모형을 수단-목표 연쇄라고 부른다. 수단-목표 연쇄에 따르면 관광자는 상품속성이라는 수단으로부터 혜택이라는 목표를 달성하고 이 혜택은 다시 가치라는 목표를 달성하는 수단이 된다.

그림 5-3 관광자 수단-연쇄 목표

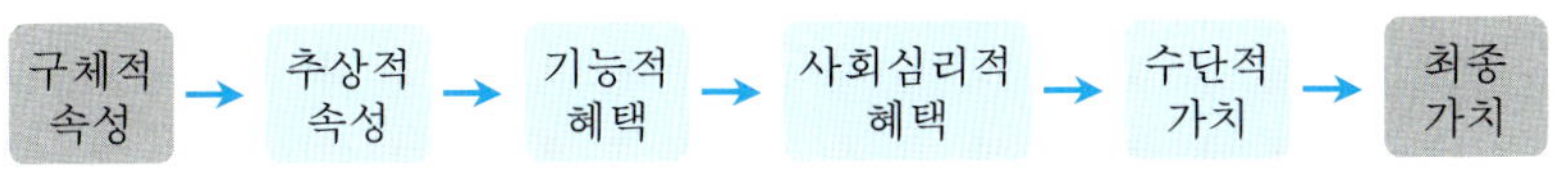

3) 라이프스타일

교육과 소득수준이 증대되고 자녀의 수도 감소하며 가사노동의 기계화 · 자동화로 인해 주부들의 생활패턴이 급격히 변화함에 따라 가족단위의 여가 내지 관광활동을 즐기려는 라이프스타일(life style)이 역력히 나타나고 있다. 그러나 '라이프스타일'이란 말이 정확히 어떠한 것을 가리키며 또 그 정의가 과연 무엇인가에 대해서는 명확하지가 않다. 그러면서도 라이프스타일이라는 용어는 이미 1960년대부터 사이코 그래픽스라는 용어와 더불어 소비자행동과 관련하여 사용되어 오고 있으며 우리나라에서도 흔히 들어볼 수 있는 단어가 되었다.

레이저(Lazer)는 라이프스타일을 "전 사회적 또는 그 사회의 한 구획이 지니고 있는 독특하고 특징적인 생활방식"이라고 정의하면서 그 배경을 사회계층, 라이프 사이클, 가족 등과 같은 생활양식에 대한 각종 환경적 영향을 강조하고 있다(Lazer, 1964).

라이프스타일은 보다 구체적으로는 사람들이 자신의 시간을 어떻게 소비하는가(행위: action), 주위환경에서 특별히 중요하게 고려하는 것은 무엇인가(관심: interest), 그리고 자신과 주위 세계에 대한 생각은 무엇인가(의견: opinion)의 총체로서 나타난다.

라이프스타일이 마케팅에서 중요시되는 이유는 분석을 통해서 각 세분시장들이 지니고 있는 특성상의 차이점을 밝힐 수가 있음은 물론 사회전체의 행동양식을 알 수가 있기 때문이다. 그러나 라이프스타일은 고정된 것이 아니라 개인들의 가치, 태도, 신념과 외부 사회문화적 환경의 변화에 따라 변화될 수 있는 것이므로 관광마케터는 표적 관광자들의 라이프스타일을 수시로 분석 · 평가하지 않으면 안 된다. 이때 사이코 그래픽스의 필요성이 등장하게 되는데, 사이코 그래픽스란 개인들의 라이프스타일을 측정하는데 널리 이용되는 하나의 기법을 말한다. 따라서 라이프스타일이 개인 내부 심리적 특성의 행동적 표현이라고 한다면, 사이코 그래픽스란 그러한 행동을 체계적으로 측정하는 방법이라 할 수 있다.

관광 이야기

[외국인 관광객 1000만 시대]<上> 한국관광 패러다임 변화

'외국인 관광객 1000만 명 시대'의 도래는 1978년 '방한 외국인 100만 명 시대'를 연 지 33년 만이다. 또 2000년 500만 명을 넘어선 지 11년 만이다.

전문가들은 이는 단순한 수치를 넘어 의미가 크다고 말한다. 우선 한국은 섬나라나 마찬가지로 관광지로서는 매우 불리하다는 점이다. 또 관광대국이 많은 유럽과 달리 '경유 여행지'가 되는 경우도 드물다. 이런 난점을 모두 극복하고 외국인 관광객 1000만 명 시대를 열었다는 것은 세계적으로도 극히 드문 케이스라는 것.

가장 큰 원동력은 이미지 개선이 꼽히고 있다. 최근 10년간 외국인의 눈에 비친 한국은 선박과 반도체를 만드는 '산업 국가'에서 K팝과 한식으로 대표되는 '문화 국가'로 바뀌었다고 업계 인사들은 입을 모았다.

1000만 명 원동력은 '한국 마니아'

폭설이 쏟아진 2일 오후 7시. 강원 평창군의 '2011 한류위크 콘서트' 공연장 맨 앞에는 싱가포르에서 온 제이슨 통 씨(42) 가족 7명이 아이돌그룹 애프터스쿨의 노래를 목이 터져라 따라 부르고 있었다. 통 씨는 "올해만 두 번째 방문으로 총 네 번 가족과 함께 한국을 찾았다"며 "딸들로부터 시작된 '한류' 덕분에 온 가족이 한국 마니아가 됐다"며 웃었다. 국내 외국인 관광객이 1000만 명 돌파를 앞둔 것은 통 씨와 같이 몇 번이고 한국을 찾는 '한국 마니아' 때문이다. 이처럼 한국 마니아가 는 것은 한류가 전 세계로 뻗어나가면서 한국 문화에 대한 호기심을 가진 외국인이 급증했기 때문이다.

지난해 문화체육관광부가 한국을 찾은 관광객 1만2000여 명을 상대로 실시한 실태조사에 따르면 한국을 네 차례 이상 찾은 관광객이 전체의 18.6%였다. 김남조 한양대 관광학과 교수는 "2000년대 이후 향상된 국가 이미지가 어려운 여건에도 불구하고 실질적인 관광객 1000만 명 시대를 연 원동력"이라고 분석했다.

쇼핑과 관광이 '1000만 명 쌍끌이'

10년 만에 관광객이 두 배 가까이로 늘어난 가장 큰 이유는 바로 쇼핑과 관광이다.

지난해 외국인 관광객이 찾은 방문지 1~3위는 서울 명동, 동대문시장, 남대문시장 순이다. 관광객의 쇼핑 욕구가 얼마나 큰지를 알 수 있다. 하지만 세부 품목은 10년 동안 바뀌었다.

16일 서울 명동에서 만난 기타가와 히토미(北川仁美 · 26 · 여) 씨는 "오직 화장품을 사기 위해 한국에 왔다"고 밝혔다. 그가 들고 다닌 화장품 쇼핑 가방만 5개. 실제 2006년까지 외국인 관광객이 한국에 와서 가장 많이 사는 물품 2위는 김치(24.7%)였지만 지금은 의류(37.2%) 다음으로 화장품(36.9%)의 선호도가 높아졌다.

또 세계문화유산에 한국의 사적지가 10개나 등재되는 등 세계인들에게 많이 알려진 것도 하나의 원인이다. 지난해 관광지 방문을 위한 내한은 52.9%로 쇼핑의 60.9%에 약간 못 미쳤다.

또 하나의 새로운 현상은 '놀거리'를 찾아 한국에 오는 관광객이 크게 늘고 있다는 점이다. 2006년까지 실태조사에서 따로 집계하지 않던 휴양, 유흥 및 오락, 카지노 등의 '놀거리' 항목이 2010년에만 총 27.7%(중복 응답)로 집계됐다.

양에서 질로 관광 패러다임 바꿀 때

전문가들은 관광객 1000만 명 시대를 맞아 정책의 목표를 양에서 질로 바꿔야 한다고 조언했다. 관광공사에 따르면 관광산업의 '핵심'인 지난해 외국인 관광객 1인당 지출액은 1106달러로 9년 전인 2001년 1241달러보다 오히려 낮아졌다. 외국인 관광객의 지갑을 어떻게 열 것인지가 시급한 과제로 떠올랐다.

가장 큰 당면과제로 꼽히는 것이 지방관광 활성화다. 김현환 문화체육관광부 해외관광과장은 "외국인 관광객에게 한국의 인상을 각인시키고 관광 수입을 증대하기 위해서는 지방 관광 활성화가 매우 중요하다"며 "국내 10대 관광코스를 만드는 것도 그 이유"라고 말했다.

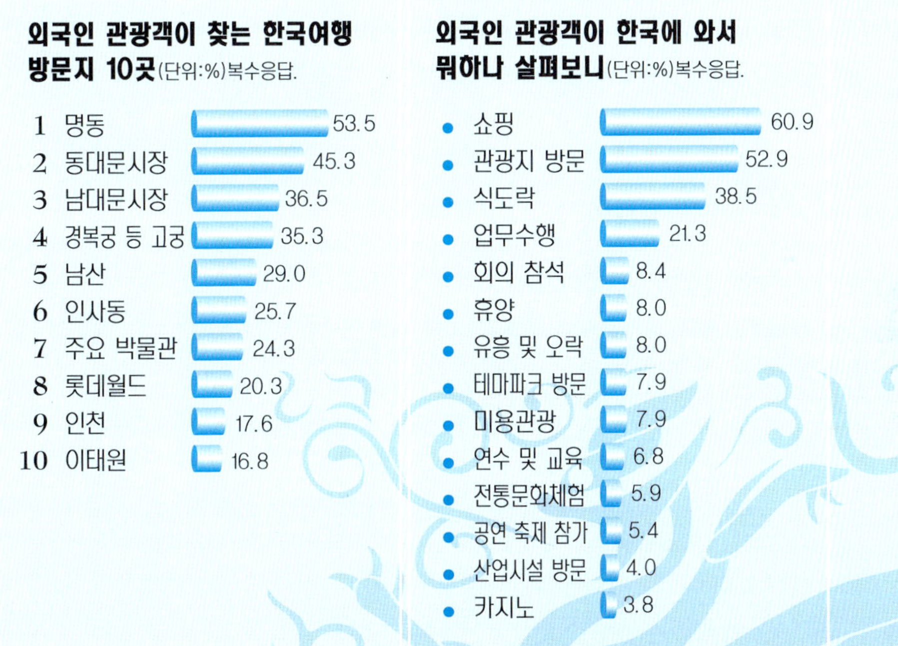

2010년 외래관광객 실태조사 (자료:문화체육관광부)

2011.11.17 동아일보

관광 이야기

[외국인 관광객 1000만 시대] <下> 5가지는 꼭 고치자

최근 몇 년간 관광객이 매년 10% 이상 크게 늘면서 올해 한국을 찾는 외국인 관광객이 1000만 명에 육박할 것으로 보이지만 실질적인 '관광 강국'으로 가려면 아직도 멀었다는 지적이 많다. 올해 세계경제포럼(WEF)이 평가한 한국의 관광경쟁력은 32위로 2009년 31위에서 되레 떨어졌다. 전문가들은 앞으로 외국인 관광객 2000만 명을 유치해 세계 10위권 관광대국이 되려면 다음의 5가지를 반드시 해결해야 한다고 충고한다. 외국인 관광객 1000만 명 시대를 연 '한류'와 '쇼핑'만으로는 관광대국을 실현하기 어렵다는 지적이다.

호텔 객실을 늘려라

가장 큰 문제는 숙박시설의 부족이다. 관광객들은 한국에 '모텔'은 많다고 말한다. 하지만 품위를 지키며 묵을 관광용 호텔은 적다고 지적한다. 일본인 관광객 전문인 세일여행사 고인대 차장은 "외국인 관광객이 몰리는 5, 6월과 9, 10월에는 석 달 전에 예약하지 않으면 방이 아예 없다"고 말했다.

한국관광공사에 따르면 국내 전체 호텔 객실 수는 6만8581실. 중국 베이징(北京)의 호텔 객실 13만4000실의 절반에도 못 미친다. 일본 도쿄(東京 · 12만4000실)나 영국 런던(11만1000실)에 비해서도 현저히 적다. 이렇다 보니 중국 여행사들은 한국으로 가려는 관광 손님을 일본으로 돌리고 있다.

한국관광공사 고위 관계자는 "정부 주도의 관광 인프라펀드를 조성해 해결할 계획"이라고 밝혔다. 김맹선 숙명여대 문화관광학과 교수는 "정부가 한국형 중저가 호텔 체인을 전국적으로 설치하는 데 투자해야 한다"고 조언했다.

관광 종사자 자질을 높여라

관광업 종사자의 자질도 큰 문제 중 하나다. 지난해 문화체육관광부가 관광객 1만2000명을 대상으로 조사한 외래관광객 실태조사 결과에 따르면 외국인 관광객이 한국에서 가장 불편했던 사항 중 6위는 '가이드에 의한 상품 구입 강요'였다. 쇼핑 강요는 언어나 물가를 제외하면 실질적인 1위로 '싸구려 관광'과 더불어 고질적인 문제다.

관광객을 대하는 상점 주인이나 직원의 자세도 관광 선진국으로 가기엔 멀다. 최근 제주도를 찾은 한 중국인 관광객은 황당한 일을 겪었다. 상점에 들어가 중국어로 말하니 주인이 다가와 양팔로 'X'자를 그었다. 이들과 동행한 화방관광 모수범 실장은 "중국인이 대체로 물건을 보기만 하고 사지 않으니 취한 행동으로 보이지만 결국 중국의 한국 관광 붐을 꺼지게 하는 하나의 원인"이라고 지적했다. 관광업계의 한 전문가는 "이제 국가가 나서 관광 가이드 전문교육을 시키고 사후 감독도 해야 할 시기"라고 말했다.

관광 표지판에 간체자를 넣어라

한국에서 언어 문제로 불편을 겪는 외국인 중에는 중국인이 가장 많다. 관광안내판에 번체(繁體) 한자가 있긴 하지만 이를 간략화한 간체를 쓰는 중국 대륙 사람들은 읽기 어려운 경우가 태반이다. 중국인 관광객을 유치하는 세방여행사 강건 이사는 "경복궁으로 중국인 단체관광객을 인솔했는데 궁 안에서 화장실이 어디 있는지 몰라 당황해한 기억이 있다"고 말했다.

한국을 찾는 중국인 관광객은 2008년 101만 명으로 사상 처음 100만 명을 넘은 이후 2009년 121만 명(19.8% 증가), 2010년 172만 명(42.1% 증가) 등 꾸준한 증가 추세를 보였다. 올해는 10월까지 188만 명으로 일본 265만 명에 이어 2위를 차지했다.

엄서호 경기대 관광학부 교수는 "간체자 안내판 외에도 간체로 된 꼼꼼한 가이드북을 발간해 중국인에게 관광 정보를 제공하는 노력을 기울여야 한다"고 말했다.

관광 아이디어를 찾아라

제주 올레길과 같은 '관광 벤처'를 적극적으로 발굴해야 한다는 주문도 나온다. 올레길은 서명숙 제주올레 이사장이 스페인 산티아고 길에서 착안해 만든 '관광 벤처상품'에 가깝다. 한 명의 제안으로 만들어진 이 길에 지난해까지 찾아간 사람은 65만3000명, 직접 파생된 경제효과는 497억 원으로 추산된다.

한마디로 자연경관이 뛰어난 경승지나 사적지가 적다고 '하늘 탓'만 해서는 안 된다는 뜻이다. 특히 지방의 숨은 관광지를 개발하고 테마별 관광지를 하나로 묶어 관광객을 유치하는 등 톡톡 튀는 아이디어로 관광상품을 개발해야 한다는 지적이 많다. 김남조 한양대 관광학과 교수는 "앞으로 한국 관광 발전을 위해서는 지방 관광객 유치가 필수"라며 "이를 위해 지방을 잘 아는 사람들에 의한 아이디어의 상품화가 필요하다"고 말했다.

내국인 관광객 활성화하라

내국인 관광객의 활성화는 관광 선진국으로 진입하기 위한 필수 조건이다. 일본 도쿄의 호텔 객실은 한국 전체 객실의 2배나 되지만 대부분 내국인 관광객들로 채워진다. 내국인 관광이 먼저 활성화돼야만 관광 인프라 개발로 이어지며 외국인 관광객 유치도 자연스럽게 이뤄진다는 것

2010년 외국인 관광객 유치 상위 10국

(단위:명)

프랑스	7,680만
미국	5,980만
중국	5,550만
스페인	5,270만
이탈리아	4,360만
영국	2,810만
터키	2,700만
독일	2,690만
멕시코	2,230만
오스트리아	2,200만

세계 주요 도시 호텔 객실 수

베이징	13만4817
도쿄	12만4000
런던	11만1000
뉴욕	8만6230
파리	7만6622
상하이	6만1149
싱가포르	4만7000
서울	2만3718
한국 전체	6만8581

외국인 관광객의 한국여행 시 불편사항 (단위:%)중복응답

☑ 언어소통이 안 됨	57.4
☑ 교통 혼잡	17.4
☑ 안내표지판 부족	16.9
☑ 비싼 물가	14.2
☑ 입에 맞지 않는 음식	11.5
☑ 상품 구입 강요	10.6
☑ 택시운전사의 불친절	7.2
☑ 관광정보 취득 어려움	5.1

이다.

한 여행사 사장은 "한국 관광의 가장 큰 문제는 비수기가 길다는 것"이라며 "그동안 중국인 관광객들이 이 자리를 채웠지만 국내 관광이 활성화되면 외국인 관광객이 몰리는 시기와 내국인 관광객이 몰리는 시기가 상호 보완 관계로 만들어질 수 있다"고 말했다.

제 6 장

관광자원과 개발

제1절 관광자원의 개념

관광자원이 무엇인가를 이해하기 위해서는 관광과 자원의 두 개념을 알아야 하겠다. 우리는 앞에서 이미 관광의 개념에 관하여 충분히 논의하였으므로 여기서는 먼저 일반적인 자원의 개념을 설명하고, 그 다음 관광자원의 개념에 관하여 알아보겠다.

1. 자원의 개념

과거에는 자원을 석탄, 석유, 식량, 광물 등과 같은 자연에서 얻을 수 있는 자연자원, 그 중에서도 특히 형태를 가지고 있는 유형재만을 가리키는 경향이 있었으나, 오늘날에는 형태를 가지지 않은 무형재 역시 자원으로 인정받고 있으며, 더 나아가 인간의 행복을 증진시키는 모든 재료를 의미하는 수준까지 발전하고 있다.

자원은 그것이 제공되는 원천과 동태적 개념으로 기술, 정보 및 희소성에 의한 특성에 따라 분류된다. 자원제공의 원천에 의한 분류로는 토지가 제공하는 농산 및 광물자원과 산림자원, 물에 의한 수자원과 어자원이 있다. 이용을 전제로 한 동태적 개념에 의한 분류로는 시간적 차원에서 고갈성자원과 비고갈성자원, 재생가능자원과 재생불능자원으로 구분한다(신의순, 1988).

짐머만(Zimmermann)은 자원이란 "존재하는 것 자체가 아니라 산출되는 것"이라고 하고, "존재하는 요소들이 인간욕구를 충족시켜 줄 수 있는 잠재력에 의하여 평가됨으로써 자원이 될 수 있다"고 하였다. 결국 자원이란 "생산의 재료로 쓰임으로써 인간의 욕구를 채워줄 수 있는 모든 것"으로 볼 수 있다는 것이다.

또한 자원을 협의의 관점에서 보면 특히 자연에 의하여 주어지는 것일 수 있겠으나 광의의 관점에서 보면, 자원은 기술의 발전에 따라 생산에 이용되는 것까지 포괄한다. 그러므로 자원의 속성은 다음의 네 가지로 제시할 수 있다.

① 자연의 속성을 지니고 있을 것

② 기술의 발달, 시간의 흐름, 소득의 증가, 기호의 변화에 의해 변화할 소지

가 있을 것

③ 경제성을 지니고 있을 것

④ 인간의 욕구를 충족시킬 수 있을 것 등이다.

박석희는 기존학자들의 의견을 종합하여 자원이란 "자연이 준 것으로써 기술의 발달, 시간의 흐름, 소득의 증가 등에 따라 변화하며, 양적 · 질적 · 기술적 측면에서 경제성을 지니고 있으면서 인간의 욕구 또는 요구를 충족시킬 수 있는 것으로 환경과 생태계를 파괴하지 않는 범위에서 이용되어야 하는 것"이라고 개념을 규정하고 있다.

표 6-1 자원의 정의

학 자	자원의 정의
Charles Howe	정해진 기술 및 경제적 · 사회적 조건아래 인간이 유용하게 이용할 수 있는 자원과 환경 및 생태시스템을 포함하는 것
Chapman	"물리적 세계의 전부도 아니요, 인간 세계의 전부도 아니다. 그것은 이 양자의 상호작용의 결과이다"라고 정의하였다. 이는 자원을 물리적 세계와 인간 세계의 상호작용에서 시간과 공간 그리고 기술의 세 가지를 자원변화에 적용하는 요인
육지수	자연의 소여(所與)가 기술적 조건과 경제적 조건을 만족시킬 때 비로소 매장량에서 자원으로 전환하는 것이며, 위의 두 조건을 만족시킨 자원을 현재적 자원이라고 하고 매장량을 잠재적 자원이라고 함
이장춘	인간이 시간적 및 공간적 차원에서의 생태계에 대하여 기술을 매체로 얻을 수 있는 경제행위의 성과

2. 관광자원의 개념

관광자원(tourism resources)은 관광의 주체인 관광객으로 하여금 관광의욕과 동기를 갖도록 하는 수단으로서 유형 · 무형의 여러 관광대상을 지칭한다. 즉 관광자원은 관광객으로 하여금 관광행위를 일으키게 하는 것이어야 하므로 관광객에게 매력성(attraction)과 유인성(pull power)을 가진 것이어야 한다.

한편 관광자원의 가치는 시대와 시간의 변화, 지역의 변화, 공간의 변화, 기술의 변화에 따라 달라지며, 인종적 요소, 종교적 요소, 역사적 요소, 문화적 요소, 국토적 여건 등에 의하여 그 가치나 지정기준이 모두 상이하게 나타나고 있다.

즉 관광주체인 관광객을 유인하는 관광대상물로서의 관광자원은 관광의 목적과 형태 등에 따라 다종다양하게 존재하며, 종래까지 관광의 대상으로서 누구도 그 가치를 인정하려 들지 않았던 자원도 시대적 변화에 따른 대중관광의 보급과 함께 새로운 관광자원으로 부각되어 각광을 받기도 하며, 또한 그와 반대로 기존의 관광매력을 점차 상실해 가는 자원도 있는 것이다.

관광자원(resources)이라고 하는 말은 1920년대 이래로 사용되어 왔는데, 이는 "관광여행자의 활동근원이 되는 제현상"을 의미한다. 관광자원은 관광자의 주관에 의해서 관광가치가 결정되기 때문에 매우 다종다양할 뿐만 아니라 광범위하다. 어떤 의미에서는 모든 대상이 관광자원으로서의 가치를 지니고 있다고 말할 수 있다.

자원이란 말은 일반경제용어의 관점과 관광의 관점 간에 그 의미를 달리한다. 일반경제용어로서의 자원은 원재료가 되는 자연물을 가리키며 지하자원, 산림자원, 수산자원 등의 자원은 어느 것이나 생산과정에서 생산물을 생산하는 데 소비되는 것이다. 이에 반해 관광에 있어서의 자원은 그것이 이용되든가 소비됨으로써 사용에 의해 원형이 없어지거나 모양이 달라지는 것은 아니다. 이러한 의미에서 일반적인 자원과 본질을 달리하고 있다. 따라서 관광자원이라는 표현은 비유적인 용법이라 말할 수 있다.

관광자원에 대한 정의는 그 동안 많은 학자들에 의해서 제시되어 왔지만, 기존 정의를 종합적으로 살펴본다.

"유무형의 객체로서 그것이 관광객의 관심을 끌 수 있고, 관광욕구를 충족시켜 줄 수 있는 대상물이며, 또 그것을 소재로 사업이 성립하여 관광수입을 올릴 수 있는 성격을 지지고 있다면 관광자원으로 볼 수 있는 것이다. 관광자원의 범위는 한정되어 있지 않고 관광의 발전과 함께 관광이 점차 다양화되어 감에 따라 그 범위는 무한히 확대되어 가고 있으며, 보호 · 보존해야 할 가치가 있는 관광대상물의 총체이다"라고 할 수 있다.

관광자원으로써 지녀야 하는 특징은 다음과 같다(김홍운, 1997).

① 관광자원은 관광객의 욕구나 동기를 일으키는 매력성을 지니고 있다.
② 관광자원은 관광객의 동기나 욕구를 행동화하여 끌어들이는 유인성을 지니고 있다.
③ 관광자원은 개발이라는 인위적 행위를 통해서 관광대상이 되어진다.
④ 관광자원은 자연과 인간의 상호작용에 의한 결과물이다.
⑤ 관광자원의 범위는 자연자원과 인문자원, 유형자원과 무형자원 등 아주 넓고 다양하다.
⑥ 관광자원은 사회구조나 시대환경에 따라서 가치를 달리한다.
⑦ 관광자원은 보존 · 보호를 하지 않으면 그 가치가 감소되거나 훼손된다.

표 6-2 관광자원의 정의

학자 및 단체	관광자원에 대한 견해
쓰다노보루	관광자원이란 관광의 주체인 관광자가 그 관광동기 내지 관광의욕의 목적물로 삼는 관광대상이다
日本, 교통공사	관광자원은 산업자원이 아닌 생활자원에 해당되며 많은 관광자원은 보호를 필요로 하지만, 관광자가 그것을 이용하여도 소모되지 않는 특색을 가지고 있다.
이장춘	관광자원이란 인간의 관광동기를 충족시켜 줄 수 있는 생태계 내의 유 · 무형의 여러 자원으로서 보존 · 보호하지 않으면 가치를 상실하거나 감소할 성질을 내포하고 있는 자원이다
안종윤	관광자원은 관광대상이 될 수 있는 소재로서 이것을 개발함으로써 관광의 대상으로 삼을 수 있으며 또한 보존 · 보호하지 않으면 훼손되고 감소된다.
우락기	관광자원이라 함은 우선 관광여행을 불러일으키는 주요인으로서 자연과 인간이 혼연일체된 조화체, 즉 관광의 대상이 될 수 있는 물체를 말한다.
이후석	관광자원은 관광체계를 구성하는 기본요소 중의 하나로서 관광주체인 관광객에게 관광동기나 관광행위를 유발할 수 있는 매력과 유인성을 지닌 유 · 무형의 모든 대상물이다.
김병문	관광자원이라 함은 관광객의 여행의 목적물로서 그 지역의 의식주 · 생업 · 신앙 · 연중행사 및 무형의 전통적 풍속이나 관습의 총칭이다.
김성기	관광자원은 관광대상지를 구성하는 요소들로서 그 유형은 매우 다양하며, 각 요소들의 특성에 따라 각기 다른 역할을 담당하면서 상호간의 유기적인 관계를 맺으면서 관광자의 욕구를 충족시키고, 아울러 관광활동을 원활히 하는데 직접적으로 수반되는 제반요인 및 요소들의 총체이다.
김정배 정승일	관광자원은 관광의 주체인 관광객으로 하여금 관광동기나 의욕을 충족시키고, 나아가서는 관광행동을 일으키게 하는 목적물로서 유 · 무형의 관광대상을 말한다.
윤대순	관광자의 관광동기나 관광을 유발하도록 매력과 유인성을 지니고 있으면서 관광자의 욕구를 충족시켜 주는 유 · 무형의 재화 및 관광활동을 원활히 하기 위해 필요한 제반요소인데, 그 보전 · 보호가 필요하고, 관광자원이 지닌 가치는 관광자의 시대에 따라 변화하며, 비소모성과 비이동성을 지닌다.
양위주 장희정	관광자원은 지리적으로 편재하는 요소로서 관광산업이 서비스를 부과함에 따라 관광행동에 대상이 되는 상품으로서 관광객에게 판매될 수 있는 재화.
김성혁	관광자원은 일상생활에서 멀리 어디론가 떠나고 싶다는 관광행동의 동기를 유발하는 모종의 매력있는 존재이다.
김경호 고승익	관광자원은 관광지를 구성하는데 필요한 각종의 물리적 · 비물리적 요소들을 말한다. 이들 구성요소는 특성에 따라 제각기 고유의 역할을 담당하면서 요소들 상호간에 유기적 관계를 맺고 관광객들의 다양한 욕구를 충족시킴으로써 관광활동을 촉진시키고, 아울러 관광산업을 육성하는데 필연적으로 수반되는 각종의 요인 및 요소의 총체를 의미한다.
박선희	관광객의 욕구의 대상이 되고 관광행동을 충족시켜 주는 가치를 지닌 유 · 무형의 자원, 즉 자연적 · 문화적 · 사회적 · 산업적 · 위락적 자원을 모두 포함한다. 인간의 관광동기를 충족시켜 줄 수 있는 생태계 내의 유 · 무형의 자원들로서 보존 · 보호하지 않으면 그 가치를 상실하거나 감소할 성질을 내포하고 있는 자원.
이근	관광자원이란 인간의 관광욕구와 동기를 충족시킬 수 있는 자연적 · 인문적 대상의 총체로서 매력성과 자력성을 지니고 있는 소재적 자원을 말한다.

그림 6-1 관광자원의 개념적 구성요소

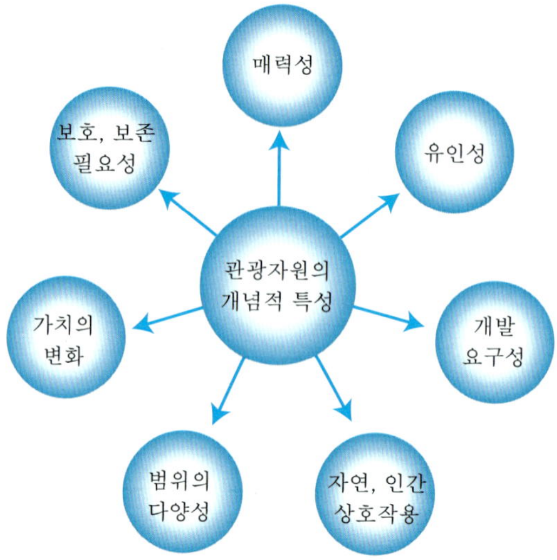

자료: 김홍운, 1997, p.11

3. 관광자원의 구성과 유형

관광자원의 구성과 유형은 다음과 같다.

① 자연관광자원

산악, 구름, 호수, 하천, 계곡, 폭포, 평원, 산림, 바닷가, 지질, 온천, 지형, 천문, 기상, 도서, 전망대, 자연현상

② 문화관광자원

고고학적 유적, 사적, 사찰, 건축물, 유형 문화재, 무형 문화재, 기념물, 민속자료, 성역, 향토민속예술제, 박물관, 미술관, 조각

③ 사회관광자원

풍속, 행사, 생활, 예술, 교육, 종교, 사상, 철학, 음악, 무용, 스포츠, 국민성, 음식, 사회형태, 인정, 예절, 사회, 공공시설

④ 산업관광자원

공업단지, 유통단지, 관광목장, 백화점, 견본시, 전람회, 전시회, 농업, 생산공정, 상업

⑤ 위락관광자원

스키, 캠프장, 수영장, 어린이대공원, 놀이시설, 레저타운, 수렵장, 낚시터, 쇼핑센터, 카지노, 보트장, 카누장, 승마장, 나이트클럽

제 2 절 자연적 관광자원

1. 자연적 관광자원의 개념

관광대상이 되는 자원은 다종다양하고 광범위하게 존재하나, 이 가운데서 자연환경의 모든 것을 대상으로 관광활동이 이루어지는 자연적 자원(natural resource)이 가장 큰 위치를 차지하고 있다. 그런데 이와 같은 자연환경은 지구상에 골고루 일률적으로 분포되어 있는 것이 아니고, 기후적 · 지형적인 상태를 중심으로 복잡하게 결합되어 있는데, 그것이 각 지역의 독특한 경관을 형성하고 있다.

이와 같이 자연의 지역차 등이 관광욕구와 연결될 때, 관광대상으로서의 자연적 자원이 되며, 그 존재는 교통 · 도로 · 숙박시설 등의 개발조건과 결부되어 자원가치를 발휘하게 된다. 더욱이 산업화와 도시화에 따른 대기와 수질오염 등으로 인한 생활환경의 악화는 현대인들로 하여금 도시와 일상생활에서의 탈출욕구와 자연환경에 대한 동경심을 증가시키고 있다.

도시화의 급속한 추진은 산업구조의 변화와 함께 시민생활의 일대변혁을 가져오게 하였고, 여가활동에 있어서도 자연지향성이 높아 가고 있어 향후 자연적 자원을 추구하고자 하는 경향은 더욱 강하게 나타날 것으로 예상된다.

2. 자연적 관광자원의 구분

자연적 관광자원은 주로 자연의 풍경미를 중심으로 형성되나, 그 구성요소는 매우 다양하다. 이를 분류하면 다음과 같다.

① 산지관광자원(국립공원, 도립공원, 군립공원 등), 하천관광자원, 해양관광자원, 온천관광자원, 동굴관광자원, 호수 등
② 천문 · 기상 달, 별, 눈, 물, 안개, 기온, 강수량, 바람 등
③ 동식물 새, 짐승, 물고기, 초화(단풍 · 꽃 · 낙엽), 고원식물, 열대식물 등
④ 위치 대륙적 위치, 해양성 위치, 반도적 위치 등

3. 자연적 관광자원의 유형

1) 자연공원 지정현황

자연공원 지정 총 73개소

① 국립공원(20개소): 6,580㎢(육지 3,899㎢, 해면 2,681㎢)

② 도립공원(31개소): 751㎢(해면 1㎢)

③ 군립공원(27개소): 441㎢(해면 209㎢)

2) 국립공원

국립공원은 우리나라를 대표할 만한 수려한 자연풍경지로서 관련부 · 처 · 청의 장과 협의를 거쳐 관할 시도지사의 의견을 들은 후 국립공원위원회와 국토건설종합계획심의회 심의를 거쳐 환경부장관이 지정한다. 1960년대에 지리산 · 경주 등 4개 공원, 1970년대에 설악산 · 속리산 등 9개 공원, 1980년대에 다도해해상 등 7개 공원을 지정하는 등 2006년도 9월 현재까지 20개의 국립을 지정하였다.

표 6-3 국립공원 지정현황(단위: ㎢(백만평))

지정 순위	공원명	위치	공원구역		비고
			년월일	면적	
1	지리산	전남 · 북, 경남	67. 12. 29	471.758	
2	경주	경북	68. 12. 31	138.715	
3	계룡산	충남, 대전	68. 12. 31	64.683	
4	한려해상	전남, 경남	68. 12. 31	545.627	해상 395.479
5	설악산	강원	70. 03. 24	398.539	
6	속리산	충북, 경북	70. 03. 24	274.541	
7	한라산	제주	70. 03. 24	153.386	
8	내장산	전남 · 북	71. 11. 17	81.715	
9	가야산	경남 · 북	72. 10. 13	77.074	
10	덕유산	전북 · 경남	75. 02. 01	231.650	
11	오대산	강원	75. 02. 01	303.929	
12	주왕산	경북	76. 03. 30	107.425	
13	태안해안	충남	78. 10. 20	326.574	해상 289.543
14	다도해상	전남	81. 12. 23	2,321.512	해상 1,986.684
15	북한산	서울, 경기	83. 04. 02	79.916	
16	치악산	강원	84. 12. 31	181.631	
17	월악산	충북, 경북	84. 12. 31	287.977	
18	소백산	충북, 경북	87. 12. 14	322.383	

지정순위	공원명	위치	공원구역		비고
			년월일	면적	
19	변산반도	전북	88. 06. 11	154.715	해상 9.196
20	월출산	전남	88. 06. 11	56.100	
계				6,579.85 (1,990)	육지: 3,898.948(3.7%) 해면: 2,680.902(2.5%) (전국토의6.2%)

3) 도립공원

도립공원은 시도 관내의 경관을 대표할 만한 수려한 자연풍경지로서 도립공원위원회와 시도 건설종합계획심의회 심의를 거쳐 환경부장관의 승인을 얻어 시도지사가 지정한다.

표 6-4 도립공원 지정현황(단위: ㎢)

지정순위	공원명	위치(시 · 군별 면적)	총면적	지정일
1	금 오 산	경북 구미 20.86, 칠곡 7.94, 김천 8.49	37.290	70. 6. 1
2	남한산성	경기 광주 22.92, 하남 8.818, 성남 4.709	36.447	71. 3.17
3	모 악 산	전북 김재 28.442, 완주 10.835, 전주 6.29	45.567	71.12. 2
4	무 등 산	광주 27.03, 전남 담양 0.8, 화순 2.4	30.230	72. 5.22
5	덕 산	충남 예산 20.671, 서산 0.353	21.024	73. 3. 6
6	칠 갑 산	충남 청양 32.946	32.946	73. 3. 6
7	대 둔 산	전북 완주 38.1	38.100	77. 3.23
7-1	대 둔 산	충남 논산 16.384, 금산 8.386	24.770	80. 5.22
8	낙 산	강원 양양 8.659	8.659	79. 6.22
9	마 이 산	전북 진안 17.221	17.221	79.10.16
10	가 지 산	울산 30.199, 경남 양산 61.069, 밀양 14.161	105.429	79.11. 5
11	조 계 산	전남 순천 27.380	27.380	79.12.26
12	두 륜 산	전남 해남 33.39	33.390	79.12.26
13	선 운 산	전북 고창 43.7	43.700	79.12.27
14	팔 공 산	대구 35.365 , 경북 칠곡 29.753, 군위 21.858, 경산 9.520, 영천 29.172	125.668	80. 5.13
15	문경새재	경북 문경 5.494	5.494	81. 6. 4
16	경 포	강원 강릉 9.475	9.475	82. 6.26
17	청 량 산	경북 봉화 41.09, 안동 8.38	49.470	82. 8.21
18	연 화 산	경남 고성 22.26	22.260	83. 9.29
19	태 백 산	강원 태백 17.44	17.440	89. 5.13
20	팔 영 산	전남 고흥 9.881	9.881	98. 8. 4
21	천 관 산	전남 장흥 7.606	7.606	98.10.13
22	연 인 산	경기 가평 37.445	37.445	05. 9.12
23	신안증도 갯벌	전남 신안 12.824	12.824	08.06.05
24	무안갯벌	전남 신안 37.123	37.123	08.06.05
25	제주조각	제주 남제주군 안덕면	0.370	86. 5.30(08. 9.19)
26	마라해양	제주 남제주군 대정읍, 안덕면	49.755	97. 8.23(08. 9.19)
27	성산일출해양	제주 남제주군 성산읍	16.156	97. 8.23(08. 9.19)
28	서귀포시립해양	제주 서귀포시 보목~강정동	19.540	99. 1. 5(08. 9.19)
29	추 자	제주 북제주군 추자면	95.292	00. 8.31(08. 9.19)
30	우도해양	제주 북제주군 우도면	25.863	00. 8.31(08. 9.19)
31	수 리 산	경기안양 2.551, 안산 0.116, 군포4.302	6.606	09. 7.16
계	31개소		1,050,421	

참고 : ( )는 제주특별자치도 시행으로 군립공원 6개소가 도립공원으로 승격된 일자임

4) 군립공원

군립공원은 시장 · 군수가 군립공원위원회의 심의를 거친 후 도지사의 승인을 얻어 지정하는 공원이다. 현재 전국에 27개소가 있다.

표 6-5 자연적 관광자원의 유형

대 상		종 류
국립공원(20개)		지리산, 경주, 계룡산, 한려해상, 설악산, 속리산, 한라산, 내장산, 가야산, 덕유산, 오대산, 주왕산, 태안해안, 다도해해상, 북한산, 치악산, 월악산, 소백산, 변산반도, 월출산
도립공원(31개)		금오산, 남한산성, 모악산, 무등산, 칠갑산, 대둔산(충남), 낙산, 마이산, 조계산, 두륜산, 선운산, 팔공산, 문경세재, 경포, 청량산, 연화산, 태백산, 팔영산, 천관산, 가지산, 덕산, 대둔산(전북)
온 천		이천, 온양, 수안보, 유성, 지리산, 부곡, 해운대, 백암, 화순, 유성 등
해 안		해수욕장, 해식애, 해안단구, 해식동, 파식대 등
호 수	자연호	청초호, 영랑호, 경포호, 천지, 백록담 등
	인공호	충주호, 소양호, 청평호, 대청호, 안동호, 주암호 등
하 천		한강, 금강, 영산강, 낙동강, 섬진강 등
동 굴	용암동굴	만장굴, 협재국, 금녕굴 등
	석회동굴	고씨굴, 고수굴, 성유굴, 노동굴, 환선굴 등
	해식동굴	산방굴, 오동도굴. 쌍홍문굴 등

관광 이야기

여행자용 '휴대' 세탁기 등장!

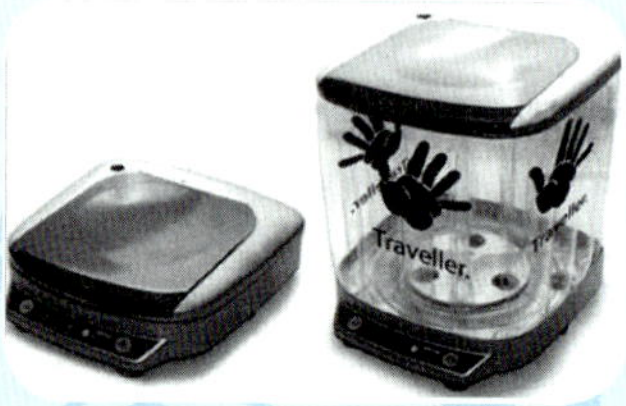

여행을 가게 되면 의복의 세탁이 용이치 않아 여벌의 의복을 더 준비하게 되어 짐이 더 커지는 것을 많은 사람들이 공통적으로 느낀다. 최근 이런 불편을 들어줄 수 있는 여행자용 휴대 세탁기가 등장해 많은 주목을 받고 있다.

정식 제품명 'Astone Mobile Washer'은 평소 가방에 최소한의 공간을 차지하게끔 되어 있다. 무게는 2kg으로 여행지에서의 세탁을 간단히 할 수 있게 되어 있다.

작동 시 접혀져 있던 상단을 늘려 사용할 수 있으며 최대 6.5리터 물을 사용해 작동을 할 수 있다. 오는 2007년 1월에 정식 출시될 예정이며 미화 70달러 (한화 약 6만 8천원)에 판매될 예정이다.

리뷰스타, 2006. 11. 21

4. 자연적 자원의 구성

자연자원은 물리적 요소, 생물적 요소, 자연현상적 요소, 인간흥미요소 등으로 구성되어 있다.

① 물리적 요소 산의 높이, 강의 깊이, 호수의 넓이 등 자연자원은 구성상 물리적인 요소가 포함된다.

② 생물적 요소 동식물의 종류와 수 · 식생 등 물리적 요소와 함께 포함되고 있는 생명체에 관련된 요소가 있다.

③ 자연현상적 요소 일출 · 일몰 · 화산활동 · 온천 · 간헐천 등 자연현상도 관광자원의 중요한 부분을 차지하게 된다.

④ 인간흥미요소 접근성 · 토지이용 · 역사 · 변화 등 자연자원과 관련하여 이루어진 인간의 활동의 결과 역시 자연자원을 구성하는 요소로 작용하게 된다.

5. 자연적 자원의 예

1) 산 지

산은 가장 기본적 자연자원이다. 특히 우리나라는 국토의 70% 이상이 산이라고 할 정도로 풍부한 산악관광자원을 가지고 있다. 산은 구릉 · 계곡 · 암석 · 폭포 · 식생 등 다양한 관광의 대상을 제공하고, 그 이용에 있어서도 등산이나 스키 등 스포츠 활동이 주가 되는 경우와 빼어난 경관을 주로 하여 그것을 감상하는 행동 및 산과 산에 관련되는 것들을 다양하게 이용하여 행할 수 있는 관광행동을 개발하여 이용하는 것 등의 예를 들 수 있다. 그런 예는 산악달리기대회, 자전거타기, 눈축제, 나무심기 등 매우 다양하다.

그러나 이런 산의 이용은 계절과 날씨의 변화에 유의해야 하며, 준비나 조심을 소홀히 할 경우에는 많은 위험성이 내재하고 있다. 따라서 산을 이용할 때는 계절성 · 접근성 · 시간성에 관한 고려가 중요하다.

산의 자원화와 이용의 정도는 계속 증가되고 있다. 등산장비의 발달로 겨울에도 이용이 가능해졌고, 교통수단의 발달로 과거에는 접근이 불가능하던 곳까지 접근이 가능하고 또한, 위급 시에는 피난처로도 이용할 수 있는 숙박시설이 생겨나기도 했다.

2) 하 천

중요한 자연적 관광자원에는 하천이 있다. 인류문명의 발상지는 모두 하천변이고, 많은 사람들이 생활하는 도시는 대부분 하천변에 있는 정도로 물은 생명의 근원이고, 대부분의 사람들에게 편안한 느낌을 주고 있다.

하천의 이용은 먼저 물을 이용한 수상스포츠 등 다양한 활동과 하천주변의 경관이나 다른 자원을 이용하는 방향 두 가지로 생각할 수 있다. 그러나 관광자원으로서 하천의 이용시에는 수운 등 경제적인 면과 맑은 물의 유지라는 환경적인 면에도 동시에 관심을 가져야 한다.

3) 바 다

바다의 이용도 하천과 유사할 수 있다. 우리나라에는 3,279개의 유 · 무인도가 있기 때문에 바다와 섬을 이용한 활용의 가능성이 무궁무진하다.

물 · 파도 · 수중활동 · 낚시 · 양식 · 유람선 및 생물체 이용(돌고래 등)활동 등이 있고, 3S 즉 sun, sea, sand를 이용한 해수욕 등의 활동이 연중 계속될 수 있다. 특히 각 섬이 가지고 있는 고립지로서의 독특한 문화를 이용하여 자원화할 경우에는 자연적 자원과 사회 · 문화적 자원이 결합되면서 커다란 이용가능성과 매력성을 찾을 수 있을 것이다.

4) 온 천

우리나라에는 온수리 · 온정리 등 '수(水), 정(井), 천(川), 온(溫)' 등의 글자가 들어가는 지명이 전국에 180여 개 분포하고 있다. 이런 지명을 가진 지역은 과거 온천의 흔적이 있었던 것으로 이해해도 큰 무리가 없을 것이다.

온천이란 수온과 화학적 성분에 의해 특별한 효과가 있는 지하수로서, 특히 각종 질환의 예방과 치료에 효과가 있는 물이 지하에서 솟아 나오는 것을 말한다. 이런 온천이 개발될 경우에 온천자체가 관광의 목적으로 환영받는 것은 물론이고, 주변관광지와 온천이 연계되어 개발되면 그 효과는 매우 크다고 할 수 있다.

온천의 개발에 있어서는 초기의 기초투자가 매우 크다는 단점이 있기도 하지만, 한 번 개발되어 이용되기 시작하면 그 후 운영비는 매우 적다는 장점을 가지고 있다. 주된 관광대상자는 보양에 신경을 쓰고 휴양을 즐기려는 특성을 가진 관광자이며, 온천지역 안에 놀이시설 및 편의시설을 많이 필요로 하는 특성을 갖는다.

온천자원에 대한 적절한 보호와 효율적인 개발 · 이용 및 관리를 도모함으로써 공공의 복리증진에 이바지하기 위하여 정부는 1981년도에 온천법을 제정하고, 동 법령의 규정에 따라 관할자치단체로 하여금 온천의 발견신고 · 수리, 온천원보호지구 또는 온천공보호구역 지정, 온천개발계획 수립 · 승인, 일일적정

수량에 의한 온천수이용허가 절차를 이행하게 하는 등 온천개발 · 이용 및 관리 업무를 수행하고 있다.

5) 동 굴

자연광물자원의 채광으로 조성되거나 자연적으로 생겨난 동굴은 사람들이 평소에 경험할 수 없는 신비한 체험을 제공할 수 있는 자원이 된다.

동굴은 독특한 생태계를 유지하고 있고, 오랜 세월동안 자연적으로 조성되거나 굴착 등으로 인한 특이한 경관을 지니고 있으며, 햇빛이 들지 않고 기괴한 형상의 바위가 있는 등 신비감을 주게 된다. 이런 동굴은 위급시 피난처로 이용되기도 하고, 식품 등의 보관창고로 이용되기도 한다.

동굴은 그 생성원인에 따라 크게 석회동굴과 용암동굴(화산동굴), 그리고 해식동굴 세 가지로 나누어진다.

(1) 용암동굴

제주도는 세계 제1의 화산동굴을 보유하고 있어 유명하다. 지난 1981년에 발견된 세계 최장의 단일화산동굴인 빌레못동굴은 10,205m에 달한다. 또 제주도의 만장굴은 그 밑에 있는 김녕사굴과 함께 하나의 동굴을 이루고 있음이 1977년 확인되어 세계최장의 화산동굴 시스템으로 꼽힌다. 이 만장굴 화산동굴 시스템의 총연장은 13,268m에 달해 그 전까지의 세계최장 화산동굴 시스템으로 알려졌던 미국의 싱글라바 시스템(11,144m)을 능가하고 있는 것이다.

이처럼 제주도에는 세계 최장의 단일화산동굴과 화산동굴 시스템이 있을 뿐 아니라, 발견된 화산동굴만도 80여 개소에 달하고 있고, 동굴 내부의 지형 · 지물도 세계적으로 유명하다.

(2) 석회동굴

한편 우리나라의 육지부에는 종유굴로 알려진 석회동굴이 많다. 우리나라 석회암지층의 대부분은 약 4~5억 년전에 생성된 대석회암통의 지층으로 되어 있는데, 이 지층 밑에서 많은 석회동굴이 발달하고 있다.

우리나라 대부분의 석회동굴은 그 생성년대가 5~10만 년전으로 추정되는데, 종유석의 성장속도가 1㎝ 자라는 데 5~10년이 소요되므로 현재 보이는 종유석들도 수천년 내지 수만년에 걸쳐 이룩된 것들이다. 빗물이 석회암의 석회분을 용해하여 땅속으로 스며들어 동굴 속 천장 위에서 종유관이나 종유석을 자라게 하는데, 이 종유석의 성장조건은 용해된 빗물의 양, 동굴 내의 증발 정도, 굴속의 통풍 · 온도 · 습도, 그리고 물방울의 이동 등 지구 물리학적인 영향 등으로 달리 나타난다.

이와 같은 석회동굴로는 울진의 성류굴과 영월의 고씨굴 등을 비롯하여 단양의 고수굴 · 노동굴 · 천동굴, 정선의 화암굴, 동해의 천곡동굴 그리고 삼척의 환선굴 등이 관광동굴로 개발되어 있다.

(3) 해식동굴

이 밖에도 우리나라 남해안과 동해안에는 해식동굴이 있다. 바닷물의 침식 · 삭박작용으로 이루어진 것으로 여수의 오동도에 있는 해식굴과 서귀포 서쪽의 해식굴, 그리고 남해의 쌍홍문굴 등이 대표적인 해식굴들이다.

관광 이야기

21세기 새 관광상품은 '온난화' 관광

'지구 온난화' 관광이 21세기의 새로운 관광상품으로 떠오르고 있다.

미국 캘리포니아의 베차트 여행사(Betchart Expeditions)는 그린란드의 '온난화 섬'을 구경하는 상품을 내놓았고, 영국의 퍼스트 초이스(First Choice)는 유람선을 타고 북극해를 관광하는 상품을 판매할 계획이라고 영국 인디펜던트 신문이 3일 보도했다.

사파리 관광 전문회사인 베차트는 온난화의 영향으로 그린란드 빙하가 녹으면서 새로 생겨난 섬인 '온난화 섬'을 구경하는 12일짜리 상품을 내놓았다. 2005년 이 섬을 발견한 베테랑 미국인 탐험가 데니스 슈미트의 인솔 아래 관광객들은 9월 25일부터 10월 6일까지 아이슬란드의 레이캬비크에서 덴마크 해협을 거쳐 북극권에서 북쪽으로 400마일 떨어진 그린란드 동쪽 해안 온난화 섬까지 유람선을 타고 여행한다. 숙식과 강연, 관광이 포함된 이 상품의 가격은 객실에 따라 4천955달러~6천955달러. 48석 중 3분의 1은 이미 팔렸다.

베차트 여행은 "이 여행은 지구상에서 가장 큰 동물인 흰긴수염돌고래, 범고래, 흰부리 돌고래, 수많은 바닷새들을 구경하며 다양한 해양생물이 살고 있는 지역을 통과할 것"이라고 말했다.

관광객들은 하루 동안 온난화의 피해 현장인 '온난화 섬' 주변을 둘러보며, 데니스로부터 온난화가 자연에 미치는 영향에 대한 강연을 듣는다.

최근 캐나다의 쿼크 여행(Quark Expeditions)을 인수한 영국의 퍼스트 초이스는 그린란드 빙하처럼 온난화의 여파로 급속히 녹고 있는 북극빙산을 구경하는 신상품을 판매할 계획이다. 쿼크 여행은 얼음을 깨고 항해할 수 있도록 특수 설계된 쇄빙선을 타고 극지방을 여행하는 상품을 내놓은 유일한 여행사이다. 쿼크 여행은 1991년 이래 3만명이 넘는 승객들을 극지방으로 데려갔다.

세계 최초의 온난화 관광객이라고 자부하는 작가 마크 라이나스는 똑같은 여행에 식상한 사람들이 아주 다른 여행을 찾고 있고, 지구 온난화 관광이 아마도 필연적인 신상품이 될 것이라고 말했다. 그는 2004년 저서 '밀물(High Tide)'에서 알래스카 영구동토층의 해빙, 중국의 황사 악화, 태평양 섬들 주변 해수면 상승, 페루의 빙하 해빙 등에 대해 보고했다.

연합뉴스, 2007.5.3

제 3 절 문화적 관광자원

1. 문화적 관광자원의 개념

문화적 관광자원이란 민족문화유산으로서 국민이 보존할 만한 가치가 있고 관광매력을 지니고 있는 자원을 말한다.

문화재는 민족의 유구한 문화정신과 지혜가 담겨있는 역사적 소산이므로 우리의 전통문화를 소개할 수 있는 매력적인 관광자원이다.

생활문화는 과거의 것을 그대로 간직하는 것일 뿐 아니라 새로운 것이 유입되어 서로 혼합되면서 발전해 나아가야만이 끊임없는 생명력을 가질 수 있다. 그러므로 우리가 가지고 있는 이런 문화적 유산은 관광자원으로서 중요한 가치를 가질 뿐만이 아니라 민족의 정신을 유지 · 발전시키는데도 중요한 역할을 하고 있다.

또한 문화재는 우리에게 인간의 내적인 상관성과 미적인 감동을 주며, 인간성이 풍부해지도록 작용한다. 따라서 문화재는 우리 조상들의 슬기와 예술성, 그리고 민족정신과 철학 등이 담겨진 역사의 실증자료로 다른 어떤 기록보다도 더 많은 의미를 함축하고 있는 것으로 민족지혜의 전통이 되기에 충분하고 민족문화 창조의 기반과 모체가 되는 것을 문화재자원이라고 한다.

따라서 문화적 관광자원은 보통 이를 문화재자원과 박물관으로 구분하고 있는데, 이 가운데에서 문화재자원은 역사상 · 예술상의 가치가 큰 것을 말한다. 특히 역사적 · 전통적 가치가 큰 것을 역사적 자원 또는 전통적 자원이라 부른다.

2. 문화적 관광자원의 분류

문화재에는 여러 가지 형태가 있고, 그 내용 · 종류 · 정의에도 해석이 여러 가지가 있으나, 우리나라에서는 문화재보호법 제정의 입법취지에 따라 다음과 같이 정의를 내릴 수 있다.

1) 유형문화재

유형문화재는 건조물 · 전적 · 고문서 · 회화 · 조각 · 공예품 및 기타의 문화적 유산으로서 우리나라의 역사상 또는 예술상 가치가 큰 것과 고고자료를 지칭하고 있다. 우리나라는 특히 고찰을 비롯하여 고대예술작품 등의 훌륭한 유형문화재를 많이 보유하고 있다. 이들 가운데에서 국가의 지정을 받아 보호관리하에 있는 국보 · 보물 등의 중요문화재는 관광자원으로서의 가치도 높아서 외래관광객 유치에 큰 도움을 주고 있다. 대표적인 유형으로서 국보(남대문, 원각사지 십층석탑, 북한산 진흥왕순수비 등), 보물(동대문, 보신각종, 원각사지비 등) 등을 들 수 있다.

2) 무형문화재

무형문화재란 연극 · 음악 · 무용 · 공예기술 및 기타 무형의 문화적 유산으로서 역사적 · 예술적 가치가 큰 것을 가리킨다. 우리나라에서는 이 가운데에서 특히 중요한 것을 골라 중요무형문화재로 지정하고, 그 기능보유자를 중요 인간문화재로 지정 · 보호하고 있다. 대표적 유형으로서는 종묘제례악, 하회별신굿, 양주 별산대놀이, 꼭두각시놀음 등을 들 수 있다.

3) 기념물

기념물이라 함은 패총, 고분, 성지, 궁지, 요지, 유물 등 기타 사적지와 경승지, 동 · 식물, 광물로서 우리나라 역사상, 예술상, 학술상 또는 관상상 가치가 큰 것을 말하며 이러한 기념물은 크게 역사적 기념물과 천연기념물로 구분한다.

(1) 역사적 기념물

① 사적 패총, 고분, 성지, 도요지 및 그 밖의 유적으로서 역사적, 예술적, 학술적 가치가 큰 것 중에서 특히 중요한 것을 사적이라 한다(경주의 포석정지, 김해 회현리 패총, 수원 성곽, 영주의 소수서원 등).

② 명승지 정원, 계곡, 해안, 산악 및 그 밖의 경승지로서, 특히 예술적, 관상적 가치가 커 보호할 가치가 있는 구역 중 중요한 것을 명승지라 부른다(강릉 청학동 소금강, 거제 해금강, 완도 정도리의 구계등, 해남 대둔산 일원, 순천 송광사 · 선암사 일원 등).

③ 사적 및 명승지 기념물 중 명승지에 사적이 곁들여진 곳을 지정하여 보호하는 곳으로서 현재 5개소가 지정되어 있다(경주 불국사 경내, 내물왕릉 계림월성지대, 봉화 내성 유곡 권충재 유적, 속리산 법주사 일원, 가야산 해인사 일원).

(2) 천연기념물

천연기념물은 식물(자생지 포함), 동물(생식지, 번식지 및 도래지 포함) 및 지질광물(특이한 자연현상이 생기는 토지 포함) 등을 가리키는데, 이 가운데서 특히 중요한 것을 천연기념물로 지정하여 보호하고 있다. 그 대표적인 것으로는 광릉 크낙새, 제주도 무태장어, 용문사의 은행나무, 화엄사의 올벚나무, 진도의 진돗개 등을 들 수 있다.

4) 민속자료

민속자료라 함은 의식주, 생업, 신앙, 연중행사 등에 관한 풍속습관과 이에 사용되는 의복, 도구, 가옥 및 그 밖의 물품으로서 국민생활의 추이를 이해하는데 있어서 불가결한 것을 말하며, 이 민속자료는 무형의 민속자료와 유형의 민속자료로 구별된다.

(1) 무형 민속자료

의식주, 생업, 신앙, 연중행사 등에 관한 풍습·관습은 무형적인 민속자료로서 지정대상이 되지 않으며, 기록을 작성하여 보존한다.

(2) 유형 민속자료

의복, 기구, 가옥 및 기타의 물건 등은 유형의 민속자료이며, 이 자료 중 중요한 것은 중요민속자료로 지정된다. 중요한 유형민속자료로는 덕온공주의 당의, 광해군 내외 및 상궁옷, 강릉 선교장, 방상씨 탈 등을 들 수 있다.

제4절 사회적 관광자원

1. 사회적 관광자원의 개념

관광자원이라 하면 공급자측, 즉 관광산업적 측면에서의 평가가 그 전부였었다. 그러나 최근에 와서는 다양화된 관광행동의 지향성에 따라 소박한 향토경관과 인정 · 풍속 및 생활자료 등도 재평가 받게 되었고, 이들에 대한 관광자원화를 추진해 가고 있다.

이와 같이 사회적 자원은 관광이 다양화 · 심도화되어 감에 따라 각광을 받게 된 것이다. 이 가운데는 특색 있는 국민성 · 민족성과 이에 따른 인정 · 풍속 · 생활 속에 전승되어 온 모든 생활자료 · 예술 · 예능 및 사회공공시설 등이 포함된다. 이는 한 나라의 역사와 전통, 그리고 과거의 생활모습을 뒤돌아보고 이해하는 데 있어서 귀중한 자료로서 국민적, 민족적 자원이라 할 수 있다.

2. 사회적 관광자원의 분류

1) 도시관광자원

도시 관광은 관광자, 관광자원, 관광기업, 도시주민 등이 도시라는 공간 내에서 상호작용하는 가운데 이루어지는 총체적 현상이라고 할 수 있는데, 이때의 관광대상은 도시 자체가 지니고 있는 매력과 자연 · 인문적 자원, 각종 위락시설 및 서비스 등을 포함한다.

런던, 파리, 샌프란시스코, 도쿄, 방콕, 뉴델리와 같은 도시들은 박물관, 공원, 역사적인 장소, 최신식 건물, 쇼핑, 식사, 도시경관 등 우수한 관광자원을 보유하고 있어 세계 각국의 많은 관광자들을 유치하고 있다.

2) 문화행사

문화행사는 문화적 가치를 표현하거나 내재하고 있는 모든 행사의 총칭으로 민속놀이나 민속문화행사 등 역사적 의미가 있는 전통문화행사는 물론이며, 현재 우리가 공유하고 있는 생활양식 전부를 포함하는 모든 행사를 뜻한다.

관광행사는 관광목적지의 매력도를 제고시키고, 관광비수기를 극복하는 수단이 되며, 관광의 지역적 확대, 관광시설의 활성화, 잠재적 관광지로서의 이미지

조성, 관광시설 확충 등 도시개발 및 재개발촉진, 관광수입증대, 자연자원의 보존 등 "대안관광"의 새로운 형태로 자리 잡고 있다.

많은 관광자들이 찾는 문화행사는 강릉단오제, 백제문화제, 금산인삼제, 남원춘향제, 자갈치축제, 진도영등제 등이 있다.

3) 향토특산물과 향토음식

오늘날 지역과 국가 간의 상이한 생활관습이나 예절과 음식물 등은 관광자에게 흥미와 관심의 대상이 되며, 관광의욕을 갖게 하는 매력적인 자원이 되고 있다. 예전의 여행은 명승을 즐기는 경관위주의 관광이 주를 이루었으나 근래에 들어서는 함께 즐기게 되었으며, 때로는 명물요리의 맛을 찾아 여행하는 일이 생겨나고 있다. 현대인의 미식추구 및 식도락여행, 미식탐방여행의 증가는 세계적인 추세로 홍콩의 요리축제와 싱가포르의 요리축제 등은 이미 우리에게도 익숙한 관광상품이 되어 있다.

4) 예술 · 예능 · 전통 스포츠

고대로부터 전승되어 오고 있는 그 나라의 독특한 고전적 예술(한국의 판소리, 이탈리아의 가극, 소련의 발레, 일본의 가부끼, 중국의 경극 등) 또는 근대음악 · 근대회화 등의 예술작품은 중요한 관광대상이 된다. 민족적 생활 가운데에서 뿌리를 내리고 있는 전통적인 예도와 오락적 요소를 포함한 각종의 예능 등도 그 가치가 점차 재인식되고 있는 훌륭한 관광자원이다.

고전적 스포츠나 근대적 스포츠(한국의 씨름 · 궁술, 스페인의 투우, 일본의 검도 · 유도 등) 행사는 관광자원의 충실한 내용이라 할 수 있다.

5) 교육 · 사회 · 문화시설

교육시설은 유치원으로부터 대학시절에 이르기까지 관광자의 흥미와 관심을 끄는 중요한 관광대상 가운데 하나이다. 따라서 세계의 대부분의 나라에서는 국빈들을 대학에 안내할 뿐만 아니라 일반관광자에게도 개방하여 견학시키고 있다.

사회시설로는 국회의사당, 대건조물, 고속도로, 고아원, 양로원 그 밖의 사회복지후생시설, 도시교통시설 등이 있다.

또한 문화시설로는 시민회관, 문화연구소, 미술전람회, 도서관, 과학연구소 등 얼마든지 열거할 수 있다.

이와 같은 시설과 운영상태 등을 견학 · 시찰하거나 관광하는 일은 지식과 견문을 넓힐 수가 있고, 또한 방문국의 문화, 기술수준과 문명의 발달 정도를 파악할 수 있으며, 문화교류와 기술협력의 계기를 자연스럽게 마련한다.

제5절 산업적 관광자원

산업적 관광자원이란 농업 · 임업 · 수산업 · 공업 · 상업 등 각종 산업시설을 말하며, 이를 대상으로 하는 관광을 산업적 관광이라고 한다.

내국인에게는 자국의 산업수준에 대한 감동과 자신의 지식확대, 교양 및 자기 확대의 욕구를 충족시키고 자부심을 갖도록 하며 외국인 관광자에게는 특히 경제적 · 기술적 교류를 시도하려는 목적에서 세계 각국에서 적극적으로 유치하고 있다. 또한 산업관광은 기술과 지식습득을 주 내용으로 하는 건전 관광이며, 계절 · 성별 차이를 두지 않는 관광이므로 성수기와 비수기가 없는 탈 계절 관광상품이다.

그러나 산업관광의 문제점으로는 각종 산업시설을 대상으로 할 경우에는 견학 · 시찰에 따른 안전성 문제와 직접 참여하여 활동하는데 따른 문제점이 있고, 또한 특수 분야의 공업에서는 산업기밀유지의 문제 등 다소의 제약은 피할 수 없겠으나, 이를 관광대상의 새 분야로 개발하는 것은 여러 가지 의미에서 좋은 성과가 기대된다.

1) 산업시설

관광자원의 새로운 분야로서 공장이나 공단지대를 대상으로 내외국인에게 산업시찰이라는 형식으로 관광대상지화한 형태이다. 이는 내국인에게는 자국의 공업시설이나 기술수준에 대한 자부심과 신뢰심을 심어 줄 수 있고, 외국인에게는 우리의 기술과 상품수준에 대한 확인과 선전의 방법에 해당되며, 궁극적으로는 국가간 무역거래의 기틀을 마련할 수 있기 때문에 공업지대를 산업관광코스에 반드시 포함시켜야 할 필요가 있다.

이러한 공업관광의 성공적인 예로서는 스위스의 시계공업, 일본의 전자제품, 프랑스의 포도주와 화장품공업, 벨기에의 보석세공, 그리고 터키의 양탄자제조업 등을 들 수 있다.

2) 관광농업 등

관광자들이 이용하거나 생산에 참여하고 이런 활동의 대가로 발전하는 산업이 관광농업 등 유관산업이라고 볼 수 있다. 이와 같은 산업의 예는 관광농원 · 관광임업 · 관광어업 등 모든 분야의 산업에서 나타날 수 있다. 이는 도시주민 또는 관광자를 대상으로 하여 생산수단 등을 임대하거나 단순채취형 · 휴식형 · 판매형 등으로 다양한 상품을 제시할 수 있다. 이런 관광상품은 비교적 새로운 것으로 발전할 가능성이 비춰지고 있으나, 실패의 위험성도 매우 크기 때문에 신중한 접근이 필요하다. 실패의 이유로는 공급과잉, 수요예측실패, 지속성 결여, 홍보부족, 단순한 상품, 바가지요금 등을 들 수 있다.

3) 토산품

각 지방 마을마다 그 지역의 특성을 보여 주는 특산물이 있기 마련이다. 특히 우리나라와 같이 역사와 전통이 깊은 나라일수록 그런 특산품은 질과 양에서 대단히 우수하다. 이런 특산품을 이용하여 적극적으로 관광자를 끌어들이는 방안을 연구해야 할 것이다. 이런 특산품시장은 특산품의 판매뿐 아니라 독일의 벼룩시장의 예와 같이 시장 자체도 관광상품이 될 수 있다.

이 때 중요한 점을 특산이라는 명맥을 유지하는 것이다. 즉 한 지방에서는 그 지방의 특산품만 취급하고, 다른 지방에서는 그와 같은 상품을 취급하지 않는다는 규칙이 지켜져야 한다는 것과 지속적인 아이디어의 공급, 확실한 토속성, 편리한 휴대와 이동, 견고함, 적절한 가격 등 상품의 질적인 유지와 개발에 관한 관심이 있어야 한다는 것이다. 토속음식 · 토속주 · 민예품 · 기념품 등 모든 분야에서 상품화가 가능하고, 구체적인 개발의 예로는 전주의 비빔밥, 스위스의 뻐꾸기시계, 제주도의 돌하르방, 프랑스의 꼬냑, 독일의 맥주 등을 들 수 있다.

현재 우리나라 토산품 업이 보여주는 문제점으로는 영세성으로 디자인, 판촉활동, 신제품개발, 상품과 관련된 홍보 등에서 낙후되어 있고, 제품의 종류나 디자인 등에서 너무 단순하고 제품이 조잡하여 관광자의 흥미를 유발하지 못한다는 것이다. 이런 상품의 경우 제품과 함께 그 지역의 문화를 제공한다는 점에서 잘 육성할 경우에 지속적인 자원으로 이용될 수 있음은 물론, 다른 지역에서 모방할 수 없다는 강점을 가진다.

제6절 위락적 관광자원

위락은 자주적 또는 자기 발전적 성향을 띠고 있으며, 생활의 변화추구라는 인간의 기본적인 욕구를 충족시킨다는 점에서 관광자원으로서의 비중을 점차로 높여가고 있다. 최근 관광 · 여가부문에 대한 수요는 보다 높은 "삶의 질"을 추구하는 방향으로 다양화 · 고급화되고 있고, 급속한 도시화와 산업화는 여러 형태의 위락적 관광상품을 개발해 내고 있다.

1) 위락적 자원의 성격

현대의 관광행태는 가족중심, 개인적 욕구의 중시, 직접 경험의 추구 등의 중요한 행태상의 특징을 보이고 있다. 특히 이전에 주류를 이루었던 단순한 감상이나 보양 등을 위한 관광이 줄어들고, 스포츠를 즐기거나 자신이 직접 행하는 관광을 추구하고 있는 것이 현대관광자의 두드러진 변화라고 하겠다. 이런 관광자의 행동특성에 따라 관광자원에서 위락적 자원이 갖는 중요성이 점차 증대하고 있다.

위락적 자원이란 일정한 시설을 하고 관광자가 이를 이용함으로써 만족을 얻는 것으로 관광자 욕구와 행태적 특성 및 주변 환경 등에 관한 종합적인 고찰을 통하여 가능한 한 적은 투자와 관리비용으로 보다 많은 관광자의 만족을 이루어내기 위하여 지속적인 연구개발과 투자가 이루어지고 있다.

2) 위락적자원의 예

(1) 놀이공원

관광자들의 욕구를 종합적으로 고려하여 만족시키고자 각종 시설을 하고 관광자가 이용하도록 하는 자원으로 어린이대공원과 용인 에버랜드 및 디즈니랜드 등을 대표적인 예로 들 수 있다.

(2) 레포츠시설

테니스장 · 수영장 · 야구장 · 승마장 · 번지점프 · 래프팅 등 스포츠나 레저를 즐길 수 있는 기본적 시설을 갖추고 관광자들이 경기를 관람하거나 또는 직접 체험할 수 있도록 하여 만족을 주는 자원으로 종류나 수적으로 매우 다양하고 많이 분포하고 있다.

관광 이야기

한국의 세계유산

[문화유산]

1. 창덕궁(1963년 사적 제 122호로 지정, 1997년 12월 유네스코 세계문화유산으로 등재)

창덕궁은 서울시 종로구 와룡동에 있는 조선시대의 궁궐입니다. 창덕궁은 광해군 때부터 경복궁이 다시 지어진 고종 때까지 경복궁을 대신하여 역대 임금들이 나랏일을 보시던 정궁으로 사용되었으며, 후원을 비롯하여 다른 부속건물이 비교적 원형으로 남아있어 조선시대 궁궐의 모습을 알아 볼 수 있는 중요한 문화유산입니다.

2. 수원화성(1963년 사적 제3호로 지정, 1997년 유네스코 세계문화유산으로 등재)

수원화성은 경기도 수원시 장안구에 있는 조선 후기의 성벽입니다. 조선 정조대왕 때 지어졌습니다. 거중기, 녹로 등 근대 과학적 기구를 축성에 활용하였으며, 성곽의 전돌, 건조물의 기와 등이 독특한 방법으로 제작되었고, 중국, 일본 등지에서 찾아볼 수 없는 평지산성의 형태로 군사적 방어기능과 상업적 기능을 함께 보유하고 있으며, 성괄 시설의 기능이 과학적이고 합리적이며, 실용적인 구조로 되어 있어 동양 성곽의 으뜸이라 할만합니다.

3. 석굴암(1995년 12월 유네스코 세계문화유산으로 등재)

석굴암은 신라 때 오악의 하나인 토함산에 자리잡고 있는 한국의 대표적인 석굴사찰입니다. 1962년 국보 제24호로 지정되었으며 정식 문화재 명칭은 석굴암석굴입니다. 경상북도 경주시 진현동 891번지에 있는 석굴암은 한국의 국보 중에서도 으뜸으로 꼽히는 문화유산입니다.

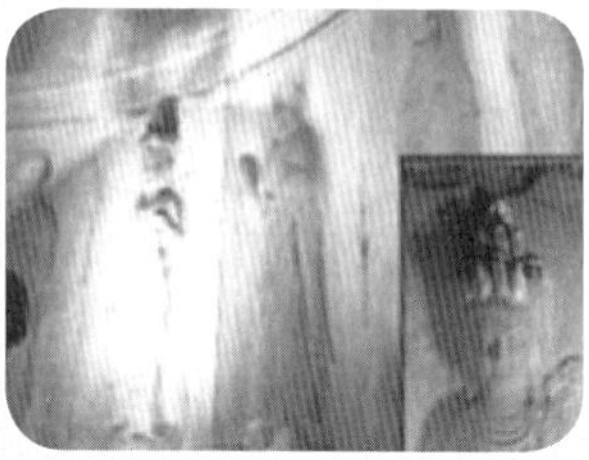

4. 불국사(1995년 12월 유네스코 세계문화유산으로 등재)

석굴암과 함께 토함산에 자리잡고 있는 불국사는 사적 및 명승 제1호로 지정되어 있습니다. 1995년 세계문화유산목록에 등록되었으며 경내면적은 11만 7541평 입니다. 일제강점기인 1924년 대규모의 개수공사를 실시하여 다보탑의 해체보수, 법당의 중수 등을 실시하였는데 이때 다보탑 속에 있던 사리장치가 행방불명되었습니다. 불국사는 독특한 예술적 혹은 미적인 업적, 즉 창조적인 재능의 걸작품을 대표하는 유산이며 가장 특징적인 사례의 건축양식으로서 중요한 문화적, 사회적, 예술적, 과학적, 기술적 혹은 산업의 발전을 대표하는 양식입니다.

5. 해인사 장경판전(1995년 12월 유네스코 세계문화유산으로 등재)

해인사 장경판전은 13세기에 만들어진 세계적 문화유산인 고려 대장경판 8만여 장을 보존하기 만든 판전으로 해인사 경내에 있는 건물 중 가장 오래된 건물입니다. 통풍의 원활, 방습의 효과, 실내 적정 온도의 유지, 판가의 진열 장치 등이 매우 과학적이며, 합리적으로 되어 있는 점은 대장경판이 지금까지 온전하게 보존되어 있는 중요한 이유 중의 하나라고 평가받고 있습니다.

6. 종묘(1995년 12월 유네스코 세계문화유산으로 등재)

종묘는 조선시대 역대의 왕과 왕비 및 추존된 왕과 왕비의 신주를 모신 왕가의 사당입니다. 서울 종로구 훈정동에 있는 종묘는 1963년 사적 제125호로 지정되었습니다. 종묘는 원래 정전을 가리키며, 태묘라고도 불리우며 신라때에는 5묘제, 고려에는 7묘제로 하였으며 조선초기에는 7묘제도를 따르다가 중기 이후부터는 치적이 많은 왕은 7대가 지나도 정전에 그대로 모셨습니다.

7. 경주역사 유적지구(2000년 12월 유네스코 세계문화유산으로 등재)

경주역사유적지구는 경상북도 경주시 일원에 흩어져있는 신라시대 유적을 지구단위로 분류한 역사유적지구입니다. 2000년에 유네스코 세계문화유산 으로 등록되었으며 역사유적들은 유적의 성격에 따라 5개 지구로 나뉘는데 경주역사유적지구는 이들 5개 지구를 통틀어 일컫습니다. 경주역사유적지구는 전체를 통틀어 52개의 지정문화재가 세계문화유산 지역에 포함되어 있습니다.

8. 고인돌유적(2000년 12월 유네스코 세계문화유산으로 등재)

고인돌유적은 한국 청동기시대의 대표적인 무덤 양식이며 영어로는 돌멘(Dolmen)이라고도 한다. 고인돌은 선사시대 문화상을 파악할 수 있고 나아가 사회구조, 정치체계는 물론 당시인들의 정신세계를 엿볼 수 있다는 점에서 선사시대 연구의 중요한 자료가 되는 보존가치가 높은 유적이다. 고창, 화순, 강화의 선사유적들은 거대한 석조로 만들어진 2,000~3,000년 전의 무덤과 장례의식 기념물로서 선사시대 문화가 가장 집중적으로 분포되어 있으며 당시의 기술과 사회현상을 가장 생생하게 보여주는 유적이다.

9. 조선시대 왕릉(王陵) 40기(2009년 06월 27일 유네스코 세계문화유산으로 등재)

조선 왕릉은 유교사상과 토착신앙 등 한국인의 세계관이 반영된 장묘(葬墓) 문화 공간이고 자연경관을 적절하게 융합한 공간 배치와 빼어난 석물(石物) 등 조형예술적 가치가 뛰어나며 제례 의식 등 무형의 유산을 통해 역사의 전통이 이어져 오고 있는데다 왕릉 조성이나 관리, 의례 방법 등을 담은 국조오례의, 의궤, 능지 등 고문서가 풍부하고 조선 왕릉 전체가 통합적으로 보존 관리되고 있는 점을 높이 평가받았다.

10. 안동하회마을, 경주양동마을(2010년 07월 31일 유네스코 세계문화유산으로 등재)

안동하회마을과 경주양동마을은 '한국의 역사마을 : 하회와 양동(Historic Villages of Korea : Hahoe and Yangdong)'이라는 이름으로 2010년 7월 31일 유네스코 세계문화유산으로 등재되었다.

1) 안동하회마을

안동하회마을은 중요민속자료 제122호로 지정되어 있으며, 조선 중기인 1600년대부터 풍산류씨들이 모여 주택과 서원 등을 건축하고 마을을 조성한 풍산류씨의 집성촌이다. 혈연을 중심으로 한 집성촌은 전국 여러곳에 형성되었으나, 오늘날에는 대부분 소멸되거나 변형되어 그 본래의 모습을 찾아보기 힘들다.

그러나 안동하회마을은 그 원형을 그대로 보존하고 있을 뿐만 아니라 양반의 주거문화를 대표하는 양진당과 충효당, 북촌댁과 서원건축의 백미인 병산서원과 같 은 옛 건축물들은 빼어난 건축미를 자랑하고 있다.

2) 경주양동마을

양동마을은 신라의 고도 경주에서 형상강을 따라 동북쪽으로 16km에 위치하고 있으며 중요민속자료 제189호로 지정된 민속마을이다.

이 마을은 조선시대 초기에 입향한 이래 지금까지 세거해온 월성손씨와 여강이씨가 양대문벌을 이루고 있다. 양동마을에는 월성손씨의 종가인 서백당과 여강이씨의 종가인 무첨당을 비롯하여 관가정, 향단 등 조선시대 양반주택들과 하인들이 살았던 초가집들, 그리고 이향정, 수심정 등의 정자와 서당인 강학 당 등 조선시대를 대표하는 옛 건물들이 조선시대부터 이어온 민속과 함께 잘 보존되고 있다.

[기록유산]

1. 훈민정음(1997년 10월 유네스코 세계기록유산으로 등재)

훈민정음은 1962년 국보 제70호로 지정되었습니다. 현재 서울시 성북구 성북동 간송미술관에 보관되어 있으며 책으로서의 훈민정음에는 "나라말씀이 중국과 달라 한자와 서로 통하지 않으니…"라고 한 《훈민정음 예의본》과, 글자를 지은 뜻과 사용법 등을 풀이한 《훈민정음해례본》이 있다. 1997년 10월 유네스코 세계문화유산으로 등록되었다.

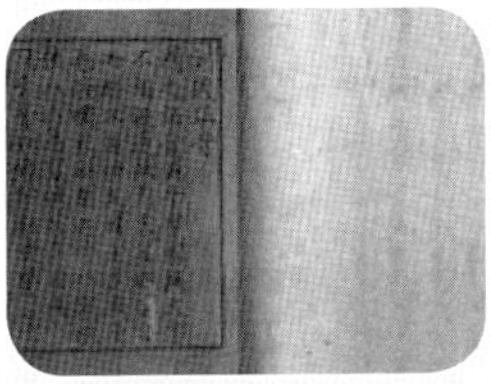

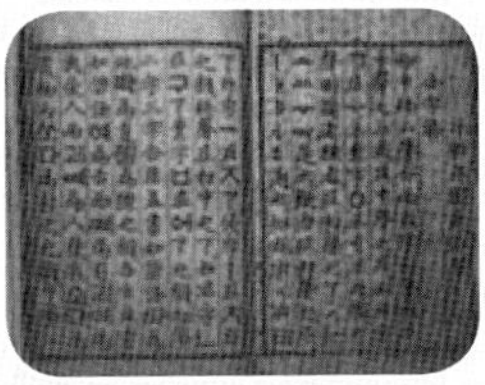

2. 조선왕조실록(1997년 10월 유네스코 세계기록유산으로 등재)

조선왕조실록은 조선 태조에서 철종까지 472년간의 역사적 사실을 각 왕 별로 기록한 편년체 사서로서 1973년 12월 31일 국보 제151호로 지정되었습니다. 활자본(필사본 일부 포함)으로 2,077책이며 1413년(태종 13)에 《태조실록》이 처음 편찬되고, 25대 《철종실록》은 1865년(고종 2)에 완성되었습니다. 1997년 10월 유네스코 세계문화유산으로 등록되었다.

3. 직지심체요절(2001년 9월 유네스코 세계기록유산으로 등재)

1372년 경한(1299~1375)이 부처와 조사(祖師)의 게송, 법어 등에서 선의 요체를 깨닫는 데 필요한 내용을 뽑아 엮은 책입니다. 수고본에 직접 초록한 것으로 상하 2권으로 이루어졌으며 정식 서명은 《백운화상초록불조직지심체요절》이나, 주로 《불조직지심체요절》, 《직지심경(直指心經)》 등으로 관용되고 있습니다. 2001년 9월 유네스코 세계문화유산으로 등록되었다.

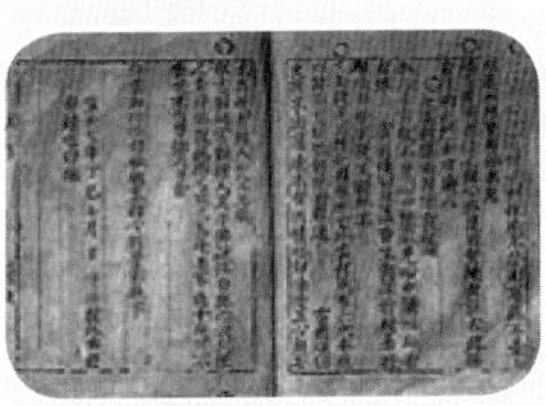

4. 승정원일기(2001년 9월 유네스코 세계기록유산으로 등재)

조선시대에 왕명의 출납을 관장하던 승정원에서 매일 취급한 문서와 사건을 기록한 일기입니다. 1999년 4월 9일 국보 303호로 지정되었으며 서울대학교 규장각에 소장되어 있습니다. 승정원에서 편찬한 일기로 필사본이며, 3,243책입니다. 2001년 9월 유네스코 세계문화유산으로 등록되었다.

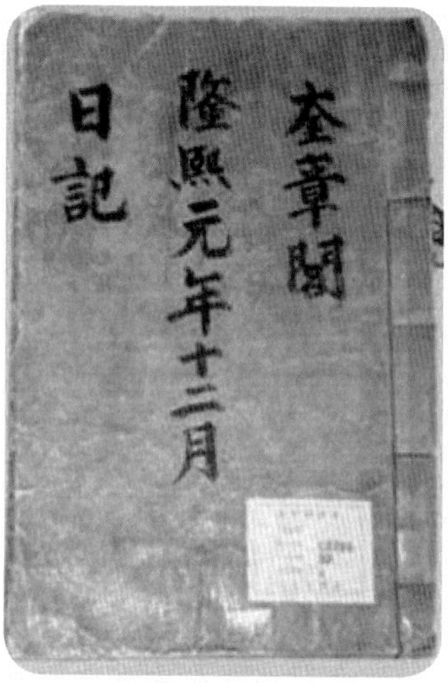

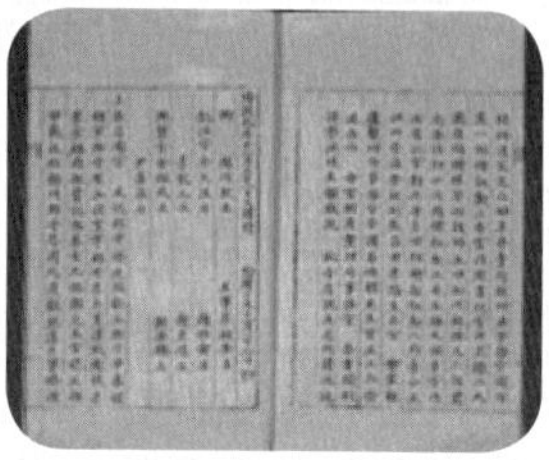

5. 동의보감(2009년 07월 31일 유네스코 세계기록유산으로 등재)

보물 제1085호인 동의보감은 1610년(광해군2년)에 25권 25책으로 완성된 것으로 현재 국립중앙도서관과 한국학중앙연구원에서 소장 중이다. 동의보감의 세계기록유산로 등재된 이유는 국가기관에 의해 제작된 뒤 보존 관리되었고, 중세 동아시아 의학을 집대성한 뒤 현재까지 동양의학 발전에 영향을 미치고 있으며, 어떤 의서보다 체계적으로 기술된 독창성, 지금까지 정확한 원본이 전해오고 있는 비대체성, 희귀성, 원형성 등이 있다.

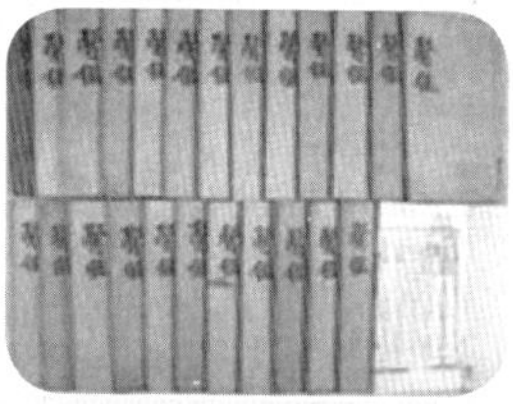

6. 조선왕조의 의궤(2007년 6월 유네스코 세계기록유산으로 등재)

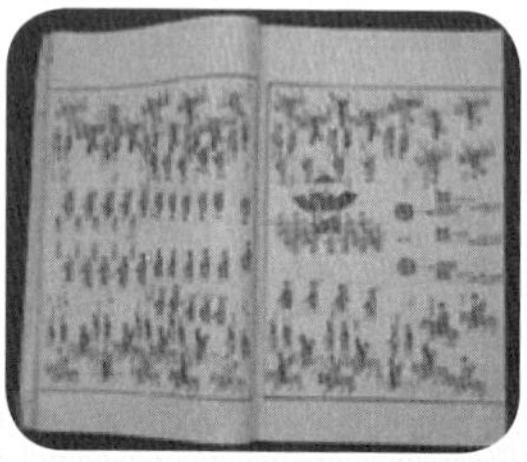

의궤는 조선시대 600여년에 걸쳐(1392~1910) 왕실의 주요 행사, 건축물 조성과 왕실문화활동 등에 대한 기록이 그림으로 남아져 있어 600여년의 생활상을 시각적으로 이해할 수 있는 귀중한 자료로 희소성을 가지고 있다. 총 3,895 여권의 방대한 분량에 이르는 의궤는 왕실의 주요한 의식이 시기별, 주제별로 정리되어 있어서, 조선왕조 의식의 변화 뿐 아니라 동아시아 지역의 문화를 비교연구, 이해하는 풍부한 내용을 담고 있다.

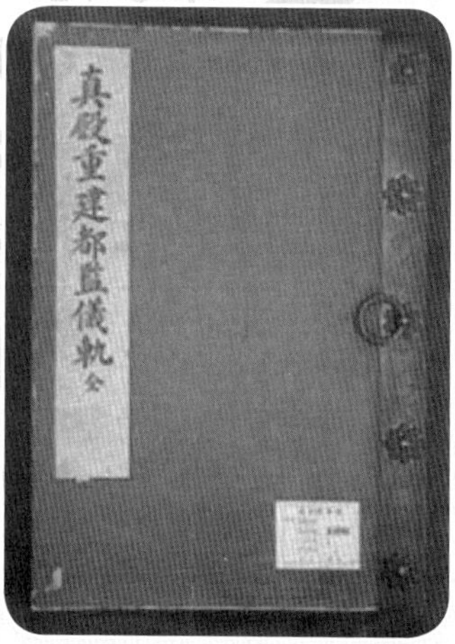

7.해인사 대장경판 및 제경판(2007년 6월유네스코 세계기록유산으로 등재)

고려대장경판은 현재 세계에서 가장 오래되고 가장 정확하고 가장 완벽한 불교 대장경판으로 산스크리트어에서 한역된 불교대장경의 원본과 같은 역할을 하고 있다. 송나라 대장경을 비롯하여 고려대장경 이전에 중국 및 일본에서 제작된 경전과 비교해 볼 때 고려대장경의 학술적 내용 및 품질 관리에 투입된 심오한 노력은 오늘날과 비교해도 놀라운 수준이다.

① 장경판전
② 수창
③ 인경본
④ 판전내부

[무형유산]

1. 종묘제례 및 종묘제례악(2001.5 유네스코 세계무형유산으로 지정)

종묘제례란 종묘에서 행하는 제향의식으로, 조선시대의 나라제사중 규모가 크고 중요한 제사였기 때문에 종묘대제라고도 불린다. 종묘제례악은 조선왕조 역대 임금과 왕비의 위패를 모신 종묘에서 제사를 드릴 때 의식을 장엄하게 치르기 위하여 연주하는 기악과 노래, 춤을 말한다.

2. 판소리(2003.11 유네스코 세계무형유산으로 지정)

민속악의 하나로 광대의 소리와 그 대사의 총칭이다. 1964년 12월 24일 중요무형문화재 제5호로 지정되었으며, 2003년 11월 7일 유네스코 '인류구전 및 세계무형유산걸작'으로 선정되어 세계무형유산으로 지정되었다. 판소리는 조선 중기 이후 남도지방 특유의 곡조를 토대로 발달한, 광대 한 명이 고수 한 명의 장단에 맞추어 일정한 내용을 육성과 몸짓을 곁들여 창극조로 두서너 시간에 걸쳐 부르는 민속예술형태의 한 갈래이다.

3. 강릉단오제(2005.11 유네스코 세계무형유산으로 지정)

강원도 강릉시에서 단오날을 전후하여 서낭신에게 지내는 마을굿. 중요무형문화재 제13호. 장장 50일 간에 걸친 대대적인 행사로, 단오굿과 관노가면극(官奴假面劇)을 중심으로 한 그네, 씨름, 줄다리기, 윷놀이, 궁도 등의 민속놀이와 각종 기념행사가 벌어진다. 옛날에는 관(官)에서 주도하여 행하여졌으나, 지금은 민간주도형으로 바뀌었다. 강릉단오제의 근원설화로는 대관령산신으로 모신 김유신 설화와 대관령국사서낭신인 범일국사 설화가 있다. 그리고 후대로 내려와 국사서낭신과 부부신이 여국사서낭신에 대한 설화가 전해지고 있다. 2005년 유네스코에서 유네스코 세계무형유산으로 지정했다.

4. 강강술래(2009. 9. 30 유네스코 세계무형유산으로 지정)

강강술래는 중요무형문화재 8호이다. 전통적인 전승지역은 한반도의 서남부 지역으로, 1966년 국가에서 무형문화재로 지정한 이래 전라남도 해남군 및 진도군 일원에서 전통적인 전승이 이루어지고 있고, 이를 바탕으로 현재는 전통 예술 공연을 통해 국내외에 많이 소개되고 있다. 강강술래의 다른 명칭은 강강수월래, 광광술래, 광광광수월래, 오광광광수월래이다. 강강술래는 인류 문화 다양성의 원천을 보여 주었고 인류의 창의성을 증명하는데 기여했으며 해당 유산을 보호하고 증진할 수 있는 보호조치, 즉 정부의 적극적인 보존지원 정책 부문을 충족했다고 볼 수 있어 유네스코 무형유산으로 등재되었다.

5. 남사당놀이(2009. 9. 30 유네스코 세계무형유산으로 지정)

남사당놀이는 중요무형문화재 제3호이다. 조선후기 남사당패가 농·어촌을 돌며 주로 서민층을 대상으로 했던 놀이로 풍물놀이, 버나(대접 돌리기), 살판(땅재주), 어름(줄타기), 덧보기(탈놀이), 덜미(꼭두각시놀음)가 이어진다. 양반사회의 부도덕성을 놀이를 통해 비판하고 민중의식을 일깨우는 역할을 했다. 전통적으로 특정한 전승지역은 없으며, 현재 중요무형문화재 남사당놀이는 서울무형문화재 전수관을 중심으로 전국적인 전승활동을 하고 있으며, 경기도 안성을 중심으로 안성남사당놀이가 전승활동을 하고 있다. 남사당놀이는 인류 문화 다양성의 원천을 보여 주었고 인류의 창의성을 증명하는데 기여 했으며 해당 유산을 보호하고 증진할 수 있는 보호조치, 즉 정부의 적극적인 보존지원 정책 부문을 충족했다고 볼 수 있어 유네스코 무형유산으로 등재되었다.

6. 영산재(2009. 9. 30 유네스코 세계무형유산으로 지정)

영산재는 중요무형문화재 제50호이다. 한국불교태고종 '봉원사'를 중심으로 전국 사찰에서 초종파적으로 거행되고 있다. 49재의 한 형태로 영혼이 불교를 믿고 의지함으로써 극락왕생하게 하는 의식이다. 해금, 북, 장구 등을 연주하고 바라춤, 나비춤 등을 추며 영혼에 제사를 지낸다. 영산재는 인류 문화 다양성의 원천을 보여 주었고 인류의 창의성을 증명하는데 기여 했으며 해당 유산을 보호하고 증진할 수 있는 보호조치, 즉 정부의 적극적인 보존지원 정책 부문을 충족했다고 볼 수 있어 유네스코 무형유산으로 등재되었다.

7. 제주칠머리당영등굿(2009. 9. 30 유네스코 세계무형유산으로 지정)

제주칠머리당영등굿은 중요무형문화재 제71호이다. 제주시 건입동에 있는 신당인 칠머리당에서 마을 수호신에게 하는 굿으로 영등신에 대한 제주도 특유의 해녀신앙과 민속신앙이 담겨 있으며 우리나라에서 유일하게 해녀가 하는 굿이다. 제주칠머리당영등굿은 인류 문화 다양성의 원천을 보여 주었고 인류의 창의성을 증명하는데 기여 했으며 해당 유산을 보호하고 증진할 수 있는 보호조치, 즉 정부의 적극적인 보존지원 정책 부문을 충족했다고 볼 수 있어 유네스코 무형유산으로 등재되었다.

8. 처용무(2009. 9. 30 유네스코 세계무형유산으로 지정)

처용무는 중요무형문화재 제39호이다. 궁중무용 가운데 유일하게 사람 형상의 가면을 쓰고 추는 춤으로 가면과 의상 음악 춤이 어우러진 무용예술이다. 통일신라 시대 처용이 아내를 범하려던 역신(疫神, 전염병을 옮기는 신) 앞에서 자신이 지은 노래를 부르며 춤을 춰서 귀신을 물리쳤다는 설화를 바탕으로 한다. 처용무는 인류 문화 다양성의 원천을 보여 주었고 인류의 창의성을 증명하는데 기여 했으며 해당 유산을 보호하고 증진할 수 있는 보호조치, 즉 정부의 적극적인 보존지원 정책 부문을 충족했다고 볼 수 있어 유네스코 무형유산으로 등재되었다.

[자연유산]

1. 제주 화산섬과 용암동굴(2007. 6 지정)

세계유산으로 지정된 지역은 한라산, 성산일출봉, 거문오름용암동굴계 3개이다. 제주도의 동굴은 학술, 문화, 산업 및 관광 자원의 면에서 매우 중요하고, 수많은 측화산 및 용암동굴은 지구의 화산 생성과정 연구에 있어 큰 학술적인 가치를 지니고 있다. 제주도는 수많은 측화산과 세계적인 규모의 용암동굴, 다양한 희귀생물 및 멸종위기종의 서식지가 분포하고 있어 지구의 화산 생성과정 연구와 생태계 연구의 중요한 학술적 가치가 있으며, 한라산 천연보호구역의 아름다운 경관과 생물·지질 등은 세계적인 자연유산으로서 가치를 지니고 있다.

 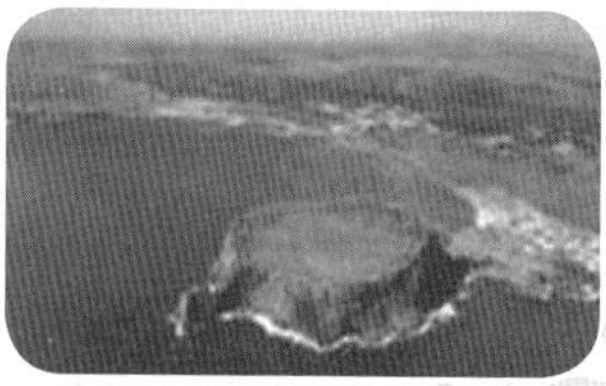 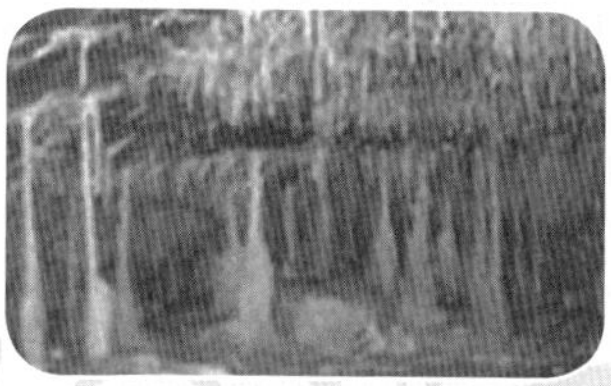

제 7 장

관광마케팅

제 1 절 관광마케팅의 이해

1. 관광마케팅의 기본요소

1) 마케팅이란 무엇인가

마케팅(Marketing)이란 'market + ing'의 합성어로, 시장에서 무엇인가 진행되고 있음을 암시하는 것인데, 그것을 거래라고 볼 수 있다. 거래를 성사시키기 위해서는 경쟁력을 가져야 하고, 경쟁력을 갖기 위해서는 고객의 니즈(needs)에 맞는 제품이나 서비스를 제공해야만 한다.

한 예로 일본에서 과거 화제가 된 기업 가운데 하나인 아사히 맥주를 살펴보기로 하자. 아사히는 '슈퍼 드라이'라는 히트 상품으로 시장점유율을 급속히 높여 순식간에 '삿포로'를 물리치고 업계 2위로 부상하여 화제가 되었는데, 이러한 아사히의 성공비결은 어디에 있었을까?

지금까지 일본의 맥주업계는 기린이 60%가 넘는 점유율을 차지하는 1강 3약의 고정적인 시장구조를 갖고 있었다. 그런데 1986년에 아사히는 10%이 점유율을 기록하면서 최하위로 전락할 지경에 이르렀다. 1989년에 창업 100주년을 맞은 아사히는 이 사태를 극복하기 위해 전사가 다시 태어난다는 각오로 '뉴센추리 계획'을 세웠는데, 이 프로젝트를 담당한 컨설팅 회사는 기업 진단 결과 다음과 같이 지적했다.

첫째, 새로운 기업 이미지를 창출한다. 즉 시장과 고객이 기대감을 가질 수 있는 기업 이미지를 창조해야 한다.

둘째, 소비자 지향의 제품개발을 한다. 즉 독단적인 상품을 만드는 product-out으로부터 모든 기준을 소비자에 맞추는 market-in 상품을 제조해야 한다.

셋째, 시장과의 커뮤니케이션을 한다. 즉 기업이념, 상품의 특성과 장점에 관한 정보를 시장과 소비자에게 최대한 홍보해야 한다.

넷째, 철저한 품질관리를 한다. 즉 상품생산 과정에서는 물론 그 후의 공정에서도 철저히 품질관리를 해야 한다.

이들 4항목은 모두 마케팅 활동에 관한 것이다. 우선 첫 번째는 새로운 경영이념에 기초한 CI(corporate identity)와 신제품 개발, 광고 · 홍보와 서비스 활동에 관련된 것이다. 두 번째는 문자 그대로 제품계획과 개발에 관련된 것인데, 아사히는 5천여 명의 소비자에게 이상적인 맥주는 어떤 것인지를 묻고 그 결과를 기초로 제품을 만들었다. 세 번째는 광고와 인적 판매활동 등의 마케팅 커뮤니케이션, 네 번째는 유통 채널과 물류 등에 관련된 것이다. 결론적으로 말하면, 아사히가 변신에 성공할 수 있었던 최대 요인은 마케팅의 중요성에 적절하게 대처하였다고 할 수 있다.

2) 마케팅과 판매

대부분의 사람들이 거의 매일 마케팅의 영향을 받고 있다. 우리들은 마케팅활동 중에서 아마도 광고와 판매측면에 가장 익숙해 있을 것이다. 예를 들어 매일 TV에서 광고 문안을 접하게 된다. 또한 스포츠용품 매장에 들어가면 가지각색의 스포츠화의 종류나 숫자에 압도당하기 십상이다. 그 때 판매원은 편안한 운동화 한 켤레를 선택하는 데 많은 도움을 줄 것이다. 어쩌면 우리들은 자동차보험을 가입하는 가운데 운전자복지보험도 함께 가입하도록 설득되기도 한다. 때때로 셀프서비스의 슈퍼마켓에서 물건을 고를 때 어떠한 상표의 샴푸를 구입하면 좋을지 몰라 망설이는 경우도 있다. 그 때 우리는 TV광고에서 보았던 상표를 선택하게 될 것이다. 아니면 상품을 구입할 때 우리에게 소구해 왔던 상품의 유용성을 그다지 고려하지 않고 아무 상품이나 선택해 버릴지도 모른다.

마케팅과 판매란 용어는 흔히 서로 혼동되어 사용되고 있다. 그러나 두 용어는 동일한 것이라고 말할 수 없다.

마케팅이란 많은 제품과 서비스 가운데서 특정제품 및 서비스를 구매하도록 구매자를 확신시키기 위해서 판매자측이 행하는 모든 의사결정과 행동의 총체라고 정의할 수 있다. 마케팅은 고객이 무엇을 원하고 있는가를 알아내고 그들의 욕구에 맞게 상품을 제공해 주고 상품을 팔기 위한 가장 적절한 장소를 선택해야 하며, 상품의 유용성을 잠재고객에게 알려주고 마케팅 전체과정을 평가하는 것뿐만 아니라 판매를 창조하는 것을 포함한다.

판매는 상품을 구입하기 위해 고객이 돈을 지불하거나 상품을 인도하기로 약속하는 것을 말한다. 따라서 판매는 마케팅과정의 한 국면에 불과하다고 할 수 있다.

유명한 경영학자인 피터 드럭커에 의하면 마케팅의 목적은 필요 이상의 판매행위를 방지하고 고객을 잘 알고 이해함으로써 고객의 욕구에 맞는 제품과 서비스를 개발하여 스스로 판매되도록 하는 것이라 한다.

이것은 물론 판매활동과 촉진이 시장에서 최대의 효과를 얻을 수 있도록 잘 조화된 마케팅 믹스의 한 부분에 불과하다는 것을 강조하기 위한 것이다.

2. 관광마케팅 정의

마케팅(marketing)의 개념은 시대와 함께 변화하고 있고 또한 학자에 따라서 다양하게 정의되고 있다.

코틀러(Kotler)는 마케팅이란 "개인과 집단이 제품과 가치를 창조하고 타인과의 교환을 통하여 그들의 욕구와 욕망을 충족시키는 사회적 또는 관리적 과정"으로 정의하고 있다.

이러한 Kotler의 정의를 근거하여 미국 마케팅 협회(AMA: American Marketing Association)에서 1985년에 새로운 정의를 제시하였다. 즉 마케팅이란 "개인 및 조직의 목표를 만족시키는 교환을 실현하기 위하여 아이디어, 제품 및 서비스의 개념구성 · 개발, 가격설정, 프로모션 및 유통을 계획 · 실시하는 과정"이라고 정의하였다.

한편 관광마케팅의 정의는 "최대의 편익을 얻으려는 관광조직의 목적에 부합하기 위하여 관광수요측면에서 시장조사 · 예측 · 선택을 통하여 자사의 관광상품을 시장에서 가장 좋은 위치를 차지하도록 노력하려는 경영철학"(WTO, 1975)으로 정의하고 있다.

와합(Wahab)은 국제관광전문가협의(AIEST)의 정의를 참조하여 "관광마케팅은 국내관광전문가와 관광사업체들이 관광 잠재인구와 그 욕망을 파악 · 확인하고, 관광지와 커뮤니케이션을 유지하는 관리과정이다"라고 정의하고 있다.

김경호 · 고승익(1999)은 관광마케팅이란 "관광이용자 즉, 관광객의 욕구를 최대한 만족시켜 주면서 관광제공자의 제공목적을 가장 효율적으로 달성시키는 방법에 의해서, 재화와 용역을 관광사업자로부터 중간이용자나 관광객에게 유통시키는 경제활동"이라고 정의하였다.

위의 모든 사항을 종합하면 관광마케팅은 "관광조직이 목표를 만족시키는 교환을 실현하기 위해 각종 마케팅수단을 활용하는 전략적 조직 활동"이라 정의할 수 있다.

관광마케팅에 관한 역사적 흐름은 과거에는 상품지향적 · 판매지향적이었으나, 현대에 이르러 이러한 경향은 기업의 이윤과 관광객의 만족을 포함한 사회지향적인 방향으로 전개되고 있다. 곧 환경주의와 소비자주의의 개념을 반영한 종합적이고 지속가능한 철학으로 방향을 가질 것으로 예상된다.

관광 이야기

이탈리아, 프랑스 와인, 한국에서 한판 붙는다.

11월 22일 서울 강남구 삼성동의 파크하얏트 호텔에 이탈리아 와인의 명장이 대거 모였다. 이탈리아 고급 와인브랜드 협회인 '그란디 마르키(Grandi Marchi)'에 속한 10여 개 와이너리 대표들이다. 토스카나의 안티노리(Antinori), 시실리의 돈나푸가타(Donnafugata), 피에몬테의 피오체자레(Pio Cesare) 등 와이너리를 대표해 참석한 사람은 경쟁하듯 자기네 와인을 세일즈했다.

"우리 안티노리 와인은 토스카나를 대표하는 산지오베제 품종만을 사용하죠. '피안 델레 비네'는 벨벳 같은 촉감과 긴 여운을 주는 와인입니다."

"알로이스 라게더(Alois Lageder) 와인은 오스트리아, 스위스 쪽과 닿은 지역의 포도로 만들어졌어요. 맛이 아주 로맨틱하죠."

이탈리아식 점심 식사가 이어지는 동안 10여 가지의 와인이 선보였다. 시실리의 타스카 달메리타 와이너리의 '시그너스 2003' 와인이 나왔을 때다. 회사 대표로 참석한 알베르토 타스카 달메리타씨에게 "홍합 같은 바닷물 냄새가 확 느껴진다"고 했더니 "포도가 익을 때 유칼립투스 나무의 꽃 껍질이 벗겨져서 이런 특이한 바다 냄새를 만든다"며 "우리 와인은 육류나 해산물 모든 것에 잘 어울리는 와인"이라고 했다.

이날 참석자 중엔 적게는 몇 대째, 많게는 몇 십 대째 와이너리를 운영해온 집안 출신도 있었다. '구아도 알 타소 2003'이란 와인을 소개한 안티노리 대표가 "우리 집안은 26대째 와이너리를 운영하고 있다"고 소개하자, 그 다음으로 나온 폴로나리의 관계자가 "우리는 그에 비하면 고작 몇 백 년밖에 안된 와이너리"라고 해서 좌중을 웃겼다.

이탈리아 와인이 공격적인 마케팅을 펼치며 한국 시장에 도전장을 내밀었다. 이탈리아는 세계 1위 와인 생산국이지만 수출에선 프랑스 등에 비해 부진했다. 하지만 최근 들어 미국, 캐나다, 일본 등 해외시장을 타깃으로 삼고 있다.

한국에서도 수입 와인 물량을 국가별로 볼 때 프랑스 와인이 1위이다. 와인수입업체인 대유와인이 통계청 자료를 분석한 결과에 따르면 올해 1~10월 와인 수입시장 규모는 6,900만 달러로 이 중 2,515만 달러의 프랑스가 1위였다. 그 다음으로 칠레(1,202만 달러), 미국(947만 달러), 이탈리아(695만 달러), 호주(517만 달러) 순이었다.

국내 와인시장 점유율로 볼 때 이탈리아 와인은 4위에 그쳤지만 성장률로 볼 땐 단연 최고다. 프랑스 와인은 지난 해 같은 기간에 비해 18%, 칠레 와인은 13%, 미국 와인은 12% 늘어났지만 이탈리아 와인은 43%나 되는 성장세를 기록했다. 실제 국내에선 이탈리아 와인만을 취급하는 식당이나 와인바가 생겨나고 있고, 그란디 마르키의 한국 첫 방문도 이런 분위기 속에서 이뤄진 것이다. 그란디 마르키는 이탈리아 와인의 이미지를 알리고 이해도를 높이기 위해 2002년 만들어진 협회다. 이탈리아 와인 문화를 세계에 알리는 교육 프로그램과 프로모션을 진행하고 있다.

이탈리아 와인의 경쟁력 높이기에 대사관까지 적극 팔을 걷어붙였다. 이날 그란디 마르키 행사장에 참석한 마시모 안드레아 레제리 주한 이탈리아 대사는 "문화는 섬세한 노력이 필요한 것인데 이탈리아 문화를 한국에 전하는 데에 와인이 큰 몫을 하기를 바란다"며 "여기 참석한 와인 명장 모두가 이탈리아의 대사 역할을 하고 있는 셈" 이라고 했다.

와인 전문사이트 '와인 21닷컴'의 최성순 사장은 "지난해부터 이탈리아 와인이 국내 시장에서 성장률 40%를 보이면서 급속도로 인기를 얻어가고 있다"며 "프랑스 와인에 비해 가격대가 합리적이고, 고급스러운 맛을 선호하는 이들이 많이 찾고 있다"고 했다.

1963년 이탈리아는 프랑스의 AOC(원산지 명칭통제)와 비슷한 와인제조법을 만들어서 와인을 4단계 등급으로 나눠 품질관리를 하고 있다.

주간조선, 2006. 12. 11

제 2 절 관광마케팅 믹스

마케팅 믹스(marketing mix)란 마케팅전략을 계획 · 실시하고 마케팅 목표를 달성하는데 있어서 기업이 통제 가능한 모든 변수를 말한다. 소비재 마케팅에서 전통적인 4개의 변수(4Ps)는 상품, 가격, 유통, 촉진이다.

마케팅 믹스의 개념은 1964년 보덴(Borden)과 그 후 맥카시(McCarthy)에 의해서 일반화된 개념으로서 "한 기업이 표적시장에서 마케팅목표를 추구함에 있어서 동원되는 여러 수단들의 집합"을 뜻한다. 즉 표적 집단을 만족시키기 위해, 고객 만족을 통한 마케팅목적 달성을 목표로 기업에 의해서 동원 · 결합되는 통제 가능한 여러 요소라고 할 수 있다.

관광활동에 참여하고자 하는 소비자의 증가에 따라 관광사업체간의 경쟁도 심화되어 가고 있다. 이런 경쟁체재 하에서는 관광객의 욕구를 올바르게 파악하여 대처하기 위한 마케팅전략의 수립이 필요하게 된다. 즉 자사의 상품특성에 맞는 마케팅활동을 위한 표적시장을 선정하고, 그것을 일정한 기준에 의해 세분화하며, 그 세분시장에 적합한 마케팅믹스를 채택하여 적절한 전략을 전개해 나가야만 한다.

이처럼 관광마케팅 믹스의 체계나 하위요소에 대해 다양한 주장이 있으나 관

표 7-1 관광메케팅 믹스(8P's)

마케팅믹스	믹스 요소의 정의	예
상품	기업이 고객에게 제공하는 것	유람선
유통	유통의 채널	여행사
가격	판매자가 어떤 요소를 기준으로 상품에 지불하는 돈의 양	99만원의 왕복여행
촉진	상품에 흥미를 자극하는 활동	광고, PR 등
물리적 환경	판매가 발생하는 환경 또는 상품이 생산되고 소비되는 환경	여행사 또는 호텔 객실 등
구매과정	마케팅 & 정보탐색	상품 및 정보 선택
패케이징	관광상품의 보완적 기능 추가	
참가	거래 또는 경험	구매자와 판매자

광요소가 어떤 것이 되었든 믹스는 선정된 목표시장의 특성과 해당시장의 독특한 요구에 잘 부합되도록 세심하게 선택되어야 할 것이다.

본서에서는 마케팅 믹스의 가장 기본이 되는 4P's와 부가적인 변수들을 합쳐서 8P's에 대해서 살펴보기로 하겠다.

1) 상품(Product)

상품은 고객의 욕구를 만족시키기 위해 기업이 판매하고 제공하는 모든 것을 말한다. 원래 상품이란 생산물의 개념으로만 인식하여 인간이 자연자원에 대해 어떤 작용을 가하여 그것을 변환 · 조합 · 연결시킴으로써 만들어진 모든 것을 의미하였으나, 오늘날에는 욕구충족력을 가진 유형재뿐만 아니라 무형재인 서비스도 포함하는 개념으로 쓰이고 있다. 특히 관광사업의 경우 고객에게 무엇을 제공하는가하는 생산 및 판매관점에서의 제품정의가 아니라 고객은 무엇 때문에 우리를 찾는가 하는 고객 및 편익중심적인 관점에서 상품을 정의할 필요가 있다. 또한 서비스의 경우 편익의 묶음으로 고객에게 제공되므로 어떤 편익(제품속성)이 핵심 상품이며 어떤 편익이 유형적 또는 확장적상품의 범위에 속하는가를 잘 파악하고 이를 조화시켜야 한다. 예를 들어, 레스토랑의 경우 아무리 맛있는 음식(핵심 상품)이라고 해도 불결하거나 분위기가 좋지 않으면(유형적 상품) 고객은 만족할 수 없다.

그러나 현실적으로 모든 편익에 있어 최고수준을 유지하는 것은 거의 불가능하다. 따라서 여러 제품속성들의 최적조합이 요구되며, 특히 관광상품과 같이 유형적 특성이 보이지 않는 상품은 더욱더 상품이 주는 이점 및 편익을 가시화하여야 할 필요가 있다. 이것이 관광의 상품, 즉 서비스 믹스를 의미한다.

관광상품은 고객의 욕구충족을 위해 관련기업이 생산 · 판매하여 제공하는 유형 · 무형의 상품으로서 관광목적지의 이미지와 매력성, 목적지의 기반수용시설의 확보, 그리고 목적지에로의 접근성 등도 훌륭한 상품구성요소로 작용하고 있다. 즉 관광상품은 교통 · 숙박 · 음식 · 쇼핑 · 오락 · 위락 등과 같은 여러 가지 구성요소들로 구성되기 때문에 관광상품 생산자는 관광객들에게 더욱 매력적이고 다양하며 경험적 서비스를 제공하는 상품을 생산하도록 해야 한다. 다시 말하면 관광상품은 여러 개의 개별상품이 결합된 복합 상품으로서 패키지 화를 통하여 판매가 더 용이하고, 그 효용가치가 높아질 수 있다. 따라서 관광상품은 각각이 지닌 상품수명과 특성을 분석하고 목표시장의 수요욕구에 부응하는 상품을 생산 및 판매 전략을 수립해야 하며, 기존의 상품 중 판매나 수익이 약화된 상품은 도태시켜야만 기업의 목표전략을 달성할 수가 있다.

2) 가격(Price)

가격이란 소비자가 소유 또는 사용하게 된 상품이나 서비스가 제공하는 편익을 교환하는 대가로 지불하는 가치이다. 예를 들면 항공료, 호텔 객실료, 패키지 여행요금 등이 그것이다. 가격은 구매자가 상품을 선택할 때 중요한 결정요인이 되며, 기업의 입장에서는 가격은 이익의 원천이다.

마케팅믹스로써 가격은 이용고객이 구매결정시, 그리고 경쟁에 있어 가장 민감하게 반응하는 요소이다. 만약, 기업이 시장 환경의 변화에 대처할 때, 제품이나 유통경로와 같은 마케팅믹스는 단기간에 대응하기 어렵지만, 가격을 통한 대응전략은 비교적 즉각적으로 취해질 수 있다. 이처럼 대응시간이 적게 걸리는 특성으로 인해 가격은 가장 강력한 마케팅 수단이 될 수 있으며, 가격전략은 제품 및 서비스전략, 촉진전략, 유통전략 등 마케팅전략의 수행능력 결과를 집대성한 최종적인 기업의 전략인 동시에 경쟁기업들의 반응에 가장 민감하게 대처해야 하는 부분이다.

한편 관광상품의 가격을 결정하는 근거는 상당히 애매모호하다. 왜냐하면 관광상품은 여러 가지 요소가 혼재된 복합적 상품이기 때문에 각각의 가격결정에 따라 전체적인 가격이 영향을 받기 때문이다. 또한 관광상품은 그것의 특성상 관광객들의 이성적 구매동기라기보다는 감성적 구매동기, 그리고 권유적 · 집단적 분위기에 의해 크게 영향을 받기 때문에 가격체계에 크게 구속되지 않고 구매하게 된다. 더욱이 이동수단이나 저장수단이 없고, 생산과 동시에 현장에서 소비되는 특성으로 인해 관광상품의 구매에 있어서 가격은 절대적인 영향을 발휘하지 못하게 되며, 중요한 것은 상품이 지닌 내재가치가 가격결정에서 중요한 역할을 한다는 것이다.

따라서 관광기업은 보다 과학적이고 합리적인 가격정책을 수행할 필요가 있다.

3) 유통(Place)

유통이란 상품과 서비스의 생산과 소비과정을 연결해 주는 조직구조로서 관광기업과 관광객을 연계해 주는 일련의 과정을 말한다.

관광이동이 적었던 과거와 달리 관광현상이 대중화 · 일상화된 현재에는 관광소재공급자와 관광객 사이에 시 · 공간적 간격을 좁혀 줄 전문적인 관광유통채널이 필요하게 되었다.

관광유통구조의 특성을 보면 첫째, 간결한 전달과정과 다양한 전달방법을 들 수 있다. 곧, 관광기업이 판매하는 서비스상품은 대체로 무형재이므로 물리적인 유통현상의 발생보다는 정보에 의해 간결하게 처리되는 전달서비스과정을 갖는다. 즉 관광상품은 일반제품과는 달리 물리적인 포장상태에서 관광객에게 전달될 수 없고, 재고도 있을 수 없으므로 관광유통에서는 수송과 창고에 관한 문제점이 일소되는 반면, 정확한 관광정보전달과 예약 · 수배 그리고 약속된 수준 높은 서비스만 잘 제공되면 되는 것이다.

둘째, 다양한 유통경로이다. 그 이유는 비교적 간단한 시장 진출요건 때문에 많은 중개업자가 참여하게 되고, 관광소재를 제공하는 업체에서는 상품의 재고가 불가능하기 때문에 적시적소에 상품을 제공하기 위해 많은 유통경로를 필요로 하게 되기 때문이다.

4) 촉진(Promotion)

촉진이란 관광기업의 관광서비스 및 상품을 잠재관광객에게 구매하도록 요구할 목적으로 관광서비스 상품의 효능과 가치에 대하여 정보를 제공하거나 설득하는 마케팅 노력 일체를 말한다. 이러한 관광촉진 믹스를 관광커뮤니케이션 믹스라고도 한다.

현대적인 마케팅은 좋은 제품을 만들고, 가격을 적절하게 결정하여, 제품을 표적고객에게 유통시키는 것 이상을 요구한다. 관광기업들은 그들의 현재 및 잠재적인 고객들과 항상 의사소통을 해야 한다. 즉 모든 기업들은 의사소통자와 촉진자의 역할을 필히 행하여야 한다.

그러나 의사소통이 되어야 할 것이 우연하게 행하여져서는 안 된다. 효과적으로 의사소통을 하기 위해서 관광기업들은 광고대행사를 고용하여 효과적인 광고를 개발하도록 하며, 판촉전문가를 두어 구매를 자극할 수 있는 프로그램을 짜도록 하고, 직접 마케팅전문가로 하여금 데이터베이스를 구축하도록 한다. 또한 현재 및 잠재고객들과 우편과 전화를 통해서 상호작용하도록 하며, 공중관계기업으로 하여금 제품광고를 제공하여 기업의 이미지를 정립하도록 해야 한다. 기업들은 판매원을 교육시켜 친절하고 상품지식에 정통하도록 해야 한다.

따라서 촉진을 체계적으로 시행하기 위해 판매촉진목표설정, 최적수단선정, 촉진 프로그램 설계, 프로그램실행, 그리고 결과평가 등의 과정을 거쳐야 한다.

5) 물리적 환경(Physical Environment)

물리적 환경은 관광산업에 있어 매우 중요하다. 물리적 환경믹스는 특히 두 가지 측면에서 중요하다. 첫째는 판매가 발생하는 환경으로서 중요하고, 둘째는 제품이 생산되고 소비되는 환경으로서 중요하다.

고객들은 즐겁고 편안한 환경에서 상품을 구매할 가능성이 더욱 크기 때문에 마케팅전략은 제품과 서비스를 판매하는 물리적 환경을 고려하는 데 주안점을 두어야 한다. TV나 안락의자와 같은 제품을 구입하는 데는 제품이 어떻게 보이고, 어떻게 느껴지고, 어떻게 작동하는 가에 사람들은 많은 관심을 갖는다. 그들의 주의력은 주위환경보다 제품에 더 비중을 두게 된다. 그러나 관광상품을 구매할 때 고객들은 여행이 끝날 때까지 결과가 좋으리라고 확신할 수는 없다. 한편 고객의 기대와 감정은 객실의 구조, 가구, 방음상태, 기온 그리고 심지어는 냄새와 같은 요인에 의해서도 영향을 받는다.

관광산업에 있어 물리적 환경은 사업의 반복적 안전성을 위해서 특히 중요하다. 한 예로서 별로 매력 없고 편안하지 않은 디자인과 장식으로 꾸며진 객실에서 지낸 고객은 다시는 그곳에 숙박예약을 하지 않을 것이다. 리조트의 너저분한 해안이나 풀장, 형편없이 어질러진 스키자국, 호텔 발코니로부터의 형편없는 전망은 물리적 환경이 여행을 망치는 또 하나의 예이다. 결론적으로 관광기업은 모든 가능한 방법을 동원하여 그들 제품의 물리적 환경을 향상시키는 데 심혈을 기울여야 한다.

6) 구매과정(Purchasing Process)

구매과정에는 관광상품 구매에 대한 고객들의 심리적 동기와 의사결정방법이 고려되어야 한다. 고객들이 보트, 별장, 가구 대신에 왜 관광상품에 그들의 돈을 소비하려고 하는가? 또 수백 가지나 되는 관광상품 중에서 특정 상품을 왜 선택하는가? 그리고 상용여행, 위락여행, 특별목적여행 등에서 언급한 것과 같이 고객들은 위신을 높이기 위해서, 모험을 하기 위해서, 다른 지역의 문화를 배우기 위해 여행을 한다. 일부 고객들은 자신의 건강을 증진시키기 위해서, 조상의 뿌리를 찾기 위해서, 단순히 가족과 친구와 즐기기 위해 여행을 한다. 고객들의 욕구와 욕망, 개인적 특성, 사회적 · 경제적 지위는 그들의 동기를 형성하는 데 도움을 준다. 그러므로 구매자의 동기를 파악할 수 있는 기업은 그 동기에 알맞은 제품과 판매촉진을 조직화할 수가 있다.

잠재고객에게 적절한 정보를 제공하는 것은 구매과정에 있어 결정적으로 중요하다. 고객은 구매하기 전에 관광상품에 대한 정보의 근원, 그 정보에 접근할 수 있는 방법, 구매를 실행하는 방법 등을 알려고 한다. 관광마케터는 구매과정을 촉진하는 방법으로써 이러한 정보를 고객에게 공급하도록 노력해야 한다.

구매과정에서 제품에 대한 정보는 기업이 의도한 대로 항상 지각되고 해석되는 것이 아니다. 그러므로 때때로 제품에 대한 오보라든가 부정적인 관념을 극복하는 것이 필요하다. 예를 들어 1980년대에 유람선산업은 유람선이 돈 많은 백만장자나 졸부를 위한 것이 아니라는 것을 대중에게 확신시켜 줌으로써 그 이후에 유람선 판매가 급격히 증가하였다.

결국 마케터는 구매과정을 고려하는데 있어서 고객은 구매하는 각각의 관광상품에 대해서 동일하게 생각하지 않는다는 것을 인식하였다. 렌터카나 호텔과 같은 관광상품은 편의점에서 물건을 구입하는 것처럼 그다지 깊이 생각하지 않고 쉽게 선택하기도 한다. 그러나 휴가목적지와 유람선 같은 관광상품을 선택하는 데는 많은 생각을 필요로 할 것이다. 이 구매과정 요소는 제품을 어떻게 시장에 내놓는가에 영향을 미친다.

7) 패케이징(Packaging)

상용여행이나 위락여행을 막론하고 대부분의 여행상품은 각기 다른 공급자의 통제하에 있는 많은 상품으로 구성된다. 그리하여 보완성이라는 관광상품의 특성으로부터 패케이징에 대한 필요성이 일찍이 논의되어 왔다. 관광마케팅에서 패케이징 변수는 하나하나의 제품을 다발로 묶어 '여행패키지'의 형태로 사용되고 있다. 패케이징은 여행객의 욕구를 직접적으로 부응하도록 보완적 상품을 한데 묶음으로써 그들의 어떤 공통적 욕구에 대처할 수 있는 하나의 메커니즘을 여행사에 제공한다. 그러한 과정에서 개별 관광상품의 장점이 더욱 잘 소구되기도 한다.

올 인크루시브 패키지 투어(all-inclusive package tour)는 아마도 이러한 개념을 가장 잘 나타내는 예일 것이다. 이러한 투어는 수많은 개별적 관광상품을 하나의 포괄적이고 보완적인 패키지로 묶어준다. 적절하게 함께 묶었을 때, 그 패키지는 편리성과 가치가 증가되고, 혼란과 경악의 가능성을 줄이면서 안전성과 안정감을 높이고 일련의 고객에게 관광의 사회적인 혜택을 제공할 수 있게 된다. 이러한 혜택은 결국 패케이징이 보완적인 상품을 단일상품으로 묶음으로써 각 여행상품의 소구점을 높이도록 조정되어온 방법으로 인한 결과이다.

8) 참가(Participation)

참가는 판매거래에 수반되는 모든 사람들이 관여하는 것을 말한다. 참가에는 판매자, 구매자, 기타 고객들이 관여한다. 판매자와 구매자의 밀접한 상호작용과 구매자의 참가가 관광경험의 형성에 도움을 주기 때문에 이 '참가' 요소는 관광산업에 있어서 매우 중요하다. 관광경험의 질(quality)은 여행을 하는 동안의 구매자의 행동과 행위에 따라 달라진다. 또한 판매거래에 대한 구매자의 인식은 때때로 제품과 서비스를 다시 구매할 것인가의 여부를 결정한다. 특히 관광사업에서는 반복적 구매가 이루어지기 때문에 참가는 마케팅 믹스에 지극히 중요한 부분이라 할 수 있다. 판매거래에 있어서 참가자의 태도와 행동은 고객의 경험을 향상시킬 수도 있고 파괴할 수 도 있다. 승무원에게 무례한 대우를 받거나 냉담한 서비스를 받는 승객은 탑승이 즐겁지 못할 것이고, 아마도 그 항공사에 두 번 다시 예약하지 않을 것이다. 한편 병이 나거나 낙심한 상태의 승객은 아무리 서비스가 우수하다 하더라도 그 여행이 즐겁지 못할 것이다.

비록 참가는 통제하기 어려운 변수이지만 기업은 종업원의 행동을 잘 관리하도록 노력해야 한다. 훈련프로그램을 완전히 수료하게 하는 것과 종업원에게 제복을 착용하도록 하는 것은 종업원을 관리하는 두 가지의 방법이다. 디즈니 대학으로 알려진 월트 디즈니의 훈련프로그램은 직원들을 공손하고 말쑥하고 행복하게 변화시키는 곳으로 유명하다. 많은 기업에서는 종업원들이 업무를 잘 수행한 대가로 자유여행이나 상여금 등을 종업원에게 제공한다. 이러한 것은 내부 마케팅의 실제이다. 인센티브를 제공하는 목적은 종업원이 그 기업에 대하여 좋은 감정을 갖고서 업무를 더욱 잘 수행하는 데 있다.

관광에서는 매우 강렬하게 관광객의 선호, 기대, 행동 등이 그들의 관광경험을 형성한다. 관광객의 여행경험의 질에 영향을 미치는 요인 가운데는 여행객이 어디를 가기를 원하는가, 그들이 무엇을 하기를 원하는가, 어떠한 관광지를 좋아하는가 등이 있다. 따라서 구매자가 추구하려는 관광지 프로젝트의 이미지와 혜택이 이러한 과정에서 중요한 역할을 한다. 관광산업에서 마케팅 및 판매에 종사하는 사람은 특히 고객과 제품 사이의 이러한 상호작용을 인식하고 그것을 조화시킬 필요가 있다. 고객이 여행을 계획하고 여러 대안들 사이에서 선택하는 것을 도와야 하는 여행업자는 고객의 기대감을 충족시키기 위해 전문화된 기술을 개발해야 한다.

관광 이야기

바다위 특급 리조트에서 내마음대로 즐긴다.

창으로 스며드는 아침 햇살을 맞으며 눈을 뜬다. 잔잔하고 짙푸른 지중해의 망망대해 한 가운데 떠 있는 자신을 발견한다. 신비함과 설레임, 황홀감에 휩싸여 짜릿한 전율마저 느껴진다.

웬만한 호텔을 능가하는 수준의 초호화 크루즈여행이 주는 기쁨이 바로 이런 것이 아닐까. 나를 구속하고 간섭할 사람은 아무도 없다. 그냥 내키는 대로 쉬고 편안한 여유를 맘껏 즐기면 되는 웰빙투어의 전형이다.

바다위의 궁전..., 여행의 꽃 럭셔리 크루즈 여행

크루즈 여행은 바다위의 궁전, 럭셔리 여행의 결정판 등 그 수식어부터 심상치 않다. 아직은 낯설고 부자들의 전유물로만 여겨지는 게 사실이지만 편안한 휴식에 만족도 높은 알짜 관광프로그램까지 아우르고 있어 그 이상의 가치 있는 여행이 가능하다. 특급호텔 수준을 능가하는 유람선 시설을 즐기고, 밤낮없이 이어지는 공연이며 이벤트에 시간 가는 줄 모르게 만든다.

흔들림 없이 심심하기까지 한 항해로 지루해지면 선상에 나가보자. 코발트색 바다와 푸른 하늘을 바라보며 선상 스피커를 통해 흘러나오는 추억의 팝송을 들으면서 커피 한 잔을 마시노라면 세상을 다 가진 듯하다. 앉거나 서 있는 게 싫어지면 풀장 주변에 놓여 있는 긴 의자에 누워 무작정 하늘을 바라봐도 좋다. 이것도 싫증나면 풀장에서 늘씬한 미녀들과 수영을 즐기면 된다.

밤샘 항해로 땅에 발을 딛고 싶다고 느낄 즈음이면 기항지 관광의 또 다른 즐거움이 기다리고 있다.

이 나라 저 나라를 옮겨 다니기는 하지만 짐 보따리를 싸고 풀 걱정을 하지 않아도 된다.

크루즈여행의 백미, 지중해 투어

크루즈 여행길은 일일이 헤아릴 수 없을 정도로 많지만 그 중에서도 알래스카, 카리브해, 지중해 크루즈노선이 유명하다.

특히 잔잔한 지중해를 항해하며 역사의 무게를 느낄 수 있는 도시들을 둘러보는 지중해 크루주가 백미로 꼽힌다. 지중해 크루즈 여행은 9월과 10월이 가장 적합한 시기라고 할 수 있다.

스페인 바르셀로나를 시작으로 피사, 피렌체, 로마, 나폴리 등 이탈리아를 일주한 뒤 일반 패키지상품으로는 찾아볼 수 없는 마르세이유, 니스, 몬테카를로 등을 관광한다.

이 노선을 책임지는 크루즈로는 보이져호가 돋보인다.1999년 운항을 시작한 보이져호는 보잉747 점보기 4대를 이어놓은 것과 같은 크기의 초대형 크루즈다. 바다를 누비는 특급 리조트라 하기에 손색없는 선내 시설을 자랑한다. 특히 아이스 스케이

트장과 같은 시설과 승객을 압도하는 크루즈 중앙 홀을 훤히 볼 수 있는 복도 층 방은 환상적이다.

창 쪽 객실에 딸린 발코니에서 바라보는 지중해의 물빛과 해안가를 장식하는 듯 버티고 있는 유럽 중세풍의 성벽들, 저녁마다 붉게 물드는 노을아래 즐기는 선셋 디너파티는 지중해여행의 특별한 재미다.

스페인 찍고~프랑스 돌고~이태리로 환상 여행

보이져호가 출항하는 바르셀로나는 스페인을 대표하는 해안 관광지. 스페인 역사·문화의 숨결을 느낄 수 있는 건축물들이 곳곳에 자리하고 있다. 1883년 착공에 들어가 120년이 넘은 지금까지 건설 중인 세계적 건축가 가우디의 성 가족성당이 그 중 으뜸이다.

거리의 악사들이 연주를 뽐내는 라스 람라스를 산책하고 몬주익 언덕에 서면 바르셀로나항의 멋진 풍경이 한 눈에 잡힌다.

다음 기항지 마르세이유는 프랑스 제1의 항구도시. 프랑스의 뉴올리언스라고도 하는 마르세이유는 변화무쌍한 해안선을 따라 자리한 해수욕장 풍경이 환상이다.

이어 빌프랑쉐를 찾는다. 이곳은 니스, 칸, 모나코(몬테카를로)여행의 관문격인 항구도시. 지중해를 향한 언덕에 들어선 붉은 지붕의 주택들이 지중해와 대비돼 한 폭의 수채화를 연상시키는 곳이다.

이탈리아의 첫 기항지인 리보르노는 르네상스의 발상지인 플로렌스와 피사의 사탑이 있는 피사로 향하는 관문이다.

피렌체는 작은 도시지만 산타마리아 델 피오레 대성당 등 볼거리가 많다. 치비타베키아에 닻을 내리면 이탈리아의 심장 로마로 향할 수 있다.

이처럼 매일 아침 새로운 기항지에서 눈을 뜨게 되는 것이 크루즈 여행의 묘미. 눈을 뜨면 선박은 어느새 다음 기항지에 와 있고 편안한 복장으로 새로운 풍물을 즐기면 된다.

아시아경제, 2006. 8. 29

관광 이야기

일본, 유명관광지인 하우스텐보스의 해양관광사례

하우스텐보스가 자리잡고 있는 오오무라만(大村灣)은 원래 공업용지로 개발된 매립지로, 이용이 부진하여 방치되었던 곳이다. 그러던 중 1988년 이 버려진 땅을 "에콜로지와 경제의 공존"이라는 개발이념 하에 인간과 자연을 조화시킨 새로운 도시로 조성하여 누구나 동경하는 미래의 도시를 만들고자 하는 목표 하에 개발된 테마파크로서, 기본적인 아이디어는 일본 최초의 개항지인 나가사키의 작은 섬 데지마(出島)에서 에도시대에 일본과 네덜란드의 교역이 이루어진 것에 착안하여, "현재의 데지마"를 건설하자는 의도에서 비롯되었다.

그리하여 1988년 최초의 공사에 착공하여, 1992년 3월 25일 개장하였으며, 48만평의 광대한 부지에 전장 6km에 이르는 운하사이로 최신의 하이테크를 이용한 오락시설, 일본과 네덜란드의 교류의 역사와 문화를 전하는 박물관, 미술관, 극장, 네덜란드의 풍차, 세계의 별미를 즐길 수 있는 레스토랑과 세계적인 명품을 가진 쇼핑가, 다양한 수상 레저시설 등을 갖추고 있다.

하우스텐보스는 큐슈에서 가장 이용 요금이 비싸기는 하지만, 그만큼의 감동을 전해주는 매력이 가득한 곳으로, 연간 400만 명 이상의 관광객들이 방문하고 있으며, 특히 하우스텐보스 내에 있는 호텔은 몇 개월 전에 예약하지 않으면 방이 없을 정도이다.

하우스텐보스는 전체적으로 크게 9개 지역으로 나누어진다.

입구가 있는 부루케렌 지역에서 시작해서, 튤립으로 가득 차 있는 킨델다이크 지역, 어뮤즈먼트 시설의 천국 뉴스터드 지역, 다양한 테마의 박물관 거리 뮤지엄스터드, 유리미술관이 있는 알렉산더 광장을 중심으로 각종 이벤트가 열리는 비넨스터드 지역, 하우스텐보스의 상징인 돔투른이 있는 유털레히트 지역, 해물요리와 레이져쇼가 있는 슈퍼켄부르그 지역, 네덜란드 여왕의 궁전을 재현한 팰리스 하우스텐보스 지역, 숙박과 주거지역이 있는 포레스트 파크 등으로 나누어지는데, 워낙 전체가 넓고 시설이 많다 보니 알찬 하우스텐보스 관광을 위해서는 조금은 치밀한 계획이 필요하다.

그렇지 않으면, 그냥 헤매다가 무의미하게 시간만 보내고 말지도 모른다.

연간 400만 명의 방문객들이 찾아드는 하우스텐보스를 가는 방법은 비행기, 열차, 선박 등 다양하다. 한국에서는 현재 큐슈지방의 경우 각 항공사들이 나가사키와 후쿠오카행 비행편을 운행하고 있는데, 거리나 편리성 면에서 하우스텐보스 방문이 여행의 주요 목적이라면 나가사키를 택하는 것이 편리하다. 선박의 경우에는 부산에서 후쿠오카까지 카멜리아와 고속페리인 비틀2세가 운행 중이다.

cafe.daum.net/tourism0000

제 8 장 관광정책과 국제관광

제1절 **관광정책**

제2절 **국제관광**

제1절 관광정책

1. 관광정책의 개념

관광정책이라는 개념을 살펴보기에 앞서 우선 정책이라는 용어에 대해 살펴보면, 정책이란 어떠한 달성하고자 하는 목표를 가지고 공공기관이나 정부의 공식적 행동지침이라는 특성이 있다(김창곤, 2002). 이외에도 김수영의 정의로는 정책이란 “대부분의 사회구성원과 관련 있는 문제를 해결함으로써 공익을 위하여 산출되는 권위있는 공공기관의 미래지향적인 행동지침이다”(김수영, 1992)라고 규정했으며, 박성복 등은 “정책은 권위있는 정부기관이 당위성에 입각하여 사회문제의 해결 및 공익의 달성을 위한 정책목표와 정책수단에 대하여 공식적인 정치적 · 행정적 과정을 거쳐 의도적으로 선택한 장래의 행동지침”으로 정의하였다(박성복 · 이종복, 1997).

표 8-1 관광정책의 개념

학 자	내 용
볼만 (Bormann)	관광산업의 진흥을 목적으로 추진하는 것이며, 그 본질적 내용은 선전이다.
아릴라가 (Arrillaga)	국가의 관광적 이익을 추진하거나 보호하기 위해 취해지는 국가활동이다.
그뤽스만 (Grucksman)	관광을 촉진하기 위하여 조직체가 대처하는 여러 방책의 총체이다.
매킨토쉬 (Mcintosh)	잠재적인 관광시장의 개발과 그에 대한 선전, 기타 관광진흥에 관한 구체적인 행동계획으로서 이는 여행사, 호텔, 교통기관 등의 효율적인 활용을 그 본질적인 내용으로 하는 것이다.
윤대순	국가 또는 공공단체가 관광에 대해 취하는 진흥정책으로서, 한 나라의 관광행정활동을 종합적으로 조정하고 추진하기 위한 뼈대와 방향을 설정하는 여러 방책이다.
김진섭	한 나라의 관광행정행위를 종합적으로 조정하고 추진하기 위한 틀과 방향을 제시하는 방책이다.
손대현	정부나 지방자치단체가 관광에 관한 무엇인가 시정을 행하는 경우의 방침이다.
이장춘	관광분야의 관심사항과 관광문제에 대한 처방을 다루는 관광정책결정자가 수행하는 목적지향적 행동과정이다.

자료: 김장곤, 관광학의 미래, 대왕사, 2002, p.380.

이와 같은 내용을 토대로 보면, 정책이란 정부와 같은 공공기관이 주체가 되는 결정으로 목표지향성, 공공성, 미래지향성, 행동성 등의 요소를 포함하고 있다. 이러한 정책적 개념을 토대로 한 관광정책은 "관광이라는 현상을 설명하고 해결하기 위한 정부의 정책으로서 중앙정부와 지방자치단체와 같은 국가기관이나 조직이 국가 또는 지역의 관광과 관련된 문제와 사안을 해결하고 관광사업을 통해 관광 진흥을 촉진하기 위해 수행하는 모든 목표지향적인 정책 활동"을 의미한다.

관광정책의 기본 방향이 결정된 후 이러한 관광정책의 방향에 따라 세부적으로 수반되는 관광업무와 관광활동은 관광행정으로 볼 수 있는데, 이러한 의미에서 관광행정은 "국가의 목표를 현실적 · 구체적으로 실현하기 위하여 통일적으로 수행하는 활동으로 국가나 지자체의 관광발전을 위해 관광행동과 관광 사업을 조정 · 촉진하고, 지도 · 감독하는 활동"을 말한다(김용석 등 7, 2002).

2. 관광정책의 분류

정책이란 대부분의 경우 어느 한 가지 기능만을 수행하는 것이 아니고 복합적인 기능을 수행하기 때문에 어떤 단일 기능만을 기준으로 하여 정책을 분류하기는 곤란하다. 각 학자들의 관광정책 분류를 살펴보면 다음과 같다.

1) 아릴라가(Arrillaga)의 분류

관광정책은 시각에 따라 다양하게 분류될 수 있는데. 스페인의 아릴라가 교수는 대상, 범위, 지역, 수단과 방법에 따라 분류하였다(김진섭, 2000). 현실적으로 가장 보편적으로 사용되는 분류는 범위에 따른 분류로 대외적인 국제관광정책과 대내적인 국내관광정책이다. 우리나라의 경우 초창기의 관광정책은 외래객 유치를 위한 국제관광정책을 중요시하다가 1970년대 후반부터 경제성장에 따른 국민소득 증가로 국민관광 현상이 보편화되면서 1980년대부터는 국내관광정책(국민관광정책)에 관심을 기울이기 시작했다.

(1) 대상에 의한 분류

① 경제정책 교통정책, 호텔정책, 화폐정책, 재정정책 등

② 문화정책 문화재보호정책, 문화교류정책

(2) 범위에 의한 분류

① 대외정책 국제관광정책

② 대내정책 국내관광정책

(3) 지역에 의한 분류

① 전국적 정책

② 지방적 정책

③ 국지적 정책

(4) 수단과 방법에 의한 분류

① 대외정책 선정, 정보

② 대내정책 관리, 촉진, 보조, 집행, 조사, 교육 등

2) 이장춘의 분류

이장춘은 한국의 관광정책을 크게 세 가지 차원에서 분류했는데, 지역과 공간, 인적분류, 그리고 관광정책의 현상에 따라 분류하였다(이장춘, 2001). 지역과 공간, 그리고 내국인과 외국인의 국적을 기준으로한 인적 분류는 앞서 소개한 아릴라가 교수의 분류와 유사한 내용이므로 여기서는 관광정책의 현상에 따른 분류만을 고찰하기로 하겠다.

(1) 관광입지정책

관광지의 위치와 관광시설물의 입지에 관한 정책으로, 더 구체적으로 관광호텔의 유형별 입지, 관광농업의 입지, 관광단지의 위치선정, 국공립공원의 후보지 결정 등이 해당된다.

(2) 관광조직

관광정책을 조화적, 과학적, 창안적으로 하기 위한 관광조직체계의 합리화를 위한 분야

(3) 관광법규의 관광현상과의 조화

관광법규가 시대성과 윤리성, 사회적 책임성에 부합하며, 항상 융통성 있게 제정되도록 하기 위한 정책

(4) 관광기업경영정책

관광 기업경영이 공익성과 영리성이 상호조화를 이루면서 과학화를 위해 선도적인 역할을 하도록 하는 정책

(5) 관광시설 및 자원정책

관광시설과 관광자원의 개발, 국토의 유기적인 종합개발이라는 입장에서 관광자원의 보전 · 개발, 합리적 관광권의 설정, 목적별 관광루트의 개발, 국 · 도립공원 및 도시공원 조성, 관광단지 개발, 관광시설의 합리적 배치와 확충에 관한 정책

(6) 관광선전 및 판촉정책

관광산업을 통한 외화수입 증대와 민간외교를 장려하고, 시장 다변화를 위한 관광선전과 판촉의 효율적 수행을 위한 정책

(7) 관광계획 및 개발정책

합리적, 과학적, 시의성 있는 중 · 단기 개발계획 수립 및 과학성을 바탕으로 한 합리적인 개발을 위한 정책

(8) 관광교육정책

관광인력수급의 과학화를 위한 장기적인 관광교육정책 수립으로 관광요원의 합리적 양성계획과 질적 확충을 위한 학교교육, 사내교육, 재교육 및 훈련에 관한 교육정책

관광 이야기

세계로 통하는 '인천공항' 대한민국의 門
서비스 평가 사상 첫 6연패…제2터미널 신축 · 계류장 확대

7일 오후 세계 공항 관계자가 모두 모인 인도 뉴델리 킹덤오브드림스극장에서 우리 양대 공항사 이름이 차례로 불렸다. 이날 인천공항공사와 김포공항 등 전국 14개 공항을 운영하는 한국공항공사는 항공업계 노벨상으로 불리는 ASQ 1위상을 나란히 수상하며 공항 외교 역할을 톡톡히 했다. 국제공항협의회(ACI)가 공항 이용객을 대상으로 34개 분야 서비스 수준을 면접 평가하는 ASQ(공항서비스평가)는 세계 최고 권위와 공신력을 자랑한다. 이 평가에서 인천국제공항은 세계 공항 가운데 1위에 올라 '세계최우수공항상'을 받았다. 2위는 싱가포르, 3위는 홍콩이 차지했다. 인천공항의 세계최우수공항상 수상은 이번이 6번째여서 세계공항사에 처음으로 6연패 달성이란 진기록을 남겼다. 뿐만 아니라 인천공항은 아시아 · 태평양 최고 공항상, 중대형공항 최고 공항상까지 석권해 세계 1700여 공항의 부러움을 샀다.

ICAO 기준의 4분의 1에 불과한 출입국시간, 유비쿼터스 공항, 문화공항 등 끊임없는 차별화 시도가 인천공항을 세계 최고 공항으로 이끌었다. 한국공항공사가 운영하는 김포국제공항은 연간 1500만~2500만명 여객처리 공항 가운데 1위를 차지했다. 김포공항은 세계 154개 공항이 참여한 ASQ 조사에서 5점 만점에 4.53점을 얻어 1위에 올랐다.

세계 공항 전체를 통틀어 평가한 결과에서도 인천, 싱가포르, 홍콩, 베이징, 상하이 푸동공항에 이어 6위를 차지해 이날 행사는 한국 공항의 날이나 다름없었다.

한국공항공사는 김포공항 등 전 사업장에 VOC(하늘소리) 시스템을 구축해 고객 소리를 48시간내 처리하고 원패스 탑승시스템을 통해 공항 이용자 편리를 높여왔다.

2011.4.7 매일경제

(9) 심사분석

관광개발계획 수행 및 집행과정의 심사분석의 제도화를 위한 정책

(10) 관광교통정책

국제항공수송체계, 자국의 항공교통, 국내 관광교통체계 등의 합리화를 추구하는 관광교통정책과 더불어 요금구조체계를 병행 연구

(11) 쇼핑정책

외국인의 쇼핑시 면세혜택의 허용 범위, 쇼핑품목 특별면세혜택 여부 등의 정책

(12) 출입국관리정책

외국인의 무사증(No Visa)여부와 예방접종의 범위 결정, 내 · 외국인의 관세범위, 외국항공기의 공항세 부과 등에 관한 사항

(13) 외환관리정책

내 · 외국인의 출입국시 외화 한도, 국내 환전장소의 편리성, 일반시장에서의 외국화폐의 직접사용 여부에 관한 정책

(14) 외국인의 투자정책

외국인 투자시, 관광시설물 건립시의 투자 한계설정에 관한 정책

(15) 관광인력관리정책

관광종사원의 자격증 제도를 어떻게 체계화하고 자격증의 종류를 어떻게 구분하고 시험제도를 어떤 방향으로 이끌어 갈 것인가에 관한 정책

(16) 관광수입과 관광통계

자국의 인구밀도, 국토의 면적, 자원성과 여가공간을 감안한 양적 관광측면에서 국내관광의 최적정선을 어디에 설정하고 관광정책을 수립할 것인가의 문제와 관광외화수입의 한계를 어느 수준까지 적정화시킬 것인가에 관한 정책

3. 관광정책의 형성

관광정책형성은 관광정책문제의 제기, 의제설정, 정보수집, 현황분석, 목표설정, 대안탐색 및 평가, 관광정책 결정의 순으로 이루어진다(권순, 1998).

1) 문제의 제기

관광정책문제의 제기는 관광체계내에서 해결해야 할 여러 가지 정책문제를 관광정책환경에 끌어들여 검토하는 것을 의미한다. 물론 이러한 문제들을 인식하는 과정에서 정책가들의 개인적 가치판단이 내포되지만, 순수한 개인적 의

사결정과는 달리 공적 문제를 다룬다는 점에서 의사결정과정에서의 문제인식과 구별된다.

그 이유는 문제로서의 인지여부 및 인지의 결과는 사안의 중요성과 명확성 외에 결정자가 상황을 보는 기준과 태도 및 가치관에 따라 달라지기 때문이다.

2) 의제의 결정

의제의 결정이란 "관광체계내의 여러 문제 중에서 관광정책을 통해 해결하려는 정책결정자 집단의 가치판단"이라 할 수 있다.

관광의제를 결정함에 있어서 다른 정책의제와 상충되지 않아야 하며, 실현가능해야하고, 정책이 집행되었을 때 사회적으로 바람직한 상태를 가져올 수 있는가를 고려해야 한다.

3) 정보수집

관광에 관한 관련된 정보와 자료 및 지식을 모아서 관광정책의제로 채택된 문제를 해결할 수 있는 대안들을 탐색하고 이 대안들을 비교 · 분석하여야 한다. 구체적으로 정보수집활동에 포함되어야 할 내용은 정책의 내부적 환경에 대한 정보뿐만 아니라 관광정책의 실시로 영향을 받는 집단, 즉 관광자, 관광기업, 관광관련이익집단, 일반국민의 지지와 요구, 세계적인 관광동향 등 외부적 환경에 대한 정보수집도 하여야 한다.

4) 현황분석

관광정책의 현황분석이란 "관광정책환경에 존재하는 관광문제를 구체화 · 객관화하는 과정"이라 할 수 있다. 관광정책의제가 구체적인 정책상황에서 집행되었을 때 나타날 수 있는 "미래의 상태를 현재화하는 과정"으로 관광정책 현황분석에는 앞에서 행했던 정보활동을 토대로 정책형성과정에서 관광정책의 목표설정, 대안의 탐색과 평가에 활용될 수 있는 기초적인 자료를 산출하는 것을 말한다.

5) 목표설정

관광정책의 목표는 정책을 통하여 달성하고자 하는 미래의 이상적인 상태로 목표연도를 명백히 나타낼 수 있어야 하고 목표달성을 위한 수단이나 대안들이 현실적인 것이라야 한다. 그리고 관광정책의 목표가 국가의 정책목표와 유기적인 종적 · 횡적 연계성을 갖도록 설정되어야함은 물론이다. 이는 정책의 타당성을 제공하며 정책집행자의 정책평가기준이 된다.

6) 대안탐색

대안탐색이란 관련된 정보와 자료를 수집한 다음에는 이를 토대로 해서 문제를 해결하기 위한 대안, 즉 여러 가지 대체적인 방안들을 탐색하게 된다.

대안의 탐색과 함께 관광정책의 효율성을 확보하는 또 다른 절차는 대안의 평가이다. 대안의 평가란 관광정책이 집행되었을 때 나타날 수 있는 결과를 예측하는 것을 말한다. 다시 말해, 대안의 평가는 관광정책의 목표달성과 대안의 합리성을 높이는 과정으로, 면밀한 평가는 관광정책의 실현가능성, 대안의 정치적 합리성 및 경제적 합리성을 제고시킨다.

7) 정책의 결정

관광정책과정은 대체로 이상과 같은 과정을 통해서 이루어지게 되는데, 즉 여러 가지 대안 중에서 미래에 가장 바람직한 상태를 실현할 수 있는 하나의 최종대안을 선택하는 행위이다. 그러므로 관광정책이 집행되었을 때의 미래상태, 관광정책의 목표달성도, 실현가능성, 타당성, 관광정책의 내외부적 환경 등에 대해 충분히 검토한 후에 결정해야 한다.

4. 우리나라 관광정책의 발전

1) 1950년대

- 미군들의 휴식처 제공
- 1954년 교통부 육운국 '관광과' 설치
- 일본여행업협회 조선지사→대한여행사(KTB)
- 미국 노스웨스트 항공사 팬 아메리카항공사 영업개시
- 1953년 근로기준법 제정: 12일의 유급휴가제 보장
- 1957년 교통부 국제관설관광기구(IUOTO) 정회원으로 가입
- 코리아하우스(한국의 집) 설립
- 1958년 온양, 해운대, 불국사 등 철도호텔 개업 등

2) 1960년대(관광산업의 기반조성기)

- 1961년 8월 22일 '관광사업진흥법' 마련
- 1962년 6월 26일 국제관광공사(현, 한국관광공사) 설립
- 호텔(워커힐, 조선, 반도 등), 아리랑택시, 대한여행사 등 직영
- 1963년 교통부 '관광국'으로 승격
- 대한관광협회(현, 한국관광협회 중앙회 전신) 설립

· 1965년 한일 국교정상화를 계기로 일본관광객 대폭 증가
· 관광정책심의위원회 규정 선포
· 1967년 3월 최초 국립공원(지리산) 지정
· 1968년 외래관광객 10만명 유치(10만 3천명)

3) 1970년대(관광산업을 주요 전략산업으로 육성)

· 1970년대 초 일본인의 방한으로 외화획득
· 1970년 국립공원 도립공원 지정(설악산, 속리산 등)
· 1971년 경부고속도로 개통 계기로 전국 관광지개발 촉진
청와대 관광개발계획단 설치, 전국 10개 관광권으로 설정
· 1971년 경주 보문단지 개발 착수
· 1972년 관광진흥개발기금법 제정
· '관광국' 기구 개편 기획과, 진흥과, 지도과, 시설과 설치
· 한국관광학회 발족
· 1973년 설악동 관광단지 개발 착수
· 대한관광협회 중앙회→한국관광협회(KTA)
· 1975년 12월 31일 관광기본법 및 관광사업법 제정
· 경제장관 간담회에서 관광산업을 '국가전략산업'으로 지정
· 1977년 관광불편신고센터 설치 및 운영
· 경주관광교육원(당시 경주호텔학교) 개설
· 1978년 외래객 100만명 돌파(108만명)
· 1979년 PATA 총회 개최

4) 1980년대(국제관광 및 국민관광 진흥사업 수행)

· 1980년 제주관광개발공사 설립 및 제주중문관광단지 개발계획 착수
· 제주도 무사증 시행
· 1981년부터 국민관광지 개발 시작
· 1981년 해외여행 부분적 허용
· 1982년 한국관광공사(KNTC) 명칭 변경, 야간통행금지 해제
· 1983년 해외여행 50세 이상 허용
· ASTA(미주여행업협회) 개최로 외래객의 다변화 도모
· 1988년 서울 올림픽 개최 및 외래관광객 200(234만명)만명 유치
· 1989년 해외여행 전면 자유화 실시

· 아시아나 항공 개항
· 제주관광개발공사 관광공사로 흡수 합병

5) 1990년대(대량 국민관광시대 개막)

· 1991년 외래관광객 300만명 유치(320만명)
· 해남 화원관광단지 개발계획 수립
· 1992년 중국과의 외교정상화
· 1993년 제 19차 EATA 총회 개최
· 대전엑스포 국제이벤트 개최
· 서남관광개발공사 관광공사 자회사로 설립
· 1994년 PATA 총회 개최 및 '한국방문의 해' (서울 정도 600주년 기념행사)
· 정부조직법 개편에 따라 관광정책기능 →'문화체육부' 로 이관
· 1998년 외래관광객 400만명(425만명) 유치
· 1999년 관광진흥확대회의 등 개최로 관광관련 규제 완화
· 관광진흥법령 개정 총 20여 개 규제 폐지
· '99 강원 국제관광 엑스포 220만 명 유치
· 경주호텔학교 폐쇄
· 2000년 외래관광객 500만 명 유치
· 2001년 '한국방문의 해' 기획, 수용태세 전면 개편
· 2002년 한일 월드컵 성공적 개최로 국가 이미지 제고

제 2 절 국제관광

1. 국제관광의 정의

경제협력개발기구(OECD)는 인종, 성별, 언어, 종교 등에 관계없이 외국의 영토에서 24시간 이상 6개월 이내의 기간 동안 체류하는 것을 '국제관광'으로 정의하고 있다. 국제관광객에 대한 세계관광기구(WTO)의 정의를 살펴보면, 거주지를 떠나 국경을 넘어서 1박(24시간) 이상 1년 미만 동안 체재하는 여행자로 규정하고 있어 외국에서 1년 이상의 장기체류자와 이주민은 국제관광객의 범위에서 제외된다. 즉, 국제관광이란 국경을 넘는 관광행동과 그 현상을 가리키는 용어이다.

2. 국제관광 연구의 필요성

현대사회에 있어 국제관광은 국제사회체제 내의 국제정치현상 · 국제경제현상 · 국제문화현상 · 국제사회현상 등의 복합적 현상으로 인식되고 있다. 국제관광을 어떤 측면으로 인식하고 있든 그것은 분명 국가체제라는 인위적 장벽을 넘는 인간의 이동현상으로, 공간적 이동범위가 국경을 넘어 이루어지기 때문에 현상의 본질 · 환경 · 효과 등에서 국내관광과 차이가 있다. 국제관광을 국내관광과 구별하여 연구하는 목적과 당위성은 바로 이러한 사실에 기인한다.

이와 같이 국제관광과 국내관광의 현상적 차이를 전제로 할 때 국제관광 연구의 필요성은 다음과 같다.

첫째, 국제관광현상에 대한 이해를 높이고 현상을 설명하기 위한 개념체계를 수립하기 위해 필요하다. 곧 국제관광에 대한 연구는 사회현상적 측면에서 국제관광의 본질에 접근하고, 나아가 국제관광현상의 관찰과 분석에 있어서 준거가 되는 개념틀의 수립은 현상에 대한 명확한 이해와 설명을 위해서 필요하다.

둘째, 국제관광의 발전과정과 현상에 대한 연구는 미래 국제관광현상의 전개방향을 예측하고 발전시킬 수 있는 방안의 준거로 삼을 수 있다. 국제관광현상은 국제관광환경의 반영물이라 할 수 있으며, 국제관광환경과의 상관성 속에서 변화 · 발전하고 있다. 따라서 발전과정과 현상에 대한 고찰은 미래의 국제관광 환경 변화에 대한 대응성을 제고하기 위한 기초가 된다.

셋째, 국제관광 연구는 국제관광으로 인한 경제 · 사회 · 문화적 영향을 측정 · 평가하기 위한 이론적 기초를 제공한다. 국제관광은 단위사회의 사회 · 문화적 가치가 이동하는 현상이라 할 수 있으며, 관광자는 거주지의 생활양식과 사회 · 문화적 가치를 관광수용국에 이전시키고, 동시에 관광목적지의 사회 · 문화적 양식과 가치를 전파하는 매개자로서의 역할을 한다. 따라서 국가간에 이질적인 사회 · 문화적 요소의 교류가 이루어지는 메커니즘인 국제관광에 대한 연구는 국가간 관광자 이동이 관광수용국과 송출국에 어떤 영향을 미치고 있는가를 측정하고 평가하는 기준을 제시해 준다. 나아가 국제관광은 사회적인 복합현상으로서의 성격을 지니고 있는 까닭에 국가의 경제정책 · 사회복지정책 · 문화정책 · 노동정책 · 외교정책 등이 여러 정책방향을 설정함에 있어서도 기초적인 자료를 제공한다.

3. 국제관광의 개념

국제관광은 관광자가 자기 나라를 떠나 다시 돌아올 예정으로 다른 나라의 문물 · 제도 · 경관 등을 감상 · 유람할 목적으로 여행하는 것을 말한다.

국제관광에 대한 관광관련기구와 학자들의 정의를 살펴보면 다음과 같다.

WTO(세계관광기구: World Tourism Organization))는 국제관광이란 "즐거움 · 위락 · 휴가 · 스포츠 · 사업 · 친지 · 업무 · 회의 · 건강 · 연구 · 종교 등을 목적으로 방문국에서 적어도 24 시간 이상 1 년 이하 체류하는 행위"로 정의하고, 외국에서 거주를 목적으로 하는 이주와 1년 이상 장기체류는 국제관광에서 제외시키고 있다(Mathison & Wall, 1982).

또한 OECD(경제개발협력기구: Organization for Economic Coopration & Development)는 "인종 · 성별 · 언어 · 종교 등에 관계없이 외국의 영토에서 24시간 이상 6 개월 이내의 기간 동안 체류하는 것"을 국제관광으로 정의하고 있으며(한국관광공사, 1990), 훈지커와 크라프(Hunziker & Krapt)는 "외래관광자가 일시적 · 계속적인 영리활동 이외의 목적으로 체재하는 과정에서 발생하는 모든 관계 또는 현상의 총체적 개념이다"(김진섭, 1988)라고 정의하였다.

한편 일본의 小池洋一은 국제관광을 광의로는 "관광목적의 여행을 포함한 모든 여행"을 의미하며, 협의로는 "외래방문객의 여행"을 의미한다고 정의하고 있다(小池洋一 外, 1979).

이상의 정의에 나타난 특징을 살펴보면 세계관광기구(WTO)는 '여행의 목적 · 공간 · 기간' 등 국제관광 통계작성에 관한 기준을 마련하기 위하여 실무적 측면에 관심을 두고 있다. 그러므로 이주 이외의 목적으로 다른 나라에서 24 시간 이상 1년 이하의 기간 동안 체재하는 행위를 국제관광으로 파악하고 있다.

경제협력개발기구(OECD)의 정의도 다분히 통계 · 기술적 정의라고 할 수 있는데, 국제관광의 범주를 설정함에 있어 '이동공간과 기간'을 중요시하면서 타국에서 24시간 이상 6개월 이내의 기간 동안 체류하는 것을 국제관광의 범주에 포함시키고 있다.

훈지커와 크라프(Hunziker & Krapt)는 '여행목적'에 관심을 두고 영리활동 이외의 모든 행위를 국제관광으로 파악하여 관광자의 행위적 측면에서 시간개념을 배제시킨 포괄적인 정의를 시도하였다.

또한 小池洋一은 광의로 국제관광을 포괄적으로 다루었고, 협의에서는 국제관광의 범위를 수용국 입장에서 파악함으로써 국제관광현상을 외래관광현상으로 축소해석하고 있다.

표 8-1 국제관광자의 개념

입국(arrivals)	출국(departures)
비거주자(non-residents)	**거주자(residents)**
외래방문자(해외에 통상거주지를 갖고 있는 자국인 포함) · 여가 · 가사 · 요양 · 종교 · 쇼핑 등의 목적으로 여행하는 자 · 회의참가 또는 각종 파견임무 중인자 (통상 1년내 한정된 기간동안 파견임무를 수행하는 국제기구직원 포함) · 업무여행자 · 교육기관의 기숙생으로 해외에서 입국하는 학생과 단기연수생 · 입국유람선 관광자	외국여행자(국내에서 통상거주지를 갖고 있는 외국인 포함) · 여가 · 가사 · 요양 · 종교 · 쇼핑 등의 목적으로 여행하는 자 · 회의참가 또는 각종 파견임무 중인자 (통상 1년내 한정된 기간동안 파견임무를 수행하는 국제기구직원 포함) · 업무여행자 · 교육기관의 기숙생으로 해외로 출국하는 학생과 단기연수생 · 출국유람선 관광자
거주자(residents)	**비거주자(non-residents)**
국외방문 귀국자(국내에서 통상거주지를 갖고 있는 외국인 포함) · 여가 · 가사 · 요양 · 종교 · 쇼핑 등의 여행으로부터 돌아오는 자 · 회의참가 또는 각종 파견임무를 수행하고 돌아오는 자(보통 1년내 파견임무를 수행한 국제기구직원 포함) · 업무여행을 하고 돌아오는 자 · 교육기관의 기숙생으로 생활하다가 돌아오는 학생과 단기연수생 · 유람선관광으로부터 돌아오는 자	출국 외래방문자(해외에 통상거주지를 갖고 있는 자국인 포함) · 여가 · 가사 · 요양 · 종교 · 쇼핑 등의 여행으로부터 돌아가는 자 · 회의참가 또는 각종 파견임무를 수행하고 돌아가는 자(보통 1년내 파견임무를 수행한 국제기구직원 포함) · 업무여행을 하고 돌아가는 자 · 교육기관의 기숙생으로 자기 나라로 돌아가는 학생과 단기연수생 · 유람선관광으로부터 돌아가는 자

4. 국제관광기구

제2차 세계대전 이후 평화를 추구하는 분위기와 인간의 기본권 존중에 관한 이념이 팽배함으로써 인간이동의 자유를 전제로 한 관광에 관한 인식이 새롭게 부각되었으며, 특히 민간항공기의 대형화 · 고속화 · 경제화 등과 더불어 세계적인 경제호황은 국제관광의 대중화현상을 가져 오게 되었다. 이러한 추세에 부응하여 세계 각국에서는 관광을 통한 국제간 이해증진과 국제화 · 경제발전을 도모하려는 노력으로 국가간 · 지역간 균형 있는 발전과 상호 협력을 바탕으로 한 공동이익추구를 위한 다각적인 협의체 구성이 불가피하게 되었다. 이로 인하여 각국 정보 또는 민간수준에서 각기 그 영역과 기능을 달리하는 대소 관광관계를 맺게 된 국제협력기구의 결성을 추진한 결과, 현재 60여개의 관광관련기구가 설립되기에 이르렀다.

1) 국제기구의 주요활동

(1) 국제기구 회의참가

① 각 기수 주관 총회 · 이사회 등에 참가하여 자국의 관광정책과 입장을 동기구 정책결정을 할 때 최대한 반영하도록 한다.

② 참가국 상호간의 진흥 · 홍보와 개발의 공동화를 통한 지역간 관광개발 도모와 지역내 관광교류를 촉진한다.

③ 가맹국 상호간의 정보자료교환과 공동조사연구를 통한 효과적인 공동협력과 유치선전대책을 모색한다.

④ 회의기간 중, 또는 회의 전후에 병행 실시되는 전시회 및 관광관계행사와 리셉션 등 부대행사의 주최와 참가를 통한 집중적인 자국관광선전과 이미지제고활동을 실시한다.

⑤ 관광업계와 공동으로 대표단을 구성하여 참가하고, 이러한 참가로 인한 실질적인 거래선 개척과 판촉활동을 실시한다.

⑥ 회의의 자국개최 유치활동을 실시한다.

(2) 국제기구회의 유치활동

① 국제기구의 회의유치로써 세계 각국 인사를 다수 방문하게 함으로써 집적효과가 클 뿐만 아니라 그 자체가 관광상품적 가치를 내재하고 있다.

② 회의 전후에 실시되는 관광활동으로 각국 관광사업자들에게 자국의 관광상품을 기획 · 개발하도록 유도해 볼 수 있다.

③ 자국의 발전상과 관광지의 매력을 실제로 확인시켜 줌으로써 홍보선전효

과를 제고시킬 수 있다.

④ 주최국 관광업계의 판촉활동을 강화시킬 수 있는 계기를 조성하고, 관광 쇼핑에 의한 외화획득도 도모해 볼 수 있다.

(3) 회원국 공동선전활동

특정지역의 국가군으로 결정된 기구에서 원거리 또는 선전활동 취약지역을 대상으로 선전지부를 설치하고, 그 기구명의하에 회원국이 공동으로 소속지역단위를 선전함으로써 경비절감과 홍보효과가 제고될 수 있다.

(4) 특정회원국과의 협력활동

민간기업이 참여하고 있는 대규모 국제기구의 경우 각 국가별 그 소단위지부가 설치되어 있는 경우 상호 지부협조에 의한 선전과 유치활동에 협력하고 있다.

(5) 국제기구 전문조직을 통한 활동

국제기구 내에 설치되어있는 전문조직(개발위원회, 조사위원회, 마케팅위원회 등)을 통하여 자국의 관광지개발계획과 관광정책방향 등을 연구의뢰하거나, 기술과 관광인력 양성교육을 지원받고 있다.

5. 국제관광기구의 종류와 협력내용

오늘날 세계화 · 국제화 · 개방화된 시대에 있어서 국가간 협력관계는 매우 중요하고 필연적이다. 따라서 아무리 강조해도 지나치지 않을 것이다. 특히 관광분야에서의 국제협력은 국가간 상호이해를 증진하고 국제친선을 도모함으로써 관광교류를 촉진하는 계기가 되므로 각국은 이를 위해 최대한의 정책적 배려와 지원육성이 마련되고 있다.

우리나라는 국제관광의 흐름을 파악하고 이에 능동적으로 대처하기 위해 각종국제기구에 가입하여 활발한 활동을 전개해 오고 있는데, 그 중에서 가입하여 적극적으로 활동하고 있는 국제기구는 WTO를 시작으로 AACVB, ASAE, ASTA, ATMA, FIYTO, IACVB, IASC, IATA, ICCA, IFWTO, IHA, IATC, IYHF, PATA, PCMA, SITE, TTRA, UFTAA, UIA, WATA, OECD로서 총 22개이다. 따라서 현재 우리나라가 가입하여 적극적이고 지속적으로 활동하고 있는 국제관광기구를 중심으로 국제관광기구의 현황과 상호간 협력활동내용을 살펴보면 다음과 같다.

1) WTO

세계 각국 정부기관이 회원으로 가입되어 있는 유일한 관광기구인 세계관광기구(WTO: World Tourism Organization)는 국제관광연맹이 1975년에 정부간 협력기구로 개편되어 설립된 것으로서 관설기구의 특징을 살린 세계관광정책의 조정기구로, 가맹국의 관광과 경제발전을 도모하고, 그리고 각국의 사회적 · 문화적 우호관계를 증진할 목적으로 설립되었고, 본부는 스페인의 마드리드에 있다.

현재 세계 138개국 정부기관이 정회원이고, 350개 관광유관기관이 찬조회원으로 가입되어 있으며, 격년제로 개최되는 총회와 6개 지역위원회를 비롯한 각종회의와 세미나를 개최하고 있다.

WTO는 공신력을 가진 각종 통계자료의 발간을 비롯하여 교육 · 조사 · 연구 · 관광편의 촉진, 관광지 개발, 관광자료 제공 등에 역점을 두고 활동하고 있으며, 관광분야에서 UN과 전문기구와 협력하는 중심역할을 수행하고 있다.

우리나라는 국제관광연맹의 회원이었던 교통부(현, 문화관광부)가 1975년 자동적으로 정회원으로 가입되었고, 한국관광공사는 1977년 찬조회원으로 가입하였으며, 1992년 5월 제43차 집행이사회에서 한국관광협회가 찬조회원으로 가입하였다. 북한은 1987년 9월 제7차 총회에서 정회원으로 가입하였다. 그리고 1980년에서 1983년 동안 집행이사국으로 처음 선임되었고, 1991년에서 1995년 기간 중에 집행이사국을 역임하였다. 또한 1995년에서 1999년 동안에 사업계획 조정위원회의 위원국이었다.

(1) 설립목적

① 세계관광정책의 수립 · 조정
② 세계 각 회원국은 관광으로 인한 경제발전 도모
③ 각국의 사회적 · 문화적인 우호관계 증진

(2) 주요활동

① 총회 개최
② 집행위원회의 회의 · 사업 · 협력활동
③ 관광발전을 위한 협력
④ 교육과 훈련
⑤ 관광 서비스의 질 개선
⑥ 통계자료구축과 시장조사
⑦ 통신과 자료관리

(3) 협력내용

① 관광진흥방안 협의
② 기술자문
③ 국제관광전문가 양성
④ 국제회의 공동개최
⑤ 국제관광기구 집행업무 실시

2) PATA

아시아 · 태평양지역 관광인들의 제창에 의해 설립되어 동 지역의 관광진흥활동, 관광산업 발전, 그리고 지역발전 도모와 구미관광객 유치를 위한 마케팅활동을 목적으로 1951년에 설립된 아시아 · 태평양관광협회(Pacific Asia Travel Association)로서 정부관광기관중심의 민관합동 국제기구이다.

현재 39개국의 1,900여개 관광기관과 업체가 회원으로 있으며, 전세계에 83개 지부가 결성되어 있고, 17,000여 지부회원을 가지고 있으며, 운영본부는 태국 방콕에 있다. 경영본부는 미국 샌프란시스코에 두고 있으며, 미주 · 태평양 · 유럽 · 아시아의 4개 지역본부를 갖고 있다.

우리나라는 한국관광공사가 정회원, 문화관광부 관광국과 지방자치단체의 관광과들이 준회원으로 가입하였고, 이외에 관광업체들이 산업회원으로 가입하여 총 46개 기관과 업체가 회원으로 가입하여 매년 연차총회와 교역전에 참가하여 세계관광업계 동향을 파악하고, 한국관광홍보와 판촉상담활동을 전개하고 있다.

PATA 한국지부는 PATA 내에서 한국회원들의 입장을 반영하고, 권익을 신장하며, 본부와 지부와의 협력을 통하여 회원들이 업무증진에 기여하며, 회원 상호간의 유대강화를 위해 1968년에 설립되었다. 현재 한국관광공사 내에 사무국을 두고 있으며, 130여 개 회원사들을 위해 다양한 사업을 전개하고 있다.

한편 우리나라는 1965년, 1979년, 1994년에 PATA 총회와 이사회를 유치하여 개최한 바 있으며, 1998년에는 제주도에서 PATA 이사회를 개최하였다.

(1) 설립목적

① 아시아 · 태평양지역 관광진흥개발
② 구미관광객 유치를 위한 공동선전활동
③ 지역관광개발 촉진
④ 고유한 자연 · 사회 · 문화적 환경의 보존
⑤ 관광산업 발전 도모

⑥ 관광교류 증진

(2) 주요활동

① 국제회의주최: 연차총회, 세계지부회의, 마케팅활동 관련회의 등

② 관광개발: 관광상품, 관광지 등

③ 관광조사와 정보제공: 관광시장동향, 관광기초통계

④ 관광인력개발: 교육과 훈련

⑤ PATA 재단운영: 환경, 문화 보존지원, 장학금 수여 등

(3) 협력내용

① 판촉활동지원과 기술제공 등의 마케팅활동 적극 지원

② 공동선전활동

③ 관광상품 구매와 판매의 기회제공

④ 회원국간의 교류로서 유대강화, 아이디어 교환, 업무증진 기회제공

⑤ 관광시장동향을 지속적으로 조사 · 분석하여 자료제공

⑥ 관광인력양성: PATA 교육과 훈련 프로그램 제공

3) ATMA

아시아관광마케팅협회(Asia Travel Marketing Association)는 동아시아관광협회(EATA)의 개념을 좀 더 확대하여 탄생한 국제관광기구이다. ATMA는 유럽과 미주를 대상으로 동아시아국가들이 공동으로 마케팅활동을 수행할 목적으로 1966년에 설치하여 한국 · 일본 · 마카오 · 대만 · 필리핀 · 태국의 NTO가 정부 정회원으로 가입하여 활동하게 되었다.

(1) 설립목적

① 동아시아지역의 관광진흥과 개발 도모

② 전세계관광객 유치증진을 위한 마케팅활동 실시

(2) 주요활동

① 유럽 · 미주 · 대양주지역에 9개 지부를 설치하여 현지 여행업자를 대상으로 세미나 개최

② 세계관광전시회에 공동으로 참가

③ 공동으로 홍보물 제작 · 배포 등의 판촉 마케팅활동 전개

(3) 협력내용

① 연차총회개최(4회 실시)

② 공동마케팅 활동참여

4) OECD

경제협력개발기구(Organization for Economic Cooperation and Development)는 유럽경제협력기구를 모체로 하여 제2차 세계대전 후 유럽의 경제부흥협력을 추진해 왔으며, 이후 개발도상국 원조문제 등 새로 발생한 경제정세변화에 적응하기 위해 1961년 9월 30일 프랑스 파리에서 20개국을 회원국으로 설립하였고, 현재 29개국 회원국으로 구성되어 있으며, 조직으로는 이사회 · 사무국과 실질적 활동을 수행하는 20개국의 분야별 위원회가 있다. 이 중 관광위원회는 관광부문의 전담위원회로서 관광분야에 대한 각국의 정책연구와 관광진흥정책연구 등을 주요기능으로 하고 있으며, 특히 위원회 산하에 통계작업반을 두어 관광관련 기초자료의 구축에 주력하고 있다.

이 기구는 당초 유럽국가간 경제협력기구의 성격을 띠고 있었으나, 미국과 캐나다가 합류하면서 대서양 경제안보기구로 성격이 확대되었다. 이후 일본 · 호주 등이 가입하면서 자유주의 선진공업국의 경제연합체로 성격이 크게 변경되었다.

(1) 설립목적

① 재정금융상의 안정을 유지하면서 고용 · 생활수준의 향상을 도모하여 세계경제발전에 기여

② 세계무역의 다각적이고 차별 없는 확대정책 추진을 통하여 경제사회 복지장려에 기여

③ 개발도상국에 대한 조화로운 노력을 통하여 세계경제의 건전한 발전에 기여

(2) 관광위원회의 주요활동

① 국제관광정책의 자유화 촉진

② 관광이 국가경제에 미치는 중요성에 대한 이해증진

③ 관광부문의 국제협력 촉진

④ 회원국의 관광정책분석 및 표준설정과 관광홍보활동 등에 대한 회의개최

(3) 협력내용

우리나라는 1994년 6월 관광위원회에 대한 옵저버 참가자격이 부여되어 1995년부터 관광위원회회의와 통계실무작업반회의에 참가하여 주요선진국의 관광정책과 통계분석기법 등을 학습하고 있으며, 1996년부터는 정회원으로 가입하였고, 1998년에는 OECD 관광회의를 서울에서 개최하였다.

5) APEC

아시아 · 태평양경제협력기구(Asis Pacific Economic Cooperation)는 아시아 · 태평양지역 국가들의 공동이익과 동 지역의 지속적인 성장 · 발전을 위하여

결성된 지역구제기구이다. 1989년 한국 · 미국 · 일본 · 캐나다 등 12개국이 참가한 가운데 공식 출범하였으며, 1994년 18개국으로 회원국이 확대되었다.

(1) 설립목적

① 지역발전을 통한 세계경제의 발전과 성장에 기여
② 재화 · 용역 · 자본 · 기술의 자유로운 흐름을 통한 역내 경제의 의존관계 심화와 혜택추구
③ 다자무역체제 강화
④ GATT 원칙에 의거한 역내 무역과 투자 장벽의 제거

관광 이야기

냄새로 관광객 모으는 뉴질랜드 로토루아

"방귀 냄새가 진동하는 도시인데 관광객들은 많이 찾아온다." 나는 자동차 안에서 삼촌의 도시 소개를 들으며 '무슨 그런 데가 있어'라고 생각했다. 냄새 나는 곳에 왜 관광객이 몰린다는 말인가. 뉴질랜드가 처음인 나를 놀리기 위해 삼촌이 만들어낸 농담 정도로 받아들였다.

"우리가 가려는 곳이 다가오면 너는 냄새 때문에 조금은 고생할거야." 삼촌이 또 한 번 강조하셨다.

나는 과연 어떤 냄새가 나길래 이렇게 두번씩이나 똑같은 말을 되풀이할까 하며 궁금증이 더욱 생겼다. 아무리 더러운 나라를 가더라도 코를 감싸 쥘 정도로 심하지는 않았고 조금 있으면 나아지는 경우가 대부분이다. 혼자만의 생각에 잠기며 나는 뉴질랜드의 오클랜드 공항에서 남쪽으로 2시간 30분 정도 차를 타고 이동을 했다. 우리의 목적지 로토루아가 새겨진 표지판이 나타났고 목적지에 가까워질수록 나의 궁금증은 커졌다. 나는 자신 있게 자동차 창문을 열었다. 그때까지는 냄새가 나질 않아서 '또 나를 놀리셨구나'하는 생각을 하면서 곧 도착할 로토루아의 모습을 상상했다.

그 순간 나의 코에서 이상한 냄새가 나기 시작했다. 영락없는 방귀 냄새였다. 처음엔 옆에 앉은 삼촌이 실례(?)를 하셨나 할 정도였다. 점점 찌푸려지는 내 인상을 보신 삼촌이 "드디어 신호가 오나?"하셨다.

얼마 후 로토루아의 비밀은 풀렸다. 로토루아는 활화산 지대였다. 냄새가 났던 이유는 화산지대 특유의 유황냄새였다. 하루에도 몇 번씩 하늘로 솟아오르는 간헐천, 뿌연 증기가 가득한 온천호수의 유황이 바로 범인이었다. 나는 현장을 확인하고 싶었다. 온천호수에 도착하니 말로 표현할 수 없는 이상한 냄새가 진동해 다른 세계에 온 듯한 느낌이 들었다.

탕에 들어가 바닥에 깔린 모래를 발로 파헤치면 바닥에서 뜨거운 물이 솟아올랐다. 뜨거운 온천 자연수였다. 온천욕은 단기간에 효과가 나타나는 것이 아니고 10일 이상 지속적으로 해야 효과를 볼 수 있다는 안내문이 붙어 있었다.

로토루아에 머무는 동안 관광객으로 보이는 각국의 사람들을 볼 수 있었다. 모두 온천과 로토루아의 독특한 분위기를 즐기러 온 사람들이었다. 뉴질랜드의 외딴곳 로토루아는 희한한 냄새를 관광상품화해서 수입을 올리고 있었다.

물론 질 좋은 온천이 주상품이지만 '희한한 냄새로 가득 찬 도시'라는 명성(?)도 도시를 알리는 중요한 요소였던 것이다. 우리나라도 고정관념을 깨고 희귀한 아이템을 찾아 관광상품화 할 수는 없을까 하는 생각이 들었다.

blog.naver.com/krockymavia

제 2 부 관광사업의 이해

Tourism 관광학 이론과 실제

제 9 장

관광사업의 개요

제1절 **관광사업의 개념**

제2절 **관광사업의 분류**

제3절 **관광사업의 발전**

제4절 **관광사업의 특성**

제1절 관광사업의 개념

오늘날 관광여행의 대중화 현상에 힘입어 관광객들이 가지는 관광여행의 다양화와 개성화로 인해 서비스 산업은 광범위한 분야와 영역에 걸쳐 관광객의 욕구와 필요를 충족시켜 주고 있으며, 또 이들의 왕래촉진과 편의를 제공하는 한편 관광은 일상생활권 밖에서의 인간행동이므로 사실상 관광여행과 무관한 사업이 없다고 할 수 있을 정도로 그 사업범위는 점점 확대되어 가고 있다. 관광사업은 관광객들의 욕구를 만족시켜 주는 서비스산업을 의미하며, 관광여행의 왕래를 유발 · 촉진하는 각종 요소에 의해 조화롭게 발달하고 또 이의 이용을 증대시킴으로써 사회 · 문화 · 경제적인 효과를 가져오는 현대적 · 조직적인 경영활동이라고 개념화해도 무방하다. 이상에서 살펴본 바와 같이 관광객의 가치관 변화와 더불어 관광사업의 영역과 분야의 확대, 그리고 관광사업이 제공하는 서비스내용의 다양성과 복잡성 때문에 관광사업에 대한 개념도 여러 가지로 설명되어 온 것이 사실이다.

관광사업을 정의함에 있어 학자에 따라 가치관이나 내용에 대한 이해의 차이 때문에 매우 다양한 견해를 보여 준다. 관광사업에 대한 학자들의 정의 중에서 일부를 살펴보면, 다음과 같다. 독일의 그뤽스만(Robert Gluksmann)은 "일시적 체재지에 있어서 외래관광객과 이를 수용한 그 지역사람들과의 여러 관계의 총합이다"라고 하였다. 일본의 이노우에(井上葛壽藏)는 "관광사업이라 함은 관광객을 위하여 운송 · 숙박 · 음식 · 운동 · 오락 · 휴양 또는 용역을 제공하거나 기타 관광에 부수되는 시설을 갖추어 이를 이용하게 하는 업을 말한다"라고 규정하고 있다. 관광사업과 흔히 혼동을 일으키는 용어로 관광산업(tourism industry)이 있다. 이 두 용어는 같은 의미로 쓰이는 경우도 많이 있으나, 서로 다른 것으로 알아 두어야겠다. 관광산업(tourism industry)이 공익성을 가지고 국가 · 사회단체 등이 시설과 행위를 같이 할 때 주로 쓰이는 용어이며, 관광수요의 창출과 증대를 도모하는 적극적인 자세와 관광의 공익성에 충실하여 건전관광과 서비스 개선 및 관광발전에 기여하는 활동을 포함하는 넓은 개념인데 비하여, 관광사업은 관광과 관련되는 개별기업을 지칭하는 것으로 이해할 수 있다.

일반적인 의미에서 보면, 관광사업이란 관광의 의의 또는 효과에 착안하여 관광이라는 현상을 활발하게 하려는 일련의 활동을 총칭하는 것이라고 말할 수 있다. 한편 관광학자들의 견해에 따르면, 관광사업이란 관광의 의의 또는 효과를 노리고 관광이라는 현상을 활성화시키고자 하는 일련의 총체라고 하였고, 또한 관광사업이란 수요를 창출하고 이들의 다양한 행동에 적응한 사업활동을 통하여 관광의 다각적인 효과를 거두려는 인류의 평화와 복지를 위한 사업이라고 하고 있다. 아울러 관광진흥법에서는 "관광사업이라 함은 관광자를 위한 운송, 숙박, 음식, 오락, 휴양 또는 용역을 제공하거나 기타 관광에 부수되는 시설을 갖추어 이를 이용하게 하는 사업을 말한다"고 정의하고 있다(관광진흥법 제1장 총칙 제2조 1항). 그러나, 오늘날 신관광의 시대를 맞이하여 관광현상이 사회적, 경제적으로 커다란 비중을 차지하게 되었고 그 의의 또한 중요시되어 가고 있는 현대사회에서 있어서는 관광사업을 관광현상과 관련시켜 체계적으로 이해하는 일이 무엇보다도 중요하다고 할 수 있다. 따라서, 관광사업의 발전을 위해 첫째, 관광자의 이동이라는 자연발생적인 흐름을 간과하지 말고 적극적인 수요창출을 위하여 노력해야 하고 둘째, 관광사업자체가 사회공익성을 띠고 있고 다양한 관광행동과 관광현상에 대처해야 하기 때문에 다각적인 기능과 성격, 구성 및 역할이 요청되며 셋째, 관광자의 이동을 원활하게 하는 모든 요소가 유기적 · 조직적으로 결합, 발전해 나가는 것이 필요함을 인식해야 할 것이다.

제 2 절 관광사업의 분류

관광사업은 사업의 주체, 제공되는 서비스와 상품의 종류, 관광객과의 접촉 정도에 따라 관광사업의 구성 및 범위도 매우 다양하고 광범위하다.

1. 학문적 분류

1) 관광기업

관광객과 직접적으로 관계되어 영리를 목적으로 하는 기업들, 즉 관광객의 소비 활동이 주수입원인 기업들을 말한다. 따라서 여행업, 숙박업, 교통업, 쇼핑업, 관광정보제공업, 관광개발업 등 대부분의 관광사업이 포함되며, 다음에 설명되고 있는 관광진흥법에 의한 분류에 속하는 업종들도 여기에 포함된다.

2) 관광관련기업

관광객과 직접적인 관계는 없으나 관광기업과 직접적인 관계를 가짐으로써 관광객과는 간접적으로 관계를 가져 간접관광사업 또는 2차 관광사업으로 불린다. 주요 업종으로는 호텔에 각종 서비스를 제공해주는 세탁업자, 식품업자, 청소용역업자와 같은 납품업자와 관광출판물업자 등이 포함되며, 일반적인 소매점, 요식업체, 오락업체. 숙박업체 등도 관광객이 이용할 때에는 여기에 해당된다.

3) 관광행정기관

공적관광사업으로 관광정책, 행정기구를 의미하며, 국가, 정부, 지방자치단체 등 관광행정기관으로 관광자, 관광기업, 관광관련기업과 직간접적으로 영향을 주고받으며 관광개발과 진흥업무를 행한다.

4) 관광공익단체

공적 관광사업으로 관광공사, 관광협회 등 공익법인과 관광인력을 양성하는 교육기관, 관광관련 연구소 등이 있다.

2. 관광진흥법상의 분류(진흥법 및 진흥법시행령에 기초)

관광진흥을 위하여 관광자원을 개발하고 관광사업을 육성하는 데에 필요한 사항을 정한 법률(관광여건을 조성하고 관광자원을 개발하며 관광사업을 육성함으로써 관광진흥에 이바지함을 목적으로 하는 법률)이다.

관광사업의 종류는 여행업, 관광숙박업, 관광객이용시설업, 국제회의업, 카지노업, 유원시설업, 관광편의시설업으로 하며, 업종에 따라 문화체육관광부장관의 허가 · 지정 · 신고 · 등록이 필요하다. 관광사업자는 사업과 관련하여 보험 또는 공제에 가입하거나 영업 보증금을 예치하여야 한다. 관광사업자는 사업장에 관광 표지를 붙일 수 있다. 여행업자는 내국인의 국외 여행에는 적합한 인솔자를 두어야 한다. 관광숙박업은 문화관광부장관이 등급을 정할 수 있다. 카지노업은 일정한 시설 및 기구를 갖추어야 하며, 관광진흥개발기금에 납부하여야 한다. 유원시설업자는 안전성검사를 받아야 한다.

관광종사원은 문화관광부장관이 실시하는 시험에 합격한 후 등록하고 교육을 받아야 한다. 관할 등록기관 등의 장은 관광사업자에게 관광종사원의 자격을 가진 자가 종사하도록 권고할 수 있다. 문화관광부장관은 관광과 관련된 국제기구와의 협력을 증진하며, 시도지사와 함께 국내외 관광 홍보활동을 조정하거나 기타 필요한 사항을 지원할 수 있다. 문화관광부장관은 관광정책 심의위원회의 의결을 거쳐 전국의 관광개발 기본 계획을 수립하여야 하고, 시도지사는 권역별 관광개발계획을 수립하여야 한다. 관광지 및 관광단지와 관광특구는 시 · 도지사의 신청에 의하여 문화관광부장관이 지정한다. 관광지 등의 조성사업 시행자는 이용자 분담금 및 원인자 부담금을 부과할 수 있으며, 입장료 · 관람료 또는 이용료를 징수할 수 있다. 문화관광부장관은 관광복권을 발행할 수 있으며, 그 판매 수익금은 관광진흥개발기금에 귀속된다. 7장 81조와 부칙으로 되어 있다.

관광진흥법 제3조제2항의 규정에 의하여 관광사업의 종류를 다음과 같이 세분한다.

1) 여행업

여행자 또는 운송시설 · 숙박시설 기타 여행에 부수되는 시설의 경영자 등을 위하여 당해 시설이용의 알선이나 계약체결의 대리, 여행에 관한 안내 기타 여행의 편의를 제공하는 업

(1) 일반여행업

국내 또는 국외를 여행하는 내국인 및 외국인을 대상으로 하는 여행업(여권 및 사증을 받는 절차를 대행하는 행위를 포함한다).

(2) 국외여행업

국외를 여행하는 내국인을 대상으로 하는 여행업(여권 및 사증을 받는 절차를 대행하는 행위를 포함한다).

(3) 국내여행업

국내를 여행하는 내국인을 대상으로 하는 여행업

2) 관광숙박업

(1) 호텔업

관광객의 숙박에 적합한 시설을 갖추어 이를 관광객에게 제공하거나 숙박에 부수되는 음식 · 운동 · 오락 · 휴양 · 공연 또는 연수에 적합한 시설 등을 함께 갖추어 이를 이용하게 하는 업

① 관광호텔업

· 종합관광호텔업 : 관광객의 숙박에 적합한 시설을 갖추어 이를 관광객에게 이용하게 하고 숙박에 부수되는 음식 · 운동 · 오락 · 휴양 · 공연 또는 연수에 적합한 시설 등(이하 "부대시설"이라 한다)을 함께 갖추어 이를 관광객에게 이용하게 하는 업

· 일반관광호텔업 : 관광객의 숙박에 적합한 시설을 갖추어 이를 관광객에게 이용하게 하거나 숙박에 부수되는 음식 · 운동 · 휴양 또는 연수에 적합한 시설을 함께 갖추어 이를 관광객에게 이용하게 하는 업

② 수상관광호텔업

수상에 구조물 또는 선박을 고정하거나 계류시켜 놓고 관광객의 숙박에 적합한 시설을 갖추거나 부대시설을 함께 갖추어 이를 관광객에게 이용하게 하는 업

③ 한국전통호텔업

한국전통의 건축물에 관광객의 숙박에 적합한 시설을 갖추거나 부대시설을 함께 갖추어 이를 관광객에게 이용하게 하는 업

④ 가족호텔업

가족단위 관광객의 숙박에 적합하도록 숙박시설 및 취사도구를 갖추어 이를 관광객에 게 이용하게 하거나 숙박에 부수되는 음식 · 운동 · 휴양 또는 연수에 적합한 시설을 함께 갖추어 이를 관광객에게 이용하게 하는 업

(2) 휴양콘도미니엄업

관광객의 숙박과 취사(炊事)에 적합한 시설을 갖추어 이를 당해 시설의 회원 · 공유자 · 기타관광객에게 제공하거나 숙박에 부수되는 음식 · 운동 · 오락 · 휴양 · 공연 또는 연수에 적합한 시설 등을 함께 갖추어 이를 이용하게 하는 업

3) 관광객이용시설업

다음 각목에서 규정하는 업

- 관광객을 위하여 음식 · 운동 · 오락 · 휴양 · 문화 · 예술 또는 레저 등에 적합한 시설(施設)을 갖추어 이를 관광객에게 이용하게 하는 업
- 대통령령이 정하는 2종 이상의 시설과 관광숙박업의 시설 등을 함께 갖추어 이를 회원 및 기타 관광객에게 이용하게 하는 업

(1) 전문휴양업

관광객의 휴양이나 여가선용을 위하여 일정한 장소에 음식 · 숙박시설, 운동 · 오락시설, 민속 · 문화자원 소개시설, 관람시설, 농어촌 휴양시설 등 휴양에 적합한 시설을 갖추어 이를 이용하게 하는 업이다.

(2) 종합휴양업

- 제1종 : 관광객의 휴양이나 여가선용을 위하여 일정한 장소에 2종류 이상의 전문휴양업 시설을 갖추고 이를 이용하게 하는 업이다.
- 제2종 : 관광객의 휴양이나 여가선용을 위하여 일정한 장소에 관광숙박업 시설을 갖추고, 이와 복합적으로 2종류 이상의 전문휴양업 시설, 또는 체육시설의 설치이용에 관한 법률 제19조의 규정의 의하여 회원을 모집할 수 있는 2종류 이상의 등록 체육시설을 갖추어 이를 회원 및 기타 이용자에게 이용하게 하는 업이다.

(3) 자동차 야영작업

자동차를 이용하는 여행자의 야영 · 취사 및 주차에 적합한 시설을 갖추어 이를 이용하게 하는 업이다.

(4) 관광유람선업

해운업법에 의한 해상여객운송사업 면허를 받은 자 또는 유선 및 도선사업법에 의한 유선사업의 면허를 받거나 신고한 자로서 선박을 이용하여 관광객에게 관광을 할 수 있도록 하는 업이다.

4) 국제회의업

대규모 관광수요를 유발하는 국제회의(세미나, 토론회, 전시회 등)를 개최할 수 있는 시설을 설치, 운영하거나 국제회의의 계획, 준비, 진행 등의 업무를 위탁받아 대행하는 업을 말한다. 국제회의업에는 국제회의시설과 국제회의기획업이 있다.

5) 카지노업

전용영업장을 갖추고, 주사위, 트럼프 등 특정한 기구 등을 이용하여 우연의 결과에 따라 특정인에게 재산상의 이익을 주고 다른 참가자에 손실을 주는 행위 등을 하는 업이다.

6) 관광편의시설업

전항의 관광사업 외에 관광진흥에 이바지할 수 있다고 인정되는 사업이나.시설로서 문화관광부령에 정하는 바에 의하여 지정된 업으로서 다음과 같이 세분화할 수 있다.(관광진흥접 새행규칙 제6조).

(1) 관광사진업

외국인 관광객을 대상으로 이들과 동행하며 기념사진을 촬영하여 판매하는 업이다.

(2) 여객자동차터미널시설업

여객자동차터미널법에 의한 여객자동차터미널사업면허를 받은 자로서 관광객의 이용에 적합한 여객자동차터미널시설을 갖추고, 이들에게 휴게시설, 안내시설 등 편의시설을 제공하는 업이다.

(3) 관광토속주판매업

주세법에 의한 주류 제조 · 판매의 허가를 받은 자로서 관광객의 이용에 적합한 시설을 갖추고 이들에게 직접 제조한 토속주를 판매하는 업이다.

(4) 전문관광식당업

식품위생법에 의한 일반음식점 영업허가를 받은 자로서 관광객의 이용에 적합한 음식제공시설을 갖추고 이들에게 특정국가의 음식을 제공하거나 한국전통음식을 제공하는 업이다.

(5) 일반관광식당업

식품위생법에 의한 일반음식점 영업허가를 받은 자로서 관광객의 이용에 적합한 음식제공시설을 갖추고 이들에게 음식을 제공하는 업이다.

(6) 관광유흥음식점업

식품위생업법에 의한 유흥주점 영업허가를 받은 자로서 관광객의 이용에 적합한 시설을 갖추어 이를 이용하게 하는 자에게 음식을 제공하고, 가무음속을 감상하게 하거나 무도를 하게 하는 업(문화관광부령이 정하는 바에 의하여 그 종류를 세분한다)이다.

(7) 외국인전용 유흥음식점업

식품위생법에 의한 유흥주점 영업허가를 받은 자로서 주한 외국군인 또는 외국선원의 이용에 적합한 시설을 갖추어 이를 이용하게 하는 자에게 주류 기타 음식물을 제공하고, 무도를 하게 하는 업이다.

7) 유원시설업

(1) 종합유원시설업

유기시설 또는 유기기구를 갖추어 이를 관광객에게 이용하게 하는 업으로 대규모의 대지 또는 실내에서 법 제 31조의 규정에 의한 안전성 검사 대상 유기기구 6종류 이상을 설치, 운영하는 업

(2) 일반유원시설업

유기시설 또는 유기기구를 갖추어 이를 관광객에게 이용하게 하는 업으로서 법 제31조의 규정에 의한 안전성검사 대상 유기기구 1종 이상을 설치 운영하는 업

(3) 기타유원시설업

유기시설 또는 유기기구를 갖추어 이를 관광객에게 이용하게 하는 업으로서 법 제31조의 규정에 의한 안전성검사 대상이 아닌 유기기구를 설치 운영하는 업

표 9-1 관광진흥법상 관광사업 분류

분 류	종 류
여행업	일반여행업, 국외여행업, 국내여행업
관광숙박업	호텔업: 관광호텔업, 수상관광호텔업, 가족호텔업, 한국전통호텔업
	휴양콘도미니엄
관광객이용시설업	전문휴양업, 종합휴양업(제1종/제2종), 자동차야영장업, 관광유람선업, 관광공연장업, 외국인전용 관광기념품 판매업
국제회의업	국제회의기획업, 국제회의시설업
카지노업	카지노업
관광편의시설업	관광유흥음식업, 외국인전용유흥음식업, 관광식당업, 시내순환관광업, 관광사진업, 여객자동차터미널 시설업, 관광토속주판매업

분 류	종 류
유원시설업	종합유원시설업, 일반유원시설업, 기타유원시설업

3. 한국표준산업분류체계상의 관광사업

① 55 | 숙박 및 음식점 업

· 551 : 숙박업

· 552 : 음식점업

· 55101 : 호텔업

· 55223 : 한국식 유흥주점업

② 63 | 여행알선 및 운수관련 서비스

· 630 : 여행알선 빛 운수관련 서비스업

· 63061 : 여행사업

· 63069 : 달리 분류되지 않은 여행사 및 기타 여행보조업

③ 70 : 부동산 임대 및 사업서비스업

· 74941 : 사진촬영업

4. 사업목적에 따른 분류

(1) 공적 관광사업

공적기관: 국가, 지방자치단체, 비영리단체의 관광관련 사업

(2) 사적 관광사업

민간기업: 관광사업, 관광산업, 관광기업, 관광업

5. 영리목적의 분류

1) 영리목적의 사업

(1) 직접적 관광사업

숙박업, 여행업, 관광안내업, 관광기념품업, 관광선전업, 레크리에이션업, 사진업, 휴양업

(2) 간접적 관광사업

요식업, 오락업, 일반소매업

2) 비영리목적의 사업

(1) 공익단체

중앙관광단체, 지방관광단체, 업종별 단체

(2) 행정기관

정부, 지방자치단체의 관광관계 행정기관

제3절 관광사업의 발전

관광사업은 미지의 세계나 위락을 구하는 관광여행에 대응하는 여행관련 사업으로서 기능을 하여 온 것이지만, 그에 대응하는 방식은 시대적인 변천에 따라 커다란 변화를 거쳐 왔다.

이에 관하여 일본의 오다니다쓰오는 관광사업을 교통기관, 숙박시설, 관광조직과 같은 여러 관광현상의 발전에 근거하여, (1) 자연발생적 관광사업, (2) 매개(媒介)서비스적 관광사업, (3) 개발 · 조직적 관광사업의 3가지 발전단계로 나누어 특징적인 구분을 제시하고 있다.

그리고 이와 같은 구분은 관광사업의 경영형태로 볼 때에는 기생형 관광사업, 매개형 관광사업, 개발형 관광 사업으로 파악할 수 있다고 하겠는데, 이를 각 단계별로 보면 (표 9-2)와 같다.

표 9-2 관광사업의 발전단계

발전단계	시대	경영유형	사업주체	주요기업	관광자층
자연발생적 관광사업	고대 ~ 19세기중엽	기생형 관광사업	기업	말, 마차, 가마, 목선, 주막	귀족, 무사 특권층 서민의 종교
매개서비스적 관광사업	19세기주엽 ~ 2차세계대전	매개형 관광사업	기업, 국가	철도, 증기선, 호텔, 여관, 여행알선업	특권계급 서민의 일
개발조직적 관광사업	2차세계대전 ~ 현재	개발형 관광사업	기업, 국가, 공공단체	철도, 선박, 항공기, 자동차, 호텔, 여관, 여행업, 개발업	일반대중

관광사업의 각 발전단계의 특징을 보면 자연발생적 단계의 관광사업, 즉 기생형 관광 사업은 관광자를 적극적으로 유치하려는 활동도 없지는 않았으나, 전반적으로 볼 때 일반여행자나 관광자의 증가에 따라 자연적으로 발생되고 운영되었다는 것이다.

다음에 매개서비스적 단계의 관광사업, 즉 매개형 관광 사업은 교통업, 여행업, 숙박업의 3자가 관광사업의 핵심적인 위치를 차지하게 되었고, 이 3자가 관광자와 관광대상 간에 매개되어 적극적인 서비스의 제공에 노력함과 동시에 스스로의 노력으로 관광왕래의 촉진을 도모하였다는 것이다. 한편, 제1차 세계대전 이후에 와서는 각국이 관광기관의 육성을 적극적으로 추진하여 국제관광의 진흥을 도모하기도 했다는 것이다.

그리고 마지막 단계인 개발 · 조직적 단계의 관광사업, 즉 개발형 관광 사업은 관광왕래를 촉진함에 있어서 종래의 수동적인 입장을 버리고, 적극적인 수요개발에 진출하여 관광자의 조직화와 관광지의 개발에 비중을 옮김으로써, 관광사업을 국민복지라는 입장에서 국가정책으로 촉진하려는 인식이 높아졌으며, 동시에 관광이 대중사회에 정착하기에 이르렀다는 것인데, 이 같은 그의 구분은 관광사업을 관광자의 욕구에 대응하는 일절의 활동이라는 관점에서 파악한 관광사업의 발전을 설명하고 있는 것이다.

제 4 절 관광사업의 특성

●●●
관광사업은 다음과 같은 특성을 지닐 수 있다.
●●●

1. 복합성

관광사업의 복합성은 사업주체가 복합성을 갖고 있다는 것과 사업내용이 복합성을 가지고 있다는 것의 두 가지로 나누어 생각할 수 있다.

1) 사업주체의 복합성

사업주체란 사업을 주관하여 소기의 목적을 달성하는 조직을 말하는데 먼저, 관광사업의 주체는 여러 사업주체로 이루어지므로 복합성을 갖게 된다.

사업목적을 달성하기 위해 공적기관과 민간기업이 역할을 분담하여 공동으로 추진하는 현상이 타산업분야보다 현저하게 두드러진다. 예를 들면 공원의 유지 · 관리 · 도로건설 등은 공공기관에서, 여행업이나 숙박업은 거의 민간기업의 역할로 되어 있다.

이와 같이 관광사업의 기본성격으로서의 복합성이란 공적 기관과 민간기업이 역할을 분담하면서 전개하는 사업이라는 뜻이다. 최근에 와서 소셜 투어리즘(social tourism)이 강조되면서 공적 기관의 역할이 늘어나는 경향을 보이고 있다.

2) 사업내용의 복합성

사업내용의 복합성이란 관광사업 자체의 내용이 여러 가지로 분화되어 있다는 것을 말한다.

관광여행을 출발부터 도착까지 여행이 완결되는 전과정에서 관광사업의 개입을 생각해 보면, 여러 관련업종이 모여서 하나의 통합된 사업활동으로서의 관광사업을 성립시키고 있다. 그러나 각각의 사업활동은 관광사업의 일익을 담당하고 있으면서 동시에 각각 개별적 사업주체로서의 고유의 존재의의를 가진다.

이처럼 대부분의 사업활동이 부분적으로는 관광이라는 현상에 관여하고 있는 것이며, 완전한 관광사업이라 표현할 수 있는 경우는 거의 존재하지 않는다고 해야 할 것이다. 예를 들면, 교통업의 경우 관광객을 수송하는 부분은 사업이고, 일반의 통근이나 화물운송의 부분은 관광사업이 아니며, 여행업은 관광사업의 주종을 이루는 사업이지만, 해외이민자가 이용할 때는 관광사업이 아니다. 숙박업도 이와 같다.

2. 입지의존성

모든 관광지는 유형 · 무형의 관광자원을 소재로 각기 특색 있는 관광지를 형성하고 있다. 즉, 온천관광지, 산악관광지 등인데, 이러한 관광지는 대개 상호 치열한 경쟁상태에 놓이게 된다. 그러므로 관광사업은 관광지의 유형, 기후조건 및 관광자원의 우열, 개발추진상황, 교통사정 등 입지적 요인의 의존이라는 제약을 받게 된다. 동시에 시장의 규모, 체재여부, 현지조달가능재료, 인력공급 등의 경영적 환경과 관광객의 계층이나 소비성향 등의 수요의 질에도 큰 영향을 받게 된다.

관광사업의 경영적, 산업적 성격이 불연속 생산활동형, 생산 · 소비 동시완결형, 노동장비율의 상승이라는 특성을 가지고 있기 때문에 입지의존성은 높아지는 것이다.

3. 변동성

관광욕구의 충동은 생활필수적인 것이 아니고 임의적인 성격을 갖고 있기 때문에 관광여행은 외부사정의 변동에 매우 민감한 영향을 받는다. 관광사업이 변동성을 가지고 있는 요인 중 대표적인 것은 사회적 · 경제적 · 자연적 요인을 들 수 있다.

첫째, 사회적 요인은 사회정세의 변화, 국제정세의 변화, 정치불안, 폭동, 질병발생 등과 기타 인신안전에 불안감을 주는 요인들이다.

둘째, 경제적 요인은 경제불황, 소득의 불안정, 환율시세등락, 운임변동과 외화사용제한 조치 등의 요인들이다.

셋째, 자연적 요인은 기후, 지진, 태풍 등 파괴적인 자연현상 등을 들 수 있다. 또한, 관광행위는 계절적 변동이 두드러지게 나타나므로 관광사업경영에 여러 문제를 야기시키는 요인이 되기도 한다.

4. 공익성

관광사업은 공적인 것과 사적인 여러 관련산업으로 이루어진 복합체라는 점에서 기업이라도 영리추구에만 전념하는 경영은 허용되지 않는다. 관광사업에 있어서 공익적 측면은 사회문화적 측면과 경제적 측면으로 분류해 지적할 수 있다.

첫째, 사회문화적 측면은 국위선양, 상호이해를 통한 국제친선증진, 국제문화의 교류, 세계평화에의 기여 등의 국제관광부문과 국민보건향상, 근로의욕고취 및 교양향상 등의 국민관광부문 측면을 기대할 수 있다.

둘째, 경제적 측면은 외화획득과 경제발전, 기술협력과 국제무역증진효과 등의 국민경제측면과 소득효과, 고용효과, 산업연관효과, 국민후생복지증진, 생활환경개선 및 지역개발효과 등의 지역경제측면을 기대할 수 있다.

따라서 관광사업의 내용은 점차 공익적인 면의 인식이 높아져 가고 있으며, 관련분야도 자연, 문화, 경제, 종교, 정치 등 전 분야로 확대해가고 있다. 그러므로 관광사업은 개별기업활동의 특징을 살려가면서 공익적 효과를 높여 가야 할 것이다.

5. 서비스성

관광산업을 '서비스'산업이라 하는 것은 관광사업이 관광객에 대하여 '서비스'를 제공하는 영업을 중심으로 하고 있기 때문이며, 무형의 '서비스'가 가장 중요한 요소로 작용한다.

'서비스'는 관광객의 심리에 지대한 영향을 미치고 있으므로 관광사업에 있어 '서비스'의 부양은 기업 자체는 물론 관광지 전체, 국가 전체의 관광사업 성패에 결정적 요인이 된다.

이러한 '서비스'의 제공은 관광사업종사자 뿐만 아니라 지역주민이나 국민전체의 친절한 '서비스' 제공이 더욱 필요하기 때문에 관광인식의 보급 등 일반 국민에게 계몽운동을 전개할 필요가 있다.

최근 관광의 붐 현상과 대중관광시대를 맞이하여 관광에 있어서 민간기업의 비중과 역할이 높아졌고, 민간기업 활동이 관광사업의 중심을 이루게 되었다.

이러한 사실을 뒷받침하는 증거로써 일부 선진국에서는 관광사업을 민간기업 활동으로 보는 협의의 개념이 용인되고 있다. 따라서 협의의 개념하의 관광사업의 특징은 다음과 같다(Keiser, 1989:4~5).

1) 서비스 지향성

서비스는 무형재이고, 제품은 유형재이다. 고객이 레스토랑에서 식사를 할 때, 그 식사는 음식뿐만 아니라 특별한 조리기술, 테이블 서비스 및 지식 등을 포함하게 된다. 서비스는 제품과 같은 방식으로 생산될 수 없으며, 재고로 남을 수도 없다. 만약에 호텔객실이 해당일에 판매되지 않는다면 해당일의 수익은 영원히 회복될 수 없다. 따라서 서비스와 제품 사이의 차이점이 마케팅, 유통, 생산에서의 차이점을 결정한다.

2) 고객과 종업원에 대한 고려

소매점포는 종업원 1인당 많은 고객을 유치한다. 공장은 많은 종업원을 보유하지만, 고객은 보유하지 않는다. 그러나 관광사업의 현장에서는 판매와 제조가 같은 장소에서 발생한다. 더군다나 관광서비스의 판매는 상당히 좋은 질의 노동력을 포함한다.

3) 특별한 종류의 노동력

관광사업이 노동집약적이기 때문에 경영자는 되도록 값싼 노동력을 채용하려고 노력하고, 이러한 노력은 값비싼 노동력을 취급하는 것과는 다른 문제점을 내포하고 있다. 일반적으로 관광산업에서는 이직률이 높으며, 고객과 상호작용적이 되어야 하고 노조와의 관계도 다양하기 때문에, 이러한 현상과 관련하여 노동력의 채용 문제를 취급해야 한다.

4) 작은 운영단위

비록 관광사업이 큰 체인 형식을 취하는 것이 증가하고 있지만, 점포의 많은 수가 가맹점이나 개인 소유 형태를 띠고 있는 관계로 인해 규모가 작다. 이러한 사실은 점포의 경영자들이 상대적으로 비경영전문가이지만, 큰 체인 경영기업이 취급해야 하는 경영의 다양한 측면을 다루어야 한다는 것을 의미한다.

5) 낮은 생산성

규모가 작은 노동집약적 기업체는 규모가 크고 효율적이며 자동화된 시설을 가지고 있는 큰 기업체보다 훨씬 낮은 생산성을 기록한다.

따라서, 성격상 관광사업은 되도록 노무비를 낮추면서 높은 수준의 서비스를 제공해야 하는 문제점을 가지고 있다. 관광사업은 높은 생산성을 통해서 종업원이 더욱 큰 혜택을 받을 수 있고, 또한 높은 투자수익률을 기록할 수 있다.

관광 이야기

종합관광산업으로 발전하는 美 라스베이거스 카지노산업

국내 지방자치단체에서 관광산업 특히 카지노산업의 모델로 삼는 곳이 미국 라스베이거스다. 제주도가 역시 내국인 카지노산업에 대한 논의가 있을 때마다 주문처럼 나오는 단어가 미국 라스베이거스 카지노산업의 성공이다. 하지만 라스베이거스의 카지노산업은 단순 도박장이 아닌 종합 엔터테이먼트산업으로 발전하고 있다. 때문에 카지노산업만 모방하는 것은 도박장만 가져오는 꼴이다.

2006년 11월 라스베이거스는 역시 카지노산업이 한창이다.

화려한 불빛으로 치장한 다양한 호텔들은 숙박손님보다는 카지노 손님에 대한 배려가 여전하다. 때문에 숙박비와 음식료가 미국의 다른 도시보다 상대적으로 싸다.

1936년 개발된 후버댐으로 풍부한 전력은 불야성을 이루는 라스베이거스를 해마다 발전시키고 있다.

라스베이거스는 단순히 카지노만 하는 도박도시가 아니다.

최근에는 관광컨벤션산업의 성공으로 주목을 받고 있다. 부산시에서는 지난 21일 미국 네바다주립대학 Stuart H. Mann 호텔경영대학장을 초청하고 '라스베가스 관광컨벤션산업의 현황과 성공비결'이라는 강연회도 가졌다.

최근에는 컨벤션산업 뿐만 아니라 다양한 공연도 관광객을 유혹하고 있다. 한마디로 라스베이거스에 오면 회의는 물론 각종공연과 카지노 그리고 쇼핑까지 가능하도록 만들고 있다. 결국 최근에는 매월 300만 명에 이르는 관광객들이 라스베가스를 찾아 각종 엔터테인먼트를 즐기고 있다. 때문에 라스베이거스에서 단순히 카지노만을 모델로 삼는다는 것은 위험한 발상이다.

라스베이거스 플라밍고 호텔 카지노업장에서 보안요원으로 10년 넘게 활동하는 한국계 한 여성은 카지노에 대한 위험을 경고했다. 그녀는 "많은 사람들이 카지노에 몰입하면 헤어나지 못한다"며 "특히 한국인들은 모든 것이 바닥날 때까지 계속한다"고 말했다. 그녀는 특히 "최근 카지노매장이 확장되면서 카지노기계의 승률이 점차 떨어지고 있다"며 "오락의 수준을 넘는 카지노매장에 오지 않는 것이 중요하다"고 강조했다.

실제로 한 미국인은 4천 달러 정도를 땄지만 카지노 매장을 떠나지 않고 같은 장소에서 카지노를 계속하기도 했다. 화려한 도시 라스베이거스는 단순 도박장으로 가득한 도시가 아닌 관광과 각종회의, 공연이 종합적으로 펼쳐지는 종합 엔터테인머트로 도시로 발전하고 있다.

제주CBS jejupop@cbs.co.kr

제 10 장 관광숙박업

제1절 숙박업

제2절 호텔업

제3절 휴양콘도미니업엄

제4절 기타 숙박시설

제1절 숙박업

1. 숙박업의 개념

숙박업(lodging industry)은 광의로 볼 때 숙박에 필요한 시설 및 설비를 갖추고 손님을 숙박시키는 업체를 말하는 것으로, 호텔, 여관, 하숙, 합숙소 등과 같이 수수료 및 계약에 의하여 이용자들에게 숙박설비를 제공하는 사업체를 말한다.

1) 호텔업(Hotel)

숙소와 식음료 등 종합적인 서비스를 제공하고 일정한 대가를 받는 서비스 업체를 말한다.

2) 여관업(Inn)

여관, 여인숙 등과 같이 호텔 서비스 중 공중서비스가 제한되거나, 룸서비스, 개별 봉사 서비스 등이 없거나 제한된 숙박설비를 제공하는 산업 활동을 말한다.

여관은 돈을 받고 여객을 묵게 하는 집으로 객정, 여관집, 여사, 여숙, 전사, 역려라고도 하며, 객사는 객지의 숙소로 개관, 노실이라고도 하는데 이는 고려, 조선시대의 경우 다른 곳에서 온 관을 묵게 하던 곳이다. 여관은 여관 · 여인숙 등과 같이 호텔서비스 중 공중서비스가 제한되거나 룸서비스, 개별봉사서비스 등이 없거나 제한된 숙박설비를 제공하는 산업 활동이다. 여인숙은 나그네를 상대로 하는 규모가 작고 값이 저렴한 숙박업소로 객실 면적의 합계가 33㎡이상이어야 한다. 민박은 일반민가에서 묵는 것으로 민숙이라고도 하며, 비교적 저렴한 요금으로 숙박할 수 있기 때문에 많은 사람이 이용하고 있다.

3) 하숙업(Lodging)

약정기간 동안 식사와 숙박장소를 함께 제공하는 산업활동을 말한다.

4) 회원제 숙박시설 운영업(Lodging houses operation on membership basis)

일반대중에게는 제공되지 않고, 특정회사 및 회원단체의 소속원이나 특정 회원을 대상으로 숙박 또는 숙식을 제공하는 회원숙박시설을 운영하는 산업활동을 말하며, 여기에는 회원제 숙박시설 운영, 회사원 기숙소 운영, 회원 전용 숙박소 운영, 회사원 합숙소 운영, 공제조합원 전용 숙박소 운영, 클럽회원 전용 숙박소 운영 등이 포함되지만, 아파트식 호텔을 분양 임대 운영 또는 관리하는 산업활동은 제외된다.

5) 달리 분류되지 않은 숙박업(Camping sites and other provision of short-stay accommodation)

기타 달리 분류되지 않은 숙박업으로서 캠프장 시설운영이 여기에 포함된다. 여기에는 아동용 휴일 캠프장 운영, 휴가센타 및 휴식소 운영, 산장 운영, 캠프장 및 카라반 휴식소 운영 등이 포함된다.

표 10-1 숙박시설의 종류

종류		등록기준	근거법령
호텔업	종합관광호텔업	객실 30실 이상	관광진흥법
	일반관광호텔업	객실 30실 이상 관광숙박시설지원등에 관한 특별법에서 지정한 규정에 의한 지정숙박기준 구비	
	수상관광호텔업	객실 30실 이상 오수저장, 처리시설 및 폐기물	
	한국전통호텔업	건축물 외관: 전통가옥형태 욕실 또는 샤워시설 구비	
	가족호텔업	객실 30실 이상 객실면적 19m² 이상 객실별 취사시설 설치 또는 매층별 공동취사장 설치	
휴양콘도미니엄		동일단지내 50실 이상 매점 또는 간이매장 설치 문화체육공간 1개소 이상 구비	
여관업	갑	객실 20실 이상	공중위생법
	을	객실 7실 이상 20실 미만	
여인숙		객실바닥면적 합계 33m²이상 1객실 4m² 이상	
민박			기타
유스호스텔업		숙박실 20인 이하	
야영장			
연수원 기숙사			

자료 : 관광진흥법, 공중위생법 및 기타 관광법규에서 정리

표 10-2 숙박업 현황(단위: 개)

구분 / 시도	2006년 6월말 현재		
계	32,653		
서 울	4,049	강 원	2,373
부 산	2,800	충 북	1,221
대 구	1,282	충 남	2,166
인 천	1,181	전 북	1,495
광 주	1,017	전 남	1,874
대 전	1,081	경 북	2,588
울 산	830	경 남	2,916
경 기	5,025	제 주	755

2. 숙박업의 역사

1) 세계의 숙박업 역사

초기의 숙박시설은 여행의 시작과 함께 발달되었다고 할 수 있다. 사람들이 정착생활을 영위하기 시작하면서, 자신의 일상생활권을 떠나 비일상권으로의 여행에 따르는 문제는 여행지에서의 숙박과 식음에 대한 문제의 해결이 긴요한 사항이었을 것이다. 그러므로 숙박시설의 역사는 인간의 사회행동과 이동을 같이 하여 발전하였으며, 이때부터 일시적으로 머물수 있는 공간이 필요하게 되어 숙박업의 기원이 되었다.

(1) 고대의 숙박시설

초기 숙박시설은 상업, 종교상의 목적으로 여행하는 여행자, 관리, 외교사절을 위한 비영리시설로서 지주에게만 허용되었다. 고대 그리스 시대에는 올림포스 산에서 신전참배를 비롯한 종교적 활동으로 여행의 왕래가 많아졌으며, 또한 고대올림픽 대회에는 각지로부터 많은 여행자들을 불러들여 관광의 발전을 가져오게 되었다. 고대 이집트나 그리스 시대에는 도시 사이를 연결하는 교통의 요지에 포장마차 형식의 이동식 숙박시설 형태인 캐러번(caravans)이 사용되기 시작하였다. 그리고 이들 여행객들과 짐을 실어 나르는 동물에게 휴식과 음식을 제공할 수 있는 휴식처가 생겨났으며, 그러한 상인들의 숙소형태가 지금도 흔적으로 남아 있어 칸(kans) 또는 캐러밴서리(caravanseries)라고 불려지고 있다.

또한 고대로마 시대는 교역이 성행하였을 뿐 아니라 여행을 여행 자체로 즐기기 위한 목적으로 발달하였다. 이러한 여행객들의 이동으로 인해 무역로변이나 일반도로에는 이용하기 불편하지만 나름대로의 숙박업체들이 산재하고 있었다. 그리고 도시의 상업중심지나 관광지에는 부유층들이 이용하는 고급의 여관(hospitum)들이 발달하였다.

(2) 중세의 숙박시설

로마 멸망 후 중세유럽의 관광은 로마 교황을 중심으로 한 기독교 문화의 공동체였던 탓으로 세속적인 향락과 여행이 금지되었고, 종교순례자들의 종교 관광이 성황을 이루었다. 중세시대 서구에서는 도보여행자나 성지순례자들에게 수도원을 개방시켜 주고 있었다. 당시 교회기구들은 여행자들을 숙박시키기에 재원이 충분하여 저렴한 가격, 혹은 무료로 숙박시킬 수 있었다. 이 당시의 관광은 성지순례(pilgrim)의 형태이고, 여행자들의 숙박장소로는 종교적 봉사정신으로 제공되는 수도원이나 교회, 도로변의 간이숙박시설이 주로 이용되었다고 할 수 있다.

(3) 인(Inn)의 시대

14세기 이탈리아에서 일어난 문예부흥운동(renaissance)이 전 유럽으로 확대되고, 신대륙의 발견은 유럽 근대사회의 외면적 확대와 유럽중심의 세계관을 파괴시켜 지중해 중심의 무역을 신대륙으로 확대시켜 상업적 여행이 증대되었다. 여행객의 증대와 함께 중세시대 숙박시설로서의 역할을 해오던 수도원이 점차 변형되어 영리추구의 숙박업소로 독립하여 운영되기 시작하였고, 이때부터 인(inn)으로 불려지게 되었다.

16세기 초에 나타나기 시작한 그랜드 투어(The Grand Tour)는 17세기에 들어 유럽의 귀족들에게 일반화됨으로써 유럽지역을 장기간 순회여행하게 되었으며 이때 사용된 숙박시설이 인(inn) 또는 터번(tavern)이다.

(4) 호화호텔(Grand Hotel)의 시대

현대의 숙박시설에 영향을 미치게 된 숙박시설은 19세기 중엽부터 나타났다고 할 수 있다. 16세기에서 18세기에 걸쳐 유럽에서는 국왕이 한 나라의 권력을 잡고 중상주의 정책을 추진하면서 상당한 영향력을 갖고 있었다. 이 시대의 상징적인 루이 14세가 건설한 베르사이유 궁전을 배경으로 호텔이 상류 사회의 세련되고 호화로운 시설과 서비스의 내용으로 이루어지게 되었다.

오늘날 세계의 고급호텔에서 보여지는 호화로운 외관의 건물과 실내장식, 사치스런 프랑스 요리와 식기류, 그리고 품위 있는 서비스 방법과 식사방법은 이러한 왕후귀족의 생활양식을 상업화한 것이라 할 수 있다. 이러한 형태는 전대의 인(Inn)과는 전혀 다른 개념으로 여행자를 단순히 숙박시킨다는 개념보다는 숙박과 음식에 관련된 사치스러움을 제공하는 것으로 궁전을 대신한 새로운 귀족과 부유층을 위한 사교장으로서의 특징을 갖게 되었다. 1850년대에 파리에서 건설된 '그랜드호텔(Grand Hotel)'이 대표적인 것이라고 할 수 있다.

호화호텔시대에 대표적인 호텔경영자는 세자르 리츠(Ceaser Ritz)이다. 세자르 리츠가 호텔경영에서 탁월한 능력을 인정받는 것은 그의 서비스 정신 때문이다. 이러한 그랜드호텔의 이용자는 귀족과 부유층이었으며 높은 사회적 지위를 갖고 있었다. 리츠는 이러한 고객의 취향을 정확하게 파악하고 그들의 욕구를 만족시키는데 최선을 다하였다. 그야말로 현대의 마케팅을 경영에 반영한 것이다. 세자르 리츠는 칼튼호텔도 인수하여 현재의 리츠칼튼 호텔의 효시가 되었다.

(5) 상용호텔의 시대

18세기 영국의 산업혁명은 19세기에는 유럽과 미주지역으로 확산되었고 경제가 크게 발달하였다. 이러한 경제 발달은 상용적인 여행을 크게 증가시키게 되었으며 그 결과 저렴하고 쾌적한 숙박시설이 많이 나타나게 되었다.

상용고객을 대상으로 한 강한 사회적 요청을 파악하고 기회를 현실화시킨 것이 스타틀러(E. M. Statler)였다. 스타틀러는 리츠의 호텔경영과는 달리 일반 서민이 부담할 수 있는 저렴한 가격으로 최고의 서비스를 제공하는 것을 목적으로 했다. 그의 버팔로 스타틀러 호텔(Buffalo Statler Hotel)은 편리함(convenience), 쾌적함(comfort), 합리적 가격(reasonable price)을 가지고 서민이 지불가능한 요금으로 호텔객실을 제공했다. 저가격을 실현하기 위해 건물의 구조로부터 종업원의 관리, 원가관리 등 경영관리 시스템을 단순화, 표준화, 과학적 관리를 추진하였다. 상용호텔의 특성은 그랜드시대와는 달리 이윤추구이며 저가격 전략을 전제조건으로 경제적인 경영시스템을 추구하여 체인화가 이루어지게 되었다.

(6) 현대의 숙박산업

제2차 세계대전의 이후부터 미국의 호텔업계는 호텔체인을 축으로 하여 발전하게 되는데 쉐라톤과 힐튼이라는 2개의 호텔이 대두되었다. 1920년대의 경제대공황을 맞으면서 많은 호텔들이 경영수지의 악화가 나타나게 되었는데 쉐라톤의 창업자 어니스트 헨더슨(Ernest Henderson)과 힐튼의 창업자 콘래드 N. 힐튼(Conrad. N. Hilton)은 모두 금융업과 부동산의 전문가로서 이러한 호텔들을 쉽게 매수하여 체인화해 나감으로써 그 규모가 대단해지고 경쟁력도 높아지게 되었다. 특히 힐튼 호텔은 새로운 체인 호텔의 경영방식인 경영계약 방식을 도입하여 이를 구축하였고 호텔업의 해외진출을 꾀하여 세계적 호텔체인을 구축하였으며 1963년에는 대규모 회의가 가능한 46층의 2,000실 규모의 The New York Hilton을 건설, 미국 컨벤션 호텔의 효시가 되었다.

일반서민에게 보다 싸고 편리함과 쾌적함을 제공한다는 스타틀러의 경영이념이 홀리데이 인의 창업자 윌슨(Kemmons Wilson)에 의해서 모텔이라는 혁신적인 숙박시설을 가지고 탄생하였다. 제2차 대전 이후 승용차의 보급으로 자동차 여행객의 급증으로 주요도로를 따라 나타난 쾌적한 숙박시설이 모텔이다. 홀리데이 인에서는 어린이용 침구는 무료로 제공하였고 공동설비는 표준화하였으며 각종 음료나 제빙기는 자동판매기나 셀프서비스 형식으로 제공하였다. 또 가족용 레스토랑을 두었고 어린이들이 즐길 수 있는 풀과 베이비시터 서비스를 하였다. 이러한 홀리데이 인은 프랜차이즈 형태의 새로운 방식으로 급속한 체인화를 실현하였다.

또한, 제2차 세계대전 후부터 항공사의 호텔경영 진출이 시작되어 오늘날 점차 번창해가고 있다. 이러한 추세는 항공기의 승객에 대한 호텔을 확보한다는 입장에서의 장점을 살리고 호텔경영 그 자체에서도 수익을 기대할 수 있기 때문이다. 이의 선두주자는 팬암항공(Pan American Airline)이었다. 100% 출자 자회사인 인터컨티넨탈 호텔은 힐튼보다 한발 앞서 해외로 진출하였다. 1967년에는 TWA(Trans World Airlines)가 힐튼 인터내셔널을 매수하였고 유나이티드 항공은 Western International Hotel을, 아메리칸 항공은 아메리칸 호텔을 소유하고 있다.

최근의 성공한 미국 외식산업체는 이에 머물지 않고 숙박산업에 진출하는 경향이 있는데 이의 대표적인 호텔이 하워드 존슨(Howard Johnson)과 메리어트(Marriott)이다. 이들은 외식산업체에서의 성공을 기반으로 숙박산업에서도 급성장을 이루었다. 하워드 존슨은 아이스크림 스탠드에서 하이웨이 레스토랑을 개발하고 프랜차이즈 시스템을 개발한 형태로 숙박산업에 진출하여 홀리데이 인과 같은 컨셉을 가지고 전개하였다. 메리어트의 경우도 하워드 존슨과 비슷한 사례를 따르고 있는데 경영전략은 새로운 분야로 적극적인 다각화 경영을 이끌어 이익을 극대화시키는 것이다. 그러한 산업은 외식산업, 숙박산업, 기내식의 세 분야로 진출하고 있으며 여행업과 테마파크에도 진출을 시도하고 있다.

현재 세계의 호텔산업은 질과 양적으로 성숙하여 저가의 호텔부터 최고급의 호텔까지 매우 다양하게 발전되고 있다.

2) 한국의 숙박업 역사

(1) 우리나라 숙박업의 기원

우리나라는 삼국시대인 신라 문무왕때 차득공이 지방을 여행하면서 사숙의 집에서 유숙하였다는 내용이 삼국유사 문무왕조에 수록되어 있는 것으로 보아 그 당시는 토호의 집에서 관리나 여행객이 유숙하였음을 알 수 있다. 그 후 고려 초기에 역관이 생겨 여행객의 숙박시설로 이용되었고 고려 성종 때에 와서 주점이 처음으로 생겼다. 그 당시의 주점은 오늘날의 여인숙과 비슷한 숙박장소로 식사와 주류를 판매하고 숙박도 겸한 장소였다.

조선 초기에는 한양을 중심으로 각 지방간의 왕래가 빈번하여지자 각 도의 요지에 역사(驛舍)를 두어 주로 관리들이 여행시에 사용하게 하였으며 일반 평민들은 대부분이 다른 평민의 집에서 유숙을 하면서 여행을 하였다. 그리고 승려들은 주로 사찰을 숙박장소로 이용하며 포교활동을 하였다. 조선 중기 이후는 거간(居間) 또는 객주(客酒)가 한양을 중심으로 나타나 중개업을 겸한 숙박업을 겸하였고 일반 평민도 그것을 이용할 수 있었다. 조선 말기에 와서는 거간이나 객주는 없어지고 주막과 여각으로 변천되면서 숙박업이 성장하였다. 오늘날 흔히 불리어지고 있는 여관・여인숙은 일제시대에 와서 도입된 명칭이다.

(2) 우리나라의 호텔의 등장 및 발전과정

우리나라 호텔이 생성된 동기는 철도교통의 발달로 인한 역사의 건축으로 유래된 것이다. 1888년에 인천항을 드나들던 일본인과 외국인을 유치하기 위해 우리나라 최초로 호텔개념이 도입된 대불호텔이 인천 서린동에 3층의 벽돌로 건축되어 11실의 객실로 운영되었다. 1899년 4월 19일에 경인선이 개통되고, 경부선과 경의선이 개통되면서 한국 철도의 최초건물인 인천역의 본역사가 1900년 5월에 신축되었고 우리나라 호텔의 원조인 손탁(Sontag) 호텔이 현재의 서울 정동 이화여중 자리에 최초로 건립되었다. 손탁호텔은 프랑스인 '손탁'이 서양가구・장식품・악기・의류・서양요리를 처음으로 도입하여 호텔을 운영하였으며 1908년경까지 존속하다가 없어졌다. 그리고 부산철도 호텔의 전신인 부산 본역사는 1910년 10월 공사비 97만원으로 부두선 설비와 함께 준공한 것인데 벽돌 2층(연건평 689평), 천연 슬레이트 지붕으로 아래층은 역, 위층은 호텔로 사용하게 한 당시의 한국 철도건물 중 가장 훌륭하였다. 또한 신의주 역사는 1911년 10월 공사비 9만원으로 건축된 역사・호텔 병설의 3층 벽돌집으로 1층은 역, 2층은 순 양식 여관시설을 한 당시의 부산역 다음 가는 건물이었다. 이 두 건물은 모두 역사를 겸한 호텔로서 부산 철도호텔과 신의주 철도호텔로 1912년에 각각 개관하였다.

구 조선호텔은 1914년 3월에 건립된 서구식과 한국식을 겸한 4층 건물로서 65개의 객실을 가진 우아한 호텔로 운영하여 오던 중 1967년에 헐리게 되었고 그 자리에 현 조선호텔이 국제관광공사(현 한국관광공사)와 아메리카 에어라인(The American Airline of the United States)이 공동 투자하여 건설되어 1970년 3월에 개관하였으며 현재는 신세계백화점에서 인수하여 웨스틴체인과 경영계약을 체결하여 경영하고 있다. 이 호텔은 지하 2층, 지상 19층의 객실 471실을 보유하고 있으며 수용인원 1,000명의 그랜드 볼룸 등의 부대시설을 갖춘 것으로서 우리나라에서 현대적인 대규모 호텔의 시초라고 할 수 있다.

구 반도호텔은 1936년에 건축한 구미식 10층 건물로 객실 111개에 수용인원 150명의 영국식 호텔이었으나 1974년 롯데호텔의 신축공사로 헐리게 되었다. 그리고 1957년 온양호텔이 구미식과 한국식을 겸한 3층 건물로 객실 65개와 연회장 · 온천장 · 탁구장 · 대규모 정원을 갖추고 개관하였고 1950년대를 전후하여 동래호텔과 불국사 관광호텔, 설악산 관광호텔이 세워졌다.

우리나라 호텔사업이 본 궤도에 오르게 된 것은 1960년대에 이르러서 관광사업진흥법이 제정 · 공포되면서부터 시작되었으며 메트로 호텔(Metro Hotel), 사보이 호텔(Savoy Hotel), 아스토리아 호텔(Astoria Hotel) 등이 각각 영업을 함으로써 민영호텔의 선봉이 되었으며 호텔 앰버서더(Hotel Ambassador)가 뒤를 이어 개업한 것으로 보아 호텔경기가 점차 호전되었음을 알 수 있다.

1963년에는 워커힐이 254개의 객실과 오락시설을 구비한 리조트 호텔로 출발하였으며 이 호텔은 1978년에 쉐라톤과 프랜차이즈 경영계약을 체결함으로써 상호를 쉐라톤 워커힐로 바꾸었으며 객실 792실과 각종 식당 · 칵테일 바 · 연회장 · 오락실 · 카지노 등을 운영하고 있다. 그 후 1966년에는 322실의 세종 호텔이 민간자본에 의해 건설되었으며, 이 때를 즈음하여 많은 중소 민영호텔이 출현하였다.

우리나라 호텔업의 성장기라고 할 수 있는 1970년대에 들어와서는 조선호텔과 코리아나 호텔이 개관을 하였고 서울 남산에 서울 하얏트가 1978년에 오픈하여 지하 2층, 지상 18층의 655개의 객실을 보유하고 있으며 총 공사비 119억 3,700만 원이 투입된 현대식 호텔이다. 또한 우리나라 호텔 중 최대인 롯데호텔은 지하 3층, 지상 38층의 옥탑의 건물로 대지면적이 6,955평(22.952㎡)과 연건평 39,638평(139,371㎡)으로 총 객실 수 975실을 갖춘 국제호텔로서 그 위용을 자랑하고 있다. 신라호텔은 1973년 11월 1일에 건축기공식을 한 이 후에 대지면적 27,966평에 건축면적 1,530평으로 지하 3층, 지상 22층, 옥탑

1층, 객실 672실과 각종 부대시설을 갖추고 총 건설공사비 282억 2,600만 원이 투자되어 1979년 3월 8일 특급호텔로 개관하였다. 또한 우리나라 호텔은 1988년 서울 올림픽을 계기로 하여 서울 르네상스 호텔(498실), 그랜드 힐튼 호텔(511실), 서울 인터컨티넨탈 호텔(599실), 호텔 롯데월드(505실)등이 각각 개관되어 현대적 시설을 갖춘 국제수준의 특급 호텔이 확충되었다. 특히 그랜드 힐튼 호텔은 장기로 서울지역에 체재하는 외국인들을 위한 특별한 객실을 신축하여 장기체재객을 유치할 수 있는 레지덴셜호텔(residential hotel)의 효시가 되고 있다.

따라서 우리나라 관광호텔은 인적 서비스 및 경영관리의 향상을 실현하고 관광시설 개보수사업에 역점을 두어야 하겠으며 시설의 개보수와 교체로서 현대화를 이룩하고 관광시설의 점진적인 확충으로서 관광객 수용태세를 갖추어야 할 것이다. 즉 우리나라 관광숙박시설은 신규 관광 호텔의 건설과 더불어 기존 호텔시설을 개선 정비토록 하고 관광사업체의 경영합리화를 통하여 국제경쟁력을 제고해야 할 것이다.

3. 관광숙박업의 정의 및 분류

1) 관광숙박업의 정의

관광숙박업이란 관광자를 대상으로 숙박업의 기능, 즉 그들을 숙박시키고 간단한 음식을 제공하는 기능을 수행하는 업을 말한다. 현대관광에서의 숙박시설은 법에서 정하고 있는 것과 같이 숙박과 음식 제공 등의 최소한의 시설과 서비스 뿐만 아니라 사교・레저・오락・휴양 등 사람들의 다양한 욕구를 충족시켜줄 수 있는 부가적인 상품을 끊임없이 개발하고 있으며, 그에 따라 형태도 다양하게 변화하고 있는 실정이다.

관광진흥법 제3조에 의거하여 관광숙박업은 크게 호텔업과 휴양콘도미니엄업으로 나뉜다. 호텔업은 관광객의 숙박에 적합한 시설을 갖추어 이를 관광객에게 제공하거나 숙박에 부수되는 음식・운동・오락・휴양・공연 또는 연수에 적합한 시설 등을 함께 갖추어 이를 이용하게 하는 업을 말하며, 휴양콘도미니엄업은 관광객의 숙박과 취사에 적합한 시설을 갖추어 이를 당해시설의 회원・공유자 기타 관광객에게 제공하거나 숙박에 부수되는 음식・운동・오락・휴양・공연 또는 연수에 적합한 시설 등을 함께 갖추어 이를 이용하게 하는 업을 말한다. 그 동안 관광호텔업, 국민호텔업, 해상관광호텔업, 가족호텔업, 한국전통호텔업 및 휴양콘도미니엄업으로 구분되어 오던 것을 관광진흥법 시행령 개정을 통해(99년 5월 10일) 국민호텔업과 가족호텔업을 가족호텔업으로 통합하고, 해상관광호텔업은 수상관광호텔업으로 명칭을 변경하였다. 그리고 관광진흥법 개정(2005년 4월 17일)을 통하여 관광숙박업에 대한 문화관광부 장관 또는 시도지사의 등록권한을 각각 시도지사 또는 시장 · 군수 · 구청장에게 이양하였다.

2) 관광숙박업의 분류

관광진흥법 시행령 제 2조에 의거하여 관광숙박업의 종류는 다음과 같다.

(1) 관광호텔업

관광호텔업은 종합관광호텔업과 일반관광호텔업으로 구분하고 있다.

표 10-3 관광호텔업 등록현황

구분	특1등급		특2등급		1등급		2등급		3등급		등급미정		합계	
	업체	객실	업체	객실	업체	객실	업체	객실	업체	객실	업체	객실	업체	객실
서울	16	8929	20	4996	33	3861	27	1714	10	570	6	498	112	20568
부산	5	2311	4	850	14	1222	15	767	15	634	6	1355	59	7139
대구	1	342	7	551	15	881	5	247	–	–	1	32	29	2053
인천	2	700	4	655	5	289	9	373	6	238	3	173	29	2428
광주	–	–	3	259	8	501	5	223	2	68	2	103	20	1154
대전	–	–	3	585	7	465	11	468	2	62	3	154	26	1734
울산	2	495	–	–	–	–	2	146	1	38	1	75	6	754
경기	–	–	4	480	22	1456	16	839	7	284	9	651	58	3710
강원	1	477	9	1386	10	668	3	152	2	94	4	209	29	2986
충북	–	–	1	180	18	1303	2	73	3	97	–	–	24	1653
충남	–	–	2	270	3	324	5	217	2	75	–	–	12	886
전북	1	118	2	277	5	383	4	203	0	0	–	–	12	981
전남	–	–	1	58	9	599	6	263	7	267	1	50	24	1237
경북	5	1698	3	521	15	910	12	690	10	458	3	127	48	4404
경남	–	–	3	411	13	1115	7	365	2	67	0	0	25	1958
제주	11	3193	4	575	18	1595	5	284	5	251	1	303	44	6204
계	44	18263	70	12054	195	15575	134	7024	74	3203	40	3730	557	59849

자료 : 한국관광호텔업협회
*주: 등급이상은 신규등록업체로서 현재일 기준 등급심사가 이루어지지 않은 업체

(2) 수상관광호텔업

수상에 구조물 또는 선박을 고정하거나 계류시켜 놓고 관광객의 숙박에 적합한 시설을 갖추거나 부대시설을 함께 갖추어 이를 관광객에게 이용하게 하는 업이다. 2000년 7월 20일 최초로 부산 해운대구에 객실수 53실의 수상관광호텔이 등록되었다.

(3) 한국전통호텔업

한국전통의 건축물에 관광객의 숙박에 적합한 시설을 갖추거나 부대시설을 함께 갖추어 이를 관광객에게 이용하게 하는 업이다. 1991년 7월 26일 최초로 제주도 중문관광단지 내에 객실수 30실의 한국전통호텔(중문 씨빌리지)이 등록되었다.

(4) 가족호텔업

가족 단위 관광객의 숙박에 적합하도록 숙박시설 및 취사도구를 갖추어 이를 관광객에게 이용하게 하거나 숙박에 부수되는 음식 · 운동 · 휴양 또는 연수에 적합한 시설을 함께 갖추어 이를 관광객에게 이용하게 하는 업이다.

관광 이야기

도로와 바다 위를 쌩쌩…수륙양용 버스

이르면 내년부터 도로와 바다 위를 동시에 다니는 '수륙양용 관광버스'가 부산 해운대와 광안리에 등장할 전망이다. 이 버스 길이는 9m, 폭 2.46m, 높이 3.2m이다. 탑승 인원은 30~40명. 사진은 호주 골드코스트에서 운영 중인 수륙양용버스.

지상에서 바퀴로 이동하고 물에서는 보트가 되는 이 버스는 육상에서는 시속 40~50㎞, 해상에서는 18~20㎞의 속력을 낼 수 있다.

노선은 부산 아쿠아리움을 출발, 동백섬 순환도로-요트경기장(입수)-광안리수변공원-벡스코를 돌아오는 것과 광안리해수욕장을 출발, 광안리수변공원(입수)-요트경기장-광안대교 구간을 검토하고 있다.

운행은 내년 1월부터 시작하고 해운대해수욕장과 을숙도, 낙동강 등 다른 코스도 개발한다는 방침이다.

관계자는 "수륙양용차를 이용한 관광사업은 미국과 영국 호주 싱가포르 두바이 캐나다 등에서 인기 있는 관광상품으로 자리 잡고 있다"면서 "부산은 해양도시 특유의 아름다운 자연경관과 6개의 해수욕장을 갖추고 있어 수륙양용차를 이용한 관광사업에 최적의 조건을 갖추고 있다"고 말했다.

관계자는 "육상과 해상을 동시에 이용하는 독특한 관광상품으로 전국 최고의 해수욕장을 비롯해 영화제, 해변축제, 벡스코 등과 연계할 경우 시너지 효과도 예상 된다"면서 "일본과 중국 관광객들도 적극 유치할 계획"이라고 덧붙였다.

연합뉴스, 2007. 5. 28

제2절 호텔업

1. 호텔의 개념

1) 호텔의 어원

호텔(hotel)의 어원은 라틴어의 'hospes'에서 유래되었는데, 이 단어의 의미는 나그네, 손님, 타향인 또는 그들을 접대하는 숙소의 주인이라는 뜻이다. 이 hospes의 파생어로 hospitalis가 있는데 이는 융숭한 대접을 뜻하는 형용사였다. hospitalis의 중성형은 hospitale로서 이 말은 순례 또는 참배자, 나그네를 위한 숙소의 뜻을 지닌 말로써 현대어의 병원을 뜻하는 hospital이 파생되고 hostel, Inn, hotel, motel 등의 용어로 변천되어 사용되어지고 있는 것으로 전해지고 있다.

2) 호텔의 개념

호텔이란 경제적으로 지불능력을 가진 불특정고객에게 영리를 목적으로 적합한 숙박과 시설을 갖추고 무형의 인적 서비스 상품을 바탕으로 공익개념의 휴식과 오락 등 여가를 즐길 수 있는 문화적 공간을 제공하는 공공건물이라 할 수 있다.

웹스터 사전(webster dictionary)에 의하면 호텔은 "A place of shelter and rest for travelers"(여행자의 숙박과 휴식의 장소)라고 정의되고 있다. 현대적인 의미로는 "A building or institution providing lodging, meals and service for the public", 즉 호텔은 숙박과 식사 및 서비스를 일반 대중에게 제공하는 시설 혹은 건물 자체를 의미한다고 볼 수 있다. "관광사전"에는 "여행객이나 체재객들에게 빌려줄 목적으로 숙박시설을 제공하는 장소"라고 정의하고 있다.

따라서, 호텔을 일반적으로 정의한다면, "거주지를 떠나 이동하는 고객을 위하여 숙박과 식사를 비롯한 휴식과 오락을 즐길 수 있는 제반시설을 갖추고, 고객만족을 위한 부가적인 무형의 서비스를 세련된 종업원을 통하여 제공하고 그 대가를 받아 경영이익을 추구하는 기업"이라고 할 수 있다.

3) 호텔의 기능

(1) 전통적 기능

장소적 이동의 측면에서, 상업이나 종교의식의 참가와 유한계층의 소일거리 및 지적 욕구의 확대를 위해 숙박업이 생성되면서 과거에는 주로 여행자에게 수면, 음식, 생명과 재산의 보호라는 단순한 기능을 가지고 있었다(역, 원, 객주, 여각, 주막, 인 등).

(2) 현대호텔의 기능

현대호텔의 기능은 과거의 숙박 · 식음료 제공 기능 이외에도 집회기능, 스포츠 · 레저 및 상업적 서비스 기능, 건강관리와 비즈니스 서비스 기능까지 갖춘 종합적 성격의 기능을 갖춘 단순한 개인생활의 공간 뿐 아니라 그 지역사회의 경제 · 사회 · 문화 · 예술 및 커뮤니케이션의 활용공간으로서 포괄적 기능을 가진 공공의 건물이라 할 수 있다.

① 숙박기능 수면과 휴식이라는 일반적 기능 외에 인적 · 정보적 서비스의 제공
② 음식제공기능 먹고 마시는 음식물 제공 이외에 인적 · 정보적 서비스의 제공
③ 집회공간기능 모임과 대화와 같은 사교의 장으로서의 기능
④ 문화 서비스 기능 교육 · 예술 · 공예 · 학습장의 기능
⑤ 레크리에이션기능 관광 · 레저 · 오락 · 휴양 · 보건의 장으로서의 기능
⑥ 상업서비스의 기능 쇼핑 · 패션 · 생활 정보수집 기능
⑦ 건강관리 서비스 기능 건강의료 · 헬스 · 미용기능
⑧ 비즈니스 서비스 기능 상담 · 회의 · 전시회 · 비즈니스 · 정보교환기능

2. 호텔의 분류

1) 규모에 의한 분류

(1) 소규모 호텔(Small hotel)

소규모 호텔로 보통 25실 미만의 객실수를 가지고 있는 호텔을 지칭한다.

(2) 중규모 호텔(Average hotel)

중가호텔로서 객실요금이 보통 수준으로 딜럭스 호텔보다는 싸지만 이코노믹 호텔보다는 비싼 호텔로 보통 수준의 호텔을 지칭한다. 현재 가장 큰 시장을 가지고 있다. 중규모 호텔로 25개에서 100개 정도의 객실수를 가지고 있다.

(3) 중상규모 호텔(Above-average hotel)

중규모보다 크고 대규모보다 작은 호텔을 지칭한다. 보통 100실에서 300실 정도의 객실수를 가지고 있다.

(4) 대규모 호텔(Large hotel)

대규모 호텔로 보통 300실 이상의 객실수를 가지고 있는 호텔을 지칭한다.

2) 장소에 의한 분류

호텔이 어느 곳에 위치해 있느냐에 따라서 분류한 방법으로 다음과 같다.

(1) 메트로폴리탄 호텔(Metropolitan hotel)

대도시에 위치하면서 수천개의 객실을 보유하고 있는 호텔의 무리를 말한다. 이 호텔은 동시에 많은 숙박객을 수용할 수 있고, 대연회장과 전시장, 그리고 대집회장과 주차장 등을 모두 갖춘 컨벤션 호텔(convention hotel)이라고 칭할 수 있다. 그러므로, 이 호텔은 회의와 비즈니스상의 필요한 시설 및 서비스가 철저히 구비되어 있어야 한다.

(2) 도시 호텔(City hotel)

이 호텔은 특정한 관광지 혹은 휴양지 호텔과는 대조적으로 도시 중심지에 위치한 호텔이다. 비즈니스와 쇼핑 등이 원활히 이루어지는 도시의 중심가에 존재하고 있어 주로 사업가나 상용, 공용 또는 도시를 방문하는 관광객들에게 많이 이용되고 있으며 또한 도시민의 사교장등 공공장소로 사용되고 있다.

(3) 중심가 호텔(Down-town hotel)

시내 중심지에 있는 호텔로서 도시호텔(city hotel)이라고도 불린다. 보통 도시의 비즈니스와 쇼핑 등이 원활히 이루어지는 도시의 중심가에 위치하며 교통이 편리할 뿐만 아니라 비즈니스를 위한 다양한 시설을 갖추고 있어 주로 상용, 공용 또는 도시를 방문하는 관광객들이 많이 이용하며, 또한 연회장, 전시장 등이 있어 도시민들의 사교의 장으로나 공공장소 등으로 사용된다. 이런 형태의 호텔은 대부분 다른 호텔보다 식음료 매출이 높고 주중의 객실점유율이 주말보다 높다.

(4) 교외 호텔(Suburban hotel)

교외호텔은 시티호텔과는 달리 도시를 벗어난 한가한 교외에 위치한 호텔을 말한다. 교외호텔은 공해, 소음, 주차장의 어려움을 갖고 있는 도심지 호텔에 비하여 지가가 싸고 중심지역의 슬럼화와 호텔부지 부족의 현상으로 호텔이 교외로 진출한 것으로 비교적 넓은 주차장을 가지고 있으며 또한 공기와 경치가 좋은 곳에 위치하기 때문에 자동차 여행객의 증가와 더불어 급격히 증가하고 있다.

(5) 컨츄리 호텔(Country hotel)

이 호텔은 산간에 세워지는 호텔로 산장형 호텔(mountain hotel)이라고 부를 수 있으며, 특히 골프나 산을 애호하는 인구가 증가함에 따라 증가하고 있다. 특히 골프, 스키, 등산 등의 레크레이션 기능을 할 수 있는 호텔을 말할 수 있으나 일반적으로 해안에 있는 호텔은 이에 속하지 않는다.

(6) 공항 호텔(Airport hotel)

공항 근처에 위치하여 비행기 사정으로 출발과 도착이 지연되어 탑승을 기다리는 승객과 승무원들이 이용하기에 편리한 호텔이다. 최근에는 에어텔(airtel)이라고 부른다.

(7) 항구 호텔(Seaport hotel)

항구 근처에 위치하여, 여객선의 출입으로 인한 여객과 선원들이 이용하기에 편리한 호텔이다.

(8) 터미널 호텔(Terminal hotel)

철도역이나 버스 터미널 근처에 위치하는 호텔이다.

(9) 해변가 호텔(Beach hotel)

해변에 위치하여 피서객과 휴양객을 위한 숙박 시설이다.

3) 숙박목적에 의한 분류

(1) 국제회의용 호텔(Conventional hotel)

각종 회의를 유치하기 위해 지어진 일반 호텔보다 비교적 규모가 큰 호텔이다. 회의에 참가하기 위해 투숙하는 고객들을 수용할 수 있는 충분한 객실이 확보되어 있어야 하며, 객실크기도 대형화되어야 한다. 또한 이들의 회의를 위한 큰 규모의 회의장 및 연회장 등의 시설과 통역시설, 영상과 영화를 감상할 수 있는 시설, 전시장 등이 필요하다. 고객을 대규모로 유치할 수 있는 장점이 있으므로 그 수요는 점차 증대되고 있다.

(2) 상용 호텔(Commercial hotel)

사업상의 목적을 가진 투숙객들을 대상으로 하는 호텔로, 비즈니스호텔(business hotel)이라고도 한다. 상용호텔은 그 특성상 주로 도심지 및 상업지역에 위치한다. 비즈니스맨을 위한 팩스, 복사기, 컴퓨터 등과 회의를 위한 회의용 테이블이 설치되어 있으며, 비서 역할까지도 할 수 있도록 물적, 인적 서비스를 완비해야 한다.

(3) 휴양지 호텔(Resort hotel)

상용호텔과는 달리 휴양과 레크레이션의 목적으로 이용되는 호텔이다. 여름철 휴양지 호텔로는 수영과 해변의 분위기를 즐길 수 있는, 주로 날씨가 따뜻한 지역의 해변 호텔을 들 수 있고, 겨울철 휴양지 호텔로는 스키를 중심으로 겨울 운동을 할 수 있는 산장 호텔을 들 수 있다.

(4) 아파트먼트 호텔(Apartment hotel)

장기체재 고객을 위한 호텔로 거주용 호텔(residential hotel)라고도 하며, 각 객실에 간단한 취사 설비가 있고, 간이 거실까지 있는 아파트식 호텔이다.

4) 숙박기간에 의한 분류

(1) 단기체재호텔(Transient hotel)

보통 대부분의 호텔은 단기체재호텔로서 단기로 호텔을 이용하는 고객을 주 대상으로 영업하는 호텔이다.

(2) 장기체재호텔(Residential hotel)

장기체재호텔은 장기 숙박객을 위주로 운영되기 때문에 경영 및 시설의 설비도 이에 맞추어져 있다. 장기체재호텔은 다른 호텔과는 달리 객실 내에 주방시설 등을 갖추고 있으므로 이에 따라 식음료 영업장 등은 비교적 소규모이며 객실판매를 위주로 한다.

(3) 퍼머넌트 호텔(Permanent hotel)

장기체재호텔과 같은 부류에 속하지만 이것은 아파트식의 장기체재객을 전문으로 하는 호텔이다. 그러나 최소한의 식음료 서브 시설이 있는 것이 보통이다. 이 호텔이 단순히 아파트와 다른 것은 메이드 서비스가 제공되는 것이다.

5) 요금 지불 형식에 의한 분류

(1) 미국식 요금제도(American plan hotel)

객실요금에 식사요금(3식)을 포함하는 요금제도로서 휴양지 호텔과 같이 호텔 주변에 식당시설이 없는 호텔에서 이 요금제도가 적당하다.

(2) 유럽식 요금제도(European plan hotel)

객실 요금과 식사요금을 분리하여 별도로 계산하는 근대적인 경영방식의 호텔이라고 할 수 있다. 세계적으로 대부분의 호텔들이 유럽식 요금제도를 채택하고 있다. 우리나라 호텔들도 유럽식 경영방식으로 운영되고 있다.

(3) 대륙식 요금제도(Continental plan hotel)

객실요금에 대륙식 아침식사(continental breakfast)를 포함한 요금제도이다. 대륙식 아침식사는 롤빵이나 토스트에 커피나 홍차에 우유를 마시는 간단한 아침식사이다.

3. 호텔 기업의 특징

1) 경영상의 특징

(1) 인적 서비스의 의존성

호텔의 상품은 크게 유형적인 물적 서비스, 무형적인 인적 서비스, 그리고 유형적 서비스와 무형적 서비스의 결합에 의한 운영적 서비스로 나뉜다. 그러나 유형적인 물적 서비스도 중요하지만, 호텔에서 인적 서비스의 중요성은 더없이 중요하다.

물적 서비스의 효과는 경비가 막대하게 소요되는 이유로 인해 그 실행에 많은 요건들이 필요로 하고 있는 반면 인적 서비스는 잘 훈련되고 교육받은 종업원에 의해 호텔상품이 생산되고 판매될 때 고객으로부터 높은 만족감을 끌어낼 수 있다.

언제나 세련되고 예절바르게, 신속 정확하게 고객의 취향에 따라 서비스한다는 것은 잘 훈련된 종사자로서도 어려운 일이다. 그러나 이러한 다양한 취향의 고객들을 대상으로 높은 서비스와 천차만별의 서비스는 규격화되고 자동화된 기계설비로는 바랄 수 없다.

따라서 호텔 기업은 고객의 다양한 욕구충족을 위해서 프로정신을 바탕으로 한 교육훈련과 함께 전문적인 인력을 확보해야 하는 노동집약적(labor intensive) 및 개성집약적(personality intensive)인 산업이기도 하다.

(2) 고정자산에 대한 의존성

일반적으로 호텔업은 총 자본금 중에서 고정 자산이 차지하고 있는 비중이 약 70% 이상이 되며, 토지 및 건물, 기계, 기구, 비품, 기기 등 총자본에 대한 고정자산의 비율이 가장 높은 사업이다. 일반기업은 유동자산 즉 상품, 현금 등의 비중이 비교적 큰 자본의 유동성을 지니고 있으나 호텔기업은 그렇지 못하다. 따라서 초기에 투자된 거액의 고정적 자본을 회수시키는 방법은 기존의 호텔 시설을 얼마나 효율적으로 이용할 수 있느냐에 달려있다. 이를 위해서는 호텔 시설의 신선감을 유지시키고 모든 객실을 이용할 수 있게 하여 객실 점유율(room occupancy)을 높게 유지시켜야 하며, 활용 가능한 호텔 내의 전 업장들을 가동시켜 최대의 수익을 올려야 한다.

(3) 연중무휴영업

호텔기업은 객실투숙고객의 경우 주 이용고객이 외국인이나 가정을 떠나 여행하는 여행객이 대다수일 경우가 많다. 따라서 휴업을 할 수 없는 특성이 있다. 연중무휴의 영업으로 인해 매출발생기회가 높으나, 시설의 노후화 측면에서 단점으로 작용할 수 있다.

2) 시설상의 특성

(1) 시설의 조기 노후화

호텔시설은 상품 자체가 건물과 설비로 이루어지고 있어 이를 이용하는 고객들에 의해 쉽고 빠르게 훼손되거나 파손되기도 하고 유행의 회전 속도가 빠르므로 쉽게 시설의 노후화가 온다. 결과적으로 상품의 경제적 효용가치가 가속하여 상실된다. 일반적으로 호텔건물의 수익 가능한 사용연한은 20~30년으로 보고 있으며, 내수연수는 40년 전후로 보고 있어 시설의 빠른 진부화가 이루어짐을 알 수 있다. 그러나, 이보다 더 심하게 시설의 노후화가 빠르게 진행되는 이유는 고객의 만족도가 다양해지고 호텔간의 시설경쟁이 심화되어 호텔시설이 곧 그 호텔의 상품가치를 판단하는 기준으로 적용되기 때문이다.

(2) 초기투자의 과다

호텔업은 호텔시설 자체가 하나의 제품으로 판매되어야 한다. 토지의 확보, 호텔건물, 내부시설의 설비, 비품 및 집기 등을 완전히 갖추어 놓아야만 호텔상품으로서의 상품가치를 가지게 된다. 호텔건설시 무엇보다도 위치의 선정이 가장 중요하고 최초 투자총액에 대한 토지와 건물의 자금이 제일 큰 것이 특징이다. 일반적인 평균치는 토지가 30%, 건물이 50%, 가구와 설비가 20%에 상당하여 어느 산업시설에 비해 일시적 최초의 투자가 막대하다.

(3) 비생산적 공공장소의 확보

호텔은 숙박기능, 음식제공기능 외에 최근에 그 기능이 다양화되어 집회공간, 레저공간 등 지역사회의 커뮤니케이션 공간으로 활용 되는 등 공공장소의 역할을 수행하고 있다.

호텔기업은 공공장소를 필연적으로 마련하여 찾아오는 고객에게 제공하여야 하는데 대표적인 장소로는 로비를 예로 들 수 있다. 호텔은 개인전용의 기본시설과 공공의 이용을 전제로 하는 공공장소로 크게 나눌 수 있는데, 공공장소의 경우 레스토랑, 라운지, 커피숍 등은 생산적 요소인데 반해 고액투자의 로비 등은 비생산적 요소로서 값비싼 지대, 건축비를 감안한다면 달갑지 않은 요소임에는 틀림없으나 호텔기업의 숙명적 특성으로 이해할 수 밖에 없다.

3) 상품상의 특성

(1) 비전매성 상품(비이동성)

호텔상품은 판매자가 유통과정을 거쳐 소비자에게 판매하는 과정을 거치는 것이 아니라 소비자가 직접 현장에 와서 인적, 물적 상품과 서비스를 이용하거나 소비해야 한다. 입지와 환경에 정착하여 판매하므로 호텔을 식물성 상품이라고 부르기도 한다.

(2) 비탄력적 상품(비보관성)

호텔의 주상품인 객실과 식음료 부분은 생산과 동시에 소비된다. 객실의 경우 객실점유율이 낮을 경우 나머지 객실들은 상품으로서 가치를 상실하게 되고 식음료부문도 수요예측의 어려움으로 인하여 식재료의 부패가 발생하는 수요, 공급의 불균형을 이룬다. 즉, 낮은 수요로 인하여 판매하지 못하면 재고가 불가능한 상품이므로 당일에 판매하지 못하면 가치가 소멸되어 버린다. 과잉수요에 대한 생산의 한계와 적은 수요에 대한 고정비의 지출을 억제하기 어려운 사업이다.

(3) 계절적 상품

성수기와 비수기의 격차가 심하여 호텔 매출에 미치는 영향은 크다. 호텔업은 수요에 대한 탄력성이 없기 때문에 성수기에는 객실공급이 절대 부족하여 수요를 충족시킬 수 없는 반면 비수기에는 호텔 상품을 저장해놓을 수 없기 때문에 수지의 불균형이 초래된다. 이러한 수지의 불균형으로 인한 경영상의 어려움을 극복하기 위하여 호텔 경영자들은 성수기에는 할인가격을 적용하지 않고 비수기나 완충기에는 시장의 수요상황에 따라 탄력적 가격을 적용하고 각종 판매촉진을 실시하여 수익의 극대화를 통한 마케팅 활동을 전개하고 있다.

4. 호텔의 경영형태

1) 단독 경영호텔(Independent Management Hotel)

제3자의 소유나 경영참여가 아닌 개인소유의 경영방식으로서 정책, 절차, 그리고 재정적인 책임 등에 관해서도 다른 호텔들과 어떠한 연관도 맺지 않는 순수경영방식의 호텔을 말한다. 즉 일반호텔처럼 주식회사의 형태가 아니고 소규모의 가족소유 및 운영 형태의 호텔이다. 그러나 호텔 소유주들은 호텔경영의 위험을 줄이고 가능한 한 채무의 발생을 억제하기 위하여 몇몇 개별경영호텔의 경우 독립소유(sole proprietorship), 혹은 동업형태(partnership) 등의 경영방식을 갖기도 하고 제3자 즉 다른 회사들과의 연계를 통한 주식회사 설립 등의 법인조직을 구성하여 경영을 하는 경우도 있다.

개별경영호텔의 유일한 장점은 자주성이 보장되는 점이다. 이와 같은 형태의 호텔은 일반 호텔처럼 호텔의 대외적인 독특한 상징 즉 이미지를 갖고 있을 필요가 없기 때문에 경영자는 호텔규모에 적합한 서비스 수준을 결정하고 이에 준한 서비스를 특정한 대상고객에게 제공만 하면 된다.

2) 체인경영호텔(Chain Hotel)

호텔의 체인화 경향은 세계적인 추세로 발전하고 있다. 홀리데이 인, 메리어트, 힐튼, 쉐라톤 등 외에도 세계적 체인 호텔들은 오랜 기간 축적된 경영기법을 바탕으로 체인호텔들에 경영기술을 제공하고 이에 상응하는 기술료를 받거나 일정지분에 참여하여 호텔기업을 운영한다. 또한 체인호텔은 대량생산, 대량판매, 대량공동구매 등을 통해 비용절감과 단일화된 판매방식을 통하여 고객에게 신뢰감과 안정감을 주고 있다.

표 10-4 체인경영호텔의 장단점

장 점	단 점
· 체인호텔의 공동판촉, 공동 예약망 이용 · 유명브랜드의 사용으로 초기에 신뢰성 확보 · 대량구매로 인한 원가절감 · 전문가의 공동 활용 · 호텔사업 진출의 용이성 · 자금조달의 용이	· 경영의 독립성 상실(위탁경영시) · 장기간의 계약기간 의무 이행 · 계약기간 종료 후 이미지 저하로 인한 경영의 어려움 · 과다한 로열티 및 수수료 지급 · 본사와의 계약후 본사의 브랜드 이미지에 따른 영업의 성패 좌우

(1) 위탁경영호텔(Management Contract Hotel)

위탁경영방식은 소유주가 호텔경영에 대한 경험이 없거나 규모가 커서 직접 운영하기가 어려울 때 체인본부와 계약에 의해 호텔의 인사권 등 일체의 경영권을 넘겨주고 총지배인 등 핵심간부들이 경영호텔로부터 파견되어 위탁경영되는 방식이다. 소유와 경영이 완전 분리된 경우로 호텔마다 계약내용의 차이는 다소 있지만 체인 본사가 호텔 고정자산에 대한 투자 및 호텔경영에 관한 재무적인 위험부담까지 책임지는 형태로 소유자는 이익금만 가져가는 것을 원칙으로 한다. 즉, 호텔 소유주의 경영권이 상실된다는 점에서 프랜차이즈 호텔과 차이점이 있다.

계약에 의해서 본사는 체인 고유의 시스템을 통하여 전문화된 경영기법 및 공동예약시스템, 공동광고 등을 통하여 계약호텔의 영업이익을 극대화시키고 일정 조건 및 목표를 달성했을 때 일정 이익에 대한 수수료를 받는다.

전문적 체인본부에서 파견된 전문경영인에 의해 호텔이 운영되므로 체인본부는 파견인에 의해 경영된 호텔에서 발생한 총매출액(GOR: Gross Operating Revenue)의 2~5%의 수수료와 영업이익(GOP: Gross Operating Profit)의 8~10%의 경영수수료를 지급받는다.

위탁경영호텔의 장점으로는 체인본부의 기술개발 · 공동예약시스템 · 호텔운영시스템의 이용이 가능하고 공동판촉, 대량구매에 의한 원가절감, 용이한 자금조달 등으로 인한 경영합리화가 가능하다. 그에 반해 단점으로는 경영권 · 인사권의 상실, 수수료 지출, 계약조건에 따른 법적분쟁의 발생가능성이 있다.

(2) 프랜차이즈 호텔(Franchise Hotel)

프랜차이즈 경영은 위탁경영방식과 유사하지만 체인본부(franchisor)와 가맹점(franchisee)과의 관계는 예속이라기 보다 지원관계라고 말할 수 있다. 가맹점은 체인본부의 상호 및 상표를 사용하고 일정의 가입비(initial fee)와 사용료(royalty)를 지급하는 경영방식이다. 그러나 위탁경영호텔과 달리 경영은 소유주가 하게 되므로 경영권으로 인한 본사와의 분쟁 가능성이 적은 편이다. 즉, 체인본사가 경영담당보다 경영기술지도만 한다.

프랜차이즈 호텔의 장점으로는 본부와 동일한 운영시스템 적용, 동일한 상표 · 상호 · 이미지 사용, 표준화된 제품과 서비스 사용, 컴퓨터를 이용한 중앙예약시스템 활용, 종사원의 교육훈련에 대한 지원, 기술 및 재정적 지원, 공동홍보활동 전개 등의 다양한 혜택을 받을 수 있다. 단점으로는 프랜차이즈 가입비와 과다한 로열티 지급, 독자적인 상품개발 및 판매활동의 제한, 계약조건에 따른 법적분쟁 발생의 가능성과 같은 경영상의 단점을 가지고 있다.

3) 리퍼럴 경영호텔(Referral Group Hotel)

1950년대 미국의 호텔업계에 대두된 2가지 현상은 프랜차이즈의 확산과 이에 대항하는 리퍼럴 연합의 활동으로 요약된다.

체인호텔들은 전문화된 경영을 통한신규 시장개척, 중앙예약시스템을 통한 객실판매 상승 등 급속한 영업성장을 보이고 있는 반면 단독경영호텔은 과다한 경비지출과 마케팅 능력의 한계를 벗어나지 못해 많은 어려움에 직면하게 되었다.

위기를 느낀 단독경영호텔들은 프랜차이즈 호텔에 대항하기 위해 유사 그룹의 호텔들과 상호협력을 목적으로 한 연합조직을 결성하게 되는데 이것이 리퍼럴 조직 경영호텔이다.

체인본부는 비영리단체로서 회원호텔이 내는 회비로 운영하며, 자체적으로 시설 및 서비스 표준을 정하고 회원사가 이를 위반시에는 제재를 가하기도 한다.

리퍼럴 조직 경영의 장점으로는 단독경영호텔들의 공동체 형성으로 체인 및 프랜차이즈 호텔에 대항하고 국제적인 공동예약시스템을 형성할 수 있으며, 호텔경영의 독립성을 유지하고 공동광고 전개 등으로 판매의 증진을 도모할 수 있다는 것이다.

4) 임차경영호텔(Lease Management Hotel)

임차경영호텔이란 토지 및 건물의 투자에 대한 자금조달능력을 갖추지 못한 호텔기업이 제3자의 건물을 계약에 의해서 임대하여 호텔사업을 운영하는 경우이다.

미국에서는 스타틀러 직영호텔 건설에 따른 체인 전개 속도가 너무 느리기 때문에 이같은 경영방식이 스타틀러 이후 적용되었다.

임대차계약의 기본적인 형태는 건물의 내장 · 가구 · 비품에 대한 투자는 호텔기업이 부담하고 임차료는 사전에 결정된 일정액을 소유주에게 지급하는 것이다.

임대차 경영의 장점으로 호텔 기업 측면에서는 별도의 과다한 호텔건설 비용을 들이지 않고 제3자의 건물을 임대하여 호텔경영을 할 수 있는 것이며, 건물 소유주의 입장에서는 영업실적에 관계없이 고정된 임대료 수입을 보장받는 장점이 있다.

제 3 절 휴양콘도미니엄업

1. 휴양콘도미니엄업의 개념

1950년대에 이탈리아에서 중소기업들이 종사원 후생복지시설로 처음 시작한 것이 콘도미니엄업이며, 미국에서는 1960년대, 일본은 1976년, 우리나라는 1979년에 최초로 콘도가 설립되었다.

콘도미니엄업의 운영은 분양을 통하여 회원을 모집하고 회원은 자기의 제2가정이라는 여가생활을 위한 숙박시설로 최초 접근하였다. 그러나, 오늘날에는 여가문화형태가 다양하게 변화함에 따라 숙박과 취사기능 외에 스키, 골프 등의 스포츠, 오락, 레저를 겸한 부대시설의 이용빈도가 증가하고 있다.

콘도미니엄업(condominium)이란 용어는 con(공동)+dominate(소유, 지배하다)+ium(라틴계 명사의 어미)의 합성어로서 일정한 토지가 두 나라 이상의 공동지배하에 있고, 지배권의 행사 역시 두나라 이상의 공동지배통치 또는 공동소유권을 한다. 로마법에서는 "동일자산을 2인 이상이 공동으로 소유하는 소유권의 한 형태"로 규정하고 있으며, 영어권어는 "Joint Dominion" 또한 스페인 언어권에서는 Hotels-apartamentos(apartment hotel) 그리고, Residencias-apartamentos(resident hotel)로 부르고 있다.

다시 말해서 해안 휴양 숙박시설의 일종인 콘도미니엄(분양 호텔)은 개인 거주 아파트로서 개인이 소유하지만, 그 관리와 시설 서비스는 일개의 독립된 회사에 의해 운영되며, 분양권자, 즉 공유자가 객실을 이용하지 않을때 일반이용자에게도 객실을 대여해주는 특징이 있다.

우리말로 콘도미니엄이란 "구분소유건물"이라는 뜻으로 풀이되는데, 이 구분소유건물이란 하나의 건물을 아파트처럼 층별로 수직구분하고 다시 수평구분까지 더하여 소유권 등기설정이 가능하도록 한, 구분소유권제도인 것이다. 콘도미니엄이 생기기 전까지는 건물의 소유권 개념이 수직적인 형태이었으나, 콘도미니엄 건립을 계기로 이른바 층별로 소유권을 분할한 수평재산권 즉, 구분소유(우리나라는 지분등기)의 개념을 정립하는 법적근거가 마련되었다. 따라서 콘도미니엄은 공동건물에 개별적으로 소유권을 행사하면서 저당권 설정과 양도가 가능하다. 관리와 시설서비스는 독립된 운영회사에 의해 제공되며 객실 소유자가 사용치 않을 경우에는 호텔처럼 빈 객실을 판매하기도 하고 그 이익금으로 시설 개선보수 및 운영에 도움이 되게 한다. 객실소유권(공유제 회원)도 타인에게 일정한 수수료를 받고 임대해 주고 있으므로 매우 인기있는 숙박시설이 되어가고 있다. 특히 근래에는 각 기업체에서 종업원 복리후생을 목적으로 법인구좌의 구매 근로자 사내복지기금을 신설하여 법인구좌 판매가 활성화되어 콘도미니엄의 대중화에 많은 보탬이 되고 있다.

2. 휴양콘도미니엄의 특성

1) 경영상의 특성

일반적으로 휴양콘도미니엄사업은 사업의 정책, 전략상에서의 일상업무수행의 상위개념으로 전체적인 차원에서 다루어지고 있고, 콘도미니엄은 기계화의 한계성을 내포하고 있다. 현대기업 목적의 하나인 최소비용투자로 최대효과와 이익창출을 달성하기 위해서는 현실성에 부합되는 범위 내에서 과학적이고 합리적인 방법이 절대 필요조건의 하나가 되어야 한다. 콘도사업은 높은 고정비의 지출로 경영의 문제점이 가중되고 자산비율이 높기 때문에 유동자산의 활용이 극히 적어 자본의 회전 속도에 의한 이익률이 낮다. 또한 분양과 수금의 활성화로 자금회전 속도를 빠르게 하고 점진적 체인증가가 이뤄지면 경영에 청신호가 오겠으나, 분양이 되었다 해도 수금이 지연될 경우 자금압박으로 경영에 어려움을 초래하므로 현실적이며 구체적인 대안이 절실히 필요하다.

2) 운영상의 특성

환대산업(hospitality industry) 에 있어서 강조되는 것은 서비스다. 콘도미니엄 사업은 종사원의 서비스에 의존하여 운영된다.

콘도미니엄 사업은 운영을 위한 협동체제가 제도적으로 마련되어 있어야 한다. 작업조건이 편리하고 유리하며 24시간 365일 영업이 가능한 사계절 상품이라기보다 계절성 상품의 성격이 강하며 공휴일, 연휴, 또는 주중보다는 주말이 성수기이다. 또한 휴가시즌으로 예약이 집중되는데 여름성수기, 겨울성수기 등으로 구분할 수 있다.

3) 숙박시설로서의 특성

콘도미니엄은 80년대 후반까지, 별장에 비해 사치와 낭비의 대상물은 아니지만 부동산 투기목적으로 구매하는 경우가 많았다. 90년대 부동산 시장의 침체와 더불어 콘도미니엄은 소유의 개념보다는 이용의 개념으로 변화하면서 회원권이 실수요자 중심으로 전환되었다. 콘도미니엄은 숙박시설이므로 숙박시설이 갖는 일반적 특성인 고정자본에 대한 높은 의존성, 시설의 조기노후화, 연중무휴성 및 인적자원에 대한 높은 의존성 등의 특징을 나타낸다.

(1) 고정자본에 대한 높은 의존성

콘도미니엄은 고정자본에 대한 의존성이 다른 기업보다 크다. 다른 기업의 경우 건물, 시설등의 고정자본보다는 상품이나 현금 등의 유동자본의 비중이 큰데 비하여 콘도미니엄은 부지매입 등 건물과 시설이 먼저 이루어져야 하기 때문에 초기자본의 유입이 거의 전 투자액의 약 70~80%에 가깝다. 건물과 시설은 콘도미니엄의 가치에 결정적 영향을 주므로 초기에 집중적인 투자가 이루어짐으로써 노력에 따라서는 회수기간이 빨라질 수 있다. 따라서 건물과 시설은 콘도미니엄의 가치에 결정적 영향을 준다.

(2) 자연적 자원에 대한 의존성

콘도미니엄은 관광지, 관광휴양지, 국 · 도립휴양지, 유원지, 기타 자연경관이 수려한 지역 등에 세워져야 고객의 수요가 높기 때문에 자연적 자원에 대한 의존도가 큰 편이다. 일반적으로 콘도미니엄은 크게 입지성 검토와 용지성 검토로 나누어 입지를 선정하는 것이 바람직하다.

(3) 사용일수의 제한

숙박산업에 있어서 현재 판매 · 사용되지 않은 객실은 미래의 판매를 위하여 저장될 수 있으며 한 객실에 대해 공동소유권을 갖게 되므로 분양받은 형태에 따라 각자의 지분에 따른 사용일수가 제한되어 있다.

3. 콘도미니엄의 분류

콘도미니엄은 건축양식, 기능, 회원제도, 회원의 소유방식 등의 기준에 따라 여러 가지 형태로 구분된다.

1) 건축양식에 의한 분류

콘도미니엄은 건축양식에 따라 아파트식(호텔식), 연립주택식, 별장식으로 구분된다.

(1) 아파트식 콘도미니엄

근래에 가장 많이 선호되는 형태로서 대략 50실 이상의 객실을 갖추고 1~2동

이상으로 지어진 건물형태를 말한다.

(2) 연립주택식 콘도미니엄

콘도미니엄의 객실을 5~6개의 단위로 연립하여 만든 형태를 의미하며 성수기 및 비수기에 신축성있게 운영할 수 있는 장점이 있다.

(3) 별장식 콘도미니엄

별장식은 객실을 1~2개 단위로 건설하여, 완전한 독립가옥으로 운영 및 관리상에 문제가 있으나 이용객에게는 독립된 별장과 같은 만족감을 준다는 점에서 이점이 있다.

2) 회원제도에 의한 분류

콘도미니엄은 회원제도에 따라 공유회원제(ownership members)와 일반회원제(membership members)로 구분된다.

공유회원제의 경우 콘도미니엄 회사나 분양회사가 콘도미니엄 객실을 분양할 때 소유권 자체를 매각하는 것으로서 회원은 객실에 대한 지분 소유권을 가지며 그것은 법적으로도 등기가 가능하다.

이에 반하여 일반회원제는 회원이 법적인 소유권을 갖지 않고 시설의 이용권만을 갖는 것을 말한다. 공유회원제는 회원권(소유권)의 매매를 통하여 자격을 취득하지만 일반 회원제의 경우는 소정의 입회절차, 즉 입회금, 보증금, 연회비 등으로 구성된 회비를 냄으로써 콘도미니엄을 이용할 수 있게 된다. 이때 보증금은 반환성 무이자 장기부채를 근거로 하여 약정된 기한이 되면 회원에게 돌려주거나 쌍방의 이의가 없을 시 자동 재계약됨을 원칙으로 한다. 우리나라에는 아직 보증금 반환의 사례가 없으나 한국콘도의 경우 그 시기가 임박해 오고 있으므로 그 귀추가 주목된다. 이때 영세한 콘도미니엄의 경우 문제점이 많이 있을 것이며 회원과 콘도 회사간 분쟁이 예상된다.

공유제와 회원제의 차이는 소유권이 있느냐 없느냐의 차이이고 일반회원제의 경우 기한(이용기간)이 설정되는 경우가 많다는 점을 제외하면 예약 및 시설이용면에서는 다른 점이 없다.

3) 운영에 의한 분류

콘도미니엄의 회원권을 공동으로 소유하느냐 단독으로 소유하느냐에 따른 것으로 공동소유의 경우 객실당 2개 이상의 구좌로 하여 보통 5~10개의 구좌가 설정되는데 회원확대 및 콘도미니엄의 대중화 차원에서 가격인하를 위해 1 실당 20개의 구좌가 설정되는 경우도 있다.

이에 반하여 단독소유의 경우 객실 1실당 1구좌로 하여 1명의 소유자만 인정하는 경우가 있지만 이는 콘도미니엄의 대중화에 위배되고 가입시 큰 부담을 감수해야 하나 필요에 따라 연중 언제든지 이용할 수 있는 장점이 있다.

최근에는 기업에서 근로자의 복리증진 차원에서 근로자 사내복지 기금신설을 위해 대량으로 콘도를 구입하여 콘도미니엄의 대중화에 기여하고 있다.

4) 위치에 의한 분류

콘도미니엄은 다른 시설과 달리 그 기능이 독특하며 주된 목적이 레저생활 및 관광숙박시설로서의 활용에 있다. 리조트 겸 콘도미니엄은 휴양과 레저를 주목적으로 하고 숙박시설로서의 기능이 강조되며 일반적으로 근린 레저시설을 갖춘 리조트 단지내에 건립되는 것이 특징이다. 관광, 휴양지형 콘도미니엄은 자연과 천혜의 조화를 이루는 곳에 건립되어 주로 가족단위의 휴가를 보낼 수 있는 것으로서 건강과 휴양의 기능이 강조되는 콘도미니엄이다.

단순레저 생활지향형 콘도미니엄은 단순한 레저생활을 주목적으로 하여 숙박시설의 기능이 강조되는 것으로 주로 하계휴가 등 특정시기와 밀접한 관계를 가지며 해안이나 레저관련지역에 위치하는 것이 보통이다. 단순주거형 콘도미니엄은 단순주거를 목적으로 숙박시설의 기능이 강조되며 콘도미니엄내에 일상생활을 용이하게 하기 위한 다양한 부대시설이 설치될 것이 요청된다.

표 10-5 콘도미니엄업의 유형별 분류

기 준	내 용	특 징
건축양식	아파트식	50실 이상 대규모, 선호도가 높다.
	연립주택식	축적 운영 및 관리가 가능하다.
	별장식	만족도가 높으나 관리가 어렵다.
기능	리조트형	휴양 · 레저 · 근린시설을 갖춘 리조트 단지내 위치
	관광휴양지형	유명관광휴양지에 위치, 가족단위에 적합
	단순레저형	숙박시설기능 강조
	단순주거형	부대시설 완비
회원제도	공유제	소유권 보유
	회원제	소유권 미보유, 시설이용권만 보유
회원권 소유방식	공동소유제	5~10개의 구좌로 설정
	단독소유제	1실당 1구좌

제 4 절 기타 숙박시설

1) 인(Inn)

호텔의 발전 과정에서 보면 초기적 현상의 숙박시설을 말한다. 간결한 내용의 숙박시설을 의미하는데, 시설과 제공되는 서비스는 일반 호텔과 다를 바 없다. 다만 호텔이 제공하는 호화스러운 시설과 다양한 서비스의 형태를 경영정책상 택하지 않고 비교적 덜 호화스러운 시설과 꼭 필요한 서비스만을 제공한다. 호텔보다는 약간 저급이고 모텔보다는 고급의 숙박시설을 말한다.

2) 모텔(Motel)

일반적으로 모텔(motel)이란 원래 자동차 여행객을 대상으로 도로변에 근접해 있는 숙박시설로서 motorist hotel의 약자이며, 당초 이 숙박시설의 명칭은 tourist cabin 혹은 cabin이었다. 모텔은 자동차 산업의 발달로 이루어진 신흥호텔기업의 대동맥으로 발전하고 있다. 그러므로 이 산업의 본 고장 역시 미국이며, 빠른 속도로 호텔의 도전자로 등장하고 있는 숙박시설의 한 종류이다.

이러한 모텔 기업이 성장하게 된 요인으로는 자동차 산업의 급성장과 렌터카의 조직적인 성장과 호텔에 비해 저렴한 비용으로 건립을 할 수 있다는 장점으로 최근에는 모텔의 위치도 단순한 교외가 아니라 공항주변이나 도시 주변까지도 진출하고 있다.

3) 유스호스텔(Youth Hostel)

유스호스텔이란 청소년들의 많은 여행을 흡수시키기 위한 소셜 투어리즘(social tourism)의 한 형태로서 청소년들에게 자연을 접하는 여행을 통하여 심신을 단련하게 하는 취지에서 장려되고 있는 숙박시설로 20세기 초 독일에서 청소년 운동의 하나로 대자연 속에서 자주적으로 생활하며 이상주의를 불태우면서 함께 여행한데서 비롯되었다.

4) 빵숑(Pension)

유럽에서 발전된 전형적 하숙식 여인숙이다. 소규모의 객실을 보유하고 손님의 접대도 극히 제한된 서비스 이외에는 하지 않는다. 가족적인 따뜻한 분위기를 느낄 수 있으며 1박 3식 제도 또는 1박 2식 제도를 채택하고 있는 저렴한 숙박시설이다.

5) 로지(Lodge)

이 숙박시설은 빵숑과 큰 차이는 없으나, 그 명칭이 풍기듯 독특하고 아름다운 이미지를 갖는 전형적인 프랑스의 시골 숙박시설이다. 국가의 보호와 감독 아래 프랑스 관광사업의 진흥, 육성을 위하여 강력한 지원을 받으며, 전국적 조직으로 통일된 표지를 갖고 있다.

6) 유로텔(Eurotel)

Europe Hotel의 약어로서 분양식 리조트맨션의 수탁체인경영이다.

호텔의 객실과 집기, 비품 등도 자기의 재산으로 구입하여 자기가 이용하지 않는 동안 에는 타인에게 임대할 수 있다. 유로텔 체인에 가입된 호텔을 이용할 경우 멤버쉽이 없는 일반이용자에 비해 싸게 이용할 수 있는 제도의 호텔을 말한다. 1959년에 이태리의 밀라노에 처음으로 생긴 이래 유럽 각국에 이와 같은 제도를 갖춘 호텔이 널리 확산되었다.

7) 국민휴가촌숙사(국민숙사)

이 휴가촌숙사는 가족휴가촌(village of vacances families)에서 발달된 숙박시설을 말한다. 원래 이 휴가촌은 도시의 소음에서 벗어나 맑은 공기와 대지의 신선함을 만끽하게 함으로써 건전한 가족단위의 휴식과 휴양을 도모하고자 한 데에서 비롯되었다. 일반 호텔과 다른 특성은 저렴한 요금과 가족단위의 셀프서비스를 위주로 한 숙박시설이라는 점이다.

일본에서는 이와 같은 형태를 국민숙사로 칭하는데 일본의 독특한 숙박시설로서 자연공원이나 지정 보양 온천지 기타의 경관 및 자연환경이 뛰어난 휴양지에 위치하며, 대중국민이 건전한 여가를 즐기면서 건강증진과 생활향상을 도모함을 목적으로 한 저렴하고 청결한 숙박과 휴양을 위한 시설이다.

8) 민박(Homestay)

본래는 숙박을 본업으로 하지 않는 민가가 불특정 다수의 여행자를 숙박시켜서 영업활동을 행하고 있는 숙박시설이다. 이것은 계절적·임시적으로 영업하던 것으로, 민가의 부업이었으나 근년에는 본업으로 바꾸어 증개축을 하여 일반여관과 아무런 차이가 없는 대규모 시설까지 나타나고 있다.

9) 파라도(Parador)

정부나 관광공사 등에 의해 호텔로 바뀌어 운영되는 오래된 수도원이나 성(城)을 지칭한다. 스페인, 아일랜드 등에 이와 같은 파라도가 많이 있다. 15세기 수도원과 19세기 교회의 분위기와 낭만을 즐기려는 관광객이나 성주와 같은 대접을 받기를 기대하는 관광객을 주요고객으로 하여 운영된다.

관광 이야기

"호텔값 비싸 한국 못오겠다" 88%
관광공사 26개 지사장 설문…서울 호텔 평균 숙박비 도쿄 앞질러

"작년 한 해 동안 일본인 관광객들이 찾는 호텔 방값이 일곱 번이나 올랐다."(김영호 관광공사 도쿄지사장)

한국을 찾은 외국 관광객들은 턱없이 높은 호텔 방값에 가장 큰 불만을 갖고 있는 것으로 나타났다.

매일경제신문은 한국관광공사와 공동으로 25일부터 28일까지 워크숍 참석차 한국을 찾은 세계 19개국 28개 관광공사 해외지사장들을 대상으로 '관광 실태 전문가 그룹 설문조사'를 진행했다.

설문조사 결과 '외국인들이 한국을 찾을 때 가장 불편해 하는 사안'에 대해 설문 응답자 26명 중 88%인 23곳의 지사장들이 '비싼 호텔 방값'을 꼽았다. 다음으로 언어 소통과 함께 음식, 종업원 불친절이 뒤를 이었다.

실제로 서울 시내 5성급 호텔의 방값은 전 세계 '톱5'에 올라 있다.

호텔스닷컴이 조사한 세계 주요 도시 호텔 가격 순위(작년 기준)에 따르면 5성급 호텔의 경우 서울의 평균 가격이 32만2175원으로 세계 5위권 수준이다. 이 조사는 전 세계 1만9000여 곳, 12만5000여 개 호텔을 샘플로 구성해 실제 지불 가격을 모은 것이다. 등급을 나누지 않은 일반 호텔들의 평균 가격도 최상위권이다. 지난해 상반기까지 전체 호텔의 평균 가격은 14만7324원으로 전 세계에서 물가가 가장 비싸다는 일본의 도쿄(13만3183원)나 오사카(10만8438원)보다 높은 수준이었다.

이처럼 호텔 방값이 비싼 이유로는 호텔 객실 부족이 꼽힌다. 관광호텔까지 포함해도 국내 호텔방 총 숫자는 7만4900여 실에 불과해 아직 3만실 정도 부족하다.

사정이 이렇다보니 수도권 호텔들은 '슈퍼갑'으로 군림하고 있다.

중국 일본에서 한국으로 향하는 관광 패키지의 경우 3개월, 6개월 전에 상품 구성을 하는데, 이때 호텔값을 미리 정해놓고도 버젓이 중간중간에 가격을 인상하는 횡포까지 부리고 있다. 정연수 관광공사 해외마케팅실장은 "일본 인바운드 상품에 대해서는 한국 호텔들이 마치 담합이나 한 듯 '배짱 인상'을 단행한다. 현지 여행사들과 일본 관광객들도 이에 대해 강한 불만을 제기했지만 시정되지 않고 있다"고 지적했다.

2012.1.29 매일경제

5성급호텔 숙박비 상위 10대 도시

(단위:원)

순위	도시	숙박비
1	런던	531,000
2	홍콩	432,000
3	싱가포르	408,000
4	발리	389,000
5	서울	322,000
6	모스크바	305,000
7	상하이	292,000
8	빈	288,000
9	프랑크푸르트	272,000
10	두바이	267,000

※하루 평균, 2011년 상반기 기준.
(자료:호텔스닷컴)

Tourism 관광학 이론과 실제

제 11 장 여행업

제1절 여행업의 개념

제2절 여행업의 발달

제3절 여행업의 업무

제 1 절 여행업의 개념

1. 여행업의 개념

여행업이란 고객에게 여행과 그 부수되는 일체의 서비스를 판매하는 활동을 말하며, 여행업자란 여행고객과 여행의 하부구조를 형성하는 교통기관(항공, 선박, 철도, 버스 등)이나 호텔 등의 매개자로서의 역할을 담당하는 사람을 말한다. 여행업자는 그 판매 유통체계에 따라 여행소매업자와 도매업자로 구분될 수 있다. 여행도매업자는 여행상품을 기획하여 다양한 유통체계를 이용하여 판매하거나 여행소매업자에게 판매케 하는 사업자를 일컫는다.

여행도매업자에 의해 기획된 상품을 기획여행 상품, 패키지여행(package tour)이라고 부르며, 여행도매업자를 whole saler, 여행소매업자를 retailer이라고 부르기도 한다.

이러한 여행업의 성격은 여행자와 교통기관, 숙박업, 그리고 여행관련 기타 사업체와 관계를 가지고 수배, 알선 등의 업무를 진행시켜 주고 그 대가를 받아 경영해나가는 성격을 지니고 있다. 우리나라 관광 진흥법 제2장 3조에 여행업이란 여행자, 운송시설, 숙박시설, 기타 여행에 부수되는 시설의 경영자 또는 여행업을 경영하는 자를 위하여 동 시설이용의 알선, 여행에 관한 안내, 계약체결의 대리, 기타 여행의 편의를 제공하는 업이라고 정의하고 있다.

즉, 여행사란 여행상품을 제조 · 판매하고, 관광객을 안내하며, 관광객과 관광관련사업자(principal)를 위하여 상호 알선하고, 관광관련사업자의 사용권(상품권)을 매매하며, 기타 관광에 필요한 업무를 수행함으로써 이익을 추구하는 기업이다.

그리고 여행사는 관광을 위하여 관광주체와 객체간의 media의 역할을 함으로써 관광하는 관광객을 도와주는 일을 하는 것이다. 따라서 여행사경영은 인적서비스업에 의한 경영을 그 본질로 하며 서비스는 전체적으로는 무형 지배적인 특성을 지닌 것으로 파악하고 있다.

특히 오늘날 경영환경에서 강조되고 있는 고객가치지향적 사고는 여행업지식

경영을 통한 마케팅활동이 중심이 되었을 때 극대화된다. 또한 "기획여행"이라 함은 여행업을 경영하는 자가 국외여행을 하고자 하는 여행자를 위하여 여행의 목적지 · 일정, 여행자가 제공받을 운송 또는 숙박 등의 서비스 내용과 그 요금 등에 관한 사항을 미리 정하고 이에 참가하는 여행자를 모집하여 실시하는 여행을 말한다.

한편 우리나라는 국내 법규상 여행업의 종류를 일반여행업(국내 또는 국외를 여행하는 내국인 및 외국인을 대상으로 하는 여행업, 여권 및 사증을 받는 절차를 대행하는 행위를 포함한다), 국외여행업(국외를 여행하는 내국인을 대상으로 하는 여행업, 여권 및 사증을 받는 절차를 대행하는 행위를 포함한다), 국내여행업(국내를 여행하는 내국인을 대상으로 하는 여행업)으로 구분하고 있다.

2. 여행업의 기능

고객의 편의와 고객이 요구하는 여행정보 제공을 위하여 상담기능이 가장 빈번하다고 볼 수 있다.

따라서 여행업 종사자는 고객에게 정확한 정보와 유용한 정보를 신속하게 제공하여 줄 수 있는 상담기능을 키워야 한다. 그리고 여행사는 사전에 여행 소재를 확보하여 예약하고 수배하는 기능을 하며 양질의 상품을 기획하고 판매하는 기능도 수행한다. 또한 해외여행자가 필히 간직하고 다녀야하는 여권(passport), 각 나라를 입국 할 수 있는 사증(visa)을 획득하게 해 주는 기능과 아울러 여정관리 기능, 여행 후 보고서 및 알선수수료 등을 정산하는 정산 기능이 있다. 여행업을 서비스 관점에서 그 기능을 논의하면 여행서비스는 객체, 서비스 제공대상, 시간적 흐름 등의 관점에서 고찰할 수 있다. 이때 서비스 객체를 중심으로 한 인적 서비스 기능, 여행 서비스 상품과 관련된 서비스 기능, 정보와 관련된 서비스 기능 등으로 분류할 수 있다.

인적 서비스는 종사원의 전문적 지식에 의존하는 안내서비스 기능, 대행서비스 기능, 판매서비스 기능 등으로 세분될 수 있다. 한편 여행상품과 관련된 서비스는 숙박시설, 교통시설 등이 포함되며, 정보관련 서비스는 여행정보의 제공과 여행서비스 상품 등으로 분류될 수 있다.

3. 여행업의 특성

여행업의 최대 특색은 여행을 '상품'으로서 생산하고 '상품'으로서 판매하고 있는 점이다. 여행사의 본래 의무는 여행상담이며, 교통 · 숙박기관의 예약이나 수배였다. 그러나 오늘날 여행업은 고객의 욕구에 따라 여행을 조립하는 '수주 생산형'에서 먼저 여행을 설정하고 참가자를 모집하는 '기획 생산형'으로 전환됨에 따라 여행이 상품으로서 인식되기에 이르렀다. 또한 여행업에 있어서의 마케팅의 특성은 고객 만족에 초점을 두고, 여행상품 품질관리와, 수준 높은 고객서비스, 고객과의 원만한 관계를 유지하는 것으로 이는 여행업의 생존과 깊은 관계가 있다.

특히 여행업의 마케팅 전략측면에서 고객간의 우호적 관계는 단기적 측면에서 신규 고객을 얻는 비용보다 기존 고객을 유지하므로 훨씬 비용을 감소시키고, 장기적 측면에서는 미래의 거래에 따른 불확실성을 감소시켜 미래에 발생할 수 있는 상호작용의 가능성을 높여준다.

이러한 측면에서 여행업 마케팅의 핵심은 시장점유율이 아니라 고객점유율을 강조하는 것이며, 중요한 것은 여행상품이 아니라 고객인 것이다. 따라서 여행업에 있어서 마케팅의 특성은 여행상품의 생산과 소비가 동시에 발생한다는 사업의 특성을 기준하여 여행사, 여행사직원, 그리고 여행 고객과의 서비스 관계적 특성을 고려해야한다. 여행업계는 고객만족의 필요성을 인식하고 있으며 자체적으로 고객만족을 위한 프로그램을 세워 운영하고 있다. 여행수요에 대비하고 다양한 여행고객의 욕구를 충족시켜 줄 수 있는 여행상품의 개발은 필수이다. 또한 인터넷을 통한 온라인 여행사의 등장은 새로운 여행소비를 창출하고 여행사경영은 물론 종사원 채용과 전문성에도 많은 변화가 있을 것으로 예상된다. 그러므로 새로운 여행수요와 환경에 대처하기 위한 여행관련업계의 서비스경영은 더욱 강조되어야 한다.

제2절 여행업의 발전

1. 여행업의 성립

고대 이집트의 신전 순례, 기원전 5세기경 그리스 역사가 'Herodotus'의 견문기 등에 따르면 기원전 여행은 체육, 요양, 종교의 형태로 이루어졌다.

역사가 A, J. Toynbee에 의하면 기원전 4세기 중엽 이후의 헬레니즘(Hellenism)시대는 '인간존중의 정신'이 지배하고 있었으며 여행자를 접대하는 환대(hospitalitas)가 최고의 미덕으로 여겨지고 있었다. 고대 로마 시대의 여행 동기와 목적은 종교, 요양, 식도락, 예술, 등산이었으며 그리스도의 전도여행, 그의 제자들의 전도여행, 그리스도교의 12사도 묘의 성지여행, 초기 기독교인들의 묘지 'Catacomcombe di sencallisto'과 '성 베드로 대성당'등은 오늘날까지도 세계인의 관광지로 알려져 있다. 그리스와 로마시대에 극히 소수의 상류계급에만 한정되었던 여행의 행태가 가능하였던 배경에는 로마의 중심 대광장(foro)을 기점으로 한 아피아(Via Appia)가도, 해상 교통로의 연결, 민박을 개조한 여관업, 간이식당 타베르나(taberna), 식당 겸 숙박시설인 포피나(popina)가 각지에 건설되어 영업을 하고 있었기 때문이다.

또한 치안 유지에 의한 안전성, 화폐경제의 보급, 학문의 발달에 의한 미지 세계에 대한 동경 등이 여행객을 증대시키는 결과로 작용하여 오늘날의 여행 산업 발달과 그 맥을 같이한다고 볼 수 있다.

중세의 십자군의 전쟁(1096~1270)은 성지 예루살렘 순례여행에 대한 열망과 호기심을 일으켰으며, 'Marco Polo'(1254~1324)의 동방견문록은 동방여행에 대한 꿈과 소망을 주기에 충분하였다.

1492년 Columbus(1451~1524)의 서인도 제도발견, Vascodama(1451~1524)의 인도양 횡단, 1519년 Magellan의 대서양 횡단, 1771년 G. Vancouver의 아메리카 북서안 탐험 등은 J.R Forster(1754~1794)의 세계일주견문록 등에 의하여 장거리 여행에 대한 열망을 일으켰으며, 여관, 길드(inn, guild)가 발전하여 여행이 용이해졌다. 그리고 괴테(J.W.V.Goethe), 셸리

(P.B.Shelley), 바이런(G.G.N.Byron) 등 작가들의 작품배경은 새로운 여행지로 각광받아 잠재 여행객들에게 큰 호기심과 함께 미지의 세계를 여행하고픈 자극을 주었다. 이 시대를 역사학자들은 '교양관광의 시대', '그랜드 투어(Grand Tour)의 시대'라고 일컫는다.

2. 여행업의 발전

1825년 영국에서의 철도의 탄생은 1841년 T. Cook 전도사에 의한 전세열차를 이용한 모객여행의 효시가 되었다. 또한 1939년에 Karl Bedeker에 의하여 출판된 '여행안내서'는 국제여행에 대한 많은 역할을 하였다.

1843년 T. Cook은 'Thomas Cook and Son Ltd,'라는 여행사를 그의 아들과 창설하여 영국 및 미국 등에 단체 유람객을 모집하였는데 이것이 관광업의 효시가 되었다. 또한 19세기에는 독일 바덴바덴의 'Der Badische Hof', 하이델베르그의 'Der Europaische Hof', 파리의 'Grand Hof' 등의 온천장을 중심으로 '호텔'이 탄생되었다. Thomas Cook은 산업박람회, 경마관람단, 기선에 의한 세계일주 투어 등 아이디어에 의한 기획과 아울러 고객에게 저렴한 요금을 통한 홍보도 하였다.

Thomas Cook은 오늘날의 기획여행 상품과 같은 값싼 여행 요금으로 여행상품을 기획하였으며, T/C(Tour Conductor)의 중요성, 여행수속 대행, 브로셔 작성 및 기획 등을 실시하여 초기의 여행업의 기초를 다졌다. 그리고 1927년에는 Wagon Lits를 통합하였으며 1945년경에는 세계 56개국에 350개의 지점과 10,000명 이상의 고용인원을 지닌 세계 최대의 여행사로 발전하였다.

한편 미국에서는 1850년경 American Express사가 여행업과 운수업, 금융업을 함께 운영하였으며, 1891년에는 여행자 수표(traveler's check)를 발행하였다. 대한민국에 여행업이 최초로 설립된 것은 1914년 일본 여행협회(JTB) 한국지사가 설립되면서 부터인데 이때에 철도여객을 위한 철도호텔이 건립되었고 금강산을 비롯한 온천지에 온천장이 개발되었다.

이러한 시설들은 일본인들의 편의를 위한 서비스 시설로 영어관광통역사 등 통역업무서비스도 실시하였으며, 동경, 오사카, 시모노세키등에 홍보사무실도 운영하며 일본인들의 한국 여행에 대한 편의도 도모하였다. 해방 후 1945년 2월 17일 교통부 육운국에 관광과가 최초로 설립되어 우리민족을 위한 관광행정업무를 시작하였다. 1950년 대한여행사의 재창설과 아울러 1962년 국제 관광공사의 설립, 1965년 제4차 PATA총회의 서울개최, 1970대의 국제 관광공사의 설립은 국제관광 진흥 개발에 본격적인 활동의 시대가 되었다고 볼 수 있다.

1975년 정부의 국제관광 진흥을 위한 기본방향을 경제개발계획에 포함시켰으며, 1980년대 이후 대량관광시대를 여는 기틀을 마련하였다. 이후 국제 관광행사로서 1986년 아시안 게임, 1988년 서울 올림픽, 1989년 국민의 해외여행 전면 자율화, 1994년 한국방문의 해, 2002년 한일 월드컵 공동개최, 2005년 부산 아셈회의 등 국제행사가 계속적으로 유치되고 있다. 한편 여행업은 국민관광 수요충족을 위하여 1989년 허가제에서 신고제로 전환된 이후, 2005년 12월 현재 9,000여 개의 여행사가 국내 및 해외, 국제여행알선 업무 행하고 있다.

제3절 여행업의 업무

1. 인바운드 여행업무

인바운드 업무란 외국인의 국내업무를 대상으로 하는 여행업을 말한다. 인바운드 업무조직은 여행기업의 특성에 따라 차이가 있지만, 일반적으로 국제영업, 수배부, 통역안내부, 자금회계 관리부 등으로 구분할 수 있다.

국제영업부에서는 일본, 중국, 구미, 기타 지역 외국인의 국내여행에 관심있는 상품을 기획하여 영업행위를 하게된다. 각 나라의 여행사를 접촉하여 영업행위를 주로 하게 되며 지점을 설립하거나 인터넷 등을 이용하여 적극적인 영업을 하게 된다.

수배부서에서는 외국인의 요청에 의한 호텔, 레스토랑, 골프장, 쇼핑센터, 카지노, 기타 특수 여행지 등의 예약업무를 행하게 된다. 통역안내부에서는 국내여행을 하게 되는 외국인의 통역업무 또는 안내 업무를 하게 된다.

자금회계 관리부에서는 여행상품에 대한 행사 진행 후 정산을 하게 되며 자금 및 회계, 세무, 기타 인바운드 영업 측면에서의 지원업무를 한다.

한편 우리나라에서의 인바운드 여행업의 등록기준은 일반여행업 등록을 해야 되며 등록 기준은 관광진흥법에 의한다. 국내를 여행하는 외국인은 해당 언어에 의한 그 나라를 소개하는 문화 및 여행지를 친절하고 정확하게 안내를 받게 된다. 이러한 업무를 담당하게 되는 사람을 관광통역사라 칭한다. 관광통역사는 성실한 자세와 단정한 복장, 정확한 정보와 지식을 갖추고 민간외교관으로서의 역할을 해야 하므로 자격시험 제도를 정부기관에서 시행한다.

2. 아웃바운드 여행업무

국외를 여행하는 내국인을 대상으로 하는 여행업(여권 및 사증을 받는 절차를 대행하는 행위를 포함한다)을 말하며 국외여행의 약관에 의한 용어에 정의는 다음과 같다.

① 기획여행

여행업자가 미리 여행목적지 및 관광일정, 여행자에게 제공될 운송 및 숙식서비스 내용, 여행요금을 정하여 광고 또는 기타 방법으로 여행자를 모집하여 실시하는 여행

② 희망여행

여행자(개인 또는 단체)가 희망하는 여행조건에 따라 여행업자가 운송·숙식·관광 등 여행에 관한 전반적인 계획을 수립하여 실시하는 여행

③ 해외여행 수속대행(이하 수속대형계약이라 함)

여행업자가 여행자로부터 소정의 수속대행요금을 받기로 약정하고, 여행자의 위탁에 따라 다음에 열거하는 업무를 대행하는 것을 말한다.

출국수속에는 여권, 사증, 재입국 허가 및 각종 증명서 취득에 관한 수속, 출입국 수속서류 작성 및 기타 관련업무가 있다. 국외여행의 등록기준은 관광법규에 의하며 관광사업자는 당해 사업과 관련하여 사고가 발생하거나 여행자에게 손해가 발생한 경우에는 문화관광부령이 정하는 바에 따라 피해자에게 보험금을 지급할 것을 내용으로 하는 보험 또는 공제에 가입하거나 영업보증금을 예치하여야 한다. 국외여행 업체는 국외여행인솔자로 하여금 여행업자가 내국인의 국외여행을 실시할 경우 여행자의 안전 및 편의제공을 위하여 당해 여행을 인솔하는 자를 둘 때에는 문화관광부령이 정하는 요건에 적합한 자를 두어야 한다. 그 자격요건은 법규에 의한다.

3. 국내여행 업무

국내여행업은 국내를 여행하는 내국인을 대상으로 하는 여행업을 말하며 국내여행 표준약관에 의한 여행의 종류와 정의는 다음과 같다.

① 희망여행

여행자가 희망하는 여행조건에 따라 여행업자가 실시하는 여행

② 일반모집여행

여행업자가 수립한 여행조건에 따라 여행자를 모집하여 실시하는 여행

③ 위탁모집여행

여행업자가 만든 모집여행상품의 여행자 모집을 타 여행업체에 위탁하여 실시하는 여행을 말한다. 등록 기준은 관광법규에 의한다.

|관광 이야기|

2012년 한국 방문 외국 관광객 1000만명 시대 개막

2012년 한국을 방문한 외국인 1000만명 시대가 개막된다.

문화관광부에 따르면 지난해 들어 12월1까지 한국을 방문한 외국인 관광객 수는 900만명으로 집계됐다. 한국을 방문한 외국인 관광객은 2009년 700만명, 2010년 800만명, 2011년 900만명을 돌파, 3년 연속 100만명씩 늘고 있다. 이런 추세가 지속된다면 내년에는 1000만명 돌파가 무난할 전망이다.

관광산업이 놀고 먹는 소비 향락산업에서 일자리를 창출하고 돈벌이가 되는 최고의 전략 산업으로 거듭나고 있는 것이다.

외국인 관광객의 빠르게 증가하는 이유는 경제 · 문화 등 다방면에서의 우리나라 국가 이미지가 국제 무대에서 높아졌기 때문으로 풀이된다.

특히 비행시간이 2시간에 불과한 일본과 중국은 해외 관광객 수가 급증하는데 큰 역할을 하고 있다. 일본과 중국 국민의 경우 막강한 경제력을 바탕으로 해외여행이 잦다. 한국관광공사에 따르면 일본의 경우 연간 1600만명이 출국하고 있으며, 중국은 6000만명이 해외관광에 나서고 있다.

한국의 편리한 교통도 장점이다. 인천국제공항은 동북아 허브 공항으로 1일 평균 600여편의 비행기가 오가며 연간 3400만명의 내 · 외국인들을 실어나르고 있다.

높아진 국가 이미지도 해외 관광객을 끌어들이는 이유다. 우리나라는 그동안 G20 정상회담을 비롯해 올림픽, 월드컵, 세계 육상대회와 같은 국제적인 행사를 개최, 전 세계인들에게 한국을 알리는데 큰 역할을 했다.

한류 드라마는 외국인 관광객 수가 증가하는 가장 큰 이유다. 드라마 촬영지는 외국인들이 즐겨 찾는 관광명소가 됐다. 출연 연예인이 사용하는 화장품이나 의류는 외국인 관광객들이 반드시 구매하는 쇼핑 품목이다.

정부도 외국인 관광객 유치에 적극적이다. 정부는 일본과 중국뿐 아니라 중국, 베트남 태국 등 한류가 거센 동남아 지역 관광객들에 대한 비자 간소화 조치를 시행했다.

특히 문광부와 관광공사는 지난해 10월부터 1000만명 유치 TF팀을 구성, 한류 열기와 동계 관광 매력을 느낄 수 있는 8대 특별사업을 추진하고 있다.

8대 특별사업은 한류 주간 개최, 쇼핑 캠페인, 근거리 시장 플러스 유치, 개별 관광객 유치, 항공좌석 공급 확대, 한류 마니아 유치, 친한 네트워크 방한 캠페인, 평창올림픽 연계 스키관광객 유치 등이다.

문광부 관계자는 "기존 단체 관광객 위주에서 개별 관광객으로 대상을 확대하는 등 외래 관광객 1000만명 시대에 위한 다양한 유치전략을 수립할 예정"이라며 "실속 여행상품부터 의료관광, 공연관광 등 부유층을 겨냥한 고품질 상품까지 다양한 수요에 대응한 상품을 개발할 것"이라고 설명했다.

하지만 외국인 관광객이 급증하고 있지만 관광수지는 적자에서 헤어나지 못하고 있다.

관광수지 적자는 2008년 48억 달러의 적자에서 2009년 12억 달러 적자로 일시적으로 줄었다. 하지만 2010년 다시 40억달러의 적자로 적자 폭이 확대됐다. 지난해 10월까지 관광수지는 26억 달러의 적자를 기록했다.

2012.1.5 조선비즈

제 12 장 관광교통업

제1절 관광교통업의 개요

제2절 육상교통업

제3절 해상교통업

제4절 항공운수업

제1절 관광교통업의 개요

1. 관광교통의 정의와 특성

관광과 교통은 지금까지 긴 관광의 역사속에서 불가분의 관계를 형성하면서 발전해 왔다. 관광은 여행자가 일상생활을 떠나 매력의 대상이 되는 관광자원이나 관광시설을 찾아가는 것이다. 따라서 교통수단은 관광의 본질적인 요소가운데 하나인 '회귀이동'을 담당하는 것이므로 관광의 필수불가결한 구성요소이다.

관광교통이란 "관광객이 일상생활을 떠나 반복적이면서 체계있고 관광성이 있는 교통기관을 이용하여 관광자원을 찾아가면서 이루어지는 경제적 · 사회적 · 문화적 현상이 내포된 이동행위의 총체"라고 정의할 수 있다.

2. 관광교통의 구성요소

교통의 구성요소는 교통주체, 교통수단, 교통시설로 구분할 수 있다. 그러나 관광교통의 구성요소는 상호유기적인 체계를 형성하고 있는 것으로 볼 때, 관광교통의 특성상 관광교통주체, 관광교통수단, 관광교통시설, 운임, 관광서비스를 포함하여 5가지로 구성된다.

1) 관광교통의 주체

관광교통의 주체인 여행자는 관광의 주체이기도 하면서 관광교통시장의 수요를 창출하는 수요시장이다.

2) 관광교통수단

관광객을 관광목적지까지 실어 나르는 기구로써 일반교통수단인 자동차 · 열차 · 선박 · 항공기는 물론 RV(recreational vehicle), 캠핑카, 렌터카, 관광버스(전세버스), 관광열차, 리조트열차, 크루즈, 헬기 등이 대표적인 운반구이다.

3) 관광교통시설

관광교통수단이 이용하는 도로 · 철도 · 해로 · 항로 등의 교통로와 교통로의 터미널인 공항 · 항만 · 역 뿐만 아니라, 관광주차장, 오토캠핑장, 마리나, 헬기 투어장과 같은 관광교통시설이 이에 해당한다.

4) 운임

관광교통수단의 운임은 일반운임과는 달리 관광패키지 상품에 적용된 포괄요금의 형태와 시간 · 장소 · 계절에 따라 탄력적으로 적용되는 운임체계를 가지고 있는 것이 특징이다.

5) 관광서비스

관광교통업은 일반교통업과는 달리 인적 · 물적 서비스가 상품화되어 그 가치를 부여받고 있으며, 서비스의 양과 질에 따라 관광교통수단에 대한 가치평가는 물론 관광상품의 전반적인 가치에도 큰 영향을 준다.

3. 관광교통의 기본적 성격

1) 무형재

관광교통은 흔히 즉시재 또는 무형재라 부른다. 일반적으로 유형재는 반드시 일정한 형태와 존속기간을 가지며, 그 생산과 소비는 각기 다른 때와 장소에서 이루어지는 것이 보통인데, 이와는 달리 교통서비스는 생산되고 있는 순간에 소비되지 않으면 실효를 거둘 수 없다. 다시 말해서 즉시적 생산의 성격을 띠고 있기 때문에 생산된 교통서비스의 저장이 불가능하다. 이는 관광교통수요에 대하여 항상 이에 대응할 수 있는 적정규모의 수송시설이 사회적으로 존재하지 않으면 안 된다는 것을 의미한다. 그렇지만 수요가 항상 일정수준을 유지하고 있는 것이 아니기 때문에 이 관광교통사업은 경영에 어려움을 겪게 된다.

2) 수요의 편재성

출 · 퇴근시나 주말의 특정노선의 교통혼잡성을 보면 알 수 있는 바와 같이 교통수요는 시간적 · 자연적으로 커다란 파동을 일으킨다. 이 파동을 1일 · 1주 · 1개월 · 1년간으로 각각 끊어서 자세히 관찰해 보면 다음과 같은 특징을 발견할 수 있다. 곧, 일반적으로 보아 통근이나 업무상 출장과 같은 이른바 '생산적 교통수요'인 경우에는 성수기와 비수기의 파동은 대체적으로 안정되어 있다. 그러나 관광이나 쇼핑과 같은 '소비적 교통수요'의 경우에서 보면 1년간을 통한 계절적 파동은 기후조건 또는 사회적 · 경제적 조건에 좌우되는 경향이 높다. 특히 관광교통은 통근 등과 같은 별도의 목적을 위하여 교통수단을 이용하는 파생수요와는 달라서 관광 그 자체가 목적으로 되어 있는 본원적 수요이기 때문에 수요의 탄력성이 매우 크다. 일반교통업은 운임이 갑자기 인상되었다고 해서 통근이나 업무상 출장을 포기할 수는 없으나, 관광교통업은 그 영향을 받아 위축되기 쉽다. 따라서 관광교통은 소득의 탄력성도 크고, 다른 한편에서는 경기변동의 영향도 받기 쉽다.

3) 자본의 유휴성

관광교통수요가 시간적 · 지역적으로 편재하고 있다는 것은 성수기를 제외하면 적재력이 항상 남아돌아 자본의 유휴성이 높다는 것이다. 도로 · 운반용구 · 동력이라는 교통수단을 구성하는 3대 요소를 생각해 본다면 교통사업의 총비용 가운데서 차지하는 감가상각비, 고정인건비, 고정적 유지관리비, 수리비 등의 이른바 고정비의 비율이 높고, 그 때문에 조업도의 증가에 따른 단위당 고정비의 감소가 강하게 작용하므로 조업률이 높은 만큼 평균비용이 감소된다. 따라서 가격을 내려서라도 좌석을 채우는 것이 효율적이기 때문에 특히 비수기에는 가격경쟁이 심해져 경영에 많은 어려움을 겪게 된다.

4) 독점성

관광객과 관광자원의 매개체 역할을 수행하고 있는 관광교통은 이동을 전제로 하는 관광의 특성상 독점형태의 성격을 띠고 있다. 그러므로 대체 교통수단이 없을 경우에 운임이 크게 인상되었다고 해도 그 교통수단을 이용하지 않을 수 없다. 교통업은 이 같은 독점에 따른 폐단이 크기 때문에 교통사업에 대한 통제는 사회문제로 논의되어 왔고, 정부의 통제 하에 운행되고 있다.

제2절 육상교통업

1. 철 도

1) 철도의 본질

(1) 철도의 개념

철도(railway, railroad)란 철도(rail) 위를 동력으로 차량을 견인하여 여객이나 화물을 운반하는 것으로 넓은 의미에서 육상교통기관의 하나로 분류하고 있으나, 일정한 궤도를 운행하고 교통수단으로 그 역할의 중요성이 높아지면서 철도교통수단으로 분류하는 것이 일반적이다.

광의의 철도는 육상에 마련된 일정한 유도로(誘道路)에 따라 주행하는 지하철도(subway), 노면전차(tramway), 가공삭도(가공철도, ropeway), 모노레일(monorail), 케이블웨이(cableway), 부상식 철도등의 모든 것을 총칭하고 있다. 그러나 협의의 철도는 철도법 제2조에 "철도라 함은 철의 궤도를 부설하고 차량을 운전하여 여객과 화물을 운송하기 위하여 필요한 설비를 말한다"고 규정하고 있다.

(2) 철도의 특성

교통기관의 필수적인 조건은 안전성 · 정확성 · 신속성 · 편리성 · 경제성이 요망된다. 각 교통수단의 특성에 비추어 보면, 신속성측면에서는 항공기, 대량수송의 경제성측면에서는 선박, 편리성측면에서 자동차에 뒤지는 측면이 있으나, 교통기관의 가장 중요한 조건인 안전성 · 정확성이라는 측면에서 철도는 타 교통기관에 비하여 매우 우수한 교통수단이다.

우리나라의 철도는 정부가 운영한다는 측면에서 볼 때 다음과 같은 특성을 가지고 있다.

① 거대자본 고정성

철도는 교통기관의 3요소인 통로설비, 운반구로서의 차량설비, 동력설비를 유기적으로 결합하여 집약경영을 하는 대표적인 예이다. 철도자산은 토지 위에 철도를 설치하기 때문에 고정자산이 대부분을 차지하고, 유동자산은 극히 적은 특성을 가지고 있다.

② 독점성

철도는 독점성이 제일 높은 교통기관이다. 철도법 제5조에는 "사설철도와 전용철도를 경영하고자 하는 자는 대통령령이 정하는 바에 의하여 건설교통부장관의 면허를 얻어야 한다"고 규정하고 있다. 이는 국가에서 철도정책을 관리하에 두고 철도기업 상호간에 시장성을 배제하여 철도에 독점성을 부여한 것으로 판단할 수 있다.

③ 공공성

철도는 정부기관인 철도공사가 직접 운영하고 있는 것으로 볼 때, 국민들의 일상생활과 떨어져 생각할 수 없는 공공성이 강한 국가 기간교통수단으로써 공익성을 추구하는 교통사업이다.

④ 통일성

철도의 발전조건인 안전성, 신속성, 요금의 저렴성 등의 요건을 충족시키고, 타교통수단과 비교하여 경쟁우위를 확보하기 위해서는 철로의 선로, 차량규격, 신호통신방식, 운송조건 등의 통일성이 확보되어야 한다.

⑤ 신속성

철도기술의 발달과 고속철도의 출현은 정확성이라는 시간존중요건을 충족시키면서 사양화되던 철도의 발달을 도모하였고, 정보화 시스템의 도입으로 운송계약과정에서도 신속성이 확보되었다.

2) 관광과 철도

(1) 관광열차의 본질

① 관광열차의 개념

관광열차란(tourist train) 열차(train)의 개념인 정거장 외의 본선로를 운전할 목적으로 안전하게 조성된 차량이나 차량군으로서 기관차에 객차 등을 연결하여 이우어진 차량을 기본으로 하여 관광객을 관광목적지까지 열차로 신속 · 쾌적 · 안전하게 이동시키는 중간매체로서 역할과 열차 그 자체 관광객에게 일차적 매력물로서 역할을 담당하는 속성을 포함하고 있으면서, 관광객에 포괄요금을 적용하여 전 여행일정을 모두 책임지는 패키지상품으로 기능을 수행하는 열차를 말한다.

② 관광열차의 특성

관광목적을 위한 철도로는 등산철도와 유람철도 이외에 산악관광과 자연관광을 위해 모노레일(monorail), 강삭철도(cablecar), 보통삭도(ropeway), 특수

삭도(ski lift) 등이 있는데, 이는 모두 관광객에게 있어서 주요 관광교통수단으로서 역할을 담당하고 있다.

특히 철도를 이용하는 관광열차는 일반열차와 비교하여 볼 때, 관광객만을 대상으로 하기 때문에 수송량의 획득범위는 한정되어 있고, 경기변동이나 기후조건에 의해서 크게 영향을 받고 있는 등 경제적으로 많은 위험부담을 가지고 있다. 우리나라의 경우에 있어서도 영업이익을 내고 있는 상품이 적고, 적자경영이 많아 일부 운행노선을 정지한 경우도 있다. 그러나 최근 지방정부의 적극적인 지역관광자원개발과 지역홍보차원에서 관광열차를 유치하기 위한 노력은 여가시설이 부족한 현대 도시민들의 수요를 창출함으로써 관광열차의 발전방안을 새롭게 모색하는 전기를 마련하였다.

(2) 국내외 관광과 철도의 연계현황

① 국내의 관광열차 현황

철도는 1899년 노량진~제물포간 33.2km의 경인철도의 개통 이래로 지속적으로 발전을 거듭하면서 안전하고 편리한 관광교통수단으로서 국내외 관광객들에게 널리 이용되고 있다. 그러나 자가용 이용의 증가와 항공기 이용의 대중화가 실현되면서 관광객의 수요가 감소하기 시작하였다. 이에 대한 대책으로 정부는 열차의 속도와 운행빈도를 높이고 객차를 최신형으로 고급화하여 여행환경을 쾌적하게 하는 한편, 승차권 전산발매제도를 확대 · 정착시키고, 신혼열차 · 계절관광열차 · 주말 레저열차 등 관광상품을 개발하여 주요관광지와 연계수송체계 및 여행편의를 증진시키는 데 노력을 기울이면서 열차 이용객의 수요가 증가하는 추세에 있다.

② 코레일 팩

코레일 팩(KORAIL PAC)은 우리나라를 방문하는 외국인 관광객을 위하여 만든 철도 관광상품으로 코레일 팩 1장으로 서울의 특급호텔~서울역~관광목적지를 통역안내원의 수행 속에 새마을호 특실을 이용하여 관광할 수 있는 패키지 상품이다.

③ KR PASS

우리나라를 방문하는 외국인 관광객들이 일정기간 동안 철도공사에서 운영하는 모든 열차(지하철 제외)를 구간과 횟수에 제한없이 자유로이 이용할 수 있는 외국인 전용 철도승차권이다. KR PASS를 이용할 경우, 새마을호 특실요금 및 침대요금 50%, 할인, 협약호텔 이용시 요금 30% 할인, 열차식당, 서울역, 동대구역, 부산역 그릴 이용시 20% 할인, 협약 렌터카업체의 렌터카 이용시 요금 10% 할인, 환전 수수료 30% 할인과 롯데월드 등 주요관광지의 할인혜택이 주어진다.

④ 한일 공동승차권

한일 공동승차권은 가장 경제적으로 일본여행을 할 수 있는 승차권으로서 양국의 친선을 증진시키고 여행객의 편의를 도모하기 위하여 도입된 제도이다. 한 장의 승차권으로 한국의 새마을호, 비틀 2호, 항공, 부관페리, 일본철도(서일본, 동일본, 북해도의 신간선 및 재래선)를 이용하여 편리하게 일본을 여행할 수 있는 관광상품으로 최초 승차일로부터 최종 승차일까지 7일이 유효기간이다.

⑤ 한중 공동승차권

한국과 중국간을 상호 여행하는 여행객의 교통편의를 위하여 한국철도의 새마을호와 중국철도의 특급열차 특실 또는 침대, 그리고 인천~천진간 선박(진천훼리) 등을 하나의 승차권으로 연계하여 이용할 수 있는 한중 공동승차권을 중국철도부와 공동으로 개발하여 2000년 2월 1일부터 발매하고 있다.

(3) 국내관광열차의 문제점

① 관광열차의 개념 부재

어떠한 특별한 관광열차가 있는 것이 아니라 기존의 새마을호나 무궁화호 같은 열차로 단지 이동을 시켜주는 데에 불과하다. 따라서 관광열차의 특성에 맞는 시설 · 특성 · 서비스 등을 가져야만이 진정한 관광열차라고 할 수 있겠다.

② 노선의 단순화

기존의 선로 위로 다른 열차들과 똑같이 다니기 때문에 어떠한 특별한 풍경이나 관광의 매력 등을 느낄 수 없다. 따라서 관광지로 가는 새로운 노선을 개설하고 또한 그 특성에 맞는 열차를 제작하고 운영하는 것 역시 중요하다 하겠다.

③ 연계교통수단의 미흡

신속한 이동이나 철도로 접근하기 어려운 지역을 위해서 항공기 · 선박 · 자동차 등의 타교통수단과 연계가 잘 이루어져야 한다. 연계교통수단의 창출은 곧 철도이용객의 수를 늘릴 수 있는 좋은 방안이라고 할 수 있겠다.

④ 관광열차 시설물의 낙후

우리나라 기관차들이나 선로들은 낙후되어 있다. 이러한 시설물의 낙후는 관광객들로 하여금 매력을 느낄 수 없게 하는 요인이 되고 있다. 새로운 관광자원으로서 매력있는 시설물을 만들기 위해서는 낙후된 시설의 개선은 필수적이다.

⑤ 관광열차상품의 단순성

우리나라 관광열차들의 상품을 보면 그 상품의 내용이 너무나 단순하고 특성이 없다. 관광열차라는 이름만 붙여서 단지 이동의 역할만을 해 줄 뿐 관광열차라고 하기에는 어딘가 부족한 점이 너무나도 많다. 지역관광자원과 연계된 특별한 주제가 있는 다양한 철도관광상품을 개발하여야 한다.

⑥ 역사의 개발 미흡

각 도시들과 지역들의 역사를 보면 그 지역에 맞는 특이한 역사가 전혀 만들어져 있지 않다. 관광적인 입장에서 볼 때 단조로운 역사는 전혀 관광적인 가치가 없는 것이다. 각 지역에 맞는 특이한 역사를 새로 만들어서 그 역사를 지나가는 관광객들로 하여금 그 지역을 기억할 수 있게 하는 것은 매우 중요한 일이라고 말할 수 있겠다.

⑦ 승무원 서비스의 개선

기존의 서비스보다 더 질 높고 수준 높은 서비스가 이루어져야 하겠다. 객차라는 제한된 범위 안에서 즐겁고 유익한 여행이 되기 위해서는 승무원들의 수준 높은 서비스 제공은 필수이다. 이러한 서비스를 제공하기 위해서 항공사 수준의 남여 승무원을 탑승시켜 높은 수준의 서비스를 제공하기 위한 교육훈련에 노력을 경주해야 할 것이다.

2. 전세버스운송사업

1) 전세버스운송사업의 개념

전세버스운송사업이란 건설교통부령이 정하는 사업구역 내에서 운행계통을 정하지 않고 1개의 운송계약으로 건설교통부령이 정하는 자동차를 사용하여 여객을 운송하는 사업을 말한다. 특히 단체여객이나 관광객을 대상으로 영리를 목적으로 하여 출발지부터 목적지까지 이동시키는 자동차운송사업의 종류 중 하나이다.

2) 전세버스운송사업의 특성

(1) 무형성

전세버스운송사업은 전세버스를 이용하여 관광객을 이동시키는 서비스를 생산하는 사업으로서 그 생산된 상품은 만질 수도 볼 수도 없고, 단지 정신적으로 이해할 수 밖에 없는 무형의 생산품이다. 전세버스의 용역서비스는 생산되는 순간에 판매되지 못하면 그 상품가치가 소실되어 손해를 감수해야 하며, 아무리 값을 할인한다 해도 판매되는 것은 아닌 특성을 가지고 있다. 따라서 관광객의 수요에 대응하여 적정한 수준의 전세버스가 확보되어야 하나 시간 · 요일 · 계절에 따라 수요의 편재성이 크기 때문에 규모의 적정성이 매우 어려운 문제이다.

(2) 수요의 편재

전세버스의 수요는 관광객의 이동에 따라 매우 불규칙적이다. 현재 전세버스의 운행형태는 일반적으로 관광버스 70%, 통근 · 통학버스가 30%를 점유하고 있다.

통근버스의 전세는 성수기와 비수기의 수요는 일정하나, 통학버스는 방학동안에 운행이 없어 비수기 문제가 제기되고 있다. 관광버스는 요일 · 월별 · 계절별 또는 사회적 · 경제적 환경은 물론 인간의 감정에 따라서도 그 수요의 변화가 크게 작용하고 있다. 전세버스의 요일별 수요를 살펴보면 일반적으로 토 · 일요일 · 공휴일에 이용률이 가장 높은 것으로 나타나고 있다.

월별로 살펴보면 4월 · 5월 · 10월 수요가 가장 많고, 12월 · 1월 · 2월, 그리고 7월 · 8월은 수요가 적은 편이다. 이는 봄 · 가을은 수요가 많고, 여름 · 겨울은 수요가 적어 성수기와 비수기가 뚜렷이 존재하고 있다.

(3) 자원 및 자본의 유휴성

관광수요가 계절적으로 편재하고 있는 현상은 일반버스사업보다도 고정자산 및 인적 · 물적 자원의 투자가 높은 전세버스운송사업에 있어서 더욱 심각하다. 이를 타개하기 위한 과당경쟁이 이루어지면서 가격덤핑과 숙박업 · 기념품점 · 관광식당 등과 같은 관광관련업체로부터 부당한 수수료를 받기도 하고, 지입제버스, 불법적 버스운행이 나타나기도 하였다.

3) 전세버스운송상품의 형태

(1) 전세버스관광(Charter Tour)

전세버스는 학교, 회사, 협회 또는 계모임, 친목단체 등과 같은 자생단체에서 전세버스 운송업체의 운송서비스를 제공받아 스포츠행사, 박람회, 박물관, 쇼핑센터, 관광지 등을 여행하는 것이다. 이 상품은 단일목적지의 여행으로 숙박이 포함되나 관광안내원은 동반하지 않는다.

(2) 단체관광(Escort Tour)

국내에서 가장 많이 이용하는 관광버스의 형태이다. 단체의 대표와 여행사간 상담을 통하여 여행일정 및 관광목적지를 결정하여 계획된 운송서비스를 제공하는 것이다. 모든 일정표에 숙박 · 식사 · 관광지 등이 포함되며, 전 여정기간동안 전문 관광안내원이 동반하여 여행 서비스를 제공한다.

(3) 개별 패키지 관광(Independent Package Tour)

전세버스회사에서 특별한 이벤트나 계절상품, 유명관광지를 목적지로 한 특별기획 여행상품을 개별 여행자들이 모여 이용하는 운송관광상품이다.

(4) 도시 패키지 관광(City Package Tour)

개별 패키지 관광과 유사하나 일정한 도시 내의 주요 관광지, 호텔, 음식점, 쇼핑센터 등을 여행하는 운송 서비스를 제공한다.

(5) 연계 교통관광(Intermodal Tour)

관광사업에 있어서 최근의 경향은 타교통수단인 항공, 관광유람선, 여객선, 철도와 전세버스를 연결하는 여행운송서비스 제공의 관광형태이다. 미국의 암트랙서비스와 그레이하운드 9개 노선과 연계상품, 뉴욕시에서 플로리다주까지 1주일 버스관광과 그 후 1주일 카리브해 유람선 관광이 그 예이다. 우리나라는 제주도 여행시 항공기와 버스, 여객선과 버스를 이용하는 연계교통관광형태가 가장 전형적으로 이루어지고 있다.

4) 전세버스운송사업의 현황

우리나라는 1948년 서울~온양간 관광전세버스면허가 최초로 발급되어 운행되기 시작되었으나 한국전쟁으로 사실상 중단되었다. 그 후 정부의 관광에 대한 관심이 높아지면서 1961년 최초의 관광법인 관광사업진흥법이 법률 제689호로 제정 · 공포되었다. 여기에 관광사업의 종류로 전세버스업이 관광교통업으로 신설되어 발전하면서 1973년에는 80여개 업체에 총보유대수가 951대에 이르렀다. 그러나 1975년 관광기본법이 제정되고 관광사업진흥법이 관광사업법으로 변경되면서 관광사업에서 관광교통업이 제외됨에 따라 전세버스운송사업은 자동차운송사업의 하나로 발전하면서 현재에 이르고 있다.

5) 전세버스운송사업의 문제점

전세버스운송사업의 문제는 어제 오늘의 얘기가 아니다. 정부는 물론 각 도의 관광과, 시군의 교통행정과, 관광협회, 전세버스운송조합 등에서 다각적인 연구와 단속 등 많은 노력을 기울이고 있지만, 인원부족 등 여러 가지 어려움으로 인하여 시정이 이루어지지 않고 있다. 가장 바람직한 방법은 전세버스 운송업자와 종사원 스스로가 반성하고 고쳐야 하겠다는 마음자세가 중요하며, 정부와 관련단체에서도 전세버스 운송사업의 발전을 위하여 상호 유기적인 관계를 모색하여야 한다. 현재의 우리나라 전세버스 운송사업의 문제점을 제시하면 다음과 같다.

(1) 서비스정신 결여

가장 기본적이고 중요한 일이지만 지켜지지 않고 있다. 기사들의 거칠고 불친절한 언행 등은 여가시간을 활용하여 관광을 즐기고자 하는 여행자들에게 불쾌감을 주는 경우가 자주 일어나고 있다. 이는 인력난 등으로 자질이 부족한 기사들의 채용과 교육 부족으로 일어나는 현상이다.

(2) 과잉경쟁으로 인한 전세버스요금의 하락세

허가의 완화로 인하여 너무도 많은 업체들이 한꺼번에 생겨남으로써 공급이 수요를 앞지르는 현상이 발생하였다. 각 업체가 요금의 덤핑 등 과잉경쟁을 부추김으로써 일부 영세업체들이 많은 고통을 겪고 있다.

(3) 기사 및 직원들의 열악한 근무환경

몇몇 대기업에서 운영하는 회사를 제외하면 대다수가 영세성을 면치 못함으로써 타 업종에 비하여 낮은 보수 및 학자금 지원 등 여러 가지 후생복지혜택을 받지 못하고 있다. 또한 기사의 부족으로 인하여 무리한 운행 및 피로가 누적되는 일이 빈번하며, 이로 인해 직업에 대한 자부심 및 애사심은 물론 장인정신이 결여됨으로써 고객에 대한 봉사정신을 저해하는 요인이 되고 있다.

(4) 노후화된 차량과 지입제 차량 운행 및 정비불량

차량을 교체할 시기임에도 이를 무시하고 계속적인 운행을 함으로써 자칫 발생할 수 있는 대형사고의 불안함을 안고 있으며, 정비사의 부족 또는 정비불량으로 고객들이 많은 불편을 겪고 있다.

(5) 관광문화 의식의 부족

예전과 많이 달라진 것은 사실이지만 아직도 선진국에 비하여 우리의 문화수준은 많이 뒤떨어진 실정이다. 차량안에서의 가무행위 및 음주행위는 우리나라에서만 볼 수 있는 고질적인 병폐이며 사고의 원인이 되기도 한다.

3. 자동차 대여사업

1) 자동차 대여사업의 개념

(1) 자동차 대여사업의 정의

자동차대여업이란 rent-a-car, 곧 '차를 빌려줌'이라는 뜻이며, 이것을 상행위의 일종으로 편성시킨 rent-a-car system, 혹은 car rental system이라고 한다.

이와 같이 렌터카란 자동차를 대여하는 상행위로서 보통 자동차 자체만을 대여하는 것으로 인식하고 있으나, 오늘날에는 광의의 개념으로 자동차를 이용하는 고객의 요구에 부응하여 자동차 자체와 이에 부과되는 시스템을 제공하는 시스템산업이라는 새로운 수송시스템이라고 해석한다. 곧, 자동차 자체의 대여와 이미 부과되는 다양한 서비스를 포함하여 고객에게 필요할 때 필요한 장소에서 필요한 만큼 빌린다는 이용자의 요구에 부응하는 점에서 서비스사업이라고 한다.

(2) 자동차 대여사업의 특성

관광교통수단을 크게 분류하면 철도 · 버스 · 항공기 등의 공공교통 기관과 자동차로 대표되는 사적 교통기관으로 분류할 수 있는데, 자동차대여사업은 이 중간에 틈새시장을 파고든 '제3의 교통기관'의 위치에 있다고 볼 수 있다.

자동차대여사업이 제3의 교통기관으로 불리는 이유는 ①철도 · 항공기 · 버스 · 택시 등의 공공수송기관의 보완적 교통수단과 도시주변, 근교 관광지 등에서 공공수송기관의 대체교통기관으로서의 기능을 발휘하고 있다는 점, ②유통부문 및 기업활동에서 업무용 자동차의 경비절감과 휴가철 자동차 선호 이용자들의 렌터카 사용이 증가하고 있다는 것이다.

또한 자동차대여사업의 매력은 타교통수단과 비교하여 필요한 때마다 차를 빌릴 수 있어 차를 운전하여 드라이브를 즐기면서 비밀성을 보장받을 수 있는 것이다. 특히 장거리여행시 일부러 차를 이용하지 않고도 다른 신속하고 안전한 타 교통수단을 이용한 후 목적지에서 보조차(second car)의 기능을 담당함으로써 여행자들에게 기동성을 보장하여 줄 수 있다.

또한 렌터카 이용시스템 측면에 있어서도 여행자들에게는 다음과 같은 이점이 있다.

① 보험 안심하고 이용
② 차의 상태 차의 새로움(신차종), 점검 · 정비, 차내외 청결
③ 차형과 양 이용자의 요구에 부합되는 차종, 급, 기호에 맞는 차, 수요에 상응하는 풍부한 보유대수
④ 예약 현지에 직접 가지 않아도 손쉽게 가까운 곳에서 예약
⑤ 세트상품 타 교통기관 및 숙박시설과의 편리하고 경제적인 결합
⑥ 지역망 영업지점망에 의한 이용자에게 편리성 제공
⑦ 요금제도 사회적 가치관으로 보아 타당한 요금수준을 보장

(3) 자동차대여사업과 타관광사업과의 관계

① 철도 · 항공기와의 결합수송 서비스

'여행과정의 모두를 마이카로' 하는 것은 합리적 현대사회의 현실로는 극히 불합리한 이야기다. 시간적으로도, 경제성의 면에서도 사람은 철도나 항공기를 이용할 때가 많다. 따라서 철도의 고속성 · 안전성의 장점, 혹은 항공기의 장거

리 고속성의 장점과 자동차가 갖는 기동성을 감안하여 스케줄을 세워서 여행을 하게 된다.

각각 특성있는 교통수송수단 중에서 여행하는 사람이 각각의 필요에 알맞은 방법으로 터미널에서 연계승차가 되는 시스템을 요구한다. 렌터카는 장시간 차를 운전하여 드라이브를 즐긴다든지, 사업상 몇 군데의 방문지가 있다든지, 밀실성이 있는 이동하는 방이라는 마이카적 특성을 요구하는 사람에게 많이 이용된다. 따라서 역에서 철도로, 공항에서 항공기로의 교통수단을 연계할 수 있는 시스템이 해외 여러 나라에서도 널리 이용되고 있다.

② 여행업자와의 제휴

여행중 렌터카를 사용하는 경우, 렌터카의 예약과 더불어 당연히 철도와 항공기의 예약도 필요하게 되는데, 이는 목적지까지의 교통수단으로서 철도와 항공기를 연계하여 이용하기 때문이다. 특히 성수기인 경우에 렌터카 예약이 절대 필요하고, 더불어 렌터카를 장시간 사용하면 숙박이 수반되어야 하므로 호텔 등의 예약이 필요하게 된다. 따라서 여행업자에게서 하나의 패키지상품으로 구입하면 유용할 수도 있다. 렌터카업자는 필연적으로 이러한 여행업자와 제휴하여 여행의 편리성 향상에 노력을 기울여야 한다.

③ 여가산업과의 제휴 등 부가가치 서비스

관광지의 렌터카회사는 그 지역 내에 있는 관광명소 · 시설 등과도 제휴하거나, 책임있는 토산품점 등을 추천하거나 한다. 예를 들면, 관광지 입장료의 할인 등 부가적인 서비스를 제공하는 것은 렌터카의 상품개발이라는 이점을 물론, 지역 여가사업체에 있어서도 커다란 이점을 제공하는 것이라 할 수 있다. 렌터카를 이용한 관광활동은 단지 자연경관을 감상하는 것만이 아니기 때문에 지역의 신뢰성있는 리조트 · 여가사업체와의 제휴는 관광객의 편리성에도 기여하게 된다.

④ 경쟁사업과의 역할분담

렌터카의 경쟁사업으로서 대표적인 것은 택시가 있다. 택시나 렌터카 모두에 각각 장 · 단점이 있고, 경제적인 측면과 더불어 한편으로는 역할분담적인 측면도 있다.

택시는 전문직업운전자가 운전하기 때문에 안심하고 타게 되며, 친절하고, 지리에 밝고, 안내도 자세하게 받으며, 기념사진 등도 걱정없이 해결해 준다. 반면 요금은 약간 비싸며, 프라이버시 문제와 식사 때 마음쓰임이 필요한 것 등이 불리한 점이 되고 있다.

렌터카는 완전 밀실성이 있고, 프라이버시가 지켜지며, 자기가 핸들을 잡고 운전 그 자체를 즐길 수 있다. 그리고 자신이 좋을 때 바라는 장소에 언제나 갈 수 있고, 어느 곳에서나 정차할 수 있는 자유가 있다. 또한 장시간 이용하면 요금이 싸게 먹힌다. 이와 같이 택시와 렌터카 각각의 특성을 명확하게 살린 형태로 역할을 분명히 주장하고 여행자에게도 이해를 구하여 양 업계의 보다 나은 발전을 위하고, 나아가서 여행자의 편리성 향상에 도움이 되는 방향으로 노력 · 협력을 해야 할 것이다.

2) 자동차 대여사업의 발전방안

렌터카는 차량 자체만을 대여하는 것이 아니라 예약에서 반송까지의 렌터카 시스템을 제공하고 이용자는 대가를 지불한다는 것을 인식하고 렌터카사업자는 이용자의 편의성, 곧 양질의 서비스를 제공하기 위한 시스템 개발을 더욱 충실하게 하여야 한다.

(1) 종사자의 자질향상

렌터카사업은 우수한 종사원의 확보와 육성을 요구하는 노동집약적인 서비스 사업이다. '필요한 때 이용하는 이용자의 요구'에 부응하여야 하는 렌터카사업에서는 최소인원의 영업소운영과 간편하고 신속한 대응절차, 만족할 만한 업무지식을 갖춘 인재의 확보 · 육성이 사업경영의 요체가 되고 있다.

서비스를 담당한 종사원에게는 다방면의 사무지식이 요구되며, 이용자는 대여운영은 물론이고, 차량의 상품지식, 운전지식, 보험지식에 정통한 실무자로부터 친절하고 전문적인 조언을 바라기 때문이다. 이와 같은 요구에 부응하기 위해 종사원의 질적 향상과 소수정예의 바탕에서 운영하는 렌터카사업은 무엇보다 종사원의 교육과 인재의 확보가 최대과제인 것이다.

(2) 영업망 확충으로 편의제공

렌터카사업은 철도 · 항공 · 버스 · 택시 등의 공공수송기관을 보완하고 마이카의 대체기능을 수행하는 개별수송수단으로서 렌터카를 이용하는 데에는 무엇보다 편리성과 경제성이 있어야 한다. 이를 실현하려면 고객의 접근이 쉬운 거점(영업소, 예약소) 전개와 이용자의 사용목적에 따라 대단히 유익한 편도대여, 그리고 이용의 활성화에 따르는 전국영업망의 구축이 필요하게 된다.

이와 함께 차고지, 세차장, 정비 · 점검시설을 구비한 영업소를 시내요소, 역, 공항 등에 설치하는 데는 막대한 자금이 소요되어 현실적으로 한정된 자금범위 내에서는 한계에 부딪히고 있는 형편이고, 이런 조건하에서도 다양한 이용자요구에 부응하고자 대규모 렌터카회사는 언제 어디서나 원하는 차를 신속히 예약하는 시스템과 차량관리시스템의 단말기를 각 영업소에 설치하는 컴퓨터 온라인(on-line)화를 준비하고 있다. 나아가서 교통정보 · 도로정보 · 관광정보 등의 편의를 제공하는 각종 서비스의 개발에도 과감히 투자하여 서비스 개선을 통하여 렌터카사업을 활성화하는 것도 렌터카업계 모두가 협력 · 해결하여야 할 과제이다.

(3) 결합상품의 개발필요성

철도 · 항공기와 렌터카를 연결하는 것을 이용자의 선택에 맡길 것이 아니라 각 교통수단간에 제휴하여 보다 저렴하고 이용자에게 호응 받는 세트로 된 좋은 상품을 개발할 필요가 있다. 원거리에 있는 관광지로 여행할 때 항공기로 출발하여 가까운 역에서 철도로 목적지인 역까지 가서 렌터카로 관광지를 돌아보고 비행기로 귀가하는 여행에 있어서는 교통기관의 유형에 따라 여행자에게 보다 유익한 새로운 상품을 개발 · 제공할 수 있다. 한편, 장시간여행에는 숙박문제가 따르므로 이 때에는 철도, 항공, 렌터카, 숙박을 일괄한 싸고 편리한 특색 있는 패키지 상품의 개발을 여행사의 전문가와 토의할 필요가 있다.

(4) 예약시스템의 구축

렌터카를 이용하고자 사전에 예약하려면 예약받는 소요시간과 영업시간 내의 접수기간에 제약을 받게 된다. 이용자가 손쉽게 예약하려면 컴퓨터시스템을 개발하여 즉시 예약이 가능한 예약시스템의 구축이 필요하다. 이용자 측면에서는 예약창구가 많고 접근이 용이한 가까운 영업소에서 예약하고자 할 것이다. 규모가 큰 렌터카회사는 예약소를 증설하지만 앞으로 여행사와 제휴하여 여행사의 점포망을 활용하는 예약창구의 증설과 가정의 전화와 팩스, 인터넷 등으로도 예약하는 방향으로 개선하여야 할 것이다.

(5) 편도대여의 활성화

렌터카사업이 발전하려면 편도대여(one way rental)의 활성화가 도모되어야 한다. 편도대여란 대출한 영업소에서 다른 장소에 반환하는 영업소까지의 편도대여를 말한다. 렌터카의 발상지인 미국에서는 교통량이 많은 대도시 간은 차가 한 곳에 편재되는 일이 없으므로 동송요금(drop of charge)을 받지 않는 편도대여가 보편화 되어 있으나 다른 지역은 회송요금을 별도로 부담하여야 한다.

우리나라는 아직 여건미비로 인하여 비싼 회송비 부담 때문에 특별한 경우를 제외하고는 편도대여의 이용빈도가 미미한 실정이나, 다양한 이용자의 요구에 부응하는 서비스개선과 렌터카사업이 도약하기 위하여는 저렴한 요금으로 이용하기 쉬운 편도대여의 실시가 필요한 것이다. 이는 업계의 공동노력으로 해결하여야 할 과제이다.

관광 이야기

9.11 테러 이후 보안검색 강화

9.11 테러 이후 보안검색이 강화되면서 개인 제트기 이용률이 크게 늘었다고 파이낸셜타임스(FT)가 보도했다.유럽 최대 개인 제트기(Private Jet) 운영사인 넷젯은 올들어 11월까지 개인제트기를 6만 회 운항했다고 밝혔다. 이는 작년 한해 운항건수에 비해 30% 가량 증가한 것이다.

워렌 버핏의 벅셔 헤서웨이가 49% 지분을 갖고 있는 넷젯은 114대의 제트기를 보유하고 있으며 비용보다는 시간을 중요하게 생각하는 고객을 대상으로 전용기 서비스를 제공하고 있다.

테러 우려로 공항 검색시간이 길어진데다 올해 독일 월드컵을 계기로 유럽내 항공수요가 크게 늘면서 넷젯의 전용기 이용률도 증가했다. 월드컵 기간에만 넷젯은 독일로 1,000회 이상 취항했다.

세계 최대의 항공기 전세 중개사인 에어 파트너의 데이빗 세빌 최고경영자(CEO)는 "신흥 부유층의 중간 정도에 속하는 이들이 전용기 서비스를 이용하기 시작했다"고 말했다.

또 다른 전세기 중개사인 원 차터의 마이크 라이언 CEO도 "한번 전용기 서비스를 이용하고 나면 일반 항공사의 비행기를 타기 어려워진다"고 설명했다.

한편 유럽연합(EU)이 온실가스 거래에 항공여행을 포함시키면서도 전용기는 제외키로 하면서 환경론자들의 반발을 사고 있다.

개인 제트기 운영사들은 일반 비행기보다 연료소모가 적은 비행기를 운항하고 있으며 불필요한 항공시간을 줄여 항공기 운항을 가급적 효율화하려고 노력하기 때문에 EU의 결정에 문제 없다고 항변하고 있다.

이데일리, 2006.12. 27

제 3 절 해상교통업

1. 해상교통

1) 해상교통의 개념

해상교통(marine transportation) 또는 해운(shipping)이라 함은 해상에서 선박을 이용하여 사람 · 화물을 운송하고 그 대가로 운임을 받는 상행위를 말한다. 해상교통은 다극화시대에 살고 있는 경제인들의 활동을 원활히 하고, 물적 유통을 효율적 · 경제적으로 수행함으로써 경제발전의 주된 수단으로 역할을 수행하고 있다.

그러나 최근에는 해상교통의 역할이 물적 유통뿐만 아니라 사람을 운송하는 상행위로서 역할이 점점 증가하고 있다. 특히 도서주민의 교통수단으로 이용되어 왔던 여객선은 교육수준과 생활수준의 향상에 따른 여가선용의 방법으로서 미지의 바다에 대한 동경과 해양레포츠활동 등이 급속히 확산되면서 해안관광을 겸한 연안여객선 운항이 활성화되고 있다. 또한 해양관광산업이 본격적으로 개발되면서 해양관광을 목적으로 해상유람을 즐기고자 하는 관광객들을 대상으로 특급호텔수준의 시설과 서비스를 제공하면서 주요 항구도시 및 해안관광자원을 운항하는 크루즈가 해양 관광객의 교통수단으로서 그 가치가 높아지고 있다.

2) 해상교통의 특징

교통이라 함은 해상교통 · 육상교통 · 철도교통 · 항공교통과 이들의 결합에 의한 복합교통으로 구분할 수 있다. 교통형태의 특수성은 안전 · 정확 · 신속 · 편리 · 쾌적 · 자유 등과 경제성이 타 운송수단과 비교하여 우위성을 확보하는 데 있다.

해상교통을 육상교통 · 철도교통 · 항공교통과 비교하여 그 특성을 살펴보면 다음과 같이 요약할 수 있다.

(1) 사람 및 재화의 대량수송

교통기관 중에 선박만큼 큰 단위수송능력을 가진 것은 없다. 항공교통은 신속성은 확보되나 운송량이 제한되고, 철도는 객차의 연결 대형화로 승객 및 화물의 운송량을 늘리고 있으나 한계가 있다. 그러나 해상교통은 일시에 승객과 화물을 일정한 지역으로 대량이동이 가능하므로 대량수송의 표본이 되고 있다.

(2) 원거리수송

해상교통은 항구와 항구, 섬과 섬, 바다와 바다, 대륙과 대륙을 연결하는 원거리 수송을 담당하고 있다.

(3) 운송비의 저렴성

해상교통은 육상교통과 같이 도로 · 철도와 같은 시설이 필요하지 않으며, 1회에 대량수송이 이루어지기 때문에 단위당 수송비가 저렴하다. 일반적으로 거리면에서 해상운임과 철도운임을 비교하면 해상교통이 절반 정도에 불과하다.

(4) 운송로의 자유성

국제법에 따라 공인된 '공해자유론'은 해양자유의 원칙(freedom of sea)에 따라 공해에 있어서 자유로운 항해가 보장됨에 따라 급속한 해운업의 발전을 가져와 다른 교통수단보다 해상교통이 크게 활성화 되었다.

(5) 운송형태의 국제성

해상교통에 있어 선박은 국적에 영향을 받지 않고 원칙적으로 항만에 입출항이 가능하고 주항로가 공해상이라는 점이 특정 국가의 성격을 벗어나 공해상에서 타국적의 선박과 경쟁하는 국제성을 띠고 있다.

(6) 운송시간의 지연성

해상교통의 속력은 육상교통보다 평균속도가 늦고, 항공교통속도와는 비교할 수 없을 정도로 속도가 느리다. 세계 주요 정기선의 속력은 시간당 18~45노트이고, 부정기선은 12~18노트로 신속성을 필요로 하는 사람과 화물의 이동에는 한계가 있다.

3) 해상교통 현황

해상교통은 대외무역의 증대에 따른 수출 · 입화물의 운송수단뿐만 아니라 해안관광자원개발 및 도서지역의 관광교통수요에 따라 여객 및 관광객 운송수단으로서도 그 수요가 날로 증가하여 해상관광교통 수단의 역할 중요성이 매우 높아지고 있다.

최근 국민생활수준의 향상과 새로운 관광욕구의 증가, 3면이 바다인 우리나라의 지리적 특성은 육지와 가까운 도서지역의 관광객 수요가 급증하고 있는 것은 물론, 멀리 백령도, 고군산군도, 홍도, 거문도 · 백도, 울릉도 등도 관광지화되어 경치가 수려한 도서지역에 대해서는 지역개발차원에서도 관광자원의 개발과 보존의 필요성이 강조되고 있다.

정부는 이러한 해상교통수단의 이용수요와 관광자원개발의 필요성에 발맞추어 현대화 및 쾌속화를 지속적으로 추진하고 있으며, 그 결과 2002년 현재 국내 여객선 취항은 목포~홍도, 포항~울릉도 등 106항로 160척이 운항하고 있다.

또한 국제여객선으로는 1970년 6월 부산~시모노세키간 부관페리호 취항을 시초로 2002년 현재 한중간 13개 항로 13척, 한일간 6개 항로 12척 등 총 20개 항로 26척이 운항하고 있어 일본 및 중국을 관광하는 국제관광객의 이용편의를 도모하고 있다. 정부는 앞으로 일본 및 중국을 연결하는 신규노선을 지속적으로 추진하여 국제관광객의 해상관광 교통수단 이용을 적극 유도해 나갈 방침이다.

2. 크루즈

1) 크루즈의 정의와 특징

(1) 크루즈의 정의

크루즈는 'cruise ship tour', 'cruise ship travel' 또는 'cruise'로 표현되기도 하는데, 일반적으로 크루즈란 "선내에 객실 · 식당 · 스포츠 및 레크리에이션 시설 등 관광객의 편의를 위한 각종 서비스시설과 부대시설을 갖추고 순수한 관광활동을 목적으로 관광자원이 수려한 지역을 순회하며 안전하게 운항하는 선박"을 말한다.

한편, 한국관광공사는 크루즈관광을 "위락추구 여행자를 위한 선박여행으로 숙박, 식음, 위락시설 등 관광객을 위한 각종 시설을 갖추고 수준 높은 서비스를 제공하면서 관광을 목적으로 역사도시, 항구도시, 휴양지, 자연경관이 뛰어난 곳 등 관광적인 요소가 내재되어 있는 여러 국가의 관광지를 기항하면서 안전하게 운항하는 선박관광"으로 정의하고 있다(한국관광공사, 1999).

일반적으로 크루즈관광이란 "유람선을 이용한 독특한 관광여행으로 정기노선의 여객선이 아닌 여행업자 또는 선박업자가 포괄요금으로 여행객을 모집하여 운영하는 것으로서, 다수의 매력적인 항구를 여행하는 형태"를 뜻한다. 곧, 크루즈 내에 숙박 · 위락시설 등 관광객을 위한 각종 시설을 갖추고 여행자의 요구에 적합한 선상활동 · 유흥 · 오락프로그램 등 선상행사와 최고의 서비스를 제공하는 것은 물론, 매력적인 지상 관광자원 및 관광지를 다양하게 관광시키는 종합관광시스템을 말한다.

(2) 크루즈의 특징

해상관광교통으로서 여객선은 여객의 수송을 목적으로 하고, 카페리는 사람과 차량을 싣고 주요항구간을 수송하기 위하여 정기적 운항하는 것을 특징으로 하며, 쾌속여객은 소규모 선박으로서 고속성을 특징으로 하고 있다. 이에 비하여 크루즈는 대형 이상의 선박으로서 적당한 속력으로 장기간 운항함으로써 마치 육지의 대규모 특급호텔 또는 소도시를 옮겨 놓은 듯한 최고급의 시설을 갖춘 여객선이다.

이러한 크루즈는 다른 해상관광교통과 비교하여 다음과 같은 뚜렷한 특징을 가지고 있다.

① 운항목적이 지역간의 화물이나 여객수송이 아니라 순수관광목적이다.
② 관광자원이 수려한 항구 및 지역만을 운항한다.
③ 크루즈 내에는 식음료 · 숙박 · 게임 · 스포츠 등 다양한 관광객 이용시설이 구비되어 있다.
④ 서비스가 최고수준이며, 호화성이다.
⑤ 비정기적으로 운항하는 대형 선박(1만톤급 이상) 또는 초대형 선박(3만톤급 이상)이다.

(3) 크루즈업의 등록기준

우리나라는 크루즈업을 따로 규정하고 있지는 않지만, 유사한 개념으로 관광진흥법 제3조의 관광사업 중 관광객이용시설업의 한 종류로서 관광유람선업으로 구분되어 있다. 관광유람선업은 해운법에 의한 해상여객운송사업 면허를 받은 자 또는 유선 및 도선사업법에 의한 유선사업의 면허를 받거나 신고한 자로서 선박을 이용하여 관광객에게 관광을 할 수 있도록 하는 업을 말한다.

그러므로 관광유람선업을 경영하고자 하는 자는 특별시장 · 광역시장 · 도지사(시 · 도지사)에게 등록하여야 한다. 따라서 등록관청은 시 · 도지사가 된다. 또 등록하고자 하는 자는 문화관광부령이 정하는바에 따라 등록신청서를 등록관청에 제출하여야 한다(관광진흥법 제4조 2항, 시행령 제4조 1항, 시행규칙 제2조).

2) 크루즈 관광의 유형과 효과

(1) 크루즈 관광의 유형

크루즈는 기본적으로 다음 4가지로 분류하고 있으며, 운항장소, 활동범위, 운항유형, 서비스수준 등에 따라 다양하게 구분할 수도 있다.

① 대양관광 순항유람선 관광(ocean cruise)

세계일주 및 태평양 · 대서양 횡단 등을 운항하는 순항유람선 관광

② 여가관광 순항유람선 관광(leisure cruise)

파티 크루즈 관광 및 미니 크루즈 관광이라고 칭하는 것으로 1주일간의 단기 관광 순항유람선 관광

③ 강관광 순항유람선 관광(river cruise)

라인강 · 볼가강 · 나일강 · 미시시피강 등을 떠나는 크루즈 관광

④ 전세관광 순항유람선 관광(charter cruise)

전세를 내서 계약기간동안 고객을 관광시키는 것으로 여행사가 전세내는 해양 순항유람선 관광 등이 있다.

(2) 크루즈 관광의 효과

① 사회경제적 측면의 효과

크루즈 관광은 기존의 관광형태와는 다른 프로그램 등을 제공하고 관광객의 참여를 유도하는 성격이 강하기 때문에 사회경제적 측면에서 ㉠관광객간의 상호일체감을 조성, ㉡다양한 관광욕구의 충족, ㉢선박의 호화성과 고급성을 유지해야 하기 때문에 조선산업의 발전에 간접적으로 기여, ㉣청소년의 해양수련기회를 제공, ㉤국민소득 증가와 세계관광시장 변화에 대응하고 관광성향변화에 부응, ㉥자연자원을 그대로 이용 별다른 기반시설을 필요로 하지 않기 때문에 사회간접자본의 비용을 최소화할 수 있는 효과가 있다.

궁극적으로 크루즈관광은 그 나라의 국력을 자랑할 수 있는 가시적 효과와 민간외교의 역할도 함께 한다고 볼 수 있다. 또한 외국의 많은 관광지를 접함으로써 교육적인 측면과 애국심을 함양하는 간접적 효과도 있다고 하겠다.

② 관광개발측면의 효과

크루즈 관광의 관광개발측면의 효과는 해양자원을 이용한 ㉠국토의 새로운 여가공간 확보 도모, ㉡관광객에게 색다른 경험을 할 수 있는 해양관광자원을 개발하게 함으로써 국민관광욕구 충족, ㉢입지특성에 따른 다양한 관광자원이용의 효용화 증대, ㉣정박하거나 경유하는 항구도시 및 낙도의 지역발전과 주민의 소득증대, ㉤국내관광수요는 물론 해외여행수요를 증대시켜 다양한 기반시설 및 편익시설을 개방하는 효과가 있다.

제4절 항공운송업

1. 항공운송의 개념

1) 항공운송의 정의

항공운송이란 항공기에 여객과 화물 및 우편물을 탑재하고 국내외의 공항에서 항로로 다른 공항까지 운항하는 현대식 운송시스템을 의미하며, 항공사가 여객, 화물, 우편물을 운송해주는 대가로 항공료와 항공운임을 승객과 화물주로부터 받아 운영하는 사업이다. 항공법에서 규정하는 항공운송사업은 타인의 수요에 응하여 항공기를 사용하여 유상으로 여객 또는 화물을 운송하는 사업을 말한다.

2) 항공운송의 발전

(1) 세계 항공운송의 발전

인간은 새들을 보고 이들과 같이 하늘을 자유스럽게 날기를 예전부터 동경해왔다. 1783년에 두 프랑스인이 열기구 풍선을 타고 파리의 300피트 상공을 부상한 것이 유인항공기의 첫번째 성공적인 비행으로 기록되었으며, 열기구 풍선에 의한 계속된 실험은 하늘을 나는 항공기를 탄생시켰다.

1903년 12월 30일 라이트 형제가 동력에 의한 비행 성공을 한 이후, 1919년 독일에서 8명의 승객을 태우고 6,000m 상공을 비행한 것이 상업항공의 시작이 되었다. 승객과 화물수송이 실질적으로 가능해진 것은 20세기에 와서이며, 제1차 세계대전은 강력한 엔진과 동체 전체가 금속으로 된 전투기와 폭격기를 개발함으로써 항공기의 발달을 크게 진보시켰다. 1920년대와 1930년대에는 엔진과 프로펠러가 장착된 비행선들이 장거리 항공운송을 가능케 하는 수단으로 등장하였다. 1927년 뉴욕~파리간 5,800km의 대서양 무착륙 횡단비행을 실현하여 일반인의 항공여행을 증가시키는 계기가 되었다. 그후 1946년 영국에서 세계최초로 제트엔진의 항공기 코메트 1호기를 생산하여 1952년에 36석 좌석으로 런던~요하네스버그 노선을 첫 취항한 이후 1960년대에 미국의 보잉사에서 B707 제트여객기 양산시대를 맞이하였다. 특히 B707 항공기가 1969년말

시애틀~뉴욕간 장거리 시험비행에 성공하여 1회 400명을 수송할 수 있는 능력을 보유하게 되었고 공항의 시설개선과 항공기의 발전은 상호공존하는 민간 항공계의 점보시대로 돌입하였다. 이어 점보기의 보급률 증가와 고속화로 대량수송이 가능해졌고, 해외여행 자유화 조치로 인한 항공여행의 대중화 시대로 세계의 지구촌화 시대를 개막하는 계기가 되었다.

(2) 우리나라 항공운송의 발전

우리나라에서 비행기가 첫선을 보인 것은 1903년 라이트형제의 동력비행 성공 이후 10년이 지난 1913년 일본 해군 기술장교가 용산의 연병장에서 공개 비행행사를 가진 것이 처음이며, 우리나라 조종사가 최초의 비행을 한 것은 안창남이 1922년12월 10일 단발쌍엽 1인승 비행기인 금강호로 여의도에서 5만여 명의 관중이 지켜보는 가운데 역사적인 모국방문 비행행사를 가진 것이 처음이다. 우리나라 정기노선의 첫 개설은 1929년 4월 1일에 일본~대구~서울~평양~신의주~중국간의 중간기착지로서, 서울~울산간 단독노선이 동년 6월 21일에 처음 개설되었다.

1948년 10월에 민간항공회사 대한국민항공사(Korea National Airlines, 약칭 KNA)를 창설하여 1949년 2월 1일에 서울~강릉, 서울~광주~제주, 서울~옹진간 국내선 노선을 개설하여 운영하였으나 그후 적자운영을 탈피하지 못하고, 7월에 민영 항공사를 설립하여 DC-9 항공기를 김포국제공항에 취항시킴으로써 우리나라 최초의 제트 여객기시대를 개막하게 되었다.

그후 국영항공사의 민영화 방침에 따라 항공기 8대로 1969년 2월 28일 대한항공공사가 한진상사에 경영권을 인계하여 오늘의 대한항공을 설립하여 민간항공 시대에 접어들면서 우리나라 경제발전과 더불어 세계적인 항공사로 성장하였다.

그러나 1978년 미국의 항공산업 규제완화 이후 국제경쟁이 치열해지고 전세계적으로 복수항공사 체제로 나아가는 추세가 나타나면서 정부에서는 제2민항으로 1988년 2월에 아시아나항공의 설립을 면허하면서 본격적인 민항공시대로 돌입하여 국제경쟁력을 갖춘 항공운송산업이 발전하는 계기가 되었다. 민항공시대의 개막과 더불어 1952년 11월에 국제민간항공조약(일명 시카고조약)에 가입하고, 1965년에는 미 극동군 사령부에서 관리하였던 한국공역의 관할권도 교통부 관할로 이관하여 공역체계를 확립하였다.

항공행정의 방향제시와 항공안전, 항공시설, 항공운송사업의 질서, 외국항공사의 취항 규정 등을 목적으로 1961년 3월에 전문 10장 143조로 구성된 새로운 항공법을 제정하였고, 1963년에는 항공과를 항공국으로 승격시키고 정부간 각종 국제회의와 항공협정 체결 및 개정 등 국제민간항공 발전을 위한 국제항공을 전담하는 국제과를 1979년에 신설하였다.

표 12-1 우리나라 항공운송의 발전사

연 도	내 용
1946	미국정청 교통부내 비행운수국 설치
1948.4.1	교통부 운수국내 항공과 설치(과도정부)
1948.10.1	대한국민항공사 설립(KNA)
1948.10.10	대한국민항공사 국내선면허 취득(서울~강릉, 서울~광주~제주, 서울~옹진, 서울~부산)
1958.1.30	김포공항을 국제공항으로 지정
1961.3.7	항공법 제정
1961.7.1	김포공항관리 권한 인수(미공군→대한민국)
1962.6.19	대한항공공사 설립(국영)
1963.9.30	부산비행장 국제공항으로 승격(교통부)
1969.3.1	대한항공 설립(KAL)
1979.12.28	국제공항관리공단법 제정 공포
1980.5.30	국제공항관리공단 설치
1988.2.24	아시아나항공 설립 면허
1988.12.23	아시아나 국내선 취항(서울~부산, 광주)
1990.10.15	국정항공사 지도 육성지침 제정(양사간 국제선 취향지역 설정, 양사 복수 취항 허용기준, 신규노선 및 운항횟수 배분기준 등)
1991.5.31	수도권신공항건설촉진법 제정
1992.11.16	한국항공진흥협회 설립 인가
1994.8.3	수도권산공항건설공단법 제정
1994.12.23	정부조직 개편(건설교통부)
1995.3.1	항공교통관제소 인수 · 운영(국방부→건설교통부)
1995.5.23	2005년까지 위성항행시스템 구축계획 발표
1995.8.25	영종도 신공항 1단계 공사 수정안 확정, 발표
1996.4.17	항공기 블랙박스 해동장치 국내 처음으로 설치(김포국제공항 내)
1997.2.28	원주공항 개항
1997.4.28	청주공항 개항
1999.2.1	인천국제공항공사 출범(수도권신공항건설공단→인천국제공항공사)
2000.1.10	항공준사고보고제도 시행
2000.3.23	김해공항 신활주로 개통
2000.6.30	인천국제공항 기본시설 준공식
2000.8.11	무안국제공항 착공
2000.11.21	인천국제공항 고속도로 개통
2001.3.29	인천국제공항 개항

1980년에는 국제공항업무를 전문적으로 취급하기 위한 한국공항공단을 설립하고, 국제항공수요의 급증으로 인천국제공항의 건설을 담당하는 수도권신공항공단을 설립하고 1999년 2월에 동 공항의 운영을 위한 인천국제공항공사를 설립하였다.

2000년에는 항공안전운항체제 구축의 일환으로 항공준사고 보고제도를 도입하였으며, 인천국제공항의 기본시설이 6월에 완공되었고, 인천공항의 전용고속도로가 11월에 개통되었다.

21세기 항공수요에 대비 24시간 운영가능한 동북아 지역의 중추(Hub) 공항으로 2001년 3월 29일에 인천공항이 개항하여 수도권 국제선 항공수요를 전담으로 처리할 수 있게 되었으며, 공항부지면적 355만평에 2개의 활주로를 구비하고, 연 17만회의 운항 및 여객 2,700만명, 화물 170만톤의 처리능력을 갖추게 되었다.

2. 항공운송의 환경변화

1) 세계항공운송의 환경변화

(1) 세계항공운송산업의 동향

국제항공운송의 동향은 미국의 항공자유화 정책과 이에 대한 유럽과 아시아 국가의 대응 및 발전으로 설명할 수 있다. 미국은 1978년 규제완화 정책발표 이후 항공운송산업에의 진입, 운임 및 공급 등을 항공사가 자유로이 결정하도록 하였고, 규제기구였던 민간항공위원회(Civil Aeronautics Board)도 1984년 말 해체됨에 따라 수많은 항공사가 신설되었으며, 인수 및 합병의 과정을 거쳐 현재는 소수의 대형항공사(major carrier)와 다수의 지역항공사(regional carrier)체제로 정착되었다.

이들 대형항공사들은 시장을 유지하고 경쟁력을 제고하기 위하여 주요공항을 기점으로 하는 Hud & Spoke System을 구축하고, 컴퓨터예약제도(CRS : Computer Reservation System) 등 획기적인 경영기법을 도입하였으며 이후 세계항공운송 시장을 주도하게 되었다.

이후 미국은 이러한 규제완화 및 항공자유화를 통해 배양된 경쟁력을 바탕으로 국제관계에도 규제완화를 적용한다는 정책하에 기존의 규제적인 항공협정을 자유로운 운송을 보장하는 내용의 항공자유화 항공협정으로 대체 추진중에 있다. 2001년 현재 미국은 세계 40여 개 국가와 항공자유화협정을 체결하였다(우리나라는 1998년 4월, 30번째로 체결).

또한 유럽연합(EU)은 미국의 규제완화 및 항공자유화정책 등 세계항공 여건 변화에 대응하여 소위 역내 자유화 및 역외 공동대처의 정책을 시행하여 왔으며, 1988년 이후 3차례의 공동정책(package)에 의한 규제완화 정책을 통하여 1997년 4월 이후부터는 역내 완전자유화를 실현하였다. 이에 따라 EU회원국 내에서는 자유로운 항공사의 설립, 운임 및 운항횟수의 설정이 가능해지고 회원국 내의 국내운송 등도 허용되었으며 역외 국가와의 항공협력에 대해서 EU를 통한 공동보조를 취하는 정책을 모색하고 있다.

한편 아시아 · 태평양 지역에서는 항공운송의 높은 경제성장률을 바탕으로 일본은 1986년 신항공정책을 통하여 기존의 JAL 이외에 ANA, JAS에 국제선 취항을 허용하였고, 우리나라는 1988년 제2민항인 아시아나항공을 설립하였으며, 대만도 CAL 이외에 EVA 항공사가 설립되는 등 전세계적으로 경쟁촉진 정책이 확대되고 있다.

이러한 범세계적인 규제완화 및 항공자유화 추세와 더불어 세계 항공업계는 초국적화, 민영화 및 항공사간 제휴, 세계화와 지역주의화 등의 복잡 다단한 경향을 보이고 있다.

(2) 세계항공운송산업의 전망

세계항공운송산업은 여객과 화물 모두 1974~93년 20년간 세계 전체적으로는 연평균 약 6.0%~6.9%, 국제선만으로는 7.8%~8.8%의 지속적인 성장을 유지해 왔다. 1980년대 전반 2차 석유파동의 영향으로 다소 주춤했던 세계항공운송산업은 1980년대 후반에는 3저 호황에 따라 상당한 성장세를 보였다. 이후 1990년대에 접어들어서는 미국의 경기침체와 하반기에 발생한 페르시아만 사태로 세계항공운송산업이 크게 침체, 1991년에는 여객운송실적이 전년대비 3~4%가량 하락하였다. 그러나 1992년에는 1991년의 깊은 침체에 대한 반동으로 예년의 평균성장률을 훨씬 상회하는 14.3%의 국제선 정기편 여객증가율을 기록 하였으며, 1993년에는 다시 예년수준인 6.4%를 기록하였다.

국제민간항공기구(ICAO)는 1993년 이후 2001년까지 항공여객수요는 연평균 약 6%씩, 화물은 약 7%씩 안정적으로 증가할 것으로 예상하고 있다. 이러한 전망치는 1990년대 후반부터 세계경기가 성장세를 회복함에 따라 항공운송산업도 호황을 맞이할 것이라는 예상에 기초하고 있으며, 항공운송산업의 경기변동 10년 주기설을 뒷받침해 주고 있다.

한편, 주요 노선별로는 아태~미주를 연결하는 태평양노선과 아태~유럽을 연결하는 노선이 지난 1980년대에 연 8.7%~10.7%로 가장 높게 성장했을 뿐만 아니라 1990년대에도 연 7.5%~8.0%의 고성장을 보일 것으로 예상된다. 한편 대서양노선과 미주지역내의 노선은 1990년대의 성장률이 80년대보다 약간 낮아지나 여전히 연 4%~5%씩 안정적으로 성장할 것으로 전망되었다. 그러나 2001년 9월 11일 미국 뉴욕에서의 항공기에 의한 테러사건 이후 항공산업은 크게 침체되고 있으며, 이의 회복에는 상당기간이 소요될 것으로 전망되고 있다.

(3) 최근 세계항공운송 경기의 완만한 회복

1991년 불황과 1992년 회복을 경험한 세계의 항공운송산업은 1993년에는 운송실적으로는 거의 1992년 수준에 머물렀으나 1990년대 들어 처음으로 영업이익을 기록할 만큼 재정적으로 큰 향상을 보였다. 그러나 과다한 금융비용 때문에 순이익을 기록한 항공사는 그렇게 많지 않다. 대형항공사 가운데 누적된 비효율성으로 경쟁력이 크게 약화된 항공사들은 자산매각과 종업원 해고 등 대폭적인 감량경영에 나서고 있다.

최근의 운송실적의 향상은 국제선에서 크게 두드러지며 국내선의 실적은 오히려 감소하였다. 이러한 국내선 운송의 감소는 미국의 국내선 운송실적이 현저히 정체되었기 때문이다.

(4) 규제완화와 항공자유화의 확산

1978년부터 미국이 항공규제완화를 실시한 이후 세계각국은 국내적으로 항공운송업체에 대한 진입과 가격규제를 철폐하는 자유화조치를 시행해 왔다. 특히 일본과 영국을 비롯하여 대만과 호주에서는 시장진입에 대한 규제를 대폭 완화하여 자유경쟁에 의한 국적항공사의 경쟁력 향상에 정책의 초점을 맞추고 있다. 각국의 항공운송산업에 대한 규제완화는 신규항공사의 진입을 증대시켜 공급증대를 가져오고, 또 가격규제의 폐지로 자유시장가격에 의한 경쟁을 심화시키고 있다. 국제선에서는 세계 각국이 미국과 체결한 자유주의적 양자협정(Liberal Open Skies Bilaterals)에 의한 공급제한 해소, 신규항공사들의 시장진입, 기존 항공사의 공급과잉, IATA의 역할약화 등으로 협정운임의 할인에 의한 가격경쟁이 심화되고 있으며, 특히 미국 대형항공사들 때문에 북대서양 노선과 태평양노선에서의 가격경쟁이 극심하다. 대서양노선에서는 미국~독일, 미국~벨기에 간의 복수항공사 지정, 미국~룩셈부르크 간의 무제한 차터 운항, 미국~영국, 미국~네덜란드 간의 운임자유 확대로 미국항공사들이 가격경쟁을 주도하고 있으며, 태평양노선에서는 미국이 우리나라를 비롯한 아시아국가들과 2차대전 이후에 체결한 불평등항공협정에 의해 미국항공사들이 거의 무제한 운수권을 가짐에 따라 미국항공사들이 주도하는 가격경쟁이 심화되고 있다.

이러한 항공사 간의 경쟁심화는 결과적으로 항공사들의 채산성을 크게 악화시키고 있다. 따라서 과거 국영항공사체제를 유지하던 세계각국은 자국 항공사의 효율성 제고와 국제 경쟁력 강화를 위해 국영항공사를 전부 혹은 부분적으로 민영화 조치를 단행하고 있다.

국제적으로 다자간 항공자유화도 괄목할 진전을 보아 1993년 12월 15일 타결된 우루과이라운드 서비스일반협정(GATS)에는 항공운송보조서비스업 가운데 CRS, 판매 및 마케팅, 항공기 수리 및 유지서비스가 개방대상으로 포함되어 있다. 국제항공질서를 주도하고 있는 국제항공운송기구(ICAO)에서도 다자간 항공자유화가 이러한 soft-rights 부문에서 점차 hard-rights 부문인 운송권의 자유화로 파급될 것으로 전망하고 있다.

(5) 지역주의 심화

세계적 규제완화와 항공사간 경쟁심화는 역내 경쟁체제 도입에 따른 공동이익 증진과 역외 보호주의를 목적으로 하는 지역주의를 대두시켰다. EU의 지역주의는 원초적으로 유럽각국이 맺은 미국과의 불공평한 양자간항공협정에 의해 발생했으며, 역내 항공시장 통합으로 역내 자유경쟁과 역외 단일주체로서 외국과의 항공협상에 대응할 것을 목적으로 하고 있다. EU항공 시장의 요새화에 대해 세계각국은 깊은 우려를 나타내고 있으며 EFTA와 동구권 항공사들이 EU와 연합할 경우 세력이 더욱 확대될 것으로 예상하고 있다.

북미의 역내 항공자유화는 미국과 캐나다간에 NAFTA(북미자유무역협정)의 체결을 계기로 '완전한 하늘의 개방'을 추진중이며 NAFTA의 동맹국인 멕시코도 차후 포함될 가능성이 많다. 아시아권역의 지역주의는 아직 본격화되지 않고 있으나 지역경제 협의체로서는 동남아 제국의 ASEAN과 서남아제국의 SAARC(South Asian Association For Regional Cooperation)가 있으며, 항공사 협의체로서는 OAA(Oriental Airlines Association)가 있어 필요할 경우 항공에 대한 공동보조의 창구가 될 수 있다.

(6) 항공사의 세계화 및 소수 거대항공사 그룹의 형성

최근 세계의 대형항공사들은 항공사간 제휴와 연합(alliance)에 의한 세계화(globalization)를 활발히 추진하고 있다. 이는 세계각국의 규제완화의 경험에 의해 항공운송시장에서는 대형항공사들의 이점이 크게 지배하는 것으로 드러나고 있기 때문이다. 항공사들의 세계화전략은 마케팅 능력 강화를 통해 증가추세의 국제항공교통량을 효과적으로 흡수하고 각국의 보호주의에 적절히 대처하는 한편 잠재적인 경쟁의 완화를 위해 채택되고 있다.

단일대륙에서 형성된 거대항공사들은 대륙간 항공사와의 연합과 제휴를 통해 세계적인 거대항공사 연합체를 구성(예 : KLM과 NWA, BA와 US Air의 자본제휴)하여 세계항공시장의 지배를 꾀하고 있다. 이 거대항공사 연합체는 거대한 노선망, 전세계적인 Hub and Spoke 시스템의 구축, 최첨단 CRS의 위력과 공동마케팅 등을 통해 세계항공시장의 판도를 바꾸어 놓을 것으로 예상되어 세계각국의 군소 국제선 항공사들에 대한 큰 위협으로 등장하고 있다.

(7) 정부의 항공운송산업에 대한 지원압력 가중

현재 세계각국의 항공운송산업의 기본질서는 규제완화(deregulation)와 자유경쟁이라고 말할 수 있다. 그러나 1990년대 초의 세계항공운송시장에서의 수요침체와 규제완화에 의한 공급증가가 맞물려 현재 세계민항계는 아직도 초과공급과 과당경쟁에 의한 수익성 악화 현상에서 벗어나지 못하고 있다. 따라서 이러한 침체상황에서 벗어나기 위해 세계각국의 민항계는 자구노력에 더하여 정부가 항공운송산업을 적극 지원해야 한다는 압력을 가중시키고 있다.

2) 우리나라 항공운송의 환경변화

(1) 우리나라 항공운송산업의 전망

우리나라의 항공운송산업은 1970년대에 73년과 79년 두 차례의 세계적 유류파동에도 불구하고, 여객 화물 모두 엄청난 신장세를 기록하였다. 특히 국제선의 발전이 두드러졌다고 볼 수 있다. 1980년대에 국제선에서는 86년 아시안게임과 88년 올림픽게임, 89년 내국인에 대한 해외여행자유화의 영향으로 80년대 후반에 연 15%가 넘는 여객운송증가율을 기록하였고, 국내선에서도 개인소득의 향상과 육상교통의 체증으로 1980년대 후반에 연 28%에 가까운 여객운송증가율을 기록했다. 특히 1970년대와 1980년대에 걸쳐 국제선 · 국내선 모두 여객보다는 화물운송의 증가율이 더 높았다는 것이 큰 특징이라고 볼 수 있다.

1990년대에는 중동의 걸프전과 세계적인 경기침체, 국내의 경기침체와 노사분규, 수출산업의 국제경쟁력 상실 등의 영향으로 우리나라 항공운송산업에 대한 수요의 증가율이 1970년대와 1980년대에 비해 전반적으로 낮아졌다.

우리나라 항공운송산업에 대한 전망치를 여객숫자와 운송화물량을 기준으로 조사해 보면 국제선의 경우 1993~2000년간은 연평균 11%의 고성장을 보이고, 장기적으로 2000~2010년간은 대개 연평균 약 6~8%의 신장세를 지속할 것으로 예상된다. 이에 따라 2010년에는 국제선여객이 4,500만 명, 국제선화물이 390만 톤에 달할 것으로 전망된다.

(2) 인천국제공항의 개항과 교통중심기지화 추진

21세기 우리나라 항공운송산업의 발전을 가름할 큰 환경변화는 인천국제공항의 건설이다. 인천국제공항의 건설계획은 당초 김포공항의 포화예상과 확장한계에서 비롯되었으나 건설에 대한 논의가 진행되면서 신공항이 '동북아의 중추공항(hub공항)'으로 확대 발전되어야 한다는 주장이 채택되었다. 한국은 지리적으로 중국 · 일본 · 러시아 등 동북아 강대국들의 중간에 위치해 있으며 대륙과 태평양의 연결고리에 처해 있어 물자와 사람의 이동시 중심적인 국제교류센터(hub)가 될 수 있는 큰 이점을 가지고 있다. 현재 우리나라가 직면해 있는 국내외의 정치경제적 상황은 우리나라가 동북아의 교류센터로서의 역할을 자임하고 나설 충분한 이유를 제공해 주고 있다. 우리나라는 국제경쟁력 측면에서 중국의 낮은 인건비와 일본의 높은 첨단기술에 미치지 못하며 국가의 경제규모로 보아서도 일본은 물론 21세기에는 중국에 비해서도 크게 뒤질 것이다. 따라서 동북아의 모든 경제활동이 우리나라를 우회한 채, 그들 국가간에 이루어져 우리나라는 동북아의 변방국가로 전락하고 말 위험성이 있다. 이러한 가능성에 대비하고 전체산업의 발전을 이룩하기 위해서는 우리나라의 지리적인 중심적 위치를 활용하고, 우리가 가진 우수한 산업기술인력 등 경제적인 장점들을 무기로 동북아 경제권의 중심적 역할을 담당해야 한다. 현재 중국과 러시아는 경제발전이 진행되면서 국제교역을 위한 사회간접자본시설과 자본조달을 위한 국제금융등에 대한 수요가 크게 늘고 있으나, 시설과 운영면에서 낮은 수준에 머물러 있고 자본주의 경제에 익숙하지 못하기 때문에 그들을 대신하여 우리나라가 그 역할을 담당할 국제적인 수요가 분명히 있다. 이러한 수요를 충족시키고 21세기 동북아 경제국의 중심적 역할을 담당하기 위해서는 국가 전체의 개방화와 국제화를 지향해야 하며, 그 한 수단으로 인천국제공항의 동북아 교통중심기지화가 추진되어야 한다. 2040년경 연간 1억 명이라는 엄청난 숫자의 여객이 이용하게 되는 인천국제 공항을 최대한 활용하기 위해서는 단순히 공항운영에만 그칠 것이 아니라 공항을 중심으로 '국제공항도시'를 형성, 발전시키는 것이 좋다. 현대의 공항시설은 단순히 항공터미널 차원이 아니라 국제화와 개방화, 정보화를 추진하기 위한 거점지역으로 활용되고 있다. 미국과 일본 등 선진국들은 공항에 인접한 배후지역에 국제공항도시를 개발하여 다국적기업들의 지역본부(regional headquarter)를 유치하고, 텔레포트(teleport), 역외금융센터(off-shore banking center), 호텔, 쇼핑센터, 컨벤션센터 등을 건설하여 지역경제를 발전시키고 있다. 따라서 21세기의 세계 최대 공항 가운데 하나가 되는 인천국제공항에 걸맞는 규모의 국제공항도시를 개발하여 신공항을 최대한 활용하는 전략이 필요하다.

(3) 국내 지방공항의 정비와 항공기 제작산업의 진흥

인천국제공항의 건설과 함께 국내 지방공항의 정비도 의욕적으로 추진되고 있다. 김해공항은 시설을 보완하여 앞으로 미주, 구주까지 취항 가능한 공항으로 만들 계획이며, 부산권의 신공항 건설계획은 장기구상 차원에서 20년 뒤에 김해공항이 확장한계에 이를 때 검토될 예정이다. 제주공항은 현재의 시설을 확장한 후 활용하다가 신공항의 건설에 착수할 예정이다. 이외에 청주공항은 중부권의 거점공항으로 건설중이며 경북지역 거점공항인 대구공항과 함께 국제선 부정기편의 취항이 가능한 공항으로 발전할 전망이다. 영동권과 호남권에는 안전문제가 항상 우려되는 기존의 속초, 목포공항들을 대체할 신공항의 건설이 추진된다. 심각한 체증을 겪고 있는 울산공항과 군사시설의 보완 및 안전문제의 해결을 위해 여수, 예천, 포항, 사천 공항 등에도 투자가 이루어질 계획이다. 최근 항공운송산업과 연관된 환경변화 가운데 특징적인 것은, 지금까지 외국 대형항공기제작사의 하청부품 생산에만 머무르고 있던 우리나라 항공기 제작산업이 '중형항공기 개발사업'의 본격화로 크게 발전할 조짐을 보이고 있다는 것이다. 한편 21세기 초 국내선 항공은 고속전철의 영향으로 정기편은 크게 침체하는 반면, 중 · 소형기에 의한 커뮤터(commuter)항공이 고속전철의 보완역할을 맡게 될 것으로 내다보이며 남북통일에 의한 수요까지 추가될 것이다. 따라서 외국에서 도입하는 기재에 비해 상대적으로 낮은 가격에 국산 중형기의 생산이 가능하다면 국내선 커뮤터항공의 발전을 기대할 수 있을 것이다.

(4) 국적항공사 지도 · 육성지침의 개정

우리나라 항공운송산업의 주요한 특징 가운데 하나는 국내선에서는 높은 원가와 낮은 요금으로 적자를 벗어나지 못하는 반면 국제선에서는 상대적으로 외국경쟁사에 비해 경쟁력이 높아 흑자가 가능하다는 것이다. 따라서 제2민항의 국제선 취항 이후 양 국적항공사간 국제선 노선권 경쟁은 치열해질 수 밖에 없었으며, 이의 교통정리를 위해 정부가 제정 시행한 것이 소위 '국적항공사 지도 · 육성지침'이다. 이 지침은 교통부의 예규로 1990년 10월 제정된 이후 단거리 국제선에서는 아시아나항공에 일부 우선권을 주는 대신 미국을 제외한 장거리 국제선에는 아시아나항공의 취항을 제한하는 것을 원칙으로 지금까지 시행되어 왔다.

그러나 최근 우리나라 국제선시장이 급속히 확대되고 세계각국 항공사들의 우리나라 취항이 급증하자 국적항공사의 경쟁력 강화를 위해 개정이 이루어졌다.

이러한 일련의 환경변화는 국적항공사들이 날로 심화되는 국제 경쟁에서 같이 살아남기 위해 공정한 경쟁과 상호협조가 동시에 필요함을 암시해 주고 있다.

3. 항공운송사업의 특성과 종류

1) 항공운송사업의 특성

항공기에 의하여 여객 및 화물을 운송하는 항공운송은 모든 교통기관이 갖추어야 하는 안정성, 고속성, 정시성, 쾌적성 등을 갖추고 있어야 한다. 항공산업 특유의 특성으로 인해 항공운송사업은 급속한 발전을 하게 되었으며, 여타 교통수단과 비교하여 항공운송사업이 갖는 고유의 특성은 다음과 같다.

(1) 고속성

항공기는 철도, 자동차, 선박 등의 타 교통기관과 비교하여 속도면에서 가장 빠르며 이것이 항공운송이 갖는 가장 큰 장점인 고속성이라 할 수 있다. 실제 이용자가 타 교통기관과 비교하여 항공교통을 선택하는 이유도 높은 가격에도 불구하고 신속하게 목적지까지 운송하는 고속성의 장점이 있기 때문이다. 교통수단으로서 가장 늦게 발단한 항공운송이 제2차 세계대전 후 수십년 만에 전세계 주요도시를 연결하는 항공노선망을 구성하여 항공운송이 국제교통의 중심이 된 것도 이러한 항공운송의 고속성의 가치 때문이라 하겠다.

항공기의 평균속도는 1950년대에 시속 273km, 1960년대의 제트시대에 502km, 1970년대 761km로 고속화되었으며, 초음속 여객기의 출현으로 항공기의 평균속도가 더욱 빨라지고 있다. 보잉777의 경우 984km의 속도를 내고 있다.

속도와 경제성 관계를 살펴보면 민간항공기의 경우 시속 500~600km까지 고속화되면 수송효율이 향상되어 경제성이 높아지나, 속도가 음속을 돌파하면 기체의 저항으로 경제적인 운항이 불가능해지게 된다. 민간항공기의 속도는 항공기의 최고속도와 순항속도만으로 결정되는 것이 아니고 구간속도(block speed)에 의해 결정된다. 항공운송의 속도는 항공기가 움직이기 시작해서 목적지의 비행장에 도착후 완전히 정지할 때까지의 소요되는 총시간을 기준으로 이루어진다. 즉, 지상유도, 엔진점검, 이륙, 상승, 순항, 하강, 진입, 착륙, 지상유도의 9단계에 걸친 총소요시간을 항공기의 속도로 보아야 한다. 이와같이 출발지점에서 목적지점 까지 비행할 경우 속도는 양 지점간의 운항거리를 총 소요시간으로 나눈 속도인 구간속도를 의미한다. 항공기가 최고속도를 낼 수 있는 것은 일정한 고도에서 순항비행을 할 때이므로 순항거리가 긴 장거리 노선일수록 항공운송의 고속성이 높아진다.

(2) 안전성

안전성은 모든 교통기관에서 공통적으로 중요시되고 있지만 항공운송은 안전성의 확보가 가장 중요하면서도, 다른 것에 앞서 최우선으로 요구되는 것이다. 이는 항공운송의 경우 사고 발생시 타 교통기간과 비교할 수 없을 만큼 치명적인 결과를 초래하기 때문에 안전성이 더욱 중요시되고 강조되는 것이다. 항공운송의 안전성은 항공기, 운항노선, 공항진입로 등의 기술적인 원인이나, 기상조건의 자연적인 원인에 의하여 크게 좌우되기 때문에 항공운송의 초기에는 안전성이 매우 낮았으나 항공기 제작, 운항, 정비기술, 통신, 전자, 운항지원시설 등의 발달로 안전성이 높아지게 되었다. 국제민간항공기구(ICAO)의 항공운송 안전성에 관한 자료에 따르면 사고발생률은 1988년의 1억 여객마일에 대하여 0.008명으로 항공운항 횟수 및 편당 여객수가 크게 증가하고 있지만 항공운송의 안전성이 크게 높아지고 있다는 것을 보여주는 것이다. 한편, 항공운송의 경우 한번 사고가 나면 막대한 인명의 피해와 기업의 이미지 실추를 가져오므로 항공사는 안전성의 확보를 기업의 절대적인 과제로 삼아 안전수송을 기업경영의 최대의 핵심사안으로 생각해야 될 것이다.

(3) 정시성

항공운송에서의 정시성은 공표된 시간표에 준해 운항하는 것이며, 정시성의 유지는 고객에 대한 기본적인 서비스이며 의무이고, 이의 준수여부는 항공회사의 이미지와 신뢰성을 좌우하게 된다. 항공운송사업은 운항준비 및 정비절차가 복잡하고 어려우며, 공항이 혼잡하고 기상조건 등에 의한 영향을 많이 받으므로 정시성을 확보하는 것이 어렵다. 운항의 정시성과 운항횟수는 수요의 유치에 큰 영향을 미치게 된다. 항공회사는 항공기의 고속성을 이용하여 운항빈도 및 항공운송 서비스의 품질을 높이고, 고객들의 신뢰도를 높이기 위하여 최선을 다해 정시운항을 하도록 노력하고 있으며, 또한 항공운항 시설, 공항, 장비, 운용의 개선을 통하여 정시성 유지를 위해 최선을 다하고 있다.

(4) 경제성

항공운임은 다른 교통수단과 비교하였을 때 매우 높다고 할 수 있다. 항공운송의 국제선과 국내선의 두 경우 모두 다른 교통수단보다 운임이 높기 때문에 속도에 의한 시간의 단축으로 인한 시간가치 및 질 높은 서비스에 비중을 두는 사람들이 그동안 이용하여 왔던 것이 사실이다. 그러나 항공운송산업의 발전을 통해 항공기의 대형화, 시설・장비의 현대화, 자동화, 경영합리화를 통한 원가절감 및 소득의 증가를 통하여 대중화의 시대가 도래하게 되었다. 현대 항공운송수단의 이용은 현대사회의 가장 중요한 가치인 시간절약의 가치에 의하여 다른 운송수단보다 경제성이 높은 운송 수단이라고 할 수 있다.

(5) 쾌적성

항공기의 운항 중에 여객의 쾌적성을 향상시키는 것은 중요한 사안으로서 쾌적성의 요소는 객실내의 시설(방음장치, 온도, 습도조절, 진동방지 등), 기내서비스(객실승무원의 친절성, 기내식의 질, 기내 위락시설, 텔레비전, 잡지, 신문 등), 비행상태를 들 수 있다. 항공기는 중량과 용적에 많은 제약을 받고 있기 때문에 객실의 시설에도 그 만큼 제약을 받고 있다.

즉 항공기의 공간은 한정되어 있기 때문에 좌석수나 탑재중량을 줄이면 시설이나 공간성을 향상시킬 수 있지만, 그 대신 경제성이 손상된다.

그러므로 이러한 제약에 따른 필요한 시설을 줄이고 좌석수나 탑재량을 증가시키는 행위나, 경영에 큰 지장을 줄 정도로 좌석수와 탑재량을 줄이고 지나친 시설을 하는 것은 피해야 한다. 쾌적성의 중요요소인 기내서비스는 항공사 고유의 서비스 내용으로 다른 회사와의 차별화를 통한 이미지 창출로 고객의 유인요소로서 경쟁력을 갖는 서비스가 되어야 한다. 기내서비스는 항공여행중의 즐거움을 증가시키는 요소로서 특히 승무원들에 의하여 제공되는 서비스는 더욱 중요하다. 객실승무원의 숙련되고 친절하며 정성을 다하는 서비스는 항공여행을 더욱 더 즐겁고 쾌적하게 할 수 있는 중요한 요소이므로 대단히 중요하다고 할 수 있다.

항공기 비행상태의 쾌적성은 기압, 기류, 온도 등의 대기조건과 항공기의 성능 등에 좌우되며, 항공사별 보유항공기의 성능이 비슷하여 비행상태의 쾌적성은 큰 차이가 없다 할 수 있다.

(6) 국제성

국제항공노선을 개설하려면 자국 정부와 상대국 정부가 항공협정을 체결해야 한다. 이렇게 체결된 정부간 항공협정에서 지정된 양국의 항공사만이 지정된 노선에서 운송업무를 할 수 있다. 국제항공운송은 영업활동, 항공기의 운항, 여객 · 화물의 이동범위가 대부분 다수의 국가에 관련되므로 국제성을 띠고 있으며, 항공회사는 취항도시, 운항횟수, 총공급좌석, 하늘(영공)의 자유 등에 대해서 규제를 받고 있고, 국제항공운임은 국제항공운송협회(IATA)의 운임협정에 의해 이루어지고 있다. 즉 항공운송은 취항노선의 결정, 노선 취항의 구체적 내용, 운임결정, 여객 · 화물의 처리절차 기준 및 항공운송인의 책임 등 모든 사항이 관계 국가 및 관련 국제기구의 협의, 결정으로 이루어져 다른 교통기관과 비교할 때 국제성이 크다고 할 수 있다.

(7) 독과점성

항공운송사업은 막대한 자금이 소요되고, 정부의 항공산업에 대한 규제(경제력, 경쟁력, 노선)에 의해 참여가 극히 제한적일 수 밖에 없기 때문에 독과점성이 매우 큰 특성을 가지고 있다. 특히 최근의 항공사 간의 합병으로 인한 초대형 항공사의 출현 및 대형 항공사 간의 제휴 등을 통하여 항공운송의 독과점성은 더욱 커질 것이다.

(8) 공공성

항공운송도 대중화 및 일반화가 되어가는 추세이며, 하나의 교통수단이므로 국민 다수의 사회적 생활을 위한 공공성을 갖는다고 할 수 있다. 그러므로 철도, 지하철, 버스 등의 다른 교통수단과 마찬가지로 항공운송산업도 항공운송조건을 공시하고 이용자 차별금지와 영업계속의 의무가 부여된다.

2) 항공운송사업의 종류

항공운송사업은 분류기준에 따라 여러 가지로 분류할 수 있겠으나, 일반적으로 사업의 형태, 운송객체, 운송지역을 기준으로 분류된다.

(1) 사업형태에 의한 분류

운항의 정기성을 기준으로 정기 항공운송과 부정기 항공운송사업으로 분류된다. 정기 항공운송사업과 부정기 항공운송사업은 둘 모두 운송서비스나 안전성, 쾌적성, 신속성 면에서 거의 같은 수준이나, 차이점은 정기 항공운송의 정기성, 수요자에 대한 운송의 공개성, 부정기 항공운송의 높은 좌석이용률로 인한 운임차이가 주요한 차이라고 할 수 있다.

① 정기 항공운송사업

정기 항공운송사업(scheduled airline)은 출발지점과 도착지점간을 일정한 일시에 정기적으로 운항하는, 즉 개설된 항공노선을 정해놓은 시일에 항공기에 의하여 운항하는 사업이다.

국제민간항공기구(ICAO)는 정기 항공운송사업을 다음과 같이 정의하고 있다.

· 대부분의 정기항공사들은 자사의 운항시각표를 인쇄하여 일반대중에게 배포하며 국제적으로는 자사의 운항 시각표를 OAG(Official Airline Guide)에 수록해서 세계에 알린다.

· 정기항공사는 국제항공운송협회(IATA)로부터 항공사코드(airline code)를 부여받으며 운항하는 두 지점도 IATA로부터 도시코드(city code)를 지정

받는다.

· 정기항공사는 공공성이 강하므로 수요의 많고 적음에 관계없이 정해진 운항 시각표에 따라 운항하여야(운항계속의 의무) 함과 동시에 일반대중이 쉽게 읽을 수 있도록 운항조건(운송약관)을 공시하여야 한다. 뿐만 아니라 운항의 정시성을 확보하여야 하며 경영사정을 이유로 사업을 임의로 중지하거나 노선의 운항을 휴항할 수 없다.

② 부정기 항공운송사업

부정기 항공운송사업은 항공수요에 따라 지점과 지점을 연결하는 운송으로, 불특정한 지점을 불특정한 일시에 채산성을 위주로 운영하는 것을 말한다. 부정기 항공운송은 특정구간을 불특정시에 수시로 운항하는 운송과, 항공기를 수요자의 요구에 따라 전세운송(charter)하는 두 가지로 분류된다. 전자는 대부분의 경우 항공운임을 공시하여 여객을 모집하고 여객이 일정수에 이르면 운항하는 방법을 취한다. 후자는 수요자의 요구에 따라 지정된 구간에 항공좌석 전체를 임대하여 운송하는 것인데, 이것은 항공기의 수송력을 최대한 활용할 수 있어 저운임에 의한 대량운송이 가능하다.

(2) 운송객체에 의한 분류

항공운송은 타인의 수요에 응해 운송대상이 되는 객체에 따라 여객운송사업, 화물운송사업, 우편물운송사업으로 분류할 수 있다.

① 여객운송사업

항공운송의 초기에는 우편물의 수송부터 시작하였으며, 미국에서 여객운송 사업이 본격적으로 발전한 시기는 1930년대 중반부터이다. 항공화물 운송사업은 항공기의 대형화로 수송원가가 저하되고 신속한 화물의 운송이 요구되면서 급속도로 발전하고 있다. 여객운송사업은 항공회사가 항공기의 좌석을 제공하여 여객을 출발지에서 목적지까지 안전, 신속, 쾌적하게 운송하는 것이다.

② 화물운송사업

화물운송사업은 항공회사가 화물주로부터 수령한 화물을 항공기에 탑재하여 신속하고 안전하게 목적지로 수송하여 화물주가 지정한 하수인에게 화물을 인도하는 사업이다. 항공화물운송은 일반적으로 생산지로부터 화물이 발생하여 소비지로 운송되는 일방교통이며, 수송의 흐름도 불균형적이다. 여객운송사업은 공항에서 공항까지의 운송을 원칙으로 하나, 화물운송사업은 호구에서 호구까지의 운송을 원칙으로 하기 때문에 항공회사, 혼재업자, 대리점, 육상운송업자, 공항의 보세창고업자 등과의 협조와 제휴를 통하여 이루어지는 종합적 운송사업이다.

③ 우편물운송사업

항공우편은 여객 및 화물운송과 함께 항공운송사업의 중요한 수송대상이 되고 있으며, 우편송달은 신속성이 요구되므로 항공기에 의한 우편수송은 그 수요가 늘어날 것이다.

(3) 운송지역에 의한 분류

항공운송사업은 운송지역을 기준으로 국내항공 운송사업과 국제항공 운송사업으로 분류된다.

① 국내항공 운송사업

국내항공 운송사업은 자국의 항공법에 따라 규제되고 있으며, 국제항공 운송사업보다 공공성이 강하므로 운항노선, 정시성, 운임의 설정 등에서 국가의 통제를 많이 받고 있다. 그리고 국내항공 운송사업은 국가의 경제, 사회, 문화의 발전과 밀접한 관계를 맺고 있으며, 국민의 소득수준의 향상에 의한 시간 가치의 증대, 지방도시의 도시화 진전에 의한 지역간 유통량의 증대, 지방공항의 시설 등에 의해 성장하고 있다.

② 국제항공 운송사업

국제항공 운송사업은 항공기 제조기술 향상 및 기술혁신으로 대형화, 고속화, 첨단화, 안전성의 확보를 보여주는 한편, 세계경제의 발전 및 활성화에 힘입어 세계화, 국제화가 일반화되면서 크게 발전하고 있다. 그러나 관계국간 항공권의 교환을 전제로 항공협정을 체결함으로써 항공사가 사업을 개시할 수 있으므로 각국이 자국항공사에 대한 보호주의적 입장을 취하는 경향으로 인해 국제항공 운송사업은 상당한 제약을 받는다.

4. 항공운송영업

1) 항공영업

항공사는 항공운송 상품을 생산・판매하여 수익을 얻고자 하는데 목적이 있다. 항공운송 상품은 유형재인 제품이 아니고 무형재인 서비스 상품으로 항공기 좌석이나 화물실의 공간과 인적서비스의 결합체이다. 항공사는 고객의 욕구 및 요구를 만족시킬 수 있는 상품을 만들어 새로운 수요를 창출하여야 한다.

항공사의 마케팅활동은 시장조사, 수급계획, 가격정책, 판매경로, 선전, 판매촉진계획 등 광범위한 활동이 포함된다. 이러한 활동 중 많은 부분을 영업부분에서 계획하여 총체적으로 항공시장에 대처해 나가며, 시장점유율을 유지하거나 증대시키는 과제를 담당하고 있는 것이다. 오늘날의 항공사는 생산된 상품을 유통시키는 것도 중요하지만 고객이 원하는 상품이 무엇인지 조사하여 이에 맞는 상품을 생산하여 제공하는 것이 더욱 중요하다. 또한 시장조사와 분석을 통한 정책을 수립해야 하며, 시장의 환경변화 속에서 시장점유율을 증대시키기 위해서는 어떻게 하여야 할 것인가를 결정해야만 한다. 그러므로 동일시장에서 같은 서비스로 경쟁하는 것은 차별화가 되지 않으므로, 표적시장을 선정하여 차별화된 상품으로 수요를 창출하는 마케팅전략을 수행하여야 한다.

2) 항공예약시스템

(1) 컴퓨터예약시스템

컴퓨터예약시스템(CRS)은 전산단말기를 통해 항공편의 예약, 발권 및 항공운임, 제반여행에 필요한 사항에 관하여 종합적인 서비스를 제공하는 시스템이다. 항공업계에서 CRS를 최초로 선보인 것은 1962년에 아메리칸항공이 예약업무의 전산화를 위해 개발한 SABRE이다. CRS 도입후 기능은 점점 더 향상 되고 있고, 각 항공사는 CRS에서 수집된 자료를 공급능력 관리(capacity management)와 수익성 관리(yield management)나 그밖의 마케팅 등에 대한 효과적인 자료를 생산하는 프로그램을 개발하는데 노력하고 있다.

(2) CRS의 기능

CRS의 주요기능은 항공좌석 관리, 효율적인 수입극대화, 마케팅 기능 등 세 가지로 볼 수 있다. 주기능인 항공좌석 예약기능 외에 수입극대화와 마케팅기능은 다음과 같다.

수입극대화 기능은 할인요금과 항공좌석 공석과의 최적조합을 통하여 가능한 것이다. 즉 과거 실적자료의 분석과 수요와 예약추세를 예측하여 초과예약을 효과적으로 활용하며, 할인운임승객과 정상운임승객을 최적으로 조합하여 수입극대화를 도모하는 것이다.

여행대리점의 업무지원 기능은 고객관리, 손익계산, 청구서의 발행 등 여행 대리점의 각종 업무처리를 예약관리용 단말기로 처리할 수 있도록 하는 기능이다.

다양한 정보제공 기능으로서는 각 지역의 여행안내와 호텔, 렌터카, 철도예약, 각종 행사관련정보, 기상정보, 외환시세 등 다양한 정보를 이용자에게 추가로 제공하는 기능으로 정보제공에 따른 마케팅과 집객능력이라고 할 수 있다.

(3) TOPAS

국내에 CRS가 처음으로 등장한 것은 대한항공이 1975년에 사내 업무전산화를 위해 KALCOS를 개발하면서부터이다. 그후 여러 번의 개발을 통하여 한진 정보통신에서 1990년 여행사 중심의 TOPAS(Total Passenger Service

System)를 개발, 구축하여 우리나라 CRS산업의 신기원을 이룩하였다.

TOPAS는 고객관리, 판매관리 등 업무지원 시스템을 개발하여 여행사의 업무전산화를 도왔고, 여행과 관련된 모든 정보를 한글로 된 한글여행정보 시스템도 개발하여 보급하였다.

(4) ABACUS

ABACUS 시스템은 여행대리점의 업무지원 시스템과 함께 항공, 호텔, 렌터카의 예약, 발권, 여행정보 등 다양한 서비스를 제공하는 CRS이다. ABACUS는 아시아 · 태평양지역의 여행시장을 표적으로 설립된 컴퓨터예약시스템이며, 1991년 아시아지역의 항공사들이 연합하여 영업을 시작했다.

현재 미국의 SABRE, 유럽의 AMADEUS, 일본의 INFINI와 제휴하고 있다. 아시아나 항공은 ABACUS에 가입하여 1992년에 서비스를 시작하였다. 아시아나 ABACUS(OZTEL)는 항공사와 여행사간, 여행업계 관련 회사간에 정보의 획득과 배포, 문서의 발송과 접수, 의견교환을 편리하게 처리해 준다.

3) 항공여객 예약

항공예약업무는 타 산업과 비교하여 가장 특수한 형태를 갖는 기능이며, 수작업으로부터 시작하여 컴퓨터예약시스템으로 발전하였다. 예약기능이 항공운송사업에서 발달한 것은 항공운송 상품의 특성이 소멸성이 있고, 자유경쟁에 의한 고객서비스 경쟁을 하게 되기 때문이다. 현재의 항공예약시스템은 자사의 항공좌석뿐만 아니라 고객의 여정에 수반되는 타 항공사의 항공편 예약도 처리를 하고 있다.

항공예약은 항공편 출발 약 1년 전부터 예약을 접수하므로 가급적 빠르게 예약하는 것이 용이하며, 예약을 한 뒤에도 자유스럽게 취소하거나 변경할 수가 있다. 예약을 한 후에 여행계획이 취소되어 항공예약이 필요없는 경우에는 반드시 해당 항공사에 연락하여 예약을 취소해야 한다. 승객이 여행 도중 어느 지점에서 72시간 이상 체류할 경우에는 해당 항공편 출발 72시간 전까지 계속편 또는 복편예약을 탑승예정 항공사에 재확인하여야 한다. 만약 재확인을 하지 않을 때에는 당초 예약된 항공사로부터 예약이 취소될 수도 있기 때문이다.

(1) 항공예약의 기능

항공예약은 항공좌석예약 외에 호텔, 렌터카, 관광, 사전좌석 배정 등 부대 서비스를 제공하며 하나의 대고객 서비스로 부각되고 있다.

그리고 항공예약의 중요성은 철저한 재고관리에 의하여 동일한 공급좌석 내에서 수입의 최대화를 도모할 수 있다는 것이다. 또한 항공예약을 통하여 항공운송에 대한 사전준비를 할 수가 있는데, 특히 항공여행에 사전 준비가 필요한 고객 등에 대해서 예약과정을 통하여 필요한 사항이 준비될 수 있다.

(2) 항공예약의 경로

항공예약은 고객 본인이나 대리인이 항공사의 직접 방문, 전화, 여행사, 타 항공사, 팩스, 인터넷 등을 이용한다.

4) 항공운임 및 항공권

(1) 항공운임의 종류

① 정상운임

유효기간은 첫 구간을 발행일로부터 1년 내에 사용하여야 하며, 나머지 구간은 여행개시일로부터 1년이다. 도중체류횟수, 예약변경, 여정변경, 항공사 변경 등에 원칙적으로 제한이 없다.

② 할인운임

승객의 나이, 신분에 따라 할인되는 운임으로 여행조건에 따라 그 기준운임은 정상운임이나 특별운임이 될 수 있다. 할인운임으로는 유아운임(만14일 이상~만2세 미만), 소아운임(만2세 이상~만12세 미만), 단체인솔자할인, 학생운임, 대리점직원 할인운임 등이 있다.

③ 특별운임

승객의 다양한 여행형태에 맞추어 고객의 다양한 요구를 만족시키기 위해 개발한 것으로 여행조건, 여행기간 등에 일정한 제한이 있는 운임이다. 여행기간에 대한 제한으로는 최소의무 체류기간과 최대허용 체류기간이 있다. 여행조건에 대한 제한으로는 도중체류횟수, 선구입조건, 예약변경 가능여부, 여정변경 가능여부 등이 있다.

(2) 항공권

항공권은 항공여행을 하려는 고객과 항공운송을 담당하는 항공사와의 운송계약서로서 사용되는 운송증표이며, 이를 올바르게 취급하는 것은 항공업무에서 기본업무이며, 대고객 서비스에 있어서도 중요한 요소가 된다.

① 운송증표의 종류

· 여객항공권

여객항공권은 여객항공권 부분과 수하물표로 구성되어 있으며, 일반적으로 항공권이라 칭하고 있다. 여객항공권은 항공사나 판매대리점이 여객의 운송을 위하여 발행한 운송증표를 의미하며, 수하물표는 여객의 위탁 수하물 운송에 대한 증표로서 영수증의 역할을 한다.

· MCO

MCO(Miscellaneous Charges Order)란 여객이 항공여행과 관련된 제반 서비스의 이용에 필요한 경비로서 사용할 수 있도록 항공사에서 발행한 증표를 말한다.

· 초과수하물표

초과수하물표는 여객의 초과수하물 요금이나 종가요금(승객이 항공사의 책임 한도를 넘는 물품을 분실 및 파손으로부터 보호받기 위해 스스로 가격신고하여 지불하는 요금)의 지불에 대한 영수증이며, 항공사에서만 발행한다.

· 단체여객항공권

단체여객항공권은 항공사별 운항구간에 대체 및 전세여객의 운송을 위해 발행하는 증표를 말한다.

② 티켓 양식에 의한 분류

MIT(Manually Issued Ticket) 항공권 내용을 손으로 기재하는 방식이다.

TAT(Transitional Automated Ticket) 자동발권 전산시스템과 연결되어 기재내용이 항공권 프린터기를 통해서 자동으로 인쇄되며, 전면 하단부에 부착된 bar code에 발권정보가 기록된다.

ATB(Automated Ticket and Boarding pass) 자동발권 전산시스템과 연결되어 기재내용이 항공권 프린터기를 통해서 자동으로 인쇄되며, 항공권뿐만 아니라 탑승권까지 일체화된 형태로 인쇄되며, 뒷면에 부착된 magnetic stripe에 발권 및 탑승정보가 기록된다.

③ 대금결제 방식에 의한 분류

Airline Own Ticket(stock) 항공사에서 항공권을 직접 발행하여 불출관리와 대리점과의 청산업무를 항공사에서 직접하는 방식을 말한다.

BSP(Bank Settlement Plan ticket) 항공권 stock 관리와 대리점과의 청산업무를 항공사가 직접하지 않고 은행이 대신하여 주는 방식이다.

④ 항공권의 구성

항공권은 고객명, 여정에 따른 도시명, 예약에 대한 기록, 예약 항공편의 무료수하물 허용량, fare basis, 할인요금, tour code, 유효기간, fare box, 운임의 지불형태, 최초 출발지와 최종 목적지, 연결 및 재발행 여부에 대한 기록으로 구성되어 있다.

5) 여객운송

여객운송업무란 항공여행을 하는 여객이 안전하고 쾌적하게 여행할 수 있도록 공항에서 이루어지는 일련의 서비스로서 출발지 공항에서는 승객의 여행구비서류(항공권, 여권, 비자 등)를 확인하고 여객에게 좌석배정, 수하물 접수, 탑승안내를 하며, 도착지 공항에서는 승객의 입국편의를 위해 입국심사 및 수하물 통관안내와 사고 수하물 처리를 한다.

6) 객실서비스

객실서비스는 승객에게 제공되는 기내식사와 인적서비스 요소인 객실승무원(cabin crew)의 기내서비스가 핵심이다. 특히 객실승무원에 의한 기내서비스는 항공사의 서비스질을 결정짓는 요소로 매우 중요한 사항이다. 이러한 이유로 각 항공사는 양질의 서비스 제공을 위해 부단한 노력을 기울이고 있다.

객실서비스의 절차는 항공기의 종류별, 운항노선별 비행시간의 길이에 따라 내용이 조금은 다르지만 일반적으로 공통된 절차에 의해서 이루어진다.

그 절차는 기내 탑재품목 준비, 기내 품목탑재, 기내 청소확인, 승객탑승안내, 승객서비스, 항공기 도착 및 하기의 순서로 이루어진다.

7) 항공화물 수송

(1) 항공화물 수송의 구성요소

① 항공기

항공화물의 대부분은 여객기에 의해 수송되고 있다. 또한 현재 사용중인 화물기는 대부분이 여객용 항공기를 개조한 것이며, 화물전용기로 설계되어 제작된 항공기도 기본설계는 여객기를 기초로 한 것이다.

처음부터 화물전용으로 설계된 항공기를 순화물형 항공기 또는 전용형 화물기라고 하며, 이들 항공기는 door를 넓게 하고 바닥을 낮게 하여 지면에 가깝도록 제조한 것이 특징이다.

전용 화물기는 주요시장이나 노선에서 수송되고 있는 화물의 용적과 중량을 충분히 고려하여 설계하였다. 화객혼용항공기는 객실의 일부까지 화물탑재용으로 사용하도록 개발된 항공기로서 콤비(combi)라고 부른다.

② 항공화물 터미널

항공화물 터미널은 육상운송과 항공운송의 연결점이라는 측변에서 항공화물 취급과정의 중요한 요소가 된다. 일반적으로 국가 공항관리당국에서 화물터미널을 제공하나 항공회사에서 자체 전용터미널을 운영할 수 있도록 부지를 할당해 준다. 항공사는 터미널에서의 화물의 조업시간을 단축하고 지연을 극소화함으로써 비용발생을 최소화하도록 운영하는 것이 중요하다.

(2) 항공화물 수송의 특성

① 편도수송

여객의 경우 출발지로 다시 돌아오는 왕복여행이나, 화물의 경우 기계를 임대차 또는 수리목적으로 발송한 경우 또는 반제품으로 들어와 완제품으로 반송될 경우의 왕복수송을 제외하고 거의 대부분이 편도수송이다.

② 반복적인 거래

화물의 고객은 화물을 반복하여 계속적으로 출하하는 고정화주가 대부분이다. 즉 1회성 거래가 아닌 반복적인 거래이다.

③ 지상조업의 필요

항공화물은 공항~시내 터미널간의 수송, 항공화물의 적하작업을 위해서 지상조업이 필요한 전문화된 화물의 수송형태를 이루고 있다.

④ 야행성

항공화물의 경우 화주가 야간수송을 선호하는 경향이 강하여 오후 늦게 화물을 집화하여 야간에 항공수송을 하고 목적지에서 다음날 새벽에 배송하는 것이 가장 이상적인 화물의 수송형태이다.

⑤ 계절변동

특정의 화물을 제외한 일반화물은 대부분이 여객에 비하여 계절적인 변화가 거의 없다.

(3) 항공화물 수송서비스

항공화물 수송은 여객과 달리 말을 하지 않고 스스로 움직일 수 없어 이에 대한 철저한 서비스를 하는 것이 가장 기본적인 사항이다.

① 화물의 포장

화물은 수송중에 있을 수 있는 충격, 진동, 눌림, 온도 · 습도의 급변, 기압의 변화 등에 대하여 내용품을 보호하고 안전하게 목적지에 도착할 수 있도록 적절하게 포장하지 않으면 안 된다.

② 관계서류

수출허가서, 품목명세서, 청구서, 원산지 증명, 기타 통관용 서류가 필요하다. 이러한 관계서류는 화주의 책임사항이지만 현실적으로 관계서류의 미비로 문제가 발생하면 화주와 더불어 항공사도 영향을 받게 되므로 항공사에서는 관계서류의 완비여부를 철저히 확인해야 한다.

③ 항공화물운송장의 발행

항공화물을 수탁할 때 항공사나 대리점에서는 항공화물운송장(Air Way-bill)을 발행한다. 항공화물운송장의 기능은 다음과 같다. 운송계약체결의 증거

서류, 운송물품의 수탁증, 운임 · 요금의 명세서 및 청구서, 화물취급의 지시서, 화주 보험납부의 증거서류가 된다.

④ 화물의 접수 및 탑재작업

항공사가 화주로부터 항공화물을 접수하는 형태는 항공회사가 직접 인수하는 화물, 혼재업자를 통해 가져오는 혼재화물, 대리점을 통해 가져오는 대리판매화물 등으로 구분할 수 있다. 항공사는 항공화물과 관계서류를 접수할 때 항공화물운송장의 기재사항, 송하인 및 대리점 서명, 운송금지 또는 제한 품목, 운임의 도착지불의 가부, 화물의 포장상태와 표시사항 등을 확인하여야 한다.

탑재를 결정한 화물은 탑재목록(cargo manifest)에 도착지별로 기재한다.

⑤ 도착지 업무

국제항공화물의 수하인은 화물이 도착하기 전에 통관업자를 지정한다. 항공사는 도착한 화물의 화물운송장과 관계서류를 준비하여 지정된 통관업자에게 넘겨주고 도착화물의 세관반입신청서를 세관에 제출한다. 또한 항공사는 수하인에게도 화물도착을 통지하고 도착통지서를 지참한 수하인에게 화물 및 관계서류를 인도한다.

5. 항공운송에 관한 기구, 법규, 정책

1) 국제민간항공기구

(1) 국제민간항공기구의 설립과 목적

1947년 4월 4일 국제민간항공조약의 발효와 함께 국제민간항공기구(ICAO : international Civil Aviation Organization)가 정식으로 발족하였다. 시카고 회의에서 국제민간항공기구의 성격에 대하여, 영국은 국제항공을 관리 · 감독하는 강력한 관리기준으로 해야 한다고 주장하였고, 미국은 하늘의 자유를 기본으로 국제항공의 질서유지 및 발전을 목적으로 정보의 교환, 기술적 협력의 촉진을 위한 기관으로 해야한다고 주장하였다.

그 결과 미국의 주장이 대폭적으로 반영되어 국제민간항공기구는 국제항공의 안전 및 건전한 발전을 목적으로 한 각국 정부간의 국제협력기관으로서 설립되었다.

(2) 국제민간항공기구의 조직 및 사업

시카고 조약은 국제민간항공기구의 구성에 관하여 총회, 이사회, 기타 필요한 기관으로 구성된다고 규정하고 있다. 즉 국제민간항공기구는 최고의결기구인 총회, 집행기구로서 이사회, 기타 이들 기구를 보임하는 기구로서 항공위원회,

항공운송위원회, 법률위원회, 공동유지위원회, 재정위원회를 설치하고 있다. 국제민간항공기구는 국제민간항공의 안전 및 건전한 발전을 위하여 항공기에 관한 기술적인 기준의 확립(항공기, 항공종사자, 항고로, 비행장, 항공교통관제 등에 관한 안전면에서의 세계적인 기준을 확립), 국제민간항공법의 통일 및 법제화, 국제민간항공의 경제문제(운임의 설정문제, 부정기항공의 문제, 운임수준의 문제, 수송규제의 문제)까지 취급하고 있다.

2) 국제항공운송협회

(1) 국제항공운송협회의 설립과 목적

국제항공운송협회(IATA : International Air Transport Association)는 국제항공 운송을 하고 있는 회사들이 1945년 4월 쿠바의 아바나에서 세계항공회사 회의를 개최하여 설립되었다. 국제항공운송협회는 1919년 유럽 항공기업의 한그룹이 헤이그에 모여 설립한 국제항공교통협회(IATA : International Air Traffic Association)를 계승한 것으로 볼 수 있다.

국제항공운송협회는 민간항공사에 의해 설립된 준공공적 기관의 성격을 띠고 있다. 국제항공운송협회는 제2차 세계대전 후의 항공운송의 비약적인 발전에 따라 예상되는 여러가지 문제에 대처하고 국제항공운송사업에 종사하는 항공사 간의 협조강화를 목적으로 설립되었으며, 항공운임의 결정과 운송규칙의 제정 등을 주요 임무로 하고 있다.

국제항공운송협회의 목적은 세계의 모든 국민의 복지를 위하여 안전하고 규칙적이며 경제적인 항공운송의 발달을 촉진함과 동시에, 이와 관련되는 문제의 해결, 민간항공기업의 협력기관으로서 항공운송기업간의 협력을 위한 여러 수단의 제공, 국제민간항공기구 등 국제기관과 협력의 도모 등이다.

(2) 국제항공운송협회의 조직 및 기능

국제항공운송협회(IATA)의 회원은 정회원과 준회원으로 분류된다. 정기 국제항공운송업무를 수행하는 항공기업이 회원의 자격을 가지면 정회원이 되며, 국제항공업무에 종사하지 않는 정기항공기업으로서 항공기업간의 운임청산이나 기술적 서비스의 이익을 얻고자 하는 기업은 준회원이 되며 투표권이 없다.

국제항공운송협회는 원래 정기항공기업의 단체로 발족했지만. 1975년에 개최된 캐나다회의에서 부정기 항공기업도 국제항공운송협회의 회원이 될 수 있게 하였다.

국제항공운송협회의 조직은 최고기관인 연차총회, 실질적 운영체인 이사회, 각 분야별로 활동하는 4개의 상설위원회(기술, 재무, 법무, 운송), 국제항공운송 협회의 가장 중요한 기능인 항공운송에 관한 여러 조건을 가맹항공사가 협의하여 결정하는 운송회의, 항공기업간의 금전적 대차관계의 정산을 하는 정산소, 사무국으로 구성되어 있다.

국제항공운송협회의 가장 중요한 기능은 여객운임, 화물요율, 기내서비스의 내용 등 항공운송에 필요한 조건들을 결정하는 것이다. 이러한 운송조건은 운송회의에서 가맹항공사가 서로 협의하여 결정한다.

3) 우리나라의 항공법

항공운송 전반에 대한 우리나라 정부의 정책수립, 추진 및 업무처리는 국내 항공법에 근거하고 있다. 따라서 국내항공법의 내용은 우리나라의 항공운송에 대한 정부의 각종 규제, 감독사항과 지원, 육성사항이 명시되어 있다.

(1) 항공법의 정의

항공법이란 항공에 의해 발생되는 법률관계를 규율하는 규범의 총칭으로, 구체적으로 말하면 항공기 및 항공기의 운항, 이용 그리고 이에 따라 발생하는 여러 관계를 규율하는 법 규범의 전부를 의미한다.

우리나라 항공법(제2조 1항)상의 "항공기"는 "민간항공에 사용하는 비행기, 비행선, 활공기, 회전익 항공기, 기타 대통령이 정하는 것으로서 항공에 사용할 수 있는 기기"를 말한다.

(2) 항공법의 목적

① 항공기의 안전운항 확보

항공기는 일단 사고가 발생하면 탑승자의 생명 및 재산은 물론이고, 지상의 제3자에 대한 피해가 극심하여 항공기의 사고방지에 만전을 기하기 위해 항공활동에 대한 규제가 필요하며, 각국은 국내항공법으로 항공기, 항공종사자, 항공로, 비행장, 항공보안시설, 항공기의 운항 등에 관한 안전성 확보방법을 제정하고 있다.

② 항공운송사업의 질서확립

항공운송사업은 공익사업으로 반드시 사업의 질서를 확립하고 사업의 공공적 운용을 확보하여야 하므로 국내항공법으로 사업감독의 기준과 방법을 정하고 있다.

③ 항공기법의 국제적 통일

각국의 항공법은 항공의 안전성, 능률성을 확보하기 위한 규제, 방식, 수속 등의 국제적 통일을 도모하기 위해 국제민간항공조약의 규정과 이 조약의 부속서로서 채택한 표준방식에 준거하여 자국의 항공법을 제정한다.

(3) 항공법의 특성

① 국제성

항공기는 자국의 영역뿐 아니라 타국의 영역상공(영공)을 항행하게 되어 필연적으로 여러 관련 국가들과 상호이해 관계가 성립하는 국제적 성격을 띠게 된다.

② 강제성

항공운송에 있어 가장 기본적이고 중요한 문제인 안전성을 유지하고, 공공교통기관으로서의 건전한 육성, 발전을 위해 항공운송사업에 대한 규제의 필요로 강제성을 갖는다.

③ 국가성

항공발전에 따른 국가의 이해관계, 자국민에 대한 안전확보, 기타 자국의 방위문제 등으로 자주적인 국가성을 갖게 된다. 각국은 자국의 국력과 위상을 상징하는 국가대표항공사(national flag carrier)를 육성 발전시키고 있다.

④ 통일성

국제항공운송의 발전에 따라 항공법이 규율하는 내용도 복잡하고, 각국의 다양한 항공법을 통일적으로 적응할 필요성이 대두됨에 따라 각종의 다양한 항공법을 통일적으로 적응할 필요성이 대두됨에 따라 각종 국제조약이 발달하고, 각국의 국내항공법도 이러한 국제조약에 준거하여 통일, 정립될 것이 요청되고 있다.

관광 이야기

해외여행 쇼핑객 대부분 범법자

얼마 전 업무차 유럽 출장을 다녀온 K씨는 세관을 통과하면서 가슴을 졸였다. 하나 둘씩 산 선물 때문이었다. 일주일간 외국에서 그가 산 선물은 양주 한 병과 독일제 부엌칼 세트 2개, 국산 홍삼 진액, 장난감과 초콜릿이 전부. 하지만 가격은 총 600달러를 넘겼다. 귀국편 비행기에서 나눠준 세관신고서에 보니 한도가 400달러란다.

"부탁받은 선물도 있고 명품을 산 것도 아닌데…." 두근두근하면서 세관을 통과한 그는 볼멘소리를 내뱉을 수밖에 없었다.

해외여행객들의 면세품 구입이 급증하고 있음에도 관세청 면세물품 한도는 여전히 1996년 기준인 400달러를 고수하고 있어 문제라는 지적이 일고 있다.

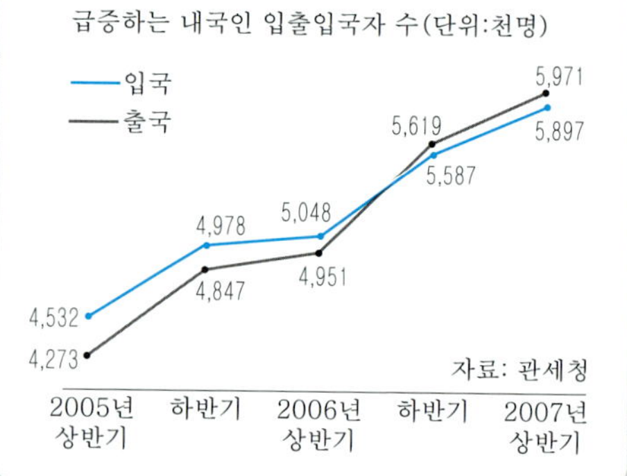

자료: 관세청

모처럼 해외여행에서 일가친척의 선물을 사는 여행자들조차 범법자 로 만든다는 지적이다.

실제 관세청이 집계한 올해 6월까지 검사 건수 대비 자진신고 비율 은 99.48%에 이른다. 작년엔 99.43%였다.

이 비율은 입국자 일부를 선별해 여행 수하물을 검사할 때 검사 전에 한도 초과가 있음을 검사자가 시인하는 비율을 말한다. 관세청은 전체 여행객의 3%가량을 선별해 검사한다.

신고서에 한도초과를 써내는 여행자가 극히 드물다는 점을 감안하면 세관 직원이 검사 대상으로 찍은 여행객은 거의 100%가 구매한도를 초과했다는 얘기가 된다. 다만 자진 신고 비율은 회사 물품이나 현금 1만달러 이상을 소지한 것으로 사전에 신고한 사람들도 포함된 수치다.

무작위로 뽑은 여행객의 면세한도 위반율이 99%를 넘는다는 사실은 현재 규정의 실효성이 극히 떨어진다는 것을 극명하게 보여준다.

문제는 관세청이 이 같은 문제점을 인지하고 있으면서도 면세한도에 대한 엇갈린 시각 탓에 해결책을 제시하지 못하고 있다는 점이다.

관세청 관계자는 "국내 세관검사 시스템은 이미 개별 여행객 대상에서 밀수, 마약 밀매 등 불법 감시로 방향을 틀었다"며 "(여행객) 위반 여부를 일일이 검사하면 통관시간이 지체되는 반면 세수 증대 효과는 극히 제한적"이라고 설명했다.

나라별 면세한도 어떻게 다른가

구 분	국가별 입국시 관세 면제 기준(비거주자)		
	술	담배	금액한도
한 국	1병(1ℓ 이하)	200개비	400달러(36만 8,000원)
중 국	2병(총 1.5ℓ 이하, 12% 이상)	400개비	2,000위안(124만3,000원)
일 본	3병(760㎖/병)	400개비	20만엔(154만6,000원)
홍 콩	1ℓ	60개비	한도 없음
싱가포르	1ℓ	과세	한도 없음
미 국	1병(1ℓ)	200개비	100달러(9만2,000원)
영 국	2ℓ(포도주)+1ℓ(22% 이상)	200개비	145유로(18만2,000원)
프랑스	2ℓ(22% 이하) 또는 1ℓ(22% 초과)	200개비	175유로(22만원)

*7월31일 기준환율로 계산, 자료=각국 관세청

한마디로 한도를 넘어 해외쇼핑을 즐긴 여행객을 잡아봤자 실익이 없다는 얘기다.

관세청은 그렇다고 해외 면세한도를 완화시켜 주기도 힘들다는 입장이다. 자칫 해외여행자들의 과소비를 조장할 수 있다는 염려에서다. 또 다른 관세청 고위 관계자는 "실제 세관에서는 개인 여행자 물품 중 600~700달러까지는 (반입을)용인해주는 방향으로 운영하고 있다"며 "면세 한도가 비현실적인 것은 알지만 이를 높여주면 관세청이 과소비를 조장한다는 비난을 피하기 힘들 것"이라고 토로했다.

실제 최근 언론에선 명품 해외쇼핑을 조장하는 듯한 기획성 정보가 잇따르고 보통 여행객들도 면세한도를 넘는 경우가 일상화되면서 관세청은 단속을 강화하기도, 그렇다고 손을 놓고 있기도 곤란한 상황에 놓였다.

국외 구입물품 면세한도 변화

연 도	면세한도
1987년 3월	10만원
1988년 12월	30만원
1996년 9월~현재	400달러(36만8,000원)

해외 사례를 보면 담배와 술 소비 억제라는 특별한 정책목적을 가진 미국과 유럽지역은 면세한도가 우리보다 상당히 낮지만 중국, 일본 등 아시아권의 면세한도 제한은 소득 수준을 감안할 때 우리보다 훨씬 여유가 있다.

미국과 유럽은 면세한도가 10만~20만원대인 반면 일본은 154만원, 싱가포르와 홍콩은 한도가 없다. 중국은 면세한도가 24만원이지만 2005년 1인당 소득이 1,720달러 수준임을 생각하면 면세한도는 상당히 높은 편이다.

관세청은 면세품 구입한도에 대해 내년 초 연구용역을 실시해 내년 하반기쯤 변경이나 유지 여부를 다시 판단한다는 입장이다.

매일경제, 2007. 7. 31

제 13 장 외식업

제1절 외식업의 개요

제2절 외식업의 발전

제1절 외식업의 개요

1. 외식사업의 개념

1) 식생활과 외식문화

우리 식생활 문화는 경제성장과 함께 여러 가지 다양한 업종과 업태로 성장하며 발전하고 있다. 전통적인 식생활을 유지하던 19세기 말 일부 서양인들에 의해 그들의 식문화가 우리나라에 소개되었으며, 20세기 전반의 일제 강점기 기간에는 우리나라의 전통적 식생활 문화는 계승과 발전이 억압되어 사라지고 상당 부분에 변화가 일어났다.

1950년 한국전쟁 후 생활의 궁핍과 경제상황의 피폐한 환경에서 유엔 및 미국의 식량원조품인 밀가루와 설탕 등을 주재료를 기반으로 분식위주의 식문화가 자연스럽게 형성되었다.

이후 경제개발과 산업화 및 성장으로 인한 국민소득의 증가와 사회문화 환경의 서구화 현상은 식생활 문화의 서구화를 촉진하였다. 본격적인 식생활의 변화는 1986년 아시안 게임과 1988년 하계올림픽 이후 1980년대 후반을 기점으로 시작되었다. 이 시기에 국내 외식업체 프랜차이즈 사업 시작과 해외 유명 패스트 푸드 브랜드가 국내에 진출하였으며 1990년대에는 국내 및 해외 패밀리 레스토랑의 등장으로 식생활의 변화와 고객의 수요를 반영하는 다양한 외식 문화가 시작되었다고 할 수 있다. 2000년대에는 국내의 기업형 대규모 외식업체 등장과 함께 외식고객 욕구와 웰빙 시대에 맞는 업종을 고려하여 외식 상품브랜드화로 해외 진출을 시작하고 있다. 오늘날 식생활의 변화와 외식 문화는 상호 밀접한 관계를 가지고 발전하고 있으며 주 5일제로 인한 여가 시간 증대, 외식 소비수준의 향상 등으로 외식문화는 지속적으로 변화하고 있다.

2) 외식의 개념

외식이란 “밖에서 식음료를 사서 먹는 것”, “가정이 아닌 밖에서 식음료를 구매해서 먹는 것” 등으로 가정의 식생활을 기준으로 구분하는 의미로 사용한다. 따라서 일반적으로 가정내 식생활을 가정내식이라 한다면 가정 밖에서의 식생활을 가정외식이라고 할 수 있다. 이 외식이란 용어의 사용은 세계 2차 대전 이후 경제성장과 함께 사회, 문화 등 사회전반적인 변화 추세와 함께 식생활도 변화하여 1950년대 이후에 본격적인 외식산업이 성장함에 따라 "dining-out industry", "foodservice industry" 용어로 정착되었다. 일본의 경우에는 1970년대 "마스코미지"가 외식산업이란 용어를 사용하였으며, 우리나라에서는 국내 외식업체의 태동기 및 해외 브랜드가 국내에 진출한 1980년대 후반부터 사용되었다.

외식업이란 "고객의 욕구에 부응하는 다양한 식음료 서비스를 제공하는 업"을 말하며, 외식산업은 각각의 외식업이 하나의 거대한 군으로서 시장규모를 형성하고 있는 것을 말한다. 미국 레스토랑협회(NRA; American Restaurant Association)는 외식산업은 "가정 밖에서 식사와 스낵, 음료, 테이크아웃 서비스를 준비하여 판매하는 업"이라고 한다.

2. 외식사업의 특성

외식사업은 고객의 주문에 의하여 음식과 음료를 조리 및 준비하는 제조업으로, 음식과 음료를 인적 서비스를 겸비하여 제공하는 서비스업이다. 고객에게 직접 판매하는 판매업의 성격을 띠는 복합적인 사업으로 생산된 상품의 소비가 함께 일정한 장소에서 일어나는 특성을 가지고 있다.

또한, 외식사업 특성은 사회문화의 변화와 고객요구 변화에 대응하는 건강식 메뉴개발, 메뉴의 다양화, 수준 높은 서비스 제공, 인적관리, 마케팅 전략 등을 효과적으로 경영관리를 해야 하는 특성이 있다.

· 상권 및 입지 의존성: 장소, 목표 고객, 메뉴, 운영 및 가격 등 고려
· 인적 서비스 의존성: 업종과 업태별 고객의 세심한 인적 서비스 요구
· 식음료 생산과 판매의 동시성: 주문판매로 인한 판매상품의 비적재성
· 수요예측의 불확실성: 비통제 가능요소(경제환경, 날씨, 전염병 등)에 민감성
· 타 산업보다 높은 이직률: 장기 근무시간, 임금 및 노동과 정신적 스트레스
· 상품 생산을 위한 식자재 부패 용이성: 식자재별 단기 유통기한
· 체인 경영 및 가맹사업의 용이성: 직영경영 및 사업의 확장
· 현금 창출의 용이성: 외상거래가 없는 신용카드 및 현금결재성

1) 외식업과 상권의 중요성

창업을 고려하는 예비창업자들이 업종을 어렵게 선택해도 상권과 입지가 문제되어 사업구상 자체가 진척이 되지 않는 경우가 많다. 예비창업자들의 가장 큰

관심사는 요즘 잘되는 업종은 무엇인지 어떤 업종이 유망한지 신문도 열심히 보고 인터넷 검색도 열심히 하고 창업서적도 본다. 하지만 소자본 창업성공의 가장 중요한 요소인 입지선정에 대해서는 유동인구에 대한 단순한 결정으로 창업결정을 하여 실패의 원인이 되기도 한다.

특히 소자본 창업에 있어서 목의 좋고 나쁨은 사업의 성공을 좌우하는 요인이 된다. 그러나 목 좋은 점포를 고르기는 말처럼 쉽지 않다. 영업이 잘되는 지역은 일반적으로 입지여건이 좋은 지역이지만 대부분 높은 임대료에 권리금까지 있어 초기투자비가 많이 들 뿐 아니라 매물도 많지 않다. 따라서 업종선택은 입지(점포의 위치)와 관련해서 정하는 것이 좋다. 업종이 먼저 선정되었으면 업종에 알맞는 장소를 찾는 것이 중요하며 정확한 상권조사가 필수적이다.

상권조사는 상권의 중심 또는 점포매물을 중심으로 1차 상권과 2차 상권으로 나눠 그 범위 내에 있는 경쟁점포(유사업종)를 표시한 약도를 그린다음, 업종과 점포크기, 상호, 상품구성, 가격대 등을 조사하는 것을 말한다. 이는 점포에 대한 수요예측과 마케팅전략수립의 기초가 되므로 상권조사와 분석을 나누어서 실시하여야 한다.

2) 상권조사와 분류

창업을 위하여 후보점포를 선택하는데 있어서 무엇보다도 점포를 중심으로 해서 유동 인구가 얼마나 되느냐, 다시 말하면 유동인구가 점포의 가치를 평가하는 결정적인 요인이 된다는 것을 이해하면 일은 쉽게 풀릴수 있다. 유동인구를 조사하는데 있어 기준은 후보 점포의 규모, 주변시설의 흡인력, 주변인구의 외식형태, 외부 유출입동선, 주변 지역의 지형지세, 도로 및 교통시설, 통행인의 성격, 상권의 규모 및 형태, 지리적 위치 등 여러 요인을 감안하여 후보 점포의 1차 상권과 2차 상권의 범위를 정한다.

· 1차 상권: 약 500m이내의 거리(걸어서 5분이내의 거리)

· 2차 상권: 500~1,000m이내의 거리(걸어서 5~15분사이의 거리)

또한 1차 상권 범위 안에서 예비점포가 위치한 상권의 형태와 규모를 파악하여 그 상권 범위 안의 유동인구와 상주인구수를 계산해 보면 예비 잠재고객수를 알 수 있다. 상주인구수에 대한 정보는 해당 구청이나 동사무소 등 공공 기관의 통계치와 인터넷에 개설되어 있는 통계청 자료를 무료로 이용할 수도 있다. 역세권이라면 해당 역의 하루 이용객수를 해당역에 알아보면 자세히 알 수 있고, 주 고객층이 청소년세대라면 인근 학교들의 학생수를 계산할 수도 있다.

3) 상권조사의 주요 항목

· 통계자료조사: 인구수, 세대수, 가족구성원수, 주거형태(단독주택, 아파트, 오피스텔, 주상복합형)

· 상권 형태 및 규모파악: 주간상권, 야간상권, 고정상권, 유동상권

· 통행인구조사: 성별, 연령별, 시간대별, 요일별 통행객수를 관찰하고 통행객과 통행성격과 통행객의 소비수준 파악

· 통행차량조사: 통행차량의 수와 하루 중 많이 지나가는 시간대에 파악

· 경쟁점포조사: 예상되는 경쟁점포의 이용객수, 계층, 제품의 가격대, 매장구성, 장단점파악

· 상권의 향후 전망: 주변 상권의 확대, 축소 가능성을 파악하고 대형 집객시설의 개발정보를 수집하며 주변 건물의 신축 및 철거계획 등을 파악

· 점포주변 유동인구 조사: 시간대별, 연령별, 성별 통행객 조사도 병행해야 하는데 이때 시장조사를 위한 비용이 발생되더라도 통행객들을 대상으로 설문을 받을 필요가 있다. 왜냐하면 조사하면서 그 지역의 상권 특성이나 소비수준과 점포권리금 등의 부동산시세도 비교적 정확하게 파악할 수 있기 때문이다. 상권은 유동 인구가 많은 곳을 중심으로 발달하기 때문에 이러한 상권은 주상권으로 성장이 되며 상권이 확장되면서 주변인근이 부수상권이 되는 것이다.

3. 외식사업의 분류

1) 한국표준산업분류표에 의한 분류

한국표준산업분류에서는 음식점업을 식당업, 주점업과 다과점업으로 크게 분류하고 있으며 세부항목은 표13-1과 같다.

2) 한국식품위생법에 의한 분류

한국식품위생법에 의한 분류는 영업상의 분류를 한국표준산업에 의한 분류와는 달리 산업군으로 구분하지 않으며 표13-2와 같이 음식점 영업과 주점영업으로 구분한다.

3) 관광진흥법에 의한 분류

관광진흥법에서는 외식산업 분류를 관광객이용시설업의 관광공연장업으로 구분하며, 관광편의시설업은 관광유흥음식점, 외국인전용유흥음식점업과 관광식당업으로 구분하고 있다.

표 13-1 한국표준산업분류표(Korea Standard Industrial Classfication)

분류 대	분류 중	분류 소	분류 세	세세분류	항 목
도소매 및 음식숙박업(5)	음식 및 숙박업(55)	음식점업(552)	식당업(5521)	55211	한식점업(Korea Style Restaurant)
				55212	중국음식점업(Chinese Style Restaurant)
				55213	일본음식점업 (Japanese Style Restaurant)
				55214	서양음식점업(Western Style Restaurant)
				55215	음식출장조달업(Catering of Foods)
				55216	자급식 음식조달업 (Self-supply Restaurant)
				55217	간이체인음식점업 (Chain Lunch Room Operation)
				55219	달리 분류되지 않는 식당업(Restaurant)
			주점업(5522)	55221	일반유흥주점업 (General Amusement Drinking Place)
				55222	무도유흥주점업 (Amusement Drinking Places-dancing)
				55223	한국식유흥주점업(Amusement Drinking Place-Korean Style)
				55224	극장식 주점업 (Amusement Drinking Place-stage)
				55225	외국인전용유흥주점업(Amusement Drinking Place-only Foreigner)
				55229	달리 분류되지 않는 주점업 (Drinking Places)
			다과점업(5523)	55231	제과점업(Bakery Store)
				55232	다방업(Tea Room)
				55239	달리 분류되지 않는 다과점업 (Tea Room & Bakery Stores)

자료: 통계청

표 13-2 한국식품위생법상 분류

분 류	세부분류	내 용
음식점 영업	휴게음식점업	음식류를 조리와 판매영업, 주류 판매 영업금지
	일반음식점업	음식류 위주의 조리와 판매 영업, 부수적인 음주판매
주점 영업	단란주점업	주류 위주 판매, 손님의 노래를 부르는 행위 허용
	유흥주점업	주류 위주 판매, 유흥종사자, 유흥시설, 춤추는 행위 허용

① 관광유흥음식점업

식품위생업령에 의한 유흥주점영업 허가를 받은 자로서 관광객의 이용에 적합한 시설을 갖추어 이를 이용하는 자에게 주류 및 기타 음식을 제공하고 노래와 춤을 감상하게 하거나 춤을 추게 하는 업으로 한국음식점과 관광극장식당업으로 구분한다.

② 외국인전용유흥음식점

식품위생업령에 의한 유흥주점영업 허가를 받아 주한 외국군인 및 외국선원 등 외국인 이용에 적합한 시설을 갖추어 이를 이용하는 자에게 주류 및 기타 음식을 제공하고 노래와 춤을 감상하게 하거나 춤을 추게 하는 업이다.

③ 관광식당업

식품위생업령에 의한 일반음식점영업 허가를 받은 자가 관광객의 이용에 적합한 음식제공시설을 갖추고 이들에게 특정국가의 음식을 전문적으로 제공하는 업이다.

④ 관광공연장업

관광객을 위하여 공연시설을 갖추고 한국전통가무가 포함된 공연물을 공연하면서 관광객에게 식사와 주류를 판매하는 업을 말한다.

4) 미국 레스토랑협회(NRA: National Restaurant Association)에 의한 분류

표 13-3 미국 레스토랑협회(NRA: National Restaurant Association)

구분		내용
상업적 (Commercial Foodservice)	외식업	· 일반 음식점 · 전문음식점 · 소매음식점 · 카페테리아 · 일반 음료, 음주 판매점 · 케이터링 · 패스트푸드 · 숙박음식점 · 바 또는 숙박시설음식점
	위탁업	· 학교, 사무실, 대학, 병원, 공장 등의 구내식당 · 항공기, 열차, 선박 등 기내식 · 공공시설 구내식당
	숙박업	· 호텔, 모텔 등의 숙박시설내의 식당
	기타	· 편의점 · 이동차량 · 자판기 등
기관 (Institutional Foodservice)		· 국공립학교 단체급식(초, 중, 고, 대학교) · 병원 급식 · 고아원, 양로원 등 공공시설 기관 급식 · 스포츠 클럽 등의 급식 · 특수재활원, 교도소
군대 (Military Foodservice)		· 장교클럽 및 식당 · 일반 식당

자료: NRA(National Restaurant Association)

미국 레스토랑협회(NRA)는 외식산업 분류를 영리를 목적으로 하는 일반적인 상업적 외식업체와 단체급식을 목적으로 각종기관 및 군대 집단을 대상으로 하는 외식업체로 구분하는데 분류는 표13-3과 같다.

5) 일본의 외식산업분류

일본의 통산성에서는 표준산업분류에 의하여 외식산업을 단체급식을 제외한 상업적 외식업을 표13-4와 같이 분류하고 있다.

표 13-4 한국식품위생법상 분류

분 야	정 의	구체적인 예
식당, 레스토랑	주로 음식을 그 장소에서 먹을 수 있도록 하는 영업(서양요리점, 일식 및 중화 요리점은 제외함)	식당, 대중식당, 기호음식점, 미반식당
일본요리점	특정한 일본요리를 제공하는 영업	튀김, 장어, 산천어, 청진(육식이 아닌 채식 위주의 음식 제공 업소), 돌솥밥, 주먹밥, 다채옥
서양요리점	서양요리를 제공하는 영업	그릴, 레스토랑, 러시아 · 이탈리아 · 프랑스 등의 서양요리점
중화요리점 및 기타 동양요리점	중화요리 및 동양제국의 민족요리를 제공하는 영업	중화요리, 상해 · 북경 · 대만 · 사천요리 한국요리, 중화국수, 만두집 등
소바집, 우동집, 초밥집	일본식 국수, 우동을 제공하는 영업 스시를 주요리로 하는 초밥 및 회전문점	소바집, 우동집, 초밥, 회요리
요정	일본요리를 제공하고 접대하며 고객에게유흥음식을 제공하는 영업	요정, 기생집
바, 카바레, 나이트클럽	서양요리를 제공하고 접대하며 고객에게유흥음식을 제공하는 영업	카페, 살롱, 카바레, 나이트클럽 바, 스낵바
주점, 비어홀	대중적 설비를 갖추고 주로 주류 및 요리를 제공하는 영업 집, 주방, 비어홀	대중주장, 새(조류)구이집, 오뎅
카페, 커피숍	커피, 홍차, 청량음료 또는 간단한 식사 를 제공하는 영업 기샤, 스낵	fruit bar, 음악다실
기타 음식점	대복, 금천소, 우뭇가사리, 된장분, 갈차 등 분류되지 않은 식료품을 제공하는 영업	휴식소, 대복실, 빙수옥, 감주옥, drive-in, 기호식당

자료: 한국음식업중앙회

4. 외식사업의 업종과 업태

우리나라의 외식업은 사업체에서 판매하는 음식의 종류에 따라서 업종(type of business)을 한식업, 양식업, 일식업과 중식업으로 분류한다. 이들의 업종의 특성을 기본으로 하여 사업목표, 목표고객 및 마케팅 전략 등에 따라서 외식업체에서 제공하는 영업시간, 식음료 서비스, 분위기, 메뉴의 종류와 가격, 판매방법 등에 따라 영업형태를 구분하는 것을 업태(type of operation)라 한다. 따라서 외식업은 경제사회적 변화로 인한 식생활 문화의 변화와 고객층 욕구의 상승, 다양화와 기대가치 상승으로 인하여 이에 부응하는 새로운 업태가 계속 개발되고 있다. 일반적으로 업종은 패스트푸드(FF: Fast Food), 패밀리레스토랑(FR: Family Restaurant), 캐쥬얼 디너(CDR: Casual Dinner Restaurant), 파인 다이닝(FDR: Fine Dining Restaurant)의 영업형태로 분류한다.

관광 이야기

에머슨퍼시픽, GHM(General Hotel Management)와 금강산 리조트 사업 진출

에머슨퍼시픽은 호텔과 리조트 분야 세계 최고 그룹인 GHM(General Hotel Management)과 웨스틴 조선 호텔에서 조인식을 갖고 금강산 아난티 골프&온천 리조트의 매니지먼트 계약을 체결했다고 4일 밝혔다.

GHM은 에머슨퍼시픽과 함께 금강산 아난티 골프&온천 리조트의 건축 설계 단계부터 디자인과 인테리어, 서비스 등에 참여해 시스템을 만들고 운영하게 된다.

이에 따라 북한에도 세계적인 서비스의 리조트가 들어서게 되며 GHM은 금강산 사업에 진출한 최초의 외국기업이 된다.

GHM은 랑카위의 다타이와 마이애미의 세타이, 쿠알라룸프루의 사우자나 등 전 세계에 16개 최고급 호텔과 리조트를 보유, 운영하고 있는 최고급 리조트 그룹이다.

이날 조인식에 참석한 랄프 W. 올렛츠 GHM의 수석 부사장은 "금강산의 자연환경은 세계적인 리조트에 적합하고 현재 에머슨퍼시픽이 건설 중인 골프장과 건물 역시 독특한 아름다움을 갖고 있다"며 "사업성 검토를 통해 금강산이 세계적인 관광지가 될 수 있다는 확신을 가지게 됐다"고 밝혔다.

그는 이어 "자연경관과 지역문화를 반영하는 GHM만의 독특한 서비스와 글로벌 마케팅 네트워크를 통해 전 세계인이 찾을 수 있는 국제적인 관광지로 만들어 나갈 계획"이라고 덧붙였다. 에머슨퍼시픽은 오는 2007년 4월 개장 예정인 금강산 아난티 골프&온천 리조트를 포함해 리츠칼튼 컨트리 클럽과 IMG내셔널 컨트리 클럽 등 총 118홀을 보유한 전문 레저 그룹이다.

제 2 절 외식업의 발전

1. 외식사업의 발전

국내 외식산업은 경제성장과 식생활 가치관 등의 변화가 기본적인 주요 요인이 된데에다 국민의 가처분 소득의 증대, 핵가족화, 맞벌이 부부 증가, 독신자 증가, 경제적 능력의 노인층 등장, 근로자의 주 5일제 확대, 소비의식수준 향상 등의 수요증가와 국내 및 해외의 다양한 컨셉의 외식업체 등장으로 공급이 확대되어 성장과 발전을 하고 있다.

사회문화 변화에 따라 현재의 식생활 가치관은 가공식품, 반가공식품, 냉동식품을 선호하는 간편성을 추구하며 다양한 퓨전음식 개발, 건강을 위한 채식, 자연식 및 비만과 다이어트를 고려한 기능성 건강식 추구, 사교와 모임기능 등의 차별화된 서비스와 분위기 중시를 하는 측면으로 변화해 가고 있다. 국내 외식사업의 규모는 1997년 30조 원의 시장규모와 약 55만여 개의 외식업체에서 2003년에는 42조 원 시장규모와 59만여 개 외식업체로 증가하여 시장규모는 무려 40%이상 성장하였다. 1988년과 1999년 IMF 외환위기 이후 성장증가율은 감소하고 있지만 꾸준히 성장과 확대를 하고 있다. 2003년 기준으로 국내 외식 업종의 종류는 한식, 양식, 중식, 일식 등이 외식시장의 75%를 차지하고 있으며, 기업화된 패스트푸드(FF: Fast Food)와 패밀리레스토랑(FR: Family Restaurant) 업태의 외식이 10% 차지하고 있다. 또한, 단체급식(group feeding) 시장이 약 15% 를 점유하고 있다. 국내 외식산업의 규모와 경영형태는 첫째, 소규모 자영업 형태에서 대기업 또는 외식전문 중소기업에서 대규모로 출자하여 다점포 기업형 경영형태의 외식시장으로 전환되면서 독특하고 고유한 테마를 창출하는 기업형 패밀리레스토랑이 등장하였으며, 단체급식 시장의 규모는 1990년대 후반부터 급격히 증가하였다. 둘째, 점포의 규모는 상권이 형성된 지역에는 대형화된 복합점포가 등장하였고, 단일 품목의 외식업은 소규모 다점포 형태로 발전하였다.

국내 외식산업은 1990년대 형성된 외식고객층과 외식업체의 풍부한 경영경험과 경쟁력을 기반으로 2000년대에 해외 외식업체 브랜드에 대응하는 한식과 양식 업종인 패스트푸드와 패밀리레스토랑 위주의 독자 브랜드를 개발하여 시장을 확대하였다.

기업형태의 외식업체의 등장과 고객중심의 마케팅 활동은 테이크아웃 전문점, 드라이브인 전문점과 가정대용식품(HMR: Home Meal Replacement) 판매점의 다양한 형태로 발전이 되었으며, 식재료의 반가공 처리기술 개발과 유통구조 개선으로 다점포 직영체인 및 프랜차이즈경영체제를 구축하여 사업을 확장하는 계기가 마련되었다.

이에 따라서 외식업체수의 증가로 인한 고객의 원거리 이동 기피현상으로 고객대상 마케팅 전략은 1차 상권중심으로 축소되었으며 음식의 맛은 평준화가 되는 현상이 되었다.

2. 외식산업 프랜차이즈 시스템

1) 국내 프랜차이즈

국내 외식 프랜차이즈 역사는 약 20여년 정도로 볼 수 있다. 1979년 일본 롯데리아가 처음 들어온 것을 시작으로 국내 순수 브랜드로는 1980년 1호점을 오픈한 이랜드가 그 시초이다. 그 후 1980년대 50여개이던 프랜차이즈 본사가 1990년대 성장기에 접어들면서 본격적인 양적 성장을 시작하였고, 외환위기 이후 창업에 관한 관심이 고조되면서 급성장하고 있다.

중소기업청의 통계에 의하면 현재 프랜차이즈 시장규모 및 본사 수는 약 250여개 업종, 1,500여개의 회사에 가맹계약자는 12만개에 달하고 있다. 전체 소매업종수가 100만개 정도이므로 국내 소매시장에서 프랜차이즈가 차지하는 비율은 약 15%로 추정된다.

프랜차이즈의 천국이라 할 수 있는 미국의 경우 전체 소매업 매출 가운데 프랜차이즈가 차지하는 비율은 2000년 현재 45% 정도이고, 매출총액은 약 1조 달러로 추정되고 있다. 매 8분마다 프랜차이즈 점포가 탄생하고 있으며, 매년 26만명의 신규인력 고용과 함께 전체적으로 900만 명의 고용창출능력을 보유하고 있는 것으로 알려져 있다.

이제 프랜차이즈 사업은 '21세기 유통의 꽃'으로 떠오를 만큼 많은 사람들의 관심을 끌어모으고 있다. 프랜차이즈가 이런 장점들 때문에 프랜차이즈 사업은 새로운 사업아이디어와 도전의식을 가진 개인과 기업들이 최후의 승부처로 삼고 있는 곳이 되었다. 이들이 성공적으로 사업을 운영하고 프랜차이즈 사업을 발전시키기 위해서는 몇 가지 간과해서는 안될 점이 있다.

첫째, 프랜차이즈 사업은 본사와 가맹점의 상호협력을 통해 상호이익을 추구하는 이익공동체에 기반을 두고 있다는 것을 명심해야 한다. 본사와 가맹점은 기업철학과 비전을 공유해야 한다. 본사는 시시각각 변하고 있는 사업환경을 분석하고 현시점에서 왜 이 사업이 필요하며, 사회적으로 어떤 이익을 주는지를 명확하게 제시함으로써 가맹 희망자들에게 사업추진의 당위성과 실행의지를 고양시킬 필요가 있다.

둘째, 프랜차이즈 비즈니스가 시스템과 노하우 사업이라는 새로운 인식이 필요하다. 프랜차이즈는 하나의 시스템 즉, 상호, 상표, 제품, 서비스, 비즈니스시스템 등과 마케팅, 회계, 판매방법 노하우를 공유하는 것이다. 따라서 본사는 프랜차이즈 시스템을 설계하고 그 내용과 방법을 가맹점에게 전수하여 본사가 운영하는 직영점과 같은 수준으로 영업할 수 있도록 지원하는 것이 사업전개의 최소한도의 조건이라고 할 수 있다.

셋째, 본사는 확실한 수익모델을 제시해야 한다. 가맹점의 이익을 보장하지 못하는 프랜차이즈 시스템은 공염불이 될 수밖에 없다. 가맹점들이 지속적으로 이익을 내는 것은 프랜차이즈 사업의 최대 관건이다. 이를 위해서 본사는 실현가능성이 있고 타당한 마케팅전략을 수립하지 않으면 안된다.

넷째, 프랜차이즈 사업은 '사람'이 아니라 '매뉴얼'에 의해 운영되는 사업전개 시스템이라는 것을 명심해야 한다. 다양한 형태의 매뉴얼은 본사가 가맹점에 제공하는 시스템과 노하우의 중요한 부분으로 프랜차이즈 사업의 성패는 이들 매뉴얼의 완성도에 달려 있다고 해도 과언이 아니다. 따라서 프랜차이즈 본사는 체계적이고 실행가능성이 높은 매뉴얼 작성에 많은 노력을 기울여야 한다.

다섯째, 본사는 가맹점의 매출증대와 효율적인 점포운영을 위해 적극적인 가맹점 지원정책을 펴야 한다. 여기에는 교육훈련, 경영기술 지원, 영업 및 판촉지원, 물류관리, 광고 및 홍보지원 등의 지원책이 포함된다.

여섯째, 가맹 사업자는 효율적인 점포운영을 위해 업종에 맞는 효율적인 점포경영전략을 실행해야 한다. 가맹점은 또 지역 특성에 맞게 적응하는 영업수단을 갖추어 매출증대와 고객만족을 위해 노력해야 한다.

일곱째, 정부는 프랜차이즈 사업이 고용효과가 높고 경제 활성화의 기반이 된다는 점을 평가하고 적극적인 지원책을 펴야 한다. 이를 위해서는 우수 가맹점 사업자에게는 점포 표준화 및 정보시스템 도입을 지원하는 등 다양한 지원책을 마련할 필요가 있다.

2) 프랜차이즈 시스템의 개념

프랜차이즈(franchise)란 가맹본부(franchisor)가 가맹점(franchisee)에 상품공급, 조직, 교육, 영업, 관리, 점포개설 등의 노하우를 브랜드와 함께 제공하며 사업을 영위해 나가는 형태를 말한다.

다시 말하면 상품을 제조하거나 판매하는 업체가 가맹본부가 되고 독립 소매점이 가맹점이 되어 소매영업을 프랜차이즈(franchise)화하는 사업 형태이다.

가맹본부는 가맹점에 해당 지역 내에서의 독점적 영업권을 주는 대신 가맹본부가 취급하는 상품의 종류, 점포인테리어, 광고, 서비스 등을 직접 조직하고 관리하는 것은 물론 가맹점에 교육지원, 경영지원 및 판촉지원 등 각종 경영 노하우도 제공한다. 이에 대해서 가맹점은 가맹본부에 가맹비, 로열티 등의 일정한 대가를 지불하고 가맹점 사업에 필요한 자금을 직접 투자해서 가맹본부의 지도와 협조아래 독립된 사업을 영위한다. 이 같은 가맹본부와 가맹점간의 지속적인 관계를 프랜차이즈라고 할 수 있으며 결국 프랜차이즈란 가맹본부와 가맹점간의 협력사업 시스템이라고 할 수 있다.

3) 프랜차이즈 시스템의 특성

프랜차이즈 시스템에서 가장 잘 나타나는 특성은 가맹본부와 가맹점 운영주가 상호 신뢰를 바탕으로 분업의 협력계약을 맺고 가맹본부와 가맹점간에 명확한 기능분화와 상호협력을 통해 동일 자본의 경영효과를 발휘할 수 있다는 것이다.

가맹본부와 가맹점간의 계약관계는 전형적인 부합계약으로 양자가 상호 협력하여 계약을 체결한 것이 아니라 가맹본부가 사업에 대한 계약 내용을 미리 정한 상태에서 일률적으로 다수의 가맹희망자에게 사업에 대한 전반적인 설명을 한 다음 이에 동의하는 가맹희망자와 계약을 맺는 형태이다.

가맹계약의 기본적인 내용에는 취급상품 및 판매, 사업진행에 관한 권리부여와 이에 따른 대가의 지급에 관한 조항들을 의무 규정으로 명시하고 있다. 따라서 이러한 권리와 의무수행의 전제로서 양자에는 기본적 조건이 부과된다.

이러한 프랜차이즈 시스템의 특성은 가맹점이 가맹본부로부터 상표와 상호 등의 사용에 관한 권리를 획득하고 동시에 경영과 판매에 관한 기술적 방법을 가맹본부로부터 제공받는다. 따라서 가맹점은 사업 수행에 필요한 자기자본을 직접 투자하고 가맹본부의 기술적 지도아래 사업을 수행하는 것이다.

4) 프랜차이즈 시스템의 기본 특성

단순히 본부가 가맹점에 대하여 판매에 관한 어떤 권리를 주고 그것을 계약하는 것에 그치는 것이라면 별로 새삼스러운 것은 아니다. 그것은 종래부터 있었던 특약 판매점 제도라고 불려졌던 것과 크게 다를 바 없을 것이다.

또 자본을 달리하는 많은 사업자가 모여서 체인 활동만을 하는 것이라면 볼런터리 체인 같은 것과도 다른 것이 없을 것이다. 그러나 프랜차이즈 시스템이 급속히 보급되어 화제가 되고 있는 것은 나름대로 이유가 있다.

프랜차이즈 시스템의 본질은 자본을 달리하는 독립 사업자가 상호 협력함으로써 동일 자본 아래 있는 체인 형태의 경우와 유사한 효과를 발휘하는 데 있다.

가맹본부와 가맹점은 입장을 달리하는 사업자이면서 계약에 의해 마치 하나의 자본이 운영하고 있는 것 같은 이미지를 소비자에게 주며 경영효율도 동일 자본 기업체와 동일 레벨로 가맹본부 및 가맹점에 주어진다. 이것이 프랜차이즈 시스템의 기본적인 특질이기도 하며 메리트인 것이다. 이 메리트로 말미암아 프랜차이즈 시스템은 사람들에게 곧잘 받아들여져서 급속히 보급되고 있다고 볼 수 있다.

가맹본부는 가맹점과 프랜차이즈 계약을 체결함으로써 비교적 소액 투자와 최소 인력으로 단시일 내에 새로운 시장을 개척해 나갈 수 있을 뿐 아니라, 또 가맹비, 로열티라는 형식으로 확실한 수익을 기대할 수 있다. 한편 가맹점은 가맹본부에서 개발한 상품과 사업을 가맹본부 지도 아래 상대적으로 낮은 리스크로 수행할 수가 있다.

이런 양자의 메리트가 보다 큰 효과를 가져오기 위해서는 프랜차이즈 시스템에 의해 체인 전개를 하는 것이 필요하다. 다시 말해서 하나의 가맹본부와 다수의 가맹점이 계약함으로써 프랜차이즈 체인 형태가 된다. 그것에 의해서 프랜차이즈 시스템은 규모의 이익도 획득할 수 있으며 동시에 소비자에 대해서도 강력한 이미지를 구축할 수 있게 된다. 사실 성공하고 있는 프랜차이즈 시스템은 체인 시스템을 그 성공의 조건으로 한다고 규정해도 좋을 것이다. 일반적으로 프랜차이즈 시스템을 채택하여 체인 전개를 한 것을 프랜차이즈 체인이라고 부른다.

5) 프랜차이즈 시스템의 종류

프랜차이즈 시스템은 다양한 업종과 업태에 적용될 수 있다. 즉 이 시스템에는 많은 패턴과 비즈니스 방식이 존재하고 있다. 따라서 여러 가지 기준에 의해서 분류할 수 있으나 통상적인 분류를 통한 프랜차이즈 시스템의 종류와 형태는 다음과 같다.

(1) 가맹점주의 권한 범위에 따른 분류

① 단일지역 프랜차이즈

계약 가맹점에 한하여 일정한 지역 내에 가맹기간 동안 가맹본부가 가지고 있는 권리 및 영업권의 일체를 부여하는 가장 보편적이고 전형적인 프랜차이즈 시스템이다. 이러한 방식은 소지역 단위 가맹점에 일정한 지역범위의 독점 영업권(exclusive right)을 확보해 주는 것이 장점이며 우리나라 대부분의 가맹본부들이 채택하고 있는 가맹점 모집 방식이기도 하다.

② 지역개발 프랜차이즈

지역개발 프랜차이즈란 일정기간, 일정지역 내에서 특정의 가맹점을 축으로 하여 여러 개의 가맹점 개설권을 부여하는 시스템이다. 지역개발 프랜차이즈 시스템에서는 가맹본부와 가맹점주가 지역개발계약을 체결하고 개발수수료를 지급한 후 일정지역에 대한 개발권을 매입한다. 이 경우 만일 가맹점주가 계약서의 약정대로 해당지역을 개발하지 못할 경우 계약을 취소하고 가맹점주의 권리를 박탈할 수 있다.

③ 지역분할 프랜차이즈

지역분할 프랜차이즈란 일정지역 내에서 일정기간동안 어떤 개인이 또는 집단에게 가맹본부로서의 권리를 부여하고 이러한 권리를 부여받은 분할 지역 가맹본부(master franchisee)가 다시 프랜차이즈 권리를 최종 가맹점(sub franchise)에 하나 또는 수 개의 점포에 대하여 가맹점 영업을 하도록 하는 형태이다.

최상위 가맹본부는 최하위 가맹점에 교육을 포함한 가맹본부로서의 모든 노하우를 제공하고 그에 따른 대가를 취하는 방식이다. 이 경우에는 분할지역 가맹본부 자신이 가맹점주가 될 수도 있다.

(2) 결합관계에 따른 분류

결합관계에 따른 분류에는 수평적 결합과 수직적 결합이 있으며 수평적 결합은 제공자 및 이용자가 동일한 유통단계에서의 결합을 뜻하며 수직적 결합은 상이한 유통단계에서의 경합 관계로 제조업자와 도매상간의 프랜차이즈, 제조업자와 소매상간의 프랜차이즈, 도매상과 소매상간의 프랜차이즈, 제조업자와 도매상 및 소매상간의 프랜차이즈가 있다.

외식업계, 새해엔 '조이 마케팅'이 뜬다

외식업계가 새해를 맞아 '조이(Joy) 마케팅'이 활발하다. '조이 마케팅'은 기대 이상의 특별한 혜택을 제공해 소비자들에게 즐거움을 선사하는 마케팅으로, 신년을 맞아 더욱 알뜰하고 즐거운 외식 활동을 즐기려는 소비자들에게 큰 호응을 얻고 있다.

이러한 외식업계 조이 마케팅을 잘 활용하면 발품을 팔지 않아도 알뜰하고 즐거운 외식 활동을 즐길 수 있다.

▶ **던킨도너츠 '빅던 구매 시 아메리카노 사이즈업'**

던킨도너츠는 신제품 빅던 구매 시 가격 할인 또는 음료 사이즈를 업그레이드 해주는 혜택으로 즐거움을 선사한다. 빅던 도넛과 아메리카노를 함께 구입한 고객에게는 도넛 1개당 아메리카노 한잔을 무료로 사이즈 업그레이드 해준다. 이벤트는 1월 31일까지.

▶ **스무디킹 '신년 이벤트 응모 시 사이즈업 쿠폰 무료 제공'**

스무디킹은 'New Year Diet' 이벤트 참가자 전원에게 사이즈업 쿠폰을 제공하는 조이 마케팅을 펼친다. 이벤트는 스무디킹 홈페이지와 모바일 페이지에 자신의 새해 목표를 올리면 자동 응모된다. 참가자 전원에게는 모든 스무디 제품 구입 시 이용할 수 있는 사이즈업 쿠폰이 제공된다. 이벤트 기간은 1월 31일까지며, 쿠폰은 2월 10일까지 사용 가능하다.

▶ **씨푸드 오션 '시즌 와인 주문하면 씨푸드바가 무료'**

씨푸드 오션은 행사 와인 주문 시 씨푸드바를 무료로 이용할 수 있는 즐거운 혜택을 마련했다. 이벤트 와인에는 시즌 스페셜 와인인 알레그리아 틴토 레드와인과 알레그리아 블랑코 화이트 와인이 준비됐으며, 해당 와인 주문 시 씨푸드바 1인 무료 이용권을 제공한다. 이벤트는 1월 31일까지 진행된다.

▶ **베니건스 '매장 방문 고객에게 1만원 상당 세뱃돈 제공'**

베니건스는 새해 깜짝 선물로 매장을 방문하는 모든 고객에게 세뱃돈을 증정하는 이벤트를 마련했다. 행사 기간 매장을 찾은 고객들에게 아무 조건 없이 전국 어느 매장에서나 현금처럼 쓸 수 있는 1만 원권의 상품권을 제공하며, 상품권은 소진 시까지 선착순 증정할 예정이다.

▶ **한국 피자헛 '미디움 피자 주문 시 패밀리 사이즈로'**

한국 피자헛은 피자헛의 프리미엄 엣지 피자인 치즈 바이트, 리치 골드, 치즈 크러스트, 크런치 골드 등 4가지 엣지의 33가지 피자를 미디움 가격에 패밀리 사이즈로 구매할 수 있는 즐거운 혜택을 제공한다.

특히 홈페이지를 통해 온라인으로 주문하면 발급일 이후 언제든 이용할 수 있는 피자 20% 할인 쿠폰도 추가 제공된다. 무료 사이즈 업그레이드 이벤트는 레스토랑 매장 방문과 콜센터 및 온라인 주문, 포장 구매 시 적용되며, 1월 31일까지 이용 가능하다.

한국 피자헛 마케팅팀의 조윤상 이사는 "최근 같은 제품이라도 즐겁고 친근한 브랜드를 선택하는 소비자들이 늘어남에 따라 즐거운 혜택을 제공하는 조이 마케팅이 각광 받고 있다"며, "33가지 피자를 더욱 알뜰하고 푸짐하게 즐길 수 있는 피자헛의 무료 사이즈 업그레이드 이벤트를 통해 가족, 친구와 즐겁고 재미있는 시간을 보내길 기대한다"고 말했다.

2012.1.19 한경닷컴

제 14 장

국제회의업

제1절 국제회의업의 정의와 분류

1. 국제회의업의 정의

국제회의업의 관광진흥법상 정의를 살펴보면 관광진흥법 제 3조 1항 4호에 대규모 관광수요를 유발하는 국제회의(세미나 · 토론회 · 전시회 등을 포함)를 개최할 수 있는 시설을 설치 · 운영하거나 국제회의의 계획 · 준비 · 진행 등의 업무를 위탁받아 대행하는 업으로 정의되어 있다.

2. 국제회의업의 분류

국제회의업은 국제회의시설업과 국제회의기획업으로 분류된다. 국제회의시설업은 대규모 관광수요를 유발하는 국제회의를 개최할 수 있는 시설을 설치 · 운영하는 업을 말하고, 국제회의기획업은 대규모 관광수요를 유발하는 국제회의의 계획 · 준비 · 진행 등 필요한 업무를 행사주관자로부터 위탁받아 대행하는 업을 말한다.

국제회의업은 '국제회의용역업'이라는 명칭으로 1986년에 관광진흥법상의 관광사업으로 신설되었는데 이를 관광사업으로 포함시킨 배경은 첫째, 국제사회의 발달에 따른 활발한 인적 교류로 점차 국제회의의 규모가 확대되어 가고 있는 추세에 따라 국제회의를 관광과 연계하여 발전시키며 둘째, 86아시안게임, 88서울올림픽을 계기로 준비된 관광수용시설을 최대한 활용하고 보다 많은 대규모 관광객을 유치하여 관광수입을 증대하기 위해서 국제회의를 적극 유치하고 셋째, 국제회의업무를 효율적으로 수행하기 위해서는 회의의 계획 · 준비 · 진행 등 제반 관련 업무에 관한 전문적 지식을 가진 전문 용역업체의 육성이 절실하다는 점 등을 들 수 있다.

'96년에 『국제회의 산업육성에 관한 법률』이 제정됨으로써 우리나라의 국제회의산업이 비약적으로 발전하고 있는데 그에 따라 국제회의업의 역할도 크게 늘어날 것으로 예상된다. 1998년에 관광진흥법을 개정하여 종전의 '국제회의용역업'을 '국제회의기획업'으로 명칭을 변경하고 '국제회의시설업'을 추가하여 '국제회의업'으로 확대되었다. 2005년에는 관광진흥법 개정을 통하여 국제회의업에 대한 문화관광부 장관 또는 시 · 도지사의 등록권한을 각각 시 · 도지사 또는 시장 · 군수 · 구청장에게 이양하였다.

2004년 12월 기준으로 서울 114개, 부산 8개, 대구 2개, 대전 2개, 강원 2개, 충북 1개, 전북 1개, 제주 4개 업체가 국제회의기획업(PCO)으로 등록되어 있다.

제2절 국제회의

1. 국제회의의 종류

1) 국제회의의 형태별 분류

(1) Convention

이것은 회의분야에서 가장 일반적으로 쓰이는 것으로서 정보전달을 주목적으로 하는 정기집회를 말하는 것으로 전시회의를 수반하는 경우가 많다.

각 기구나 단체에서 개최되는 각종 소규모 회의, 위원회 회의 등을 포괄적으로 의미하는 말로 쓰이고 있다. 다수의 주제를 다루기 위한 업계에서의 정기회의에 주로 사용되는 회의라고 볼 수 있다.

(2) Conference

컨벤션과 거의 같은 의미를 가진 것으로서 통상적으로 컨벤션에 비해 회의진행상 토론회의가 많이 열리고 회의 참가자들에게 토론회 참여기회도 많이 주어진다. 또한 컨벤션은 다수 주제를 다루는 정기회의에 자주 사용되는 반면 이것은 주로 과학, 기술, 학문분야의 새로운 지식습득 및 특정 문제점 연구를 위한 회의를 의미한다.

(3) Congress

이것은 컨벤션과 같은 의미를 가지는 것으로서 주로 유럽지역에서 빈번히 쓰이는 말이다.

(4) Forum

제시된 한가지의 주제에 대해 상반된 견해를 가진 동일분야의 전문가들이 사회자의 주도하에 청중 앞에서 벌이는 공개 토론회를 말한다. 청중이 자유롭게 질의에 참여할 수 있으며 사회자가 의견을 종합한다.

(5) Symposium

제시된 안건에 대해 전문가들이 다수의 청중 앞에서 벌이는 공개토론회로 Forum에 비해 다소 형식을 갖추며 청중의 질의기회도 적게 주어진다.

(6) Panel discussion

청중이 모인 가운데 2~8명의 연사가 사회자의 주도하에 서로 다른 분야에서의 전문가적 견해를 발표하는 공개 토론회로서 청중도 자신의 의견을 발표할 수 있다.

(7) Lecture

한 사람의 전문가가 일정한 형식에 따라 강연하며 청중에게 질의 및 응답시간을 주기도 한다.

(8) Seminar

주로 교육목적을 띤 회의로서 참가자 중 한사람의 주도하에 특정분야에 대한 각자의 지식이나 경험을 발표, 토의하는 회의이다.

(9) Workshop

총회의 일부로 조직되는 훈련목적의 회의이다. 30~35명의 인원이 특정문제나 과제에 관한 새로운 지식, 기술, 통찰방법 등을 서로 교환한다.

(10) Exhibition

회의와 병행하여 개최되는 전시회로 회의기간 내내 또는 회의기간 중 며칠동안 개최될 수 있다. 회의행사의 일부로 진행되는 칵테일파티나 연회행사에서 물품을 전시하는 소규모 형태로 이루어지기도 하고 회의가 열리는 호텔의 볼룸, 전시장 또는 인근전시장에서 대규모로 개최되기도 한다.

2) 회의의 개최조직별 분류

(1) 기업회의(Corporate meeting)

기업회의는 기업이 주관하여 개최하는 회의를 말한다. 기업회의는 주로 경영자나 주주를 대상으로 한 회의에서부터 종사원 혹은 관련 도소매업체를 대상으로 하는 회의에 이르기까지 다양하다. 이러한 기업회의에는 경영자회의, 주주회의, 영업회의, 교육훈련회의, 인센티브회의, 동기유발회의, 신상품 소개회의 등이 있다. 각각의 회의에는 기업이 추구하고자 하는 목표가 있으며, 그러한 목표를 충족시키기 위해 회의를 개최한다.

(2) 협회회의(Association meeting)

협회회의는 협회에서 주관하여 개최하는 회의를 말한다. 협회란 공통의 관심과 목적을 가진 사람들을 위한 조직으로 협회의 규모는 소규모의 지역협회에서부터 대규모의 세계협회에 이르기까지 다양하다. 협회는 그 성격에 따라 교육협회 · 전문협회 · 무역협회 등이 있으며, 그들 공동의 이익과 관심을 충족시키기 위해 회의를 개최한다.

(3) 기타 회의

기업회의나 기타 조직의 회의로 정부기관회의, 종교단체회의, 정치단체회의, 노동조합회의, 예술단체회의 등이 있다.

3) 회의진행상 분류

이것은 국제회의가 이루어지는 과정에서 일어나는 여러가지 형태의 회의를 다음과 같이 분류한 것이다.

(1) 개회식(Opening Session)

본회의가 시작되기 전에 공식적으로 개최되며 개회사를 비롯하여 일정한 형식과 의례가 따른다. 교향악, 전통무용 등의 연예행사가 준비된다. 정식회원은 모두 초청되며 그들의 수행원이나 정부유관인사 지방유지 등 본회의와 관련이 없는 사람이라도 초청할 수 있다.

(2) 총회(General Assembly)

모든 회원들이 참석할 수 있는 회의로서 정관에 따라 개최된다. 제출된 의제에 관하여 모든 회원들은 발표, 표결할 권한을 갖는다. 이러한 사항 중에는 정관수정, 방침결정 또는 집행위원의 지명, 해임 등이 포함된다.

(3) 폐회식(Closing session)

이것은 회의를 종결하는 최종회의로서 회의성과 및 채택될 사항을 예약 보고한다. 이때에 폐회사가 있고 회의주최자에 대하여 감사의 표시를 전하는 것이 관례이다.

(4) 기타

① Commission

어떠한 특정연구를 위하여 본회의 참석자 중에서 지명된 사람들로 구성되어 본회의 진행기간중 또는 다른 시기 및 장소에서 개최된다. 10~15명 정도의 동일한 직종을 가진 사람들로 구성되며 단일논제를 다룬다. 회의 개최 수개월 전부터 준비가 진행되며 초청장과 더불어 의제가 사전에 참석자에게 송부된다.

② Council

본회의 기간 중에 구성되며 어떤 문제에 관하여 어느 정도의 결정권을 갖는다. 그러나 이 회의 결정사항은 본회의에서 준비되어야 한다. 20명 내외의 본회의에서 선출된 사람들로 구성되며 특별히 부여된 결정권을 가지고 토의할 수 있는 주제를 택한다.

③ Committee

본회의 기간 중 또는 휴회 중에 소집되며 정확하게 지정된 의제에 관하여 어느 정도 결정권을 갖는다. 10~15명의 본회의 참가자들로 구성된다.

④ 집행위원회(Executive Committee)

집행부서라고 할 수 있으며 본회의에서 결정된다. 위원회 또는 본회의에서 선출된 10명이내의 인원으로 구성되며 집행을 요하는 사항을 다룬다. 어느 정도 결정권을 가지고 있으나 때로는 본회의에서 비준을 요한다.

⑤ 실무그룹(Working Group)

위원회에서 임명된 특정 전문가들로만 구성되며 단시일 내에 지극히 상세한 연구를 하기 위함이다. 보통 10명 이내의 특정 전문가들로 구성되며 전문적이 고도 기술적인 보고서를 작성한다.

⑥ Buzz Group

어떤 문제에 관하여 총체적으로 자문토록 구성된 협의체로서 회의기간동안 여러 번 개최되기도 하며 이때 본회의의 진행은 중단되고 여러 소위원회로 나누어진다. 각 소위원회는 위원장을 선임하여 제기된 문제를 논의한 뒤 각 위원장은 소위원회의 의견에 관하여 본회의에 보고한다.

4) 회의의 목적별 분류

(1) 정보전달회의

정보전달회의는 주로 지식이나 정보를 제공하는데 중점을 두는 회의이다. 정보전달회의를 통해 새로운 정보를 얻을 수 있으며, 다양한 관점에 대한 더 나은 이해를 얻을 수 있다. 정보전달회의의 대표적인 예는 기업의 신상품 소개와 종사원에 대한 교육훈련 등이 있다.

(2) 토의회의

토의회의는 광범위한 문제나 특정문제에 대해 집중적으로 토론하는데 중점을 둔다. 참가자들간에 다양한 의견이 상호 교환되어 정해진 안건에 대한 결정이 이루어진다. 토의회의는 문제해결을 위한 수단으로 주로 이용된다.

(3) 친목회의

친목회의는 정보전달이나 특정문제의 해결을 목적으로 하는 회의와는 달리 회원간의 유대감이나 친목을 도모하기 위한 것에 중점을 두는 회의이다. 주로 친목단체에서 개최하는데 회원들은 공통의 관심과 이익을 추구하므로 서로간의 네트워크 형성에 좋은 기회가 된다.

2. 국제회의 요건

1) 국제회의산업육성에관한법률 시행령 제2조

(1) 국제기구 또는 국제기구에 가입한 기관 또는 법인 · 단체가 개최하는 회의

① 당해회의에 5개국 이상의 외국인이 참가할 것

② 회의참가자가 300인 이상이고, 그 중 외국인이 100인 이상일 것

③ 3일 이상 진행되는 회의일 것

(2) 국제기구에 가입하지 아니한 기관 또는 법인 · 단체가 개최하는 회의

① 회의 참가자 중 외국인이 15인 이상일 것

② 2일 이상 진행되는 회의일 것

2) 국제협회연합(UIA: Union of International Association)

① 국제기구가 주최하거나 후원하는 회의

② 국제기구에 소속된 국내지부가 주최하는 국내회의 가운데 전체 참가자수가 300명 이상, 참가자 중 외국인이 40% 이상, 참가자수가 5개국 이상, 회의기간이 3일 이상의 조건을 모두 만족하는 회의

3. 국제회의 시설규모

1) 전문회의시설

2천명 이상의 인원을 수용할 수 있는 대회의실이 있고, 30명 이상의 인원을 수용할 수 있는 중소회의실이 10실 이상 있으며, 2,500m^2 이상의 옥내전시면적을 갖추고 있으면 전문회의시설의 요건에 충족된다. 그리고 전문회의시설은 국제회의의 개최 및 전시의 편의를 위해 숙박시설 · 주차시설 · 식음료시설 · 휴식시설 · 쇼핑시설 등의 부대시설을 갖추어야 한다.

2) 준회의시설

국제회의의 개최에 필요한 회의실로 활용할 수 있는 호텔연회장 · 공연장 · 체육관 등의 시설로 600명 이상의 인원을 수용할 수 있는 대회의실이 있고, 30명 이상의 인원을 수용할 수 있는 중소회의실 3실 이상 있으면 준회의시설의 요건을 갖추게 된다.

3) 전문전시시설

전체 옥내전시면적이 2,500m^2 이상이고, 30명 이상의 인원을 수용할 수 있는 중소회의실이 5실 이상 있으면 전문전시시설의 요건을 갖추게 된다.

표 14-1 국제회의시설 현황(2005년 6월 기준)

구 분	시 설	수용인원(대회의장)
컨벤션센터	5	19,500석
호텔회의장	97	79,636석
준회의장	13	30,639석
계	115	129,775석

자료: 한국관광공사

표 14-2 전문 국제회의장 건립 추진현황(2005년 6월 기준)

개관년도	시 설 명	규 모	
		대회의장	전시장
2000	코엑스(COEX)	7,000석	36,027㎡
2001	대구전시컨벤션센터(EXCO) 부산전시컨벤션센터(BEXCO)	4,200석 2,800석	16,616㎡ 26,446㎡
2003	제주국제컨벤션센터(ICC JEJU)	4,300석	2,586㎡
2005	창원전시컨벤션센터(CECC) 한국국제전시장 (KINTEX) 김대중 컨벤션센터	5,000석 2,000석 2,000석	7,860㎡ 16,940㎡ 10,200㎡
2009	수원컨벤션센터	2,500석	21,000㎡
2009	대전컨벤션센터	2,000석	20,000㎡

자료: 한국관광공사

전문전시 시설은 전문회의시설과 같이 숙박시설 · 주차시설 · 식음료시설 · 휴식시설 · 쇼핑시설 등의 부대시설을 갖추어야 한다.

4. 국제회의 개최효과

국제회의의 개최는 개최국이나 개최지역에 많은 긍정적 영향을 미치게 되는데, 특히 경제적, 사회 · 문화적, 관광산업적 측면의 파급 효과가 매우 크다. 일반적으로 국제회의를 통해 국가 홍보 및 이미지 제고 효과를 얻을 수 있다. 대규모 국제회의의 경우 개최국가는 자국을 세계 각국에 알리는 계기로 삼을 수 있으며, 국제회의가 성공적으로 종결되었을 경우 자국의 국가적 위상이 새롭게 부각되어 또 다른 국제회의 유치를 위한 도약의 기회로 삼을 수 있다. 국제회의의 개최효과를 경제적, 사회 · 문화적, 정치적, 관광산업적 측면에서 살펴보면 다음과 같다.

1) 경제적 효과

국제회의 개최는 특히 경제적 측면에서 그 파급효과가 매우 크다. 전반적으로 국제회의가 열리는 국가나 도시의 소득을 향상시키고 고용을 창출하는 효과가 있으며, 그 밖에도 세수증가 등 경제전반의 활성화에 기여한다.

국제회의가 미치는 경제적 효과는 직접적 경제효과와 간접적 경제효과로 구분할 수 있다. 직접적 경제효과는 국제회의 참가자 및 주최자가 지출하는 소비액이 미치는 효과이고, 간접적 경제효과는 세수증대 · 고용창출 · 생산유발 · 소득창출의 효과이다. 관광의 경제적 효과와 비교할 때 국제회의는 일반관광객들보다 많은 외화를 소비한다.

2) 사회 · 문화적 효과

국제회의 개최시에는 세계 각국의 많은 사람들이 모이게 되므로 다양한 인적교류 및 정보 교류, 문화교류가 이루어진다. 따라서 각국의 전통이나 문화에 대한 이해를 높여 세계평화에 기여하고, 국제친선을 도모하여 국민의식수준의 향상을 가져올 수 있다. 국제회의를 통하여 외국인과의 직접적인 교류를 함으로써 개최지 시민의 국제감각 함양 등 국제화의 중요한 수단이 될 수 있다.

또한 국제회의의 유치 · 기획 · 운영의 반복은 개최지의 교통시설 · 숙박시설 · 공항시설 등의 사회기반시설의 발전을 촉진시킬 수 있으며, 국제사회에서의 위상확립 등 개최지의 이미지와 지명도 향상에도 이바지한다. 또한 지방으로의 국제회의 분산개최는 지방의 국제화와 지역의 균형발전에도 중요한 역할을 하게 된다.

3) 정치적 효과

국제회의의 정치적 효과는 국제회의가 단순히 산업적 차원에서만이 아니라 국가간 정치적 교류확대를 위한 메커니즘이라는 맥락에서 파악할 수 있다. 그러므로 정치적 효과는 국제회의산업을 거시적 시각에서 파악하려는 경우에 그 중요성이 높다. 즉 국제회의 개최는 국가간의 정치적 협력을 증진시킬 수 있고, 평화통일 및 외교정책을 구현하며 국가간의 상호 이해증진을 통해 국제적 평화를 이룩할 수 있는 효과가 있다.

4) 관광산업적 효과

국제회의를 많이 유치하여 개최할수록 회의와 관련된 산업에 미치는 파급효과는 크다고 할 수 있다. 일반적으로 회의관련산업으로는 호텔과 컨벤션센터 및 유람선 등의 회의시설업을 비롯하여 식당업, 항공업, 교통업, 전시업, 시청각장비업, 통역업, 인력파견업, 인쇄업, 장식 및 간판업 등이 있다. 이 중 대부분이 관광산업과 관련된 것으로서 국제회의 개최는 관광산업을 발전시키고 관광전문인 양성을 촉진시키는데 기여하게 된다.

또한 국제회의 개최시 병행하게 되는 관광을 통해 관광지 개발이나 관광상품 개발을 촉진시키게 되므로 관광진흥의 효과가 있다.

관광 이야기

사상최대 중국 단체 관광객 방한…中바오젠직원 1만1천명

단일 단체 관광객으로서는 사상최대 규모인 1만여명의 중국 단체 여행객들이 우리나라를 찾는다.

13일 한국관광공사(사장 이참)는 1만1000여명에 이르는 중국 단체 관광객들이 방한이 시작됐다고 밝혔다.

이날부터 5박6일 일정으로 서울과 제주도를 방문하는 관광객들은 중국 건강용품 회사 바오젠(保健)의 인센티브 관광객이다.

이번 중국 단체관광객은 그간 한국이 유치한 단일 단체여행객으로는 가장 큰 규모다.

이날 1차로 약 1400명이 입국했으며 관광공사는 인천 국제공항 입국장에서 이참 사장 등이 참석한 가운데 환영행사를 열었다.

이들은 8개 그룹으로 나눠 시차를 두고 입국해 제주도 성산일출봉과 민속촌, 섭지코지, 에버랜드, 경복궁, 청계천 등 관광 명소를 방문한다.

앞서 관광공사는 이 회사 고위 관계자 등을 만나 한국의 문화적 매력 등을 적극적으로 설명했고 바오젠 관계자는 이참 사장의 초청을 받고 한국을 방문한 뒤 매년 직원 포상 차원에서 보내는 단체 여행의 목적지를 한국으로 결정했다.

관광공사는 영사관에 비자 발급 협조요청을 하거나 이들이 주요 관광지에서 할인 혜택을 받을 수 있도록 하는 등 여행에 필요한 제반 사항을 지원했으며 각 그룹이 입국할 때마다 공항에서 환영식을 실시한다.

한국관광공사 관계자는 "바오젠의 관광객을 유치함으로써 직접 소비 지출 효과가 300억 원이고 생산유발효과가 540억원에 달할 것으로 분석되고 있다"며 "MICE 산업의 잠재력과 가능성을 다시 확인한 사례"라고 의미를 부여했다.

MICE는 기업회의(Meeting)와 보상관광(Incentive Travel), 국제회의(Convention), 전시회(Exhibition)를 묶어 부르는 용어로, 여행객 규모가 크고 생산 유발 효과가 커서 관광산업의 새로운 영역으로 주목받고 있다.

2011.9.13 아시아투데이

제3절 정부의 육성계획 및 지원

1. 국제회의 유치

1) 국제회의 유치의 중요성

국제회의 참가자들은 장기간 체재하면서 회의기간 중 또는 그 전후에 국내관광과 쇼핑 등을 함으로써 일반관광객에 비해 많은 소비를 하여 교통 · 항공 · 숙박 · 유흥업 등 관광관련 사업의 발전에도 크게 기여한다.

일반관광객들의 한국 체재일수는 평균 4박 5일인데 비해 국제회의 참가자의 경우 통상 7일 이상이 되고 이에 따른 평균소비액은 미화 3,592불로 일반관광객의 2.4배 이상이 되어 국제회의 유치에 따른 경제적 효과는 막대한 것으로 조사되었다

특히, 국제회의는 계절 변화의 영향을 적게 받으므로 관광비수기 타개책으로 활용되고, 관광업계의 마케팅 및 신시장 개척에도 직접 기여할 뿐만 아니라 제반 경제 · 사회 분야의 국제화 및 국위선양에도 이바지한다. 또한 국제회의 참가자는 대부분 해당국의 정치 · 경제 · 과학 · 기술 · 문화 등 관련 분야의 전문가로서 지도적인 위치에 있으므로 홍보효과 및 경제교류 촉진에도 상당한 성과를 거둘 수 있다.

전 세계적으로 국제회의 개최는 매년 증가 추세에 있으며, 종전 구미지역 중심에서 벗어나 점차 아시아지역에서의 개최지 선정이 활발해지고 있다. 2000년에는 '제3차 아시아 · 유럽 정상회의(ASEM)', 2000년 '제1회 APEC관광장관회의', 2001년 '세계관광기구(WTO)총회', 2002년에는 '월드컵 축구대회' 등을 성공적으로 개최하였고, 2003년 '대구 유니버시아드 대회', '2004년 PATA 제주총회', '2005년 ASEAN+3NTO회의' 등 대규모 국제행사 역시 성황리에 치루어져 우리나라의 국제적 위상제고 및 아시아지역의 주요 국제회의 개최국으로 부상이 기대된다.

2) 국제회의산업육성에 관한 법령 개정

국제회의 유치를 촉진하고 그 원활한 개최를 지원하여 국제회의 산업을 육

성·진흥함으로써 관광산업의 발전과 국민경제 향상에 기여할 목적으로 1996년 12월 30일『국제회의산업육성에관한법률』이 제정되어 1997년 3월 31일부터 시행됨으로써 국제회의산업 발전의 새로운 전기를 맞이하게 되었다.

동 법률에는 국제회의 시설의 종류와 규모, 국제회의 유치·개최지원 사항, 국제회의도시 지정기준 및 우선지원규정, 국제회의시설 건립 시 인허가 절차 간소화 등에 관한 내용이 규정되어 있었다.

그러나, 현행법에서는 이에 대한 구체적 규정이 미비하여 국제회의의 유치·개최 지원에 실질적인 어려움이 있었다. 이에『국제회의산업육성에관한법률』을 2003년 8월 개정, 동 법률 시행령 및 시행규칙을 2004년 2월에 개정 완료하여, 법적 지원근거의 구체화, 국제회의산업육성위원회 설치 등을 규정함으로써 향후 국제회의산업 육성을 위한 실질적인 기반을 마련하였다.

3) 국제회의 유치증진을 위한 주요활동

국제회의를 개최하기 위해서는 전문회의장과 부대시설, 숙박시설, 전문진행요원, 그리고 참가자들이 즐길 각종 관광시설 등이 필요하지만, 현재 우리나라의 국제회의 수용 인프라는 충분치 못한 실정이다. 그러나 국제회의산업육성법 제정, 2000년 'ASEM', 2001년 '세계관광기구(WTO)총회' 및 2002년 '월드컵 축구대회' 개최와 더불어 2000년 5월 '코엑스 컨벤션센터', 2001년 4월 '대구 전시컨벤션센터', 2001년 9월 '부산 전시컨벤션센터', 2003년 3월 '제주 국제컨벤션센터', 2005년 '한국 국제전시장'이 개관되었으며, 지방(광주, 창원, 대전 등)에서도 컨벤션센터가 건립 추진 중에 있고, 호텔 신축이 추진되는 등 시설관련 수용태세는 점차 개선되고 있다.

문화관광부는 한국관광공사 및 사단법인 한국 컨벤션·이벤트 산업협회를 통하여 국제회의기획업체 등에 전문인력의 양성을 지원하는 한편, 현재의 여건으로도 수용 가능한 국제회의를 유치하기 위하여 다각적인 지원활동을 전개하고 있으며, 구체적인 사업내용은 다음과 같다.

첫째, 국제기구 가입 국내단체가 관련 국제회의 및 행사를 유치 및 개최코자 할 때에는 유치·개최 자문과 홍보물 지원에서 보조금 지원에 이르기까지 국제회의 및 행사의 국내 유치 및 개최가 원활히 이루어지도록 원스톱 서비스 체계를 구축하여 다양한 지원활동을 전개하고 있다. 2004년에는 '2006 JCI 세계대회(12,000명)' 등 46건의 유치지원(이중 19건 유치 확정)과 제37차 아시아개발은행(62개국 2,700여명)' 등 109건의 국제회의 개최지원 및 참가자 유치 증대 활동을 펼친 바 있다.

둘째, 해외의 국제회의, 인센티브 관련단체 및 업계를 대상으로 메일 발송, 설명회, 세일즈 콜 등을 실시하여 국제회의 개최지로서의 한국의 이미지를 제고하는 한편 한국으로의 유치를 적극 추진하고 있다.

셋째, 각종 국제회의 및 전시박람회에 참가하여 컨벤션 개최지로서의 한국을 적극 홍보하고 관련정보를 제공하며 아울러 상담인사들과 지속적으로 접촉하여 사후관리에도 철저를 기하고 있다. 동시에 해외 컨벤션전문지 기사화 및 광고게재 등 다양한 방향의 해외홍보활동을 전개하고 있다.

넷째, 국제회의전문가 양성교육, 지방국제회의 유치촉진설명회 실시, 국제회의캘린더 및 개최현황 발간, 컨벤션 DB구축 및 운영 등 국제회의 유치촉진을 위한 수용태세를 개선해 나가고 있다.

다섯째, 국제회의 참가자 소비액조사, 국제회의 개최계획 · 실적조사, 컨벤션 관련 국제기구의 교육프로그램 참가 등 각종 조사 · 연구사업을 통해 변화하는 컨벤션시장 환경에 능동적으로 대처해 나가고 있다.

여섯째, 한국을 아시아 최고의 국제회의 개최지로 부각시키기 위하여 관련기관, 지자체 및 컨벤션 업체 간 네트워크 강화에 힘쓰고 있으며, 이를 위해 컨벤션 협의회를 운영하고 있다. 구체적 사업으로는 컨벤션 산업전, 공동 광고, 해외전문전시박람회 참가, 미주 및 아주지역 설명회, 세일즈콜 등에서 관련 기관과 긴밀한 협조를 통해 마케팅 효과 극대화를 유도하고 있다.

2. 국제회의 개최현황

국제협회연합(UIA) 조사에 따르면, 2003년도 전세계의 국제회의 총 개최건수는 9,445건으로서 2002년도에 비해 3.5%가 증가하였다. 대륙별로는 구주, 미주, 아시아주, 아프리카주, 대양주 순으로 개최되었으며, 유럽에서 개최된 국제회의는 예년과 같이 전체의 58%를 차지하였다. 우리나라는 2003년 전 세계에서 개최된 국제회의 중 160건을 개최하여 세계 18위, 아시아 2위로 조사되었다(2002년 : 123건 개최, 세계 20위, 아시아 4위)

3. 국제회의 유치 · 지원/국제협력

『국제회의 산업육성에 관한법률』에 의거 한국관광공사(코리아컨벤션뷰로)를 국제회의 전담기구로 지정하여 국제회의 유치 · 홍보 활동 등 우리나라 국제회의 산업의 진흥을 위한 각종사업을 수행케 하고 있다. 또한 국제회의 유치를 위해서 지자체, 업계와 공동으로 국제회의 유치 마케팅을 강화하면서, 개별유치추

진단체를 대상으로 유치절차에 대한 자문을 실시하거나 국제기구 인사의 방한 답사를 지원하고, 개최예정인 국제회의의 운영에 대해 자문을 실시하는 등 지원 활동을 펼치고 있다. 또한 광고 및 기사화, 인터넷 홍보나 컨벤션 관련 국제회의 및 전시박람회 참가 등을 통해 해외홍보를 강화하고 있다. 이외에도 국제회의 전문가 교육을 온 · 오프라인으로 실시하고 있으며, 국제회의 관련 각종 자료를 조사, 수집하여 컨벤션캘린더, 한국 국제회의 개최현황, 컨벤션시설 가이드 등을 발간하고 있고, 이러한 정보들을 데이터베이스화하여 공중정보통신망이나 인터넷을 통해 일반인에게 제공하고 있다.

4. 주요국제회의 개최

1) 제53차 2004년 PATA총회

2004년 4월 18일부터 22일까지 제주국제컨벤션센터에서 개최된 아시아태평양관광협회(Pacific Asia Travel Association, PATA) 연차총회에서는 역대 최대인 48개국 2,145명의 인원이 참가하여 성황리에 개최되었다. "Tourism is everybody' s Business"를 주제로 개최된 이번 제주 연차총회는 총회는, 관광업계의 현안을 주제로 각종 세미나, 교육프로그램 등으로 구성되어 해외 참가자 및 국내 관광업계에게 최신 정보제공 및 사업기회제공 등을 통하여 현재 SARS, 테러, 전쟁 등으로 위축된 국내 및 전 세계 관광시장에 활력소를 제공하였다.

2) 제26차 APEC 관광포럼 및 관광실무그룹(TWG)회의

2005년 5월 12일부터 17까지 부산 파라다이스 호텔에서 APEC 관광포럼 및 관광실무그룹회의가 개최되었다. 이번 회의에는 APEC 16개 회원국 및 관광관련 국제기구(WTO, PATA, WTTC, AICST) 관계자 60여 명 및 국내 참가자 400여 명이 참가하였다. APEC 관광포럼에서는 APEC Tourism 주요사업 평가 및 미래전망에 관하여 논의하였고, TWG 회의에서는 정책목표사업(Policy Goal) 및 추가 역점사업 추진을 중심으로 TWG의 활동영역과 역량을 한단계 높이는 생산적인 논의가 이루어졌다.

3) 제7차 ASEAN+3NTO 회의

2005년 5월 25일 강원도 속초 켄싱턴 호텔에서 '제7차 ASEAN+3NTO회의' 가 개최되었다. 이번회의는 아세안 역외에서 정례회의가 개최되는 것은 처음이라 그 의미가 깊었다. 이번 회의에서는 아세안에 대한 우리측 요구 제시 및 쓰나미 사태 이후 우리 측의 복구 지원 노력, 아세안 사무국에 대한 공무원 파견 검토 등 한국과 아세안 관광협력에 관한 논의가 활발히 이루어졌다.

표 14-3 주요국가 국제회의 개최 현황(단위: 건)

2003년				2002년	2001년	2000년	1999년	1998년
순위	국가	건수	구성비	건수	건수	건수	건수	건수
1	미국	1,068	11.31	1,145	1,064	1,227	1,161	1,178
2	프랑스	647	6.85	565	627	801	762	778
3	독일	487	5.16	481	500	626	661	612
4	이탈리아	437	4.63	371	420	493	443	456
5	영국	420	4.45	505	464	662	617	680
6	스페인	376	3.98	392	343	387	343	348
7	스위스	322	3.41	256	253	284	235	249
8	벨기에	283	3.00	313	306	373	334	451
9	오스트리아	274	2.90	243	242	250	252	334
10	네덜란드	268	2.84	267	257	364	411	427
11	스웨덴	232	2.46	164	187	161	175	264
12	호주	220	2.33	281	297	413	293	335
13	일본	219	2.32	232	228	253	220	257
14	캐나다	218	2.31	279	206	280	244	241
15	핀란드	185	1.96	163	197	165	245	202
16	그리스	162	1.72	119	110	87	119	103
17	덴마크	161	1.70	193	156	159	180	167
18	한국	160	1.69	123	129	105	85	63
19	노르웨이	125	1.32	110	110	137	131	117
20	중국, 홍콩 & 마카오	123	1.30	180	159	194	174	168

자료: 한국관광공사(*2004년 자료 미집계)

관광 이야기

서비스산업 키워 '경제S라인' 만든다 국정브리핑 자료

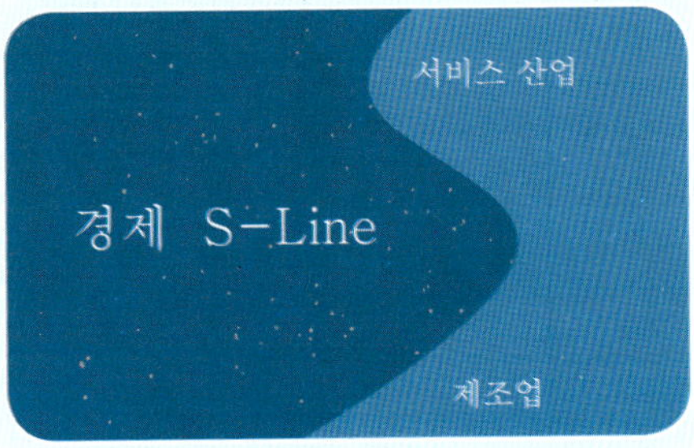

정부는 서비스산업 경쟁력을 강화하고 불필요한 규제를 완화하기 위해 지난 8월부터 주요, 경제단체, 관련업계, 지방자치단체 및 소관부처로부터 정책건의를 다각적으로 수렴, 총 159개의 과제를 내놨다.

정부가 마련한 '서비스산업 경쟁력강화 종합대책'은 최근 우리 경제가 제조업 중심의 성장에 한계를 드러내고 있는 상황에서 '제조업+서비스산업'으로 성장동력을 재배치하겠다는 의지를 담고 있다. 이는 제조업 편중의 산업구조에서 탈피해 우리 경제의 S라인을 만들겠다는 것이다.

서비스산업, 일자리 창출 · 경상수지 확대 핵심 열쇠

서비스산업은 고용과 경상수지 측면에서 매우 중요하다. 서비스산업은 고용유발효과가 높고 서비스수지를 개선시켜 경상수지 흑자폭을 늘리는 데 중요한 역할을 하기 때문이다.

1999~2005년 사이 제조업 일자리는 67만 개가 감소한 반면, 서비스업에선 약 640만 개 일자리가 증가했다. 통계만 봐도 서비스산업은 일자리 창출의 견인차 역할을 수행해 왔다고 할 수 있다.

고용창출 효과가 두드러지는 관광산업의 경우 부가가치가 10억 원 늘면 고용이 52.1명이 증가해 고용창출 효과가 제조업(14.4명)의 3.6배에 이른다.

더구나 현재 우리 경제에서 서비스산업이 차지하는 비중도 지속적으로 증가하는 추세에 있어 고용유발효과가 높은 서비스산업 육성이 어느 때보다 필요한 시점이다.

최근 경상수지는 수출 호조에 힘입어 상품수지가 좋아지고 있지만 여전히 서비스수지 적자로 인해 경상수지 흑자가 그만큼 줄어들 수밖에 없는 구조로 돼 있다.

한국은행이 28일 발표한 '11월중 국제수지 동향(잠정)'에 따르면 올해 초부터 11월까지의 상품수지는

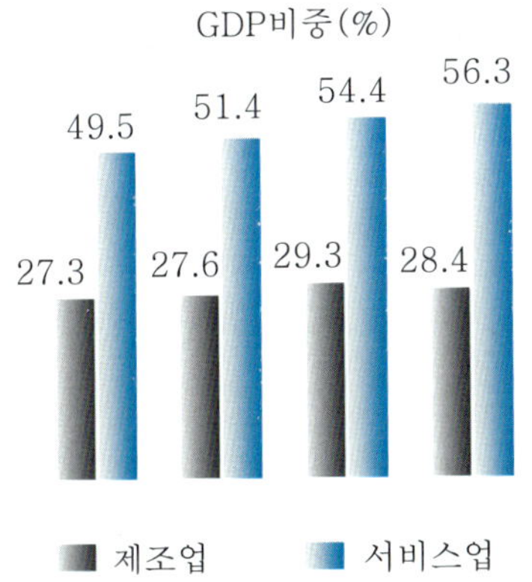

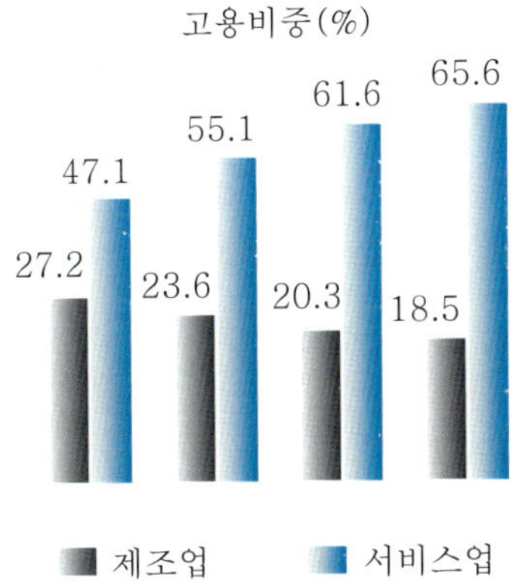

272억 6,000만 달러 흑자를 기록한 반면 서비스수지는 168억 8,000만 달러 적자를 기록했다. 전년동기와 비교했을 때 서비스수지 적자는 46억 6,000만 달러나 늘었다.

반도체 · 자동차 · 선박 등 수출로 열심히 벌어들인 돈을 해외 여행 · 연수 · 의료 등으로 그만큼 국외에 뿌린 셈이다.

결국 정부는 일자리 창출과 경상수지 개선을 위해선 서비스산업을 키워 우리 경제의 새로운 성장동력으로 삼아야 한다는 결론을 내고 △서비스산업 경영환경 개선 △유망서비스업종의 산업적 육성 △서비스수지 적자유발분야 경쟁력 강화 등 3가지 기본방향에서 159개 과제를 관계부처 합동으로 내놓게 된 것이다.

서비스산업도 제조업 수준 지원 통해 경영환경 개선

이번 종합대책은 서비스산업 전반에 걸친 경영환경 개선과 관련해 제조업과의 차별 시정과 불합리한 규제개선, 그리고 인프라 구축과 세제 및 금융지원 확대 등 다수 내용을 포함하고 있다.

정부는 우선 유통단지, 놀이동산, 스키장 등 업종의 성격상 대규모 토지를 필요로하는 서비스산업이 제조업에 비해 불리하게 적용됐던 토지보유세부터 고칠 방침이다.

현재는 읍면지역 · 산업단지 · 공업지역 내 공장 토지에 대해선 종부세가 면제되고 있으나 서비스업용 부속토지는 공시가격이 40억 원을 초과하는 경우 0.6~1.6%에 달하는 종합부동산세가 따라 붙는다.

이에 정부는 물류업, 관광호텔업, 유원시설업, 대중골프장 등에 대해 종부세 과세기준금액을 현행 40억 원 초과에서 200억 원 초과로 상향조정하고 200억 원 초과분에 대해선 0.8%의 단일세율을 3년간 한시적으로 적용키로 결정했다.

또 제조업에 비해 원가대비 26%나 높은 비용을 부담해야 했던 서비스산업 전력요금도 2010년까지 단계적으로 인하된다. 우선 관광산업 및 유통산업 활성화를 지원하기 위해 관광호텔, 유통단지에 2010년까지 한시적으로 산업용 전력요금이 적용된다.

투자활성화를 통한 서비스산업 경쟁력 강화를 위해 금년말 일몰도래하는 임시투자세액공제제도를 1년간 연장하여 운용할 계획이다. 임시투자세액공제제도는 투자금액의 7%를 세액공제하는 가장 대표적인 투자유인장치로서 제조업뿐만 아니라 다수의 서비스업(연구개발업, 엔지니어링 등 21개업종)이 지원대상에 포함되어 있어 서비스산업의 투자확대에 기여할 것으로 기대된다.

향후 서비스산업의 핵심이 될 것으로 보이는 문화산업 활성화를 위해 세제지원 측면에서 문화접대비 제도가 도입된다. 문화접대비 제도란 연극 · 오페라 · 전시회 · 운동경기 등 공연관람권으로 지출하는 문화관련 접대비가 일정기준(예:총접대비의 5%)을 초과하는 경우 추가로 접대비 한도액의 10%까지 손비로 인정하는 제도다.

가령 총 접대비가 2억원, 문화접대비 3,000만 원, 기존 손비인정 접대비 한도액이 1억 5,000만 원인 기업의 경우, 문화접대비 중 전체 접대비의 5%를 초과하는 금액인 2,000만 원 중 1,500만 원(기존 손비인정 접대비 한도액의 10%)이 추가로 손비 인정된다. 그 결과 이 기업의 손비인정 접대비 한도액은 최종적으로 1억 6,500만 원이 된다.

정부는 지난해 손비로 인정된 접대비가 5조 원 정도였기 때문에 최대 5,000억 원 정도가 문화예술산업에 투입되는 효과를 거둘 것으로 추정했다.

성장잠재력은 있으나 담보력이 부족한 서비스산업에 대해 무담보 신용대출도 올해보다 두 배가량 늘어난다

산업은행은 내년에 지식기반 · 사회서비스산업에 대해 1,000억 원, 기업은행은 유망서비스업에 대해 400억 원을 각각 신용대출 지원액으로 떼어 놨다.

의료서비스의 경쟁력을 높이기 위해 의료인이나 의료법인이 주주로 참여하고 다양한 수익사업을 영위할 수 있는 병영경영지원회사(MSO)도 활성화된다.

문화관광부는 한류 열풍으로 인해 전통문화에 대한 국내외 수요가 증가하고 있는 점을 감안, 한글 · 한식 · 한복 · 한옥 등 전통문화 전반에 나타나는 한국적 양식을 '한스타일(HanStyle)'이라는 브랜드로 육성하고 한스타일의 전략산업화 방안을 내년 1월에 내놓을 계획이다.

서비스산업 경쟁력강화 종합대책 기본방향

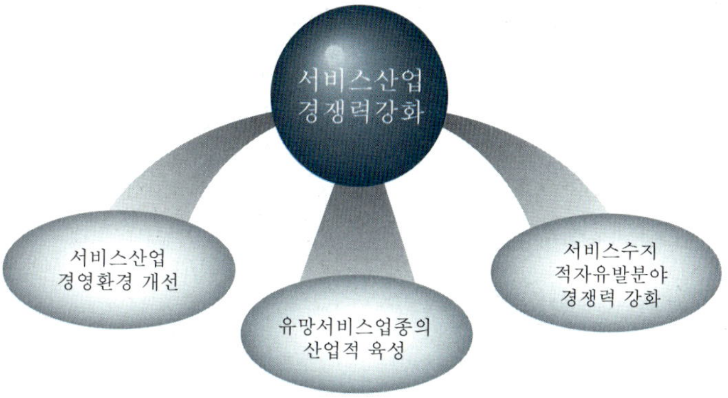

교육 · 의료 · 관광 산업 육성…해외로 나간 돈 국내로 유도

제주도 서귀포 근처 115만평 부지에 '영어전용타운(가칭)' 건설이 추진된다.

해외 유학 · 연수 수요를 국내로 흡수하기 위해서는 외국에서 연수하는 것과 유사한 수준의 영어교육기회를 제공할 필요성이 있기 때문이다.

이 타운에는 최고 수준의 영어교육 서비스를 제공하기 위해 초중고 및 대학, 민간학원, 영어교육센터 등 다양한 교육시설과 함께 주택 · 상업시설이 들어선다.

타운내 학교에 대해선 교과과정상 특례가 인정돼 초등학교 2~5학년을 대상으로 1~2년 과정의 영어몰입교육이나 중고등학교에 교과외 활동 등이 추가될 수 있게 된다.

이 교과과정들은 기존 단기 영어캠프와는 달리 1~2년 정도 수학하고 돌아간다는 개념으로 추진되고 있으며 이를 학력으로 인정해주는 문제도 향후 논의될 것으로 보인다.

한편 정부는 관광산업 활성화를 위해 관광단지 개발투자에 대한 지방세, 대체초지 조성비, 대체산림 조성비, 개발 부담금을 감면할 방침이다.

이와 함께 관광단지 개발을 위해 계획단계에서 착공까지 소요되는 기간을 현재 4년에서 2년 이내로 절반 이상 단축시킬 계획이다.

관광호텔에 대한 전력요금도 2010년까지 한시적으로 산업요율이 적용되며 관광호텔 내 외국인 종사자의 고용 허용도 검토될 예정이다.

정부는 이런 효과를 종합적으로 고려했을 때 관광호텔 숙박비가 약 14~15% 인하되는 효과를 낼 수 있을 것으로 보고 있다.

아울러 의료 · 크루즈 · 국제회의 등 3대 고부가가치 관광산업을 육성해 외국관광객을 늘릴 계획이다.

국정브리핑, 2006.12.29

제 15 장 리조트사업

제1절 리조트의 개념

제2절 리조트의 발전과정

제3절 리조트의 종류

제4절 리조트의 시설개발계획

제1절 리조트의 개념

리조트(resort)는 특수한 지역에 레크리에이션, 스포츠, 상업, 문화 · 교양, 숙박 등을 위한 시설들이 복합적으로 갖추어져 있으며 스키장, 골프장, 콘도 · 호텔, 수영장, 놀이시설 등 4계절형 시설들을 갖추고 고객들이 다양한 체험과 위락을 위한 집적된 종합휴양지이다.

이러한 종합휴양지 개념의 리조트는 고객이 경험할 수 있는 자연친화적 레저활동과 가족중심의 레저활동을 위한 고유의 테마와 체험을 할 수 있는 4계절 종합휴양지로 변모하고 있다.

웹스터사전은 리조트의 정의를 "a place providing recreation and entertainment especially to vacationers"이라 하고 있으며, 그 의미는 "휴식과 레크레이션을 위하여 사람들이 많이 방문하는 곳(a place to which people go often or generally, esp. one for rest or recreation, as on a vacation)"과 "도움을 받고 싶을 때 의지할 사람과 의지할 것(a person or thing that one goes or turns to for help, support. etc)"으로 정의하고 있다. 리조트의 어원은 프랑스 고어의 resortir(re=again, sortir=to go out)에서 유래되어 자주 찾아가는 장소의 의미에서 시작되었다고 한다. 또한, 옥스퍼드 사전은 resort를 resort land, resort town, resort complex 등으로 열거하며 "a place often visited for a particular purpose"으로 특별한 목적, 휴가와 건강 회복 등을 위해 사람들이 찾아가는 장소로서 종합 레크리에이션 센터 또는 종합 관광지라고 부를 수 있으며 중세 유럽의 순례자들을 위한 센터가 유래되었다고 한다.

이와 같이 리조트의 사전적 의미는 "건강과 휴양 등에 관련하여 사람들이 자주 가는 장소" 또는 "대중적인 오락, 레크리에이션의 장소"로 나타나는데 우리나라의 경우는 "종합휴양지", "관광단지"와 "종합휴양시설" 등의 개념으로 사용되고 있다.

일본은 리조트를 "양호한 자연조건을 갖춘 토지를 가진 상당 규모의 지역으로 국민이 여가 등을 이용하여 체재하면서 스포츠, 레크리에이션, 교양문화 활동, 휴양, 집회 등의 다양한 활동을 할 수 있도록 종합적인 기능이 정비된 지역"으로 정의하고 있다.

오늘날 시대변화와 함께 리조트(resort)는 흔히 "종합 레크리에이션 장소" 또는 "체재형 관광지"라고 불리지만 정확한 개념에 대해서는 견해에 따라 차이가 많다. 사회 환경 변화에 따른 리조트의 의미는 다양하게 사용되고 있는데 넓은 의미의 리조트는 "일정한 장소에 거주 또는 체재할 수 있는 생활 장소로서의 여가를 즐길 수 있는 공간과 개인의 자기발전을 위해 다양한 여가활동을 즐기는 곳" 또는 "일상적인 공간을 떠나 색다른 공간에서 자신을 재정비하는 시간을 가지고 즐기는 행위"라는 의미를 가진다. 그리고 좁은 의미로서 리조트는 "기분전환을 위하여 레크리에이션과 스포츠 행동을 목적으로 시간을 보내기 위한 특정한 지역 또는 장소"를 의미하는 공간의 개념으로 이해할 수 있다.

즉, 리조트란 일정규모의 지역에 레크리에이션, 스포츠, 상업, 문화, 교양, 오락, 숙박 등을 위한 시설들이 복합적으로 갖추어져 심신의 휴양 및 에너지의 재충전을 목적으로 조성된 지역이라 할 수 있다.

관광진흥법에서는 리조트사업을 "관광객의 휴양이나 여가선용을 위하여 일정한 장소에서 음식, 숙박시설, 운동, 오락시설, 민속, 문화자원 소개시설, 관람시설 등 휴양에 적합한 시설을 갖추어 이를 이용하게 하는 사업"이라고 정의한다. 일반적으로 리조트는 체재성, 자연성, 휴양성, 보양성, 다기능성 등의 요건을 갖추고 있어야한다. 즉, 리조트의 개념에는 다양한 서비스의 제공이라는 기능적 측면과 다양한 경험과 즐거움의 제공이라는 상징적 측면이 함께 있다. 따라서 리조트는 일정 규모의 지역에 레크리에이션, 스포츠, 오락, 교양, 숙박 등을 위한 시설들이 복합적으로 갖추어져 심신의 휴양 및 에너지의 재충전을 목적으로 구성된 지역으로 정의할 수 있다.

우리나라는 리조트를 "일상의 생활권에서 벗어나 휴양이나 여가선용을 즐기기 위해 일정한 장소에 음식, 숙박시설, 민속문화 자원시설, 관광시설, 농어촌 휴양시설 등의 적합한 시설을 갖추어 재방문을 유도하는 4계절 종합휴양지"라고 정의할 수 있다.

제 2 절 리조트의 발전과정

1) 고대 리조트의 발달과정

고대 리조트는 로마의 대중 목욕탕에서 그 발자취를 찾을 수 있으며, 그 목적은 전적으로 레크리에이션이라고 할 수 있다. 이러한 목욕탕들은 수영을 겸하는 체육관과 힘든 하루 일과를 끝내고 돌아온 사람들의 휴식처로 커뮤니티 센터(community center)로 그 역할을 했고, 그 사람들에게 음식과 음료수를 팔게 되었다.

중세 유럽에서 가장 잘 알려진 리조트 지역은 14C에 세워진 벨지움의 스파(spa in Belgium)이다. Spa는 '샘'이라는 뜻으로 이는 레이지(Leige) 근처의 철분이 많은 온천에서 오랜 지병으로 요양중인 벨지움의 왕 Colin le loup에 의해 세워진 곳이다.

리조트 지역이 일찍이 물과 함께 요양을 목적으로 하였으나 Baden-Homdurg와 Monte Carli는 1800년대 중반부터 사회가 점점 변화하고 있음을 지적하고, 마침내 Baden-Homdurg는 전폭적인 대중화, 이익을 추구하는 리조트 지역을 선보이게 되었는데 It's success for는 M. Benawet가 카지노를 처음 오픈하여 Francois Blanc에 의해 운영된 곳이다. 이후 리조트 지역은 요양과 카지노가 주요 목적이 되었다.

2) 미국 리조트의 발달과정

미국의 리조트들은 관광과 다양한 교통수단의 발달(배, 마차, 철도, 자동차, 비행기)과 함께 성장하였다고 볼 수 있다. 유럽처럼 온천을 중심으로 발달하였음은 동이하나 일찍이 inn과 같은 패턴으로 리조트가 운영되다가 18C 초와 19C 초 애틀랜틱 항구에 강을 따라 새로운 리조트 지역이 형성되었다.

초기 미국의 리조트 호텔은 부유층의 보양을 위해 대규모로 건설되어 향락적인 분위기였으나 경제의 급속한 발전과 철도를 비롯한 교통수단의 진보가 미국 사회의 중산층을 확대하고 상용 여행수요를 증대시켜 이들 여행수요를 위한 호텔들도 증가하였다.

3) 우리나라의 리조트의 발달과정

1960년대의 제1차, 2차 경제계획 5계획을 통하여 고도의 성장을 이룩하고 수출의 획기적인 신장으로 자립경제의 기반을 구축한 한국은 계속적인 경제성장을 하면서 항공 및 철도 등의 대중교통수단의 현대화로 관광산업의 진흥에 보다 박차를 가하게 되었다.

리조트에 필요한 호텔 객실의 국제 수준화와 시설이 좋은 호텔들을 선정하여 관광호텔로 명시하여 적극적인 행정지원을 하게 되었다. 1980년대 초 리조트라는 관광용어가 국내에 처음 도입된 이래 정부는 보문단지와 제주 중문단지 등 관광단지를 계획하였다. 지속적인 경제 성장으로 인한 국민들의 여가시간의 활용으로 의식수준이 향상되어 생활환경이 점차 변화하였다. 이로 인하여 우리나라 국민들의 관광에 대한 인식이 변화하였으며 안정된 삶을 추구하는 과정으로 진행되었다.

표 15-1 우리나라 리조트 발전단계

구 분	1980년대	1990년대	2000년대 초반
발전 단계	리조트 개념 도입 단계	리조트기업 발전 단계	리조트기업 성숙 단계
이용형태	단독 이용, 고밀도형, 단순체류형	종합형 단독, 저밀도형	장기체재형, 휴양형
공급시설	스키장	스키장, 골프장	사계절 종합레저시설 (스파,온천,물놀이등)
유형	산악형	산악형, 도시근교형	복합형
기업특성	중소기업	대기업	전문대기업 출현, 대규모 외국자본 유입
지역사회관계 특성	지역사회 자연환경파괴	지역사회 환경보전적 시각	지역사회와 함께하는 리조트 커뮤니티
외부요인	국민소득 증대	레저시간의 확대	대기업 레저산업 진출허용, 레저패턴의 변화
입지요인	대부분 강원도 영동고속도로 주변지역에 입지	수도권 중심 시장에서 벗어날 것으로 예상	종합개발도시의 안테나 리조트 구성(새로운 리조트 벨트 탄생)

1899년 경인선 철도가 개통되었으며 1905년 경부선 개통, 1906년 경의선 개통, 1908년 부산과 신의주간 급행열차 개통으로 숙박시설의 필요성을 인식한 계기가 각 지역의 관광단지 개발을 촉진하였다. 따라서 국내의 철도 개발은 관광단지와 함께 병행하였다.

1915년 금강산 지역에 일본식 여관형태의 휴양지 금강호텔과 내금강 장안사호텔이 건립되었으며, 1957년 온양 주변의 명승고적과 함께 온천호텔이 개관하였다.

1963년에는 쉐라톤 워커힐 호텔이 254개의 객실과 오락시설을 구비한 리조트호텔로 등장하였으며 1972년 설악산 알프스 스키장이 개장되어 스키 리조트가 등장하였다. 1975년에는 용평 스키장의 탄생과 1980년대 실질적인 리조트 개념이 도입되어 1990년대에는 재벌그룹들이 관광리조트 사업에 진출하면서 국내의 리조트 산업은 약 30년 동안 양적 질적으로 단기간에 급속한 성장을 하여 90여개 이상의 콘도미니엄들이 생겨나고 새로운 컨셉의 리조트 시설들이 계속 개발됨으로써 하나의 건축 유형으로 등장하고 있다.

제3절 리조트의 종류

1. 리조트의 종류

1) 통합 리조트(Integrated Resort)

통합적 리조트는 휴일 숙박을 포함하며, 비록 그 피고용인들이 그 안에 살거나 그 리조트 주위에 살더라도, 관광자에 의해 독점적으로 사용되는(사실상 독점적으로 사용되기 위하여 계획된)장소이다.

통합된 리조트는 해변, 호수, 해양위락 지역, 스키장, 산악경관, 주요 자연적 형상, 주요 건축적, 역사적 지역, 건강 증진적 기후지대 같은 특정 형상지형이다. 또한 종종 이러한 것들의 연합체이다. 그리고 전형적으로 자체 수용적이며 사업센터, 시설물, 위락, 스포츠시설, 문화시설, 회의시설 같은 다양한 관광시설과 서비스를 포함한다.

자체 취사 APT는 퇴직자가 살 수 도 있고 단기간의 방문자에게 대여될 수 있다. 넓게 열린 공간과 경관은 일반적으로 중요한 요소이다. 비록 한 번에 통합된 리조트로서 계획되었다 하더라도 그것은 시장과 다른 조건들에 의하여 장기간의 시간동안 건축된다.

2) 타운 리조트(Town Resort)

읍(마을, 촌락)리조트는 보통의 토지이용과 지역사회활동을 연결한다. 그러나 경제적으로는 리조트활동에 중점을 두고 있으며 호텔과 그 밖의 숙박시설과 관광시설, 서비스들을 포함한다. 이 유형의 리조트는 또한 전형적으로 스노우스키, 해변, 호수, 온천시설, 중요 역사적 고고학적 지역 같은 특정 매력물 지향적이다.

3) Retreat Resort

이것은 종종 단지 25~50개 객실의 작은 규모이지만 작은 섬이나 산 등 멀리 떨어진 곳에 위치한 높은 질적 수준으로 계획된 리조트이다.

Retreat resort는 조용하고 독립된 휴가 환경을 원하지만 보통 위락활동을 할 수 있길 원하는 손님에 응한다.

2. 리조트의 입지와 시설별 유형

리조트의 입지와 시설 유형에 따라 분류를 하면 아래와 같다.

1) 입지에 의한 분류

① 산지형 리조트

산지에 개발된 것으로 대부분 스키 리조트이다. 비수기의 활성화를 위해 스키 이외의 각종 활동을 적극적으로 도입하여 사계절 종합 리조트화하는 추세이다.

② 해변형 리조트

비치 리조트나 마리나 리조트 등이 여기에 속하며 각종 스포츠와 레크레이션 시설을 비치와 결합한 형태의 리조트이다.

③ 전원 리조트

매력적인 경치나 특이한 요소는 적지만 가족단위의 휴양을 위한 온화한 기후를 가진 지역이나, 단체관광객을 위한 저렴한 숙박시설을 갖추고 있거나, 대도시에 근접한 주말 리조트나 별장으로서의 용도를 갖추었다.

④ 온천 리조트

초기의 온천 리조트는 로마가 유럽을 정복한 이래, 유럽 여러 나라에 치료와 건강 증진, 그리고 사교장을 겸한 유락장으로 온천을 정복지마다 개발하여 발전시켜 왔다. 오늘날 이 같은 리조트 온천은 독일에 가장 많이, 그리고 가장 발전되어 있다.

독일에는 영국 등과 같이 40세 이상의 성인은 누구나 1년에 21일간의 온천요양을 받고, 건강회복 또는 건강 증진을 위해 온천에서 숙식을 하며 계속 온천욕을 할 수 있다.

대체로 그러한 독일식 온천시설은 평균 30만 평방미터(90,750평)이상의 광활한 부지에, 울창한 숲에 둘러 쌓인 자연공원이 있어 삼림욕을 할 수 있고 수영도 할 수 있을만한 넓은 바데풀이 있으며 온천장이외에 각종 스포츠 시설, 오락관, 문화관, 그리고 각종 부대시설 등이 고루 갖추어져 있다. 양질의 온천수가 생산되는 지역을 중심으로 형성되었으나 점차 휘트니스와 스포츠를 위주로 하는 4계절 종합 물놀이 리조트가 되고 있다.

2) 이용목적과 시설형태에 의한 분류

① 스포츠 리조트(Sports Resort)

헬스 스파에 이어 두 번째로 역사가 깊은 리조트이다. 비치위주의 리조트도 있지만 종합리조트의 성격을 갖는 곳도 많다.

② 헬스 스파 리조트(Health Spa)

"Spa"는 원래 온천이라는 뜻으로 과거 광천수의 치료효과에 대한 신뢰에서부터 병원과 같이 계획되어지며, 여러 부대 시설이 필요하다. 헬스 스파는 병원의 환자들뿐만 아니라 일반 이용객들이 한적하게 즐길 수 있는 시설로 이용 된다.

"건강한 삶은 스파에서 시작된다"라는 말이 있듯이 스파는 맛사지와 비슷하지만 각종 오일과 다양한 방법을 이용해 피부를 부드럽게 편하게 만드는 것을 의미한다. 대부분 호텔에 위치하고 있는 스파의 중심지로 태국이 각광받고 있는 상황이다.

③ 휴양촌(Vacation Village)

문명의 발달로 도시적이고 복잡한 생활을 하게 됨에 따라 이런 일상에서 도피하여 편하게 쉴 수 있는 곳을 제공한다. 휴향촌에서는 자연환경을 강조함으로써 저층 구조와 지역문화, 자연환경에 대한 특징이 강조된다.

사방을 돌아보아도 하늘 끝에 매달려 있는 듯한 높은 바위산과 기암괴석의 바위사이로 질긴 생명력을 자랑하듯 힘있게 뻗어 있는 소나무, 구불구불한 계곡사이로 맑은 소리를 내며 흐르는 맑고 투명한 계곡물과 수채화처럼 아름다운 풍경속의 휴양촌은 어릴적 동화책속에서 보아오던 한 폭의 그림이다. 휴양촌은 강원도의 오지라고 불리우는 홍천의 내면 방내리에 자리잡고 있다.

④ 마리나 리조트(Marina Resort)

요트인들을 대상으로 하는 리조트 시설이며, 이곳에서 일반적인 호텔의 편의와 요트를 즐길 수 있는 곳이다. 이곳은 일반 비치리조트보다 호화롭게 이루어진다.

⑤ 스키리조트(Ski Resort)

겨울 산악 스포츠인 스키와 스노우보드를 중심으로 자연경관과 함께 리조트로서 국내의 대부분의 리조트가 이에 해당된다. 자연성에 의존하던 스키장이 1970년대 인공제설기의 발명과 함께 더욱 발전하였다. 스키강습 교실과 스키장비의 개선 등에 힘입어 스키를 즐기는 인구는 증가하고 있으며 각종 세계적인 동계 스포츠 대회 개최와 이 대회를 주최하는 국제 규격의 스키리조트 숫자 증가로 겨울 스포츠를 더욱 즐길 수 있는 체재형 휴양지로 발전하고 있다.

표 15-2 국내 산악형 복합리조트 현황(2006년도 기준)

환경 및 시설	무주리조트	용평리조트	현대성우 리조트	보광피닉스 파크
총리조트면적	212만평	520만평	250만평	200만평
최고표고	1,520m	1,458m	896m	900m
거리 (서울부터)	253km	215km	145km	172km
슬로프 면적	35만평	38만평	16만평	15만평
슬로프 면수	23면	28면	20면	19면
리프트 수	13기	16기	9기	10기
골프장	18홀	27홀	27홀	27홀

http://www.myhome.thrunet.com/~panuniverse/Piles/sea.hwp

그림 15-1 전국리조트 안내(자료: http://blog.naver.com/dotard/80009091828)

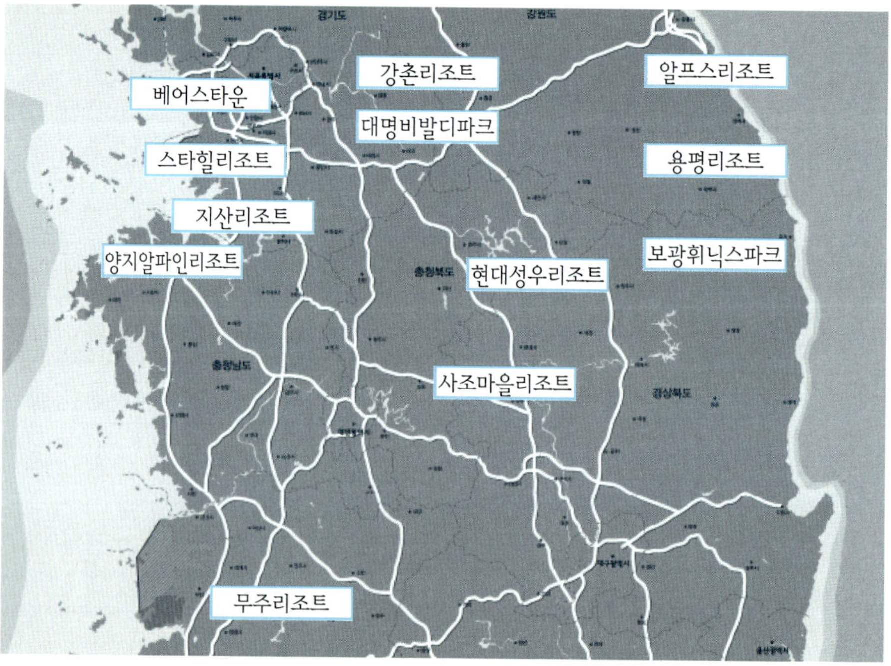

제 4 절 리조트의 시설개발 계획

리조트산업은 건설업, 호텔산업, 스포츠산업, 여객운송업, 의류산업, 농수산물산업, 인테리어산업, 하이테크산업 등 타산업에 많은 산업연관효과를 발생시킨다.

리조트 개발은 지역주민의 고용 창출, 지역경제 활성화 등 지역경제에 크게 기여할 수 있으나 대규모 초기투자, 자본회수기간의 장기화, 비수기의 경영 악화 등 근본적인 문제점을 안고 있으므로 이를 해결하기 위한 다양한 방안을 모색하여야 한다.

국민들의 레저패턴이 1일형 레져에서 가족중심의 숙박휴양형 리조트를 선호하는 방향으로 이동함에 따라 기존 리조트 업체는 물론 신규 진출업체들도 단독사업보다는 골프, 스키, 테마파크 등이 함께 들어서는 종합리조트를 지향하고 있다.

그러나 리조트산업 특성상 대규모의 투자가 수반되면서 주 5일 근무제의 도입에 따른 레저수요 증대, 소득수준 향상 등으로 영업상 수지가 개선될 것으로 기대된다.

국내 대기업들이 리조트 산업에 활발하게 참여하는 이유는 레저수요가 크게 확대되고 있고 레저패턴이 단순숙박과 1일 관광형에서 체류와 휴양형으로 변화함에 따라 다양한 시설을 구비한 대형 리조트가 필요하기 때문이다.

국내의 대형 리조트들의 시설적인 특징은 첫째, 리조트 단지면적이 최소 100만평 이상이며 둘째, 골프장, 스키장과 콘도미니엄 등의 시설이 필수적이며 셋째, 고객들이 단지내에서 남녀노소가 즐길 수 있는 PC방, 노래방, 수영장, 사우나, 볼링장, 회의실 등 부대시설들을 골고루 갖추어 놓았고 넷째, 투자규모가 1,000억 원에 달하며 다섯째, 숙박시설이 1,000실 정도이고 여섯째, 리조트들이 대부분 강원도 영동고속도로 주변지역에 위치하고 있다는 점이다.

각 시설은 전체 리조트의 환경에 부합되는 시설 형태와 배치 계획에 따라 기획함으로써 리조트의 전체적인 조망 형태와 이미지를 구성하고 있다. 전통적 분위기를 구성하고 있는 리조트의 분위기에 적합한 숙박시설과 방문자에게 각종 편의를 제공할 수 있는 편의 시설들 또한 전통적인 건축기법과 재료로써 건축되어야만 리조트 고유의 테마를 유지할 수 있다.

1) 숙박시설

숙박시설은 주변 환경 및 고유의 전통적인 기법으로 현대식 및 전통가옥을 재현함으로써 방문자들에게 해당 리조트가 기존의 숙박시설과는 다르다는 차별성을 느낄 수 있도록 도모한다. 각 숙박시설은 전통적인 기법을 따라 건설되는데, 화장실, 부엌 등의 편의 시설에 대해서는 현대적 설비를 갖추도록 하여 이용자들의 편의를 도모하도록 한다.

집객형 숙박시설은 리조트의 중앙부분에 위치함으로써, 중앙 부분에 입지하게 될 각종 편의시설과의 편리한 접근이 확보될 수 있도록 하며, 후면에 위치하게 될 단독형 숙박시설이용자들과 숙박시설을 분리시킴으로써 단독형 숙박시설들의 쾌적성을 보장하도록 한다.

단독형 숙박시설은 조용한 시설을 선호하는 이용자를 위하여 군락형 숙박시설에서 떨어진 독립 형태의 숙박시설을 입지시킨다. 리조트 시설의 각종 편익시설이 입지해있는 중앙 부분을 피하여 리조트의 후면과 이용자들의 이동이 상대적으로 적은 곳에 입지시킴으로써 단독형 시설 이용자의 프라이버시를 보다 보장하고, 타 이용자와의 접촉 기회를 줄임으로써 쾌적한 환경을 제공한다.

2) 운동시설

운동시설은 리조트의 전체적인 시설과 분위기에 상충되기 때문에 녹지와 조경수를 이용하여 외부로부터의 조망을 차단하고, 내부 이용자의 이용이 적은 지역에 위치시켜 전체적인 리조트 단지의 통일성을 깨지 않도록 한다.

Trekking, hiking course는 리조트의 주변과 리조트의 내부동선을 연결시키는 것이 좋으며, 이용자가 많을 수 있는 지역은 폭을 넓게 하고 그렇지 않은 부분에 대해서는 2명이 대화를 하며 걸을 수 있을 정도로 한다. 각종 운동시설은 리조트의 측면 및 후면부에 입지시켜 리조트 전체 분위기를 유지하도록 해야 한다.

개별 운동 시설은 이용자들의 요구가 있을 때는 피크닉장으로써의 복합기능을 수행하도록 한다.

3) 휴게시설

벤치, 음수대, 등나무 휴게소 등 각종 휴게 시설들은 전통적 형태의 리조트의 특성에 맞는 자연재료를 이용하여 민속공예품의 형태를 본떠 배치시킴으로써 리조트의 이미지를 형성하는 하나의 도구로서 이용될 수 있도록 한다(통나무형, 바위형, 항아리형 벤치, 통나무, 바위, 항아리 등).

음수대는 약수터형 음수대, 우물형 음수대, 돌과 나무를 이용한 자연재료를 사용하는 것이 좋다. 간이 휴게소는 전통 주막을 재현하여 자연미를 살린 휴게소, 주막형 휴게소, 등나무 휴게소 등을 이용하며, 쓰레기통은 바구니형 쓰레기통 및 자연재료를 이용한 토속미를 강조하는 쓰레기통 등이 있다.

4) 교육시설

리조트 내에 방문자들이 원하는 바의 교육내용을 제공할 수 있는 각종 교육장소를 설치하여 방문자들에게 직접 참여하여 경험할 수 있는 기회를 제공하도록 한다.

도예실습장 및 전시장은 전통 도예장의 모습을 재현한 도예실습장을 마련하고 방문자들로 하여금 직접적으로 도자기를 제작해볼 수 있는 기회를 제공한다.

다도실습장은 각종 전통 차를 이용하여 전통 다도법을 교육하도록 하고 전통차를 판매토록 한다.

풍물연습장은 타 이용자들에게 방해가 되지 않도록 실내에 방음장치를 구비한 연습장을 마련하여 전문가로 하여금 강습생들을 교육하도록 한다. 소음방지를 위하여 숙박시설과 떨어져 있어야 함과 동시에 방문자의 접근성도 확보하여야 한다.

5) 리조트조성 관련법

일반적인 관광 리조트의 조성은 국토이용관리법, 농지보전및이용에관한법률, 건축법, 농어촌발전특별조치법, 관광진흥법, 체육시설의설치이용에관한법률 등을 따른다.

관광단지의 개발

- 관광진흥법 제2조 제1호의 규정에 의한 총용지의 면적에 30만 제곱미터 이상인 것
- 관광진흥법 제2조의 제3호 및 제4호의 규정에 의한 관광지 및 관광단지의 조성사업 중 면적이 30만 제곱미터 이상인 것
  - 재배지 또는 양육장 면적은 만 제곱미터 이상-생산품의 판매에 필요한 시설

관광 이야기

열차타고 동굴속으로 삼척 '대금굴'

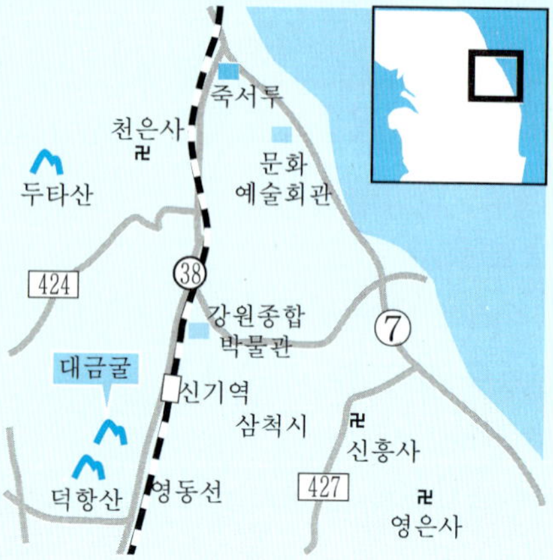

상쾌한 산책로 따라 동굴 가는 길

대금굴은 국내 최초로 열차를 타고 진입할 수 있도록 한 굴이다. 열차는 단궤(單軌) 철도인 '모노레일'로 14인승짜리 세 칸으로 된 42인승. 이 주황빛 모노레일 덕에 여유롭고 편안하게 동굴로 즉각 진입이 가능해졌다.

수학여행지로 인기인 환선굴 입구에서 10분만 더 걸어 올라가면 모노레일 승강장 겸 동굴 안내소인 '대금굴 관광센터'가 나온다. 센터까지 가는 길엔 짙은 고동색 데크(deck)가 270m 정도 이어져 있어 가볍게 산길을 트레킹하는 기분이 든다.

오른쪽으로는 물 맑은 계곡이 즐겁게 흐르고 정면에는 태백산맥 주능선(主楞線)의 일부인 덕항산의 울룩불룩하고 짙은 초록이 웅장하게 솟아있다. 커다랗고 강한 '무엇'이 훑고 지나간 듯 군데군데 거칠게 패인, 높은 산의 정직한 모습이다. 한발 내디딜 때마다 눈에 띄게 맑아지는 공기와 울창한 전나무 숲이 동굴 관람을 준비하는 전채 요리처럼 상큼하다.

동굴까지 7분, 이색체험 모노레일

대금굴 관광센터에서 '은하철도 대금호'에 오른다. '은하철도'라는, 풋풋한 이름의 어원을 묻자 삼척시청 동굴관리 기획계 박용인 계장은 "아는 것보다는 모르는 점이 많은 동굴이 '미지의 세계'라는 점에 착안해 '은하철도'라는 이름을 붙였다"고 설명했다.

총 길이 610m 중 4분의 3 정도는 동굴 입구로 향하는 산길이고 나머지는 동굴 안쪽 길이다. 승강장에서 동굴 내부 140m에 설치된 '대금역'까지는 약 7분이 걸린다. 운전석이 없고 자동으로 운행하기 때문에 앞뒤로 동굴 안팎이 잘 보인다. 동굴 내부에 열차를 타고 들어가는 건 분명 이색체험이다.

운이 좋아 맨 앞이나 맨 뒤에 앉으면 넓은 앞(뒤)유리를 통해 제대로 산 구경을 할 수 있다. 동굴에 진입하는 즉시 열차 내부의 조명은 꺼진다. 컴컴한 모노레일 안에서 구경하는 잠깐의 '인공터널'은 이색적이나 '악' 소리 날만큼 웅장하거나 경이로울 정도는 아니다. 특히 모노레일 내부에 울리는 비발디의 '사계'라든지 동굴 벽에 붙여 놓은, 네온 빛에 가까운 퍼런 빛깔의 조명이 조용한 동굴 감상에 흠집을 내는 듯한 기분이 든다. 그럼에도 동굴 구경 시작도 전 기진맥진해질 일 없이, 산길을 열차로 오를 수 있다는 건 고마운 일이다.

언제나 '섭씨 12도', 물 많은 동굴

동굴 안 '대금역'에 내리는 순간 바깥세상과는 완전 격리될 각오를 해야 한다. 휴대폰은 '통화 불능' 상태에 돌입하고 공기의 질감도 달라진다. 산소의 밀도가 낮아진 대신 축축한 물기가 그 자리를 대신한 때문이다.

동굴을 찾은 5월 22일, 바깥 온도는 섭씨 22도에 달할 정도로 따뜻했지만 동굴 내부는 12도밖에 되지 않아 싸늘했다. 94%에 달하는 습도도 쌀쌀한 기운을 더한다. 여름에도 겉옷을 반드시 준비해야 한다.

대금굴은 다른 동굴에 비해 물이 유난히 많아 '물길 동굴'이라고도 불린다. 장마철이 되면 물의 양이 늘어 동굴 문을 닫아야 할지도 모른다. 내리자마자 승강장 맞은편 왼쪽에 8m 높이의 거대한 폭포가 정면에서 떨어져 내린다. 관람을 위해 설치된 길을 따라 걷다 보면 이 폭포를 옆에서 위에서 대각선에서 여러 차례 다시 만나게 된다.

폭포 지역을 지나면 종유석 지역이 이어진다. 이 구간에도 물은 끊이지 않는다. 왼쪽으로는 깊은 산골짜기에서 마주칠 법한 격렬한 계곡이 콸콸 쏟아지고 오른쪽에는 둥글둥글한 휴석(休石) 위로 물이 사뿐사뿐 걷고 있다.

비교적 짧은 구간에 다양한 종유석과 석순이 모여 있다는 게 대금굴의 특징이다. 표주박 모양의 종유석, 빛을 받으면 반짝거리는 휴석 계곡, 종유석과 석순이 이어질 듯 늘어선 '모래시계'형 구간, 커튼 모양의 종유석 등이 아름답게 펼쳐져 있다. 이들을 잘 이해할 수 있게 동굴 내부에 7~9명의 '도우미'가 배치될 예정이다.

관람로를 돌아 나오는 길에 대금굴의 백미인 '호수 지역'이 자리 잡고 있다. 세로 60m, 가로 30m의 커다란 호수는 수심이 8~9m에 달한다. 물속에 설치된 조명 덕분에 맑디맑은 호수 바닥이 참 깨끗하게 들여다보인다. 바닥이 뚫린 관람로와 호수 사이 폭은 두 뼘 남짓에 지나지 않는다. 동굴 안 호수의 그 많은 물은 산에서 나왔겠으나, 구체적으로 어떤 경로를 통해 왜 동굴로 흘러 들어오는지는 아직 파악되지 않았다. 동굴 바닥은 약간 미끄럽고 구멍이 많다. 하이힐을 신고 갔다가는 낭패 볼지 모르니 든든한 운동화를 꼭 챙기자.

대금굴 주말나들이 얼마나 들까(4인가족: 자가용 승용차 이용기준)

품 목	금 액
통행료	2만2,800원 (왕복: 서울~동해IC 1만1,400×2)
휘발유	약 6만9,000원 (연비 11km/ℓ 기준, 약 46ℓ)
간식1	400달러(36만8,000원)
점심식사	곰칫국 2만4,000원 (6,000×4그릇)
대금굴 입장료	3만8,500원 (어른2명(1만2,000원)×2 +중학생(8,500원)+초등학생(6,000원))
저녁식사	광어회 약 6만5,000원
총경비	23만1,300원

조선일보, 2007. 5. 16

찾아보기

숫자 찾아보기

국문 찾아보기

[ㄱ]

[ㄴ]

[ㄷ]

[ㄹ]

[ㅁ]

영문 찾아보기

참고문헌

1. 국내문헌

(1) 서적

관광산업연구회(2000), 관광사업경영론, 학문사.

김광근, 한동윤, 김형섭, 전영상, 이준호, 권정택, 장세목, 장경수2005), 관광학원론, 백산출판사.

김경호, 고승익(1999), 관광학 원론, 형설출판사.

김도희(2005), 관광학개론, 백산출판사.

김봉규(2003), 새로운 관광학의 이해, 새로미.

김사헌(2001), 관광경제학, 백산출판사.

김상무 외 7인(2001), 관광사업경영론, 백산출판사.

김성혁(1999), 관광마케팅의 이해, 백산출판사.

김성혁(2000), 관광사업개론, 백산출판사.

김성혁, 조인환(2001), 항공실무론, 백산출판사.

김원인(2001), 관광학원론, 학문사.

김용상, 정석중, 이봉석, 심인보, 김천중, 이주형, 이미혜, 김창수(2004), 관광학, 백산출판사.

김정옥(2000), 현대관광경영의 이해, 대왕사.

김재민(1996), 신고관광경영론, 일신사.

김진섭(1999), 고대관광사, 대왕사.

______(1997), 관광사업론, 대왕사.

______(2000), 관광사업사, 대왕사.

______(2001), 관광학원론, 대왕사.

______(1999), 중세관광사, 대왕사

김찬영(2000), 관광항공운송사업론, 대왕사.

김창곤(2002), 관광학의 이해, 대왕사.

김창수(1998), 관광교통론, 대왕사.

김천중(1999), 21세기 신여행업, 학문사.

김태영 외(2001), 현대관광학개론, 백산출판사.

김홍대(1993), 신소비자행동론, 형설출판사.

김홍운, 김사영(1997), 관광자원론, 형설출판사.

박호표(2004), 신 관광학의 이해, 학현사.

서성한(1990), 소비자행동, 박영사.

신의순(1988), 자원경제학, 박영사.

양영근(2000), 관광학의 이해, 백산출판사.

옥준종(1984), 해운론, 법문사.

유시융, 박대한, 변광인, 김철원(2003), 관광학원론, 대왕사.

윤대순(1992), 관광경영학원론, 백산출판사.

윤대순(1998), 여행사실무론, 기문사.

이봉석 외(2000), 관광사업론, 대왕사.

이선희 외(2000), 현대관광의 이해, 대왕사.

이장춘(1983), 관광자원론, 대왕사.

_____(1986), 관광정책학, 대왕사.

_____(1987), 관광계획・개발론, 대왕사.

_____(1994), 국민관광개발론, 동명사.

이항구 외 2인(1999), 관광교통론.

임종원, 김재일, 홍성태, 이유재(1995), 소비자행동론, 경문사.

정익준(2000), 항공운송관리론, 백산출판사.

정찬종(1998), 여행업무관리론, 백산출판사.

조현호(1998), 관광학개론, 대왕사.

조현호, 김석출, 송재일(2005), 관광학원론, 대왕사.

채서묵(1999), 관광사업개론, 백산출판사.

최승이, 이미혜(2001), 국제관광론, 대왕사.

하인수(1995), 관광일반론.

한승엽 외(2000), 관광의 이해, 학문사.

허국강, 서명원(2000), 한국수송업무론, 기문사.

홍성태(1992), 소비자심리의 이해, 나남.

하헌국, 이종호(2001), 관광사업론, 학문사.

(2) 논문 및 간행물

김성국, 해상관광업의 마케팅전략에 관한 연구, 해운산업연구소논문집, 제7집, 1998.

김유원, 국내주제공원의 현황과 전망, 디벨로퍼, 1990.

문보영, 철도관광상품개발에 관한 연구, 한국호텔관광학회, 2000.

박태원, 우리나라 해상관광산업의 활성화 방안, 해운산업연구소, 1995.

백승용, 주제공원의 운영관리 개선에 관한 연구, 한양대학교, 1998. 12.

안영면, 관광유람선의 관광마케팅 전략에 관한 소고, 동아대 경영연구12, 1998.

이애주 · 하인수, 우리나라에서의 크루즈개발방향과 시장확대전략에 관한 연구, 호텔관광학회, 2000.

이영혁, 세계항공운송산업의 최근 동향과 국적항공사의 대응방안, 한국항공진흥협회(항공 진흥5), 1994.

정규엽 · 서창석, 영화테마파크 개발 타당성 연구, 세종관광정보, 1990. 11.

정종훈 · 이경모, 한반도 중심의 크루즈 개발에 관한 연구, 관광산업신문, 1998. 9. 7.

조미혜(1991), 라이프스타일 유형과 관광행동에 관한 실증적 연구, 세종대학교 석사학위논문.

하인수 · 김규헌, 크루즈산업의 동향과 미래에 관한 연구, 한국산업경제학회, 1999.

하인수 · 이애주, 북미 크루즈산업에 관한 연구, 호텔관광학회, 2001.

헤나펠, 항공운송산업의 당면과제 및 전망, 한국항공진흥협회(항공진흥5), 1994.

건설교통부 · 철도청, 국유철도의 경영개선에 관한 기본계획(1997~2001)

대전엑스포 심포지움, 21C의 여가문화와 주제공원, 1996. 8.

한국관광공사, 관광정보, 93년 1/2월호, pp.44~46.

__________, 관광정보, 93년 3/4월호, pp.55~63.

__________, 동북아 4개국 연계 크루즈관광상품 개발, 1999.

__________, 해안관광유람선 타당성분석, 1987.

한국관광연구원, '99 관광동향에 관한 연차보고서, 1999.

__________, 한 · 중 · 일 연계 크루즈 관광사업 추진방안, 1999.

한국무역협회, 해상운송(실무가이드), 17집, 1980.

한국일보, 세계여객선 수주 유럽아성에 도전, 1999. 11. 7.

TTJ, 크루즈 여행시대의 히만 발동, 1994년 5월호, pp.33~37.

TTJ, 크루즈 활성화, 1995년 1월호, pp.31~37.

(3) 신문 및 웹 사이트

경향신문(2006. 12. 14).

국민일보(2006. 11. 30).

노컷뉴스(2006. 12. 12).

머니투데이(2006. 12. 14).

리뷰스타(2006. 11. 21).

매일경제, 자동차 리스, 사지 않고 빌려 타는 게 싸다. 2001. 8. 7.

매일경제신문(2006. 12. 15).

서울신문(2006. 7. 28).

서울신문(2006. 12. 15).

세계일보(2006. 12. 15).

스포츠서울, 유람선 밀월여행 낭만 최고, 1998. 9. 11.

스포츠서울(2006. 12. 14).

아시아경제(2006. 8. 29).

연합뉴스(2006. 5. 24).

연합뉴스(2006. 11. 19).

오마이뉴스(2006. 12. 7).

주간조선(2006. 10. 24)

주간조선(2006. 11. 14).

주간조선(2006. 12. 11).

중앙일보, 포드, 렌터카업체 허츠 인수, 2001. 1. 17.

중앙일보(2006. 8. 22).

중앙일보(2006. 12. 13).

한국관광공사 여행정보사이트.

한국일보(2006. 12. 14).

한경비즈니스(2006. 12. 4).

blog.daum.net/kyrie0803.

blog.naver.com/krockymavia.

2. 외국문헌

APEC(1996), Tourism Working Group, Environmentally Sustainable Tourism in APEC Member Economies, APEC Secretariat. (1995), Tourism and the Environment Symposium, APEC.

Australia, 1996.

Bob Dickinson & Andy Vladimir(1996), Selling the sea, John Wiley & Sons, Inc.,

Bruce E. Marti(1990), Geography and the cruise ship port selection process, Maritime Policy and Management, 17(3), p. 158.

Bruce E. Marti, & Sergio A. Cartaya(1996), Caribbean cruising : Competition among US homeports, Maritime Policy and Management, 23(1), pp. 15-25.

Charles(1979), Howe, Natural Resource Economics ; Issues, Analysis and Policy, John Wiley & Sons, Inc.

Chuck Y. Gee외 2인(1989), The Travel Industry, Van Nostrand Reinhold.

CLIA(2000), Cruise Industry Overview.

Cohen E.(1972), Toward a Sociology of International Tourism, Social Research 39.

Cohen E.(1982), Thai Girls and Farang Men the Edge of Ambiguity, Annual Review Tourism Research, 9(4).

Cohen E.(1984), The Sociology of Tourism : Approaches, Issues and Findings, Annual Review of Sociology 10.

Commonwealth Department of Tourism(1999), National Cruise Shipping Strategy, Canberra. Annals of Tourism Research, 26(1).

Cruise Industry News(2000), Quarterly, Summer 2000.

__________________(2000), Quarterly, Annual 2000.

Douglas Edward(1994), Cruising and Cruise Ships, New York: Berllits, p. 43.

Dwyer & Forsyth(1998), Economic significance of cruise tourism, Annals of Tourism Research, Vol. 25(2), p.395.

Engel, James F., Rodger D. Blackwell, & Paul W. Miniard(1990), Consumer Behavior, 6th ed., The Dryden Press.

Eric Laws(1997), Managing Packaged Tourism, London: International Thomson publishing Co., pp. 78~92.

George M. Foster(1986), South Seas Cruise : A Case Study of shorted-lived Society, Annals of Tourism Research, 13(1), pp. 215~237

Graham Baglin & Richard Davison(1991), Australian Travel Consultancy, New Jersey: McGraw-Hill Book Company Australia Pty. Ltd.

Gunn. Clare A.(1979), Tourism Planning, NY : Crame Russak.

Hal Gold(1990), The Cruise Book, New York: Delmar Publishers Inc.

Harrel, Gillbert(1986), Consumer Behavior, Harcourt Brace Jovanovich.

Henthorne, Tony L(2000). An Analysis of Expenditures by cruise ship passengers in Jamaica, Journal of Travel Research, 38(3).

Kotler, Phlip & Gray, Amstrong(1991), Principles of Marketing, 5th ed., Prentice-Hall Inc..

Laurence Miller(1996), Carnival' s Fantasy Class Cruise ship : Ticket to Success: FIU Hospitality REVIEW, 14(12). pp.41~52.

Lazer, Willam(1964), Lifestyle Concepts and Marketing, Stephen, A. Gresar ed., Toward Scientific Marketing.

L.Kendall(1986), The Business of Shipping, Centrereville, MD : Cornell Maritime Press.

Mark R. Testa, John M. Williams & Dale, Pietrzak(1998), The Development of the Cruise Line Job Satisfaction Questionnaire, Journal of Travel Research, Vol 36(3).

Mayo, Edward J. & Lance P. Jarvis(1981), The Psychology of Leisure Travel, CBI Publishing Company, Inc.

McIntosh, Robert & Charles, R. Goeldner(1986), Tourism, New York : J. Wiley & Sons, Inc.

McIntosh, Robert & Charles, R. Goeldner(1990), Tourism, New York : J. Wiley & Sons, Inc..

Mill, Robert Christie & Alastair M. Morrison(1985), The Tourism System, Prentice-Hall Inc..

Ming-Huei Lee, Lin, Tzu-Chin & Janet Chang(1998), The Study of the cognition of Cruise Offerings in Taiwan, '98 APTA, TOSOK Conference Proceedings - The Role of Tourism National and Regional Perspectives-(Series A).

Ronald A. Santangelo(1984), What' s happening in th cruise industry, Journal of Travel Research.

Sharron Dickman(1989), Tourism An Introductory Text, Edward Arnold Pty. Ltd.

Tony Peisley(1999), The world cruise ship industry, Travel & Tourism Intelligence.

__________ (1992), The World Cruise Ship Industry in the 1990s, The Economist Intelligence Unit.

OECD(1978), International Tourism and Tourism Police in OECD Member Countries.

Paul, Peter J. & Jerry Olson(1987), Consumer Behavior : Marketing Strategy Perspectives.

Robert Christie Mill(1990), Tourism, Prentice-Hall International, Inc.

Victor B. Teye & Denis Leclerc(1998), Product and Service delivery satisfaction among North American cruise passengers, Tourism Management, pp.153~66

Vina, Lynada de la. & Ford, Jamie, Economic impact of proposed cruiseship business,

Wigand Ritter & Christian Schafer(1998), Cruise-Tourism(A Chance of Sustainability) : Tourism Recreation Research, 23(1), pp.65~71.

WTO(1993), Sustainable Tourism Development: Guide for Local Planners.

_____(1999),Changes in Leisure Time : The Impacts on Tourism, WTOBC(World Tourism Organization Business Council), Madrid.

_____(2002),Compendium of Tourism Statistics(1996~2001).

_____(1999),Tourism 2020 Vision, Madrid.

_____(2001),Tourism Highlights.

鹽田正志(1974), 觀光經濟學の 基礎概念と 方法, 觀光學研究 I, p.29.

日本交通公社(1971), 觀光地の 評價手法.

Tourism 관광학 이론과 실제

초판 1쇄 발행 2012년 2월 27일
초판 1쇄 인쇄 2012년 3월 6일

지은이 성 현 선
펴낸이 윤 용 호
펴낸곳
121-856 서울시 마포구 신수동 448-6
등록 2001.10.23. 제10-2238호
전화 02)719-6116
팩스 02)719-6120
E-mail shd6116@chol.com

ISBN 978-89-93158-53-3 93320

가격 23,000원